남북대화 1971~1992

힘·선택·말의 남북관계 역사

Dialogue between the Two Koreas 1971~1992

The History of Inter-Korean Relations Focusing on Power, Choice, and Discourse

존경하는 저의 스승

서진영 고려대학교 명예교수님께

이 졸저를 바칩니다.

아연동북아 총서 _ 29

남북대화 1971~1992

힘·선택·말의 남북관계 역사

| 배광복 지음 |

아연출판부
고려대학교 아세아문제연구소

| Contents |

그림

표

아연동북아총서 발간에 부쳐

탈냉전 이후 동아시아의 역동적 발전은 역내의 정치-외교, 경제 질서뿐만 아니라 문화, 사상, 종교 등의 제 영역에서 새로운 변화를 추동하고 있다. 이런 변화는 일국적 차원의 고찰로는 해명될 수 없는 복잡하고도 민감한 초국가적(transnational) 현상을 낳고 있다. 특히 동북아시아는 지리적 인접성, 공통의 역사-문화적 경험, 협력과 공존의 필요성 등으로부터 연유하는 초국가적 사고와 움직임이 활성화되고 있다. 이런 동북아에 대한 이해를 심화, 확대하고 새로운 해석과 전망을 제공하기 위해서는 국가별 연구나 학문 분과의 분절적 연구를 넘어 동북아시아를 분석의 단위로 삼는 다학문적·학제적 연구가 요청된다.

동북아시아 연구가 갖는 실천적 의미는 매우 중요하다. 주지하듯이 동북아시아는 세계의 어느 지역보다도 급속한 변화와 발전상을 보여 주고 있음에도 불구하고, 여전히 근대성의 문제와 냉전의 구도에 얽매여 있는 곳이다. 20세기 전반기의 제국주의 침략과 식민 경험은 오늘에도 국가적·민중적 기억을 지배하고 있다. 냉전의 산물인 남북 분단과 북한의 핵 위협은 동북아시아의 커다란 불안 요소가 되고 있다. 국가 간 역사 및 영토 분쟁 또한 동북아의 평화로운 발전에 장애로 남아 있다. 그러나 우리는 불편한 역사적 경험과 현재의 불안정이 다른 한편으로 동북아시아의 여러 구성 요소들을 상호 긴밀히 연결시키고, 그로부터 문제 해결을 위한 공통의 기반이 마련될 수 있음에 주목한다. 동북아시아는 대립과 갈등의 무대이기도 하지만 평화와 공존의 모색을 위한 토대이기도 하다. 이제 동북아 연구는 동북아가 처한 현실을 객관적으로 진단하고, 평화로운 미래를 건설하는 시대의 요청에 부응하지 않으면 안 된다.

고려대학교 아세아문제연구소(이하 아연)는 대표적인 동북아시아 지역 종합 연구소로서 학제 간 연구를 통한 동북아 지역 연구를 이끌어 왔다. 1957년 설립된 이래 아연은 구한국 외교문서와 공산권 연구 총서 및 동아시아 연구 총서, 중국 연구 총서, 한일 공동 연구 총서, 민주주의 총서 등 연구 성과의 체계적 집성을 통해 학문적 차원에서 현실을 진단하고 바람직한 미래의 방향을 전망하는 대학 연구소의 역할을 충실히 수행해 왔다. 2008년부터는 한국연구재단의 '인문 한국'(HK) 사업 해외지역학 분야의 지원 기관으로 선정되어, '동북아시아의 초국가적 공간: 사상·사회·문화·제도의 교류와 재구성'이라는 연구 어젠다를 중심으로 10년 기간의 대규모 프로젝트를 진행하고 있다. 이제 아연은 지난 50여 년 동안 축적된 연구 경험과 현재 진행 중인 '인문 한국' 사업의 성과, 각종 동북아 지역 연구 지원, 국내외 소장 학자 교류 지원 프로그램 등을 기반으로 해 〈아연동북아총서〉를 발간한다. 이 총서의 성과가 동북아 공동의 문제를 해결하고 조율하며 바람직한 미래를 모색하는 장이 될 수 있기를 기대하면서, 관심 있는 분들의 격려와 질정을 바란다.

아세아문제연구소장 이 종 화

책머리에

이 책은 필자의 박사학위 논문 「남북관계의 경로의존과 구성: 7·4 남북공동성명에서 남북기본합의서 채택까지 남북회담 분석」(고려대학교 대학원, 2008)을 수정·보완한 것이다. 학위 논문에서는 경제학·역사사회학의 경로의존 개념이 설명·분석에서 하나의 기둥이 되었으나, 이 책에서는 그 대신 정치학의 전략적 선택, 힘의 정치, 공세적 현실주의 등의 관점이 설명·분석의 요소로 좀 더 분명하게 들어갔다. 그럼으로써 이 책은 민족과 통일의 문제를 다룸에도 불구하고 더욱 더 고상하지 않게 되었다. 그동안 남북관계의 현실도 사실은 결코 고상하지 않았기 때문일 것이다.

이 책이 나오기까지 필자가 가장 먼저 감사해야 할 분은 지도교수이며 고려대학교 정치외교학과에 재직하셨던 서진영 선생님이다. 선생님께서는 학문적 가르침뿐만 아니라 학자로서, 전문가로서의 자세가 어떠해야 하는지에 대해 분명한 본보기를 보여 주셨다. 필자는 선생님으로부터 너무나 과분한 관심과 격려를 아직도 받고 있다. 선생님의 기대에 미치지 못한다는 부끄러움에도 불구하고 이 책을 선생님께 바친다.

고등학교와 대학의 같은 과 선배인 정진복 형께서 형수님과 함께 하늘나라에서도 행복하게 편히 쉬길 기원한다. 불의의 사고로 너무 일찍 돌아가셔서 안타깝기 그지없고 매우 그립다. 형이 계셨으면 토론도 참 많이 하면서 이 책을 좀 더 잘 다듬을 수 있게 날카로운 비평도 많이 받았을 것이라는 아쉬움도 있다.

필자는 통일부에 근무하는 동안 업무에 치여 학위 논문을 거의 포기하다시피 하는 상황에서 다행히 미국 로스앤젤레스 소재 캘리포니아대학교(UCLA)에서 2년 동안 공부할 수 있는 기회를 얻게 되었다. 이렇게 소중한 기회를 준 대한민국 정부에 감사한다. 아울러 당시 UCLA 정치학과 박사과정에 있던 최태욱(한림국제대학원 교수), 안용흔(대구가톨릭대 교수), 문우진(아주대 교수), 김광태에게 대단히 고맙다는 인사를 전한다. 이들은 필자가 대학 선배라는 이유 하나만으로 필자의 미국 생활을 참 적극적으로 도와주었다.

가끔 일들이 아주 우연하게 일어나듯이, 필자가 학위 논문을 다시 시작할 수 있었던 것은 안용흔 교수 덕분에 결정적인 계기가 만들어졌기 때문이다. 안 교수가 어느 날 집으로 찾아와 쩨벨리스(George Tsebelis) 교수님의 게임이론을 같이 듣자고 권유하고, 쩨벨리스 교수님께서는 매주 배운 내용을 현실에 적용하는 간략한 에세이와 문제 풀이 숙제를 내주시는 바람에, 필자는 안 교수, 문 교수, 김광태와 숙제 문제들을 풀기 위해 가끔은 격렬하게 토론하면서 게임이론의 기초를 터득하여 차후에 독자적으로 학습할 수 있게 되었다. 그 때 배우고 연습했던 게임이론이 1960년대 말까지의 남북 간 극심한 대결에서 1970년대 초 남북대화로 나아가는 과정을 경로의존의 관점에서 설명하는 데 하나의 실마리를 풀게 해줌으로써, 학위 논문이 본격적으로 다시 시작될 수 있었다. 이 기회에 항상 친절하게 대해 주신 쩨벨리스 교수님께도 감사의 말씀을 드린다. 그리고 필자가 UCLA에 안착할 수 있게 여러 일들을 도와 준 통일부 여상기 과장님과 당시 UCLA 한국학연구소의 아일린 서(Eileen Y. Sir) 님께도 감사드린다.

필자의 학위 논문을 꼼꼼히 읽고 심사해 주신 이내영, 김병곤(고려대 정치외교학과), 류길재(북한대학원대학교), 안용흔 교수님께 감사드린다. 논문 심사 때 비평들이 논문을 책으로 수정·출판하는 데 큰 용기가 되었다. 물론, 그 때의 지적사항들을 이 책에 충분히 담지 못해 일어나는 오류는 전적으로 필자의 책임이다. 한편, 분석의 기둥을 새로 세우면서, 자연스럽게 그 때 약속한 대로 책의 제목을 바꿀 수 있게 되어 다행으로 생각한다.

이 책을 위해 작업하는 데 도움을 주신 분들이 참 많다. 우선 고려대 아세아문제연구소 이내영 전 소장님과 이종화 소장님에게 고맙다는 인사를 드린다. 두 분은 필자가 고려대 도서관을 아무런 불편 없이 이용할 수 있도록 하는 데 참 많은 편의를 봐 주셨다. 필요한 자료를 언제나 친절하게 제공해 주신 고려대 도서관의 신혜윤 선생님, 통일부 북한자료센터의 김영남 사무관님, 정희숙, 이진우 주무관님께도 감사의 인사를 드린다. 타 대학 도서를 대신 대출해 주는 수고를 아끼지 않은 경남대 김진용 교수와 개성공업지구지원재단 홍승표 과장, 중국 자료들을 번역해 준 통일부 강준석 서기관과 개성재단 김미정 주임, 원고 편집 등 여러 일들을 도와 준 개성재단 박선주, 김미연, 조휘찬 과장, 김민지, 김장미 대리, 윤종구, 정종인, 손민지 주임, 베이징대학교의 이요셉 님, 통일부 최소진, 유혜진 님께도 고마움을 전한다. 그리고 기일을 훨씬 넘긴 원고를 끈기 있게 기다려 주고 많은 배려를 해준 아세아문제연구소의 이정남 교수와 김종태 박사님, 이 책의 원고를 깔끔하게 다듬느라 고생하신 편집부의 권영준 선생님께도 고맙다는 인사를 드린다.

통일부는 필자에게 물질적 공간이었을 뿐만 아니라 남북관계 이론 검증과 실천의 공간이었다. 그 동안 필자를 격려하며 관심을 쏟아 주신 장·차관님들을 비롯하여 선배·동료·후배님들에게 이 기회에 감사의 말씀을 드린다. 저를 밀어 주시거나 끌어당겨 주시는 이 분들이 계셨기에 필자가 26년 동안 대과 없이 업무를 수행할 수 있었다.

마지막으로, 저의 어머님과 아내 구옥경의 헌신에 대해서는 필자가 아무리 고마움을 표해도 모자랄 것이다. 아들 석준이도 이제 어엿한 직장인이 되어 마음 뿌듯하다.

2018년 4월 27일
남북정상회담이 열리고 있는 날
완전히 새로운 역사의 전개를 기대하며

배 광 복

1장

들어가는 말

1. 문제의 설정

이 책은 남북대화라는 남과 북의 의사소통 통로가 남북 간 현안과 통일 문제를 해결하는 유효한 수단으로 인식되고 있는 가운데, 이러한 통로를 통해 많은 담론과 합의가 생산되었지만, 왜 남북관계는 진전과 후퇴를 반복하고 있는가라는 질문에서 출발한다. 이 질문은 다음과 같은 질문들과 연결된다. 남북대화라는 하나의 제도는 남북 간 협력을 원활히 하기 위해 생산된 것이지만, 왜 이 제도는 아직 안정적으로 남북관계를 이끌어가지 못하고 있는가, 즉 7·4 남북공동성명과 남북기본합의서 채택으로 각기 형성되기 시작한 남북공동선언 체제와 남북기본합의서 체제[1]가 왜 안정적인

1_여기서 '체제'라고 할 때는 비교정치 분야나 국제정치 분야에서 말하는 체제(system)라기보다는 국제정치경제 분야에서 말하는 레짐(regime) 개념에 가깝다. 크래스너(Stephen D. Krasner)는 레짐을 "주어진 국제관계 영역에서 행위자들의 기대가 수렴되는 명시적이거나

제도로서 작동하지 못하고 그 작동이 멈추게 되었는가, 그래서 남북대화라는 제도 자체는 그 기능과 영역이 확장되는 등 어느 정도 발전을 해왔지만, 남북관계의 현실은 그렇지 못하는 부조화의 원인은 무엇인가, 나아가 한반도의 평화와 번영, 통일이라는 민족적 열망에 남북관계가 부응하지 못하고 있는 원인은 어디에 있는가 등의 질문들이다.

이에 대한 해명을 위해, 이 책은 1971년 남북적십자회담에서부터 1992년 남북고위급회담까지 남북대화의 진행 과정을 남북관계사의 전체적 맥락에서 분석·정리하고자 한다. 이 작업을 통해 남북관계 변화의 내용과 의미를 파악하고자 한다. 이를 위해 남북관계 진행 과정에서 남북 당국자들이 제기한 과제와 담론, 여기에 내재된 이익과 전략 등을 추적하였다. 필자는 이러한 작업을 역사의 중요성, 맥락의 중요성, 사실의 중요성, 그리고 의미의 중요성의 관점에서 수행하고자 했다.[2]

통일문제는 우리 민족 모두의 염원으로 인식되어 오고 있으며, 특히 6·25전쟁 이후 이러한 통일문제를 평화적으로 풀어 가는 방법으로 남북대화

묵시적인 원칙(principles), 규범(norms), 규칙(rules) 및 의사결정 절차(decision-making procedures)의 집합"으로 정의하고 있다(Krasner 1982, 186). 남북관계는 국제 레짐과 달리 두 정치체 간의 관계이지만, 남북대화를 통해 추구하고자 하는 목표는 국제 레짐의 형성 목표와 다를 바 없으며 — 이것을 남한 정부는 남북관계의 '제도화·안정화'로 표현한다 — 남북관계는 이것을 형성해 나가는 과정이라고 할 수 있다. 따라서 남북관계에서 '체제'는 남과 북의 행위자(주로 당국자)들 사이에 남북관계를 유지하는 과정에서 나타나는 남북관계의 원칙, 규범, 규칙, 의사결정 절차 등으로 특징지을 수 있는 남북관계의 틀이라고 정의할 수 있겠다.

2_이 문구는 경로 의존(path dependence) 개념의 선구적 개척자인 경제사학자 폴 데이비드(Paul A. David)의 업적을 기리기 위해 개최한 세미나의 논문을 모은 책, *History Matters*에 수록된 논문들의 기본 주제가 "[H]istory matters, context matters, and facts matter"라고 규정한 데서 따왔다(Guinnane, Sundstrom, and Whatley 2004, 2).

는 중요하고 유효한 수단으로 인정되고 있다. 그러나 이러한 남북대화가 민족사에서 차지하는 위치만큼, 남한에서는 남북대화가 자주 정치적 논란의 대상이 되었던 것 또한 사실이다. 이것은 기본적으로 남북대화를 조정·통제하는 대북 정책과 관련이 있다.

남북기본합의서 채택 이후, 특히 김대중 정부가 들어선 이후, 우리 사회에서는 북한을 어떻게 대하여야 하는가라는 정책과 관련하여 크게 세 가지의 흐름이 있다. 대북 화해협력(햇볕정책), 상호주의, 흡수통일이 그것이다. 그러나 이 세 흐름의 주창자들은 자기의 주장과 상대방에 대한 비판, 그 어느 것도 남북관계사의 전반적인 맥락에 기반을 두고 전개된 것은 없다. 햇볕정책에 대한 주장은 냉전구조 해체라는 당면 국제정세 흐름에 조응하는, 현 단계 남북관계 및 북한 상황에 효율적으로 대처할 수 있는 현명한 대응 등으로 정당화하는 데 주력했을 뿐, 그 정책의 의미를 남북관계와 남북대화의 역사적 맥락에서 제대로 내세우지는 못했다. 그 결과 햇볕정책 주창자들은 그들의 정책에 대한 국내적 비판에 설득력 있는 논거의 제공이나 정책 수행 과정에 대한 자기 점검, 되돌아보기(reflection)에 한계가 있었다고 판단된다. 한편, '정상적 남북관계'를 주창하며 햇볕정책을 비판하는 상호주의자들은 주로 김대중·노무현 정부가 북한을 대하는 태도나 자세, 행태 등을 문제 삼고 있다. 그러나 이들은 김대중·노무현 정부가 쌀 등 대북 지원은 착실히 하면서도 이산가족, 국군포로 및 납북자 문제 해결에는 소극적이라는 등 '대북 저자세'를 문제 삼고 있을 뿐, 남북관계사의 전반적 맥락에 기초한 대북 전략적 비판은 내놓지 못하고 있다. 김영삼 정부 시절부터 나온 흡수통일론은 북한을 "있는 그대로" 보는 것, 북한에서 일어나는 "역사적 과정이 실제로 일어나는 대로" 보는 것을 거부하고(Morgenthau 1978, 4),[3] 북한에 대한 오도된 정보와 남한의 힘에 대한 과신을 바탕으로 우리가 원하는 대로 북한의 정치 현상이 일어날 것으로 생각하고 행동하려 하는 21세기 판 북진통일론일 뿐이다. 이러한 흡수통일론을 정확히 평가하기 위해서도 남북관계사적 맥락은 필요하다.

그런데 이러한 주장들은 모두 남북관계는 7·4 남북공동성명과 남북기본합의서에 준해야 한다는 데는 이견이 없다. 햇볕정책의 주창자인 김대중 대통령과 김대중-노무현 정부의 대북 정책에 대해 비판적인 이명박 대통령 모두 7·4 남북공동성명과 남북기본합의서의 이행을 강조했다. 1998년 2월 대통령 취임사를 통해 남북기본합의서를 "그대로 실천만 하면 남북문제를 성공적으로 해결하고 통일에의 대로를 열어 나갈 수 있[다]"고 선언한 김대중 대통령은 제1차 남북정상회담에서도 7·4 공동성명, 남북기본합의서가 이행되지 않았음을 지적하고 그 실천을 강조했다(김대중 1998.2.25; 2000.6.15). 이명박 대통령도 남북 당국 간 전면적 대화를 북한에 제의하면서 7·4 공동성명, 남북기본합의서, 6·15 공동선언, 10·4 정상선언의 이행 방안에 대한 협의 용의를 밝혔다(이명박 2008.7.11). 7·4 남북공동성명에서 남북기본합의서 채택까지의 남북관계와 남북대화의 역사적 맥락을 검토해야 할 정당성이 바로 여기에 있다.

이러한 작업이 필요한 또 다른 이유는 7·4 남북공동성명 전후부터 남북기본합의서 채택까지 남북대화가 여전히 남북대화의 원형으로서 성격을 잘 나타내고 있다는 데서 찾을 수 있다. 양호민은 1970년대 남북조절위원회와 적십자회담이 "복잡하고 지리한 진행과 좌절의 과정을 거치면서 … 대화의 실패는 쌍방 간 대립과 투쟁을 확대 재생산한 결과"를 낳는 측면에

3_물론 북한을 "있는 그대로" 보지 못하는 행태는 흡수통일론자에만 있는 특징은 아니다.

서 “남북대화의 원형을 형성해 갔다”고 평가하면서 “앞으로의 대화도 그 유산을 완전히 벗어나지 못할 것”으로 전망했다(양호민 1996, 166~167). 물론 남북관계가 힘(power)을 바탕으로 한 정통성 경쟁이라는 측면에서 볼 때, 이 평가는 정확하다. 다른 한편, 7·4 남북공동성명 채택에서 남북기본합의서 채택까지 남북 간에 제시된 여러 제안, 입장과 논리, 그리고 그동안 “지리한” 논쟁의 결과로서 나온 1992년의 남북기본합의서는 지금도 남북 간에 해결하여야 할 문제를 풀어 갈 때 항상 참고하고 지침이 되는 문서로서, 남북관계 발전의 ‘기본 장전’으로 역할을 한다는 측면에서도 1970년대부터 1990년대 초의 남북대화는 남북대화의 원형이 되고 있다.

마지막으로, 남북관계와 남북대화의 역사적 맥락을 검토해야 할 정당성은 우리 사회 일각에 내재된 남북대화 자체에 대한 부정적 인식이나 무조건적 대화주의, 대화 물신주의(fetishism)에도 있다. 남북대화 자체에 대한 부정적인 인식에는 무엇보다 1971년 이후 남북대화 과정에서 북한의 일방적인 회담 중단, 합의 사항의 불이행 등의 결과이기도 하다. 남한에서 가끔 제기되는 남북대화의 정치적 이용도 남북대화의 부정적 인식을 강화하고 있다. 1980년대 민주화 이후 남한에서는 선거 때마다 ‘북풍’이 거론되곤 했었으며, 2000년 남북정상회담이 김대중 정부의 정치적 목적에서 비롯되었다는 주장도 있었다. 1972년 7·4 남북공동성명은 남북대화가 정치적 목적에서 이용된 대표적 사례로 거론되고 있다(임혁백 2004, 2005). 대북 정책과 남한 선거와의 상관성을 연구한 정진위·김용호(2003, 233~250)는 김영삼 정부의 대북 정책은 특히 선거의 영향을 크게 받았다고 주장한다. 이러한 인식들의 문제는 그것의 사실성 여부와 상관없이 남북대화의 기능과 역할을 객관적으로 파악하는 것을 방해하고 있다.

한편 무조건적 대화주의, 대화 물신주의의 근저에는 북한에 대한 심리적 우월감, 남과 북의 지배적인 권력 블록(power bloc)이 전략·전술적인 의도를 가진 정치집단임을 무시한 채 전개하는 정치운동으로서의 평화 우선주의, 남북 양측의 지배 블록 중 어느 한편의 입장에서 주장하는 위장 평화주의 등이 자리를 잡고 있다. 특히 남한 국민들의 북한에 대한 막연한 우월감은 정치운동적 평화 우선주의나 위장 평화주의와 결합하여 남북대화에 대한 객관적 인식을 방해를 가중시키는 요소로 작용하고 있다.

남한에서 민주화가 진전됨에 따라 일반 정치 영역뿐 아니라 통일문제에 있어서도 국민들의 참여가 확대되었고, 그 결과 통일문제에 대한 논의와 참여는 매우 다양하고 폭넓게 이루어지고 있다. 다른 한편으로는 여전히 남북관계 발전과 통일국가 형성의 문제는 최종적으로는 남북한 당국의 영역에 머물 수밖에 없으며, 그러한 테두리 내에서 협의가 진행되어 왔다. 따라서 이 책은 7·4 남북공동성명 전후부터 남북기본합의서 채택까지의 남북관계의 전개를 통일국가 형성의 실질적 담당자인 남과 북의 당국자들에 의한 민족문제 해결의 과제의 제기와 그 해결 방식 등을 중심으로 정리하고자 한다.

2. 연구 영역 및 과제

앞에서 제시한 문제의식을 가지고, 이 책은 1971년 남북적십자회담에서부터 1992년 남북고위급회담까지 남북대화 진행 과정을 기본 연구 대상으로 한다. 1972년 7·4 남북공동성명의 자주·평화·민족대단결의 통일 3원칙은 오늘날까지 민족문제 해결의 기본 방향, 규범으로 작동하고 있다. 남북은 모두 이 원칙에 기초하여 남북관계 발전과 통일문제 해결을 위한 과제를 제시하고 담론을 전개하였다. 그리고 남북기본합의서는 남과 북이 통일로 나아가는 과정에서 해결, 추진해야 할 과제들을 분야별로 망라한 '남북관계의 기본 장전'으로, 이 합의서의 합의 사항 이행 정도가 곧 남북관계 발전의 지표가 된다고 볼 수 있다. 한편, 7·4 공동성명에서 기본합의서 채택까지의 남북관계는 단속적이지만 꾸준히 이어져 오는 가운데, 쌍방 당국은 다양한 과제와 일정한 담론을 제시해 왔다. 이러한 노력들의 결과가 남북기본합의서라고 할 수 있다.

그리고 본 연구는 앞에서 밝힌 문제의식을 가지고 상기 연구 대상에 대하여 다음의 질문을 중심으로 연구를 진행하고자 한다.

첫째, 남과 북이 대화에 나서기 전인 1960년대에 한반도 상황과 민족문제 해결을 위해 남과 북 당국이 제기한 과제, 해결 방식 등은 무엇이었나?

둘째, 1970년대 초 남북대화는 어떻게 시작되었는가? 남북대화는 그 이전까지 진행된 남북관계가 축적된 결과인가, 당면한 국제정세 변화에 대응한 합리적인 선택의 결과인가?

셋째, 남북대화가 성립된 1970년대 이후 단속성을 가지면서도 지속되고 있는 추동력은 어디에서 나왔는가?

넷째, 남북관계는 어떠한 경로를 거쳐 왔으며, 그 특징은 무엇인가? 남북관계의 경로상 특징을 나타내는 인과적 기제는 무엇인가?

다섯째, 남과 북이 남북관계의 상호작용을 통해 해결하고자 한 과제는 무엇이었는가? 남과 북의 당국은 남북대화의 각 국면, 남북 간 과제의 해결 과정에서 남북관계를 어떻게 규정하였으며, 상대방을 어떻게 인식·규정하였는가? 각기 제기한 과제는 어떻게 수용되었는가?

마지막으로, 남북관계에서 남북대화의 기능과 역할은 무엇인가? 남북대화는 남북관계를 진전시키는 실질적인 동력인가? 만약 그렇지 않다면, 그 이유는 어디에 있는가?

그리고 이 작업은 기본적으로 다음과 같은 가정(assumption)에 기반을 두고 수행하고자 한다.

첫째, 남북관계는 미국, 중국 등 한반도의 주변국들의 국제적인 관계와 남과 북 내부 상황의 상호작용 하에서 이루어진다. 남북관계에 미치는 국제정치적 상황과 내부 상황의 상대적 규정력은 시기마다 달라질 수 있다.

둘째, 이러한 남북관계 전개의 기저에는 힘의 정치(power politics)가 자리 잡고 있다. 이것은 남과 북의 당국 간에 어느 측이 통일한국의 주인인가라는 '정통성 경쟁'으로 표현된다. 이것은 궁극적으로 통일국가에서 삶의 양식, 이익 배분의 체계에 대한 투쟁이다. 이 투쟁은 정치, 군사, 이데올로기 등 여러 층위에서 일어난다.

셋째, 남북관계는 정통성 경쟁에 토대를 둔 남북 각기의 정책목표와 전략에 따라 전개되지만, 이러한 남북관계는 때때로 그 바깥에서 발원하는 남과 북 양 정상의 정치적 이익이 매우 큰 영향을 미친다. 즉 남북관계는 흔히 각 정상의 정치적 이익이 남북 각기의 국가 이익을 굴절시키면서 발현된다.

넷째, 남북관계 및 통일문제는 남북대화 등 남북 간 상호작용의 과정에서 구성(construction)되었다. 따라서 남과 북의 당국이 각기 주관적으로 평가하는 자기 측의 힘, 상대측에 대한 인식, 남북관계의 전개 및 통일과정에서의 역할 인식, 즉 남북관계 주도권에 대한 인식 등이 각 측의 이익과 행위에 영향을 준다.

다섯째, 남과 북 당국의 지도부는 남북관계 전개과정에서 자기들의 행위를 정당화하고 상대방의 행위를 제어하거나 조장하기 위해 여러 수준과 형태의 개념, 논리, 범주 등으로 담론(discourse)을 생산해 낸다.

3. 분석·설명의 틀

여기서는 앞에서 본 연구의 문제의식과 여섯 가지 연구 질문에 답하기 위해 제시한 다섯 가지의 가정에 따라 구체적인 이론적 분석·설명의 틀을 제시하고자 한다.

1) 국제적 상황, 국내적 상황의 규정력과 남북관계

월츠(Kennth Waltz) 등 신 현실주의자 내지 구조적 현실주의자들은 국가 간 관계의 결과는 국제적 상황이 절대적인 영향을 가한다고 주장한다(Waltz 1979). 이에 반하여 모라브치크(Andrew Moravcsik) 등 자유주의자들이나 마르크스주의자들은 국가 간의 관계에서 국내정치적(Innenpolitik) 요소의 규정력을 강조한다(Moravcsik 1997; Zakaria 1992). 한편, 신고전적 현실주의자들은 국제적 상황의 규정력을 우선적으로 인정하면서, 이 규정력이 국내정치적 요소에 따라 변화, 한정될 수 있다는 점을 지적하고 있다(Lobell, Ripsman and Taliaferro 2009).

남북관계도 당연히 국제정치적 변수와 국내정치적 변수 모두에 영향을 받는다. 그러나 필자는 각 변수가 남북관계에 가하는 상대적 규정력에 대해서는 시대에 따라 각각의 강도가 다를 수 있다고 가정한다. 이것은 국제정치학에서 전통적으로 통용되는 '분석 수준'의 문제에 집착하지 않는다는 의미이다. 기본적으로 개인, 집단, 정부, 국가, 국제체제 등은 서로 연계되

어 있다고 보기 때문에 어느 특정 수준의 분석이 다른 수준의 분석보다 우위에 있다고 보지 않는다.[4]

2) 힘의 정치, 정통성 경쟁과 남북관계

해방 후 남북한은 이승만-한민당이 주축이 된 남한의 정치세력과 김일성이 주축이 된 정치세력이 각기 단독 정부를 수립함으로써 통일이 민족의 최대의 과제가 되었다. 남과 북에 수립된 각각의 정치체는 여느 국가 간의 관계와 마찬가지로 통일문제를 정점으로 이를 풀어가기 위한 여러 관계가 힘을 바탕으로 전개되었다. 이러한 관계 전개의 핵심은 정통성 경쟁이다. 남과 북은 각기 자기의 힘을 바탕으로 기회가 있을 때마다—기회를 국제정치 구조가 부여하든, 남북한 각기 상대방의 내부정세가 부여하든—상대측의 체제 변경을 기도하고, 이러한 기도에 대하여 다른 상대측은 체제 수호를 도모하게 된다. 남북 각기의 정책목표(이익), 전략, 담론의 측면에서 보면, 북한의 남한에 대한 체제 변경은 남한의 공산화이며, 이에 대한 남한의 대응은 반공이다. 남한의 북한에 대한 체제 변경은 북한 개혁·개방, 북한 민주화 등이며, 이에 대한 북한의 대응은 주체, 우리민족끼리 등이다.

이러한 남북한의 정통성 경쟁을 시대별로 대별해 보면, 〈그림 1-1〉에서 보는 바와 같이 1950~60년대에는 북한의 남조선 혁명과 남한의 반공 구도에서, 1970년대에는 남한의 북한 개혁·개방과 북한의 남조선 혁명 구도에서 1980년대 이후에는 남한의 북한 개혁·개방, 북한 민주화와 북한의

4_이러한 관점에 대해서는 Frieden, Lake, and Schultz 2016, Lake and Powell 1999 참조.

그림 1-1 | 남북한 정통성 경쟁 구도

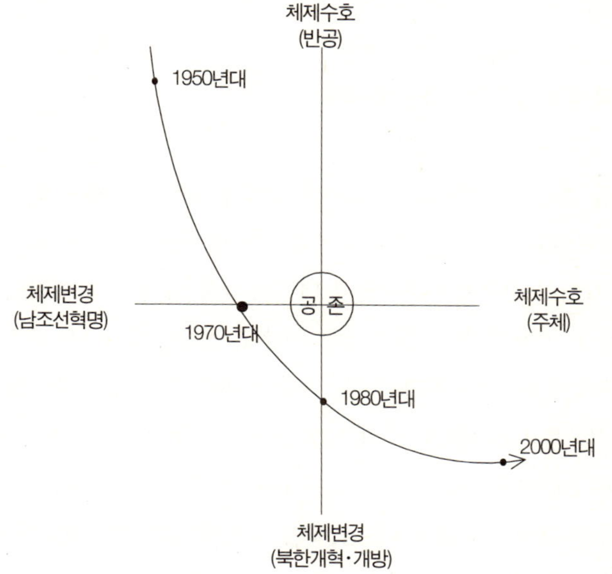

주체, 우리민족끼리 구도아래 작동하고 있다고 볼 수 있겠다.

국가 간의 관계를 '힘의 투쟁(struggle for power)'의 관점에서 파악하는 것은 현실주의 국제정치학의 기본 교의이다. 고전적 현실주의자로 분류되는 한스 모겐소(Hans J. Morgenthau)는 국제정치 현상을 해명하는 주요한 길잡이는 "힘으로 정의되는 이익의 개념"이며 "정치인들은 힘으로 정의된 이익에 따라 생각하고 행동한다"는 것을 정치적 현실주의 원칙의 하나로 제시하고 있다(Morgenthau 1978, 5). 한편, 미어샤이머(Mearsheimer) 등 공세적 현실주의자들(offensive realists)은 국가가 국제정치의 구조가 부여하

는 기회를 이용하여 힘의 증대를 도모한다는 관점을 취하고 있다(Mearsheimer 2001).[5]

3) 남과 북 정상의 이익과 남북관계

이러한 정통성 경쟁이라는 남북 간 힘의 정치의 전개에는 자기 측과 상대측의 국력에 대한 남북한 각기의 주관적인 평가를 바탕으로 국제정치 상황, 남북 각기의 내부정세적 요인과 더불어 남북 양 정상의 이익도 중요하게 작용한다. 남한의 경우, 통일정책 추진의 최고의 대리인은 대통령이다. 1972년 유신헌법 이후 헌법에서는 대통령에게 "조국의 평화통일을 위한 성실한 의무"를 명시적으로 부과하고 있다. 앞으로의 분석에서는 남한 대통령의 이익에 더 주목한다. 왜냐하면 북한의 경우 정치체제 특성상 정상의 이익이 곧 북한의 국가 이익으로 봐도 무방하다고 보기 때문이다. 특히, 1960년대 후반 이후 확립된 수령 중심 체제의 특성상 북한 주민의 선호는 물론 외교안보 분야 당·정 관료의 선호가 반영될 여지는 거의 없다고 봐야 할 것이다. 따라서 북한의 선호는 곧 김일성의 선호로 표출된다고 봐도 무방할 것이다. 남한의 경우 대통령의 이익이 분석에서 중요한 이유는 통일문제를 풀어 나가는 실질적 담당자는 정부이며, 그 중에서도 이 문제는 대통령의 의제이기 때문이다. 남북관계에서 대통령의 선호를 결정짓는 주요 요소는 그의 정치적 이익이다.[6] 이 이익은 대통령 개인의 정치 정향, 그의

5_왈츠 등 방어적 현실주의자들(defensive realists)은 국가의 목표가 생존에 있다고 가정하기 때문에 국가는 안보를 확보할 만큼만의 힘을 추구하지 세력균형을 파괴하는 정도로 공세적이지는 않다고 본다(Waltz 1979).

주변 엘리트 집단의 집단적 사고[7] 등에 영향을 받으면서 하나의 정치적 태도로 전이되고, 구체적으로 성명·담화, 대북 제의 등 정책으로 표출된다. 물론, 민주화 이후에는 시민사회의 선호도 과거 권위주의 시대와 달리 대통령의 이익과 연계되어 상당히 반영된다고 보아야 할 것이다.

4) 민족문제의 구성과 남북관계

힘의 투쟁을 바탕으로 한 남북 간 정통성 경쟁에는 관념적 요소 또한 간과할 수 없다.[8] 모든 정치 현상에는 이데올로기, 규범 등 관념적 요소가 내재되어 있기 때문이다. 남과 북이 자기 주도로 남북관계를 이끌어 가면

6_남북대화가 기본적으로 대통령의 의제이며 그의 정치적 이익과 밀접히 관련되어 있다는 것을 잘 보여 주는 것이 남북국회회담에 대한 전두환 대통령의 태도이다. 전 대통령은 남북정상회담을 위한 1985년도의 박철언-한시해 비밀접촉이 잘 진행되자, 당시 진행되고 있던 남북국회회담 예비접촉을 지연시키고 "적절한 시기에 국회회담은 끊어버리는 것이 좋겠다"는 입장이었다(박철언 2005a, 179). 이 접촉의 의제가 기본적으로 대통령 의제인 남북 불가침 선언 문제였기 때문이다.

7_남북대화 추진에 대한 대통령의 이익에도 불구하고 주변 엘리트 그룹의 반대로 그 추진력이 약화되는 대표적인 사례는 역시 전두환 정부 당시 1985년도의 박철언-한시해 비밀접촉이다. 그해 10월 북한의 부산 청사포 앞에서 북한 무장 간첩선 발견을 계기로 당시 노신영 총리, 이원경 외무장관, 이규호 비서실장, 허문도 정무수석 등 '대북 강경파'들의 영향으로 전 대통령은 박철언 특보에게 "이제부터는 정상회담 성사를 위한 노력을 하지마라"고 지시한다(박철언 2005a, 164~166; 202~205). 박 대통령의 1970년 「8·15 평화통일 구상 선언」의 전향적인 내용도 법무장관과 검찰총장의 반대로 변경된 사실이 있다(국토통일원 1989b, 45~51).

8_국제정치 현상에서 관념적 구조의 역할을 강조하는 구성주의 논의에 대해서는 Jepperson, Wendt and Katzenstein 1996, Onuf 1989, Onuf 2002, Onuf 2013, Wendt 1992, Wendt 1994, Wendt 1995, Wendt 1999 등 참조.

서 통일을 추진하고자 하는 노력에는 힘을 바탕으로 하는 것뿐만 아니라 올바른 남북관계, 이상적인 통일국가에 대한 관념 또한 뒷받침되고 있다. 이러한 노력은 남북한 당국뿐만 아니라 통일운동 세력 등의 행위자들 모두 각기 나름의 이데올로기, 담론 등을 생산·유포하면서 올바른 남북관계와 이상적인 통일국가에 대한 "공유된 지식"(Wendt 1995)을 확립하는 것으로 나타나고 있다. 남북관계와 관련된 행위자들은 지식의 간주관적 공유를 통해 민족문제를 '구성'하여 남북관계를 변형하고자 한다.[9] 당면하게는 이데올로기, 담론 등은 남과 북이 남북관계의 정책목표, 이익의 실현을 위한 유효한 전략적 수단이 된다.

아울러 국력에 대한 주관적 평가에 바탕을 둔 자기 측에 대한 인식, 적, 경쟁자, 동반자 등 상대측에 대한 인식, 남북관계 주도권과 관련한 통일국가 형성 과정에서의 역할 인식, 통일국가의 미래상 등의 관념 또한 남북관계와 관련한 정책목표의 형성과 통일정책 및 전략의 형성에 영향을 미친다.

여기서 자기 자신에 대한 스스로의 인식, 자기정체성(self-identity)은 웬트가 말하는 개인적·법인적 정체성(personal/corporate identity)에 해당한다. 이것은 자기 자신에 대한 이해에 바탕을 둔 것으로 남북 각기의 정치지도자가 그들이 통치하는 정치체의 국력에 대한 주관적 평가가 기본을 이룬다고 본다.[10] 이러한 정체성은 한마디로 "주어진 상황에서 자기가 누구라는 데 대한 어떠한 관념"(Wendt 1999, 170)으로서 "사람들 사이에서, 사회적 관계 속에서 생성"(Lawler 2008, 8)되는 것이다. 즉 정체성은 어떤 행위자

9_구성주의 개념의 주요 핵심 요소의 하나인 간주관성(intersubjectivity)에 대해서는 Barkin 2010, 26~28 참조.

10_국력의 구성 요소에 대해서는 Morgenthau 1978, 117~155 참조.

가 타자들에 대해 자기 나름의 인식을 가지면서 자신에 대해 부여한 특성이다(Wendt 1994, 395). 따라서 해당 국가의 경제력, 군사력, 내부 단결력, 내부 주민의 자기체제에 대한 자부심, 상대측 주민이 느낄 수 있는 자기체제의 매력 등이 그 주요 요소라고 본다. 따라서 남북의 정치 지도자가 인식하는 자국의 정체성은 총체적으로 볼 때 상대측에 대한 자신감으로 볼 수 있겠으며, 이 연구에서는 그것이 열등적·수세적인가, 우월적·공세적인가로 대별한다.

상대를 적, 경쟁자, 동반자 등으로 규정하는 상대에 대한 인식은 어느 일방의 타방에 대한 지각적·인지적 차원의 인식을 넘어 정책적 또는 법적 차원으로 뒷받침되는 것으로 본다. 노태우 정부가 탈냉전 상황에서 북한을 남북관계 발전의 동반자로 인식하고 7·7 선언과 함께 남북교류협력법 제정 등 남북관계의 규범을 정비해 나가는 것이 대표적인 사례이다. 남북관계 및 통일의 주도권 경쟁과 관련한 역할 인식은 남북이 각기 공세적인가 수세적인가로 대별하여 볼 수 있겠다.

5) 종합: 전략적 선택으로서의 남북관계

남북관계의 전개는 남과 북이 각기의 정책목표 아래서 남과 북의 행위자들이 상호작용을 통해 남북관계와 통일의 주도권을 행사하기 위한 전략적 선택의 연속적 과정이다.[11] 이러한 전략적 선택에 있어서 주요한 요소는 행위자와 그의 선택을 둘러싼 전략적 환경이다. 여기서 행위자는 선호하

11_국제정치 현상에 대한 전략적 선택 접근법에 대해서는 Lake and Powell 1999 참조.

는 정책목표(국가 이익)와 상대방의 선호에 대한 믿음을 가지고 있다고 본다. 이 믿음은 행위자와 상대방이 상호작용을 하기 이전에 행위자가 상대방에 대해 가지고 있는 믿음이다. 전략적 환경의 요소에는 행위자가 취할 수 있는 행위들과 행위자가 불확실한 상황에서 상대방의 행위로부터 확신하거나 추론할 수 있는 정보 구조가 있다. 따라서 전략적 선택의 관점에서 보면, 일정 시점의 남북관계의 결과는 남과 북의 행위자의 정책목표와 전략적 환경이 서로 작용하면서 산출된다고 볼 수 있다(Lake and Powell 1999, 3~25). 이러한 관점을 앞의 세 가지 측면에서의 논의와 종합해 보면 〈그림 1-2〉와 같이 표현할 수 있겠다.

여기서 남북관계와 통일을 추진하기 위한 남북 각기의 전략과 정책을 체계적으로 설명·분석하는 개념 틀은 현재 없다는 것을 지적해 둔다. 북한의 대남 전략을 설명하는 개념은 통일전선 전략 정도이며, 남한의 대북 정책 내지 전략은 흡수통일 정책, 관여정책(햇볕정책), 봉쇄정책 정도이다. 햇볕정책에 대한 일부 연구들도 미국의 대외 정책인 봉쇄정책-관여정책의 이분법에서 관여정책으로서의 햇볕정책을 분석한 정도이다. 미국의 학계에서도 '봉쇄', '관여' 등은 '일반적인 개념'으로서, 이러한 것들이 '전략'이 되기 위해서는 '구체적인 내용'이 들어가야 한다는 점이 지적되고 있다(Litwak 2000, 91). 전략은 목표로 하는 이익을 추구하기 위해 가용한 자원을 어떻게 배치시킬 것인가 하는 "길 안내도"인 동시에 "정책처방 묶음"으로서, 하나의 전략에는 군사비 지출의 수준과 형식, 원조의 사용 방식, 전략 상대방에 대한 외교적 자세 등 구체적인 지침이 제시된다(Deuck 2006, 9~11).

그런데 전략 추진에 있어서는 어느 국가도 "파편화되고 분권화된 정치제도"로 인해 "의식적이고, 일관되며, 의도적인 전략적 '계획'"을 따를 수는 없는 것 또한 사실이다(Deuck 2006, 11). 전략을 포괄하는 정책 또한 일관

그림 1-2 | 남북관계의 전개 구도

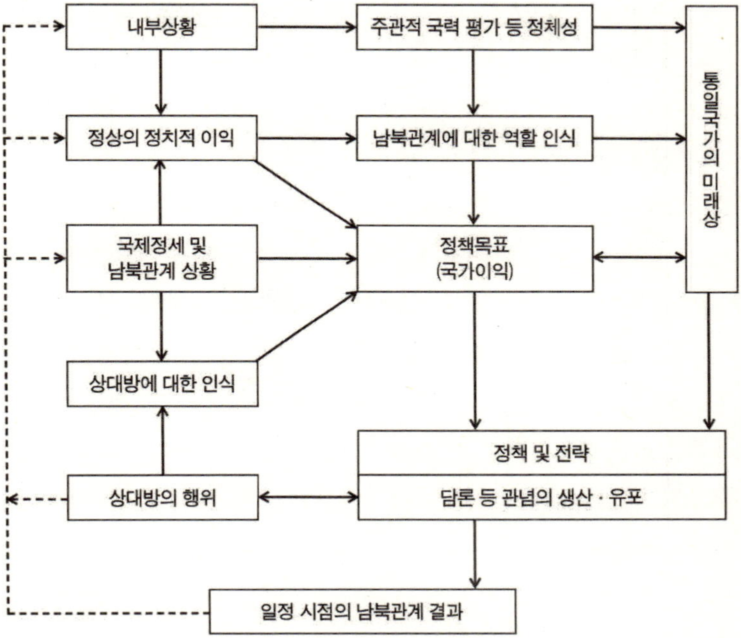

되게 추진되지 않는 경우가 많다. 경험적으로는 적어도 남한과 북한에 관한 한 분명한 전략을 추출해 내는 것은 매우 어렵다. 따라서 이 연구에서는 '정책'이나 '전략'보다는 '정책 정향(policy orientation)'이라는 개념으로 남과 북의 관계를 개념화하고자 한다. 정책 정향은 정책과 전략을 모두 포괄하는 개념으로 정책 당국의 정책 선언, 국력에 대한 주관적 평가에 기초한 자기 측에 대한 인식(자기정체성), 정책·전략 추진에 있어서의 일정한 행동률,

그림 1-3 | 대북·대남 정책 정향 구도

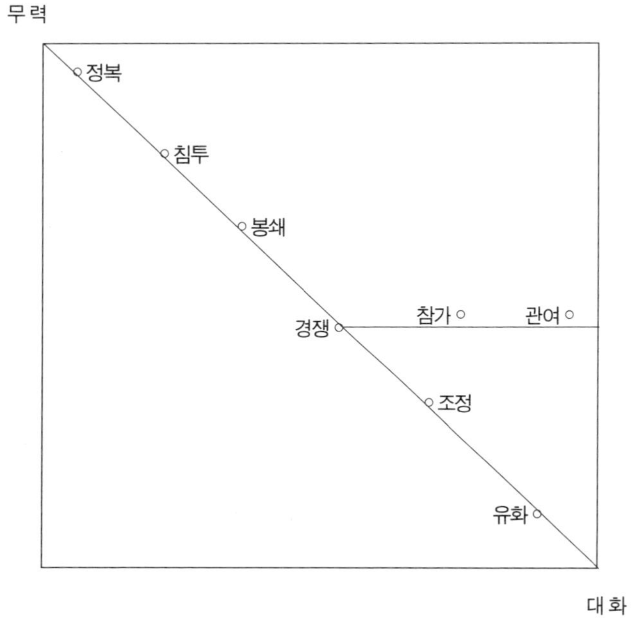

상대방에 대한 인식 등을 구성 요소로 하는 정책의 방향성과 경향성으로 정의한다. 한편, 남과 북 각기의 자기 측에 대한 인식은 남북 간 상호작용의 국면, 각기 미국 등 주변국과의 관계에서의 위치, 정치 지도자의 정치적 이익 등에 따라 다양하게 인지되는 측면을 고려할 때, 각 정책 정향과 자기 측에 대한 인식 사이에 일대일 대응은 현실적으로 어렵다고 본다. 따라서 본 연구에서는 정책 정향과 상대방에 대한 인식 사이의 대응만 고려한다.

어느 나라의 대외 정책이든 이것은 무력과 대화, 즉 주먹과 말의 적절한 배합으로 표현된다고 볼 수 있다. 남과 북에 있어서도 상대방에 대한 정책 정향은 무력과 대화의 축을 중심으로 〈그림 1-3〉과 같이 정복(conquest)–침투(penetration)–봉쇄(containment)–경쟁(competition)–참가(involvement)–관여(engagement)–조정(adjustment)–유화(appeasement)라는 연속선에서 추진되는 것으로 개념화할 수 있다고 본다.

그리고 각 정책 정향의 표준적인 행동률(essential rule)과 그 정향에 대응하는 상대방에 대한 인식을 정리하면 〈표 1-1〉과 같다.[12]

이와 같이 무력과 대화의 축에서 움직이는 남북대화는 궁극적으로는 한반도의 평화통일 달성을 위해 기능한다. 당면하게는 무력의 행사와 관련하여 한반도의 상황을 자기 측에 유리하게 조성할 수 있도록 하는 기능을 할 뿐만 아니라 상대측을 자기 측의 제도와 문화에 조응할 수 있도록 변화시키려는 기능도 한다. 한편, 북한은 정통성 경쟁, 힘의 효율적 관리 등의 측면에서 남북대화에 미국과의 직접 대화를 개입시키려는 노력을 끊임없

12_전재성(Chun 2001)은 남한의 정체성을 자기정체성, 대북 정체성, 규범, 이익, 정책의 측면에서 단일국가 정체성, 냉전 정체성, 데탕트 정체성, 탈냉전 정체성으로 처음으로 개념화하고, 이를 해방 후부터 2000년까지 각 시대별 특징을 주요 정체성, 정체성 정치, 남북관계로 설명했다. 그러나 정체성의 변화 시기에 따라 정체성 정치의 양상과 남북관계 변화를 설명하고 정체성 정치를 남북한의 상대방에 대한 전략과 연결시키지 않음으로써, 정체성의 독자성을 너무 강조한 측면이 있을 뿐 아니라 같은 정체성(예: 냉전적 정체성) 내에서의 남북관계의 국면적 변화를 충분히 설명하지 못하게 되었다. 한편 우승지(Woo 2003)는 남한의 대북 정책을 진보적 민족주의(progressive nationalism), 종합적 관여(comprehensive engagement), 조건부 관여(conditional engagement), 봉쇄/흡수(containment/absorption)로 분류하고, 각 정책별 정책 지지 그룹, 대북 이미지, 통일 방법 및 과정, 4강 사이의 관계와 연결했다. 그러나 이러한 분류는 남한에 존재했던 현상만으로 한 것이기 때문에 남북한을 아우르는, 나아가 냉전 시 미소관계나 중소관계, 아랍-이스라엘 관계, 인도-파키스탄 관계 등을 포함하는 이념형(ideal type)적 분석 도구로 사용하기에는 미흡하다.

표 1-1 | 상대방에 대한 정책 정향별 표준 행동률과 인식

정책 정향	표 준 행 동 률	상대방에 대한 인식
정 복 conquest	o 평화적 흡수 또는 군사적 정복	적
침 투 penetration	o 적극적인 이데올로기적 공세 o 수시적인 도발 및 상대방 내부정세 불안 유도	적
봉 쇄 containment	o 필요 시 군사적 대결 자세의 공공연한 시현 불사 o 이데올로기적 비난 o 도발에 대한 응징(tit-for-tat)	적
경 쟁 competition	o 대화를 통한 정책의 조정·완화 o 상호주의, 상대에 대한 폭력, 비방·중상 불사	대화 상대/ 적
참 가 involvement	o 대화를 통한 상대측의 정책 변화 추구 o 상호주의, 무보상, 상대에 대한 공개 비판	경쟁자
관 여 engagement	o 대화를 통한 상대측의 정책 변화 추구 o 비대칭적 상호주의, 필요 시 보상을 통한 정책 변화 추진, 상대에 대한 공개적 비판 자제	동반자/ 경쟁자
조 정 adjustment	o 상대측의 정책에 대한 조정을 통해 현상 유지 o 대화를 강조하되, 근본적 국가 이익의 침해 시 군사적 저항도 불사	이웃국가
유 화 appeasement	o 군사 대결 회피 o 핵심적인 국가 이익의 양보(영토 할양)	적

이 전개한다.

4. 서술 방식과 각 장별 주요 내용

이 연구는 앞에서 밝힌 바와 같이 역사의 중요성, 맥락의 중요성, 사실

의 중요성, 그리고 의미의 중요성의 관점에서 1971년부터 1992년까지의 남북대화를 남북관계사의 전체적 맥락에서 분석·정리한 작업이다. 따라서 이 과정에서의 남북관계 변화의 내용과 의미, 남북 당국자들이 제기한 과제와 담론, 여기에 내재된 이익과 전략 등의 맥락과 의미를 충분히 살려내기 위해 각 해당 국면별로 우선 연대기적으로 사건의 진행 경과를 풍부하게 기술(thick description)한다. 이러한 기술 방식을 채택한 것은 기본적으로 이 연구가 진행 과정 추적 방법(process-tracing method)의 정신 아래 수행되었다는 점을 감안한 것일 뿐만 아니라(Beach and Pedersen 2013; George and Bennett 2005, 205~232; Ruback 2010), 남북한 당국이 남북관계라는 현실을 남북한 사회 전체를 대상으로 '구성'하려는 노력을 잘 보여 줄 수 있는 방법이라고 생각하기 때문이다. 그 후 각 장 마지막 절에서 사건 경과의 요약과 함께 해당 국면 전반을 분석·재정리하는 방식을 취한다.

이 책의 각 장별 주요 내용은 다음과 같다.

제2장에서는 1950~60년대 남북 간 대결관계의 기본구조와 함께 1960년대까지의 남북한 내부정세를 살펴봄으로써 1969년 닉슨 독트린 이전까지는 남과 북이 평화적인 대화와 협상의 길로 들어설 수 없는 구조임을 논증한다.

제3장에서는 1960년대 말 미국의 데탕트 정책과 1970년대 초 한반도 상황, 닉슨 독트린 이후부터 1971년 8월 12일 남한 측의 남북적십자회담 제의까지 역사적 상황 등을 검토한다. 미국의 데탕트 정책과 닉슨 독트린이 한반도에서 점진적 역사의 결과가 아닌 우발적 요소로서 등장하고, 이에 따라 제기된 주한미군 철수 문제, 미중 화해 및 주한미군 철수와 관련한 한국·미국과 북한·중국의 움직임, 이러한 한반도 정세 변화에 따른 한국 내부의 움직임 등을 살펴본다. 이를 통해 남과 북이 대화의 길로 들어선 것

이 유일한 합리적 선택의 결과라기보다는 대결의 지속, 동맹의 강화, 대화와 협상이라는 적어도 세 가지의 선택이 열려 있는 상황에서 미국과 중국의 강력한 영향력 하에 대화와 협상 길로 들어섰으나, 아직도 남과 북이 더 높은 차원의 대화 국면으로 진입하기 위해서는 별도의 노력이 더 필요함을 보여 준다.

제4장에서는 남과 북이 국제정세의 변화와 힘의 균형 상황에서, 남북 비밀접촉이라는 "말 해놓기"를 통해 더 높은 차원의 대화 국면에 진입하는 과정을 살펴본다. 쌍방이 남북관계의 원칙, 규범, 의사결정 체계, 실천 과제 등을 담은 7·4 남북공동성명을 채택한 이후 남북대화가 원활하게 이루지지 못하는 사정과 함께 7·4 공동성명 이후의 남북관계가 하나의 체제로 작동하지 못하는 사정도 살펴본다.

제5장에서는 남북 간 상대적 힘의 변화에 따라, 전두환 정부의 적극적인 대화 공세에 대한 김일성의 선택에 대해 살펴본다.

제6장에서는 남북 간 힘의 변화와 함께 탈냉전의 국제정세 아래 이루어진 남한과 북한의 선택, 남북고위급회담 등 다양한 남북 간 접촉과 이 과정에서 나타나는 담론 등을 살펴본다. 북한 핵 문제의 등장 과정도 함께 살펴본다. 북핵 문제는 초기에는 기본합의서 체제 밖에서 병행적으로 전개되다가 점차 체제의 안으로 들어와 남한 당국에게 민족공조와 국제공조 간에 선택을 강요함으로써, 결국 남북기본합의서 이후의 남북관계가 체제로서 작동을 멈추는 과정을 살펴본다.

마지막 제7장에서는 이 연구를 통해 발견한 사실들을 이 연구의 가정과 분석·설명의 틀에 비추어 재정리하면서 이 연구의 의의와 한계를 밝힌다.

2장

1960년대 말까지 남북한 대결구조와 내부정세

이 장에서는 1970년대 이전 남북 대결의 기본적인 특성과 남북 당국간 대화를 위한 내부적인 동인이 없는 구조를 밝히고자 한다. 이를 통해 남과 북의 두 정상이 추진한 남북대화라는 1970년대 초반의 역사적 선택이 당시의 남북관계에서 합리적으로 선택될 수 있는 유일한 대안이 아니었다는 것과 그 이전 남북관계의 점진적 변화의 결과로 설명될 수 없다는 점을 보여 주고자 한다. 1960년대 말까지의 남북관계 및 남과 북의 내부적 상황과 1970년대 초반의 남북관계 전환 사이에 인과적 연결성이 결정적이지 않다(indeterministic)는 역사적 사실들은 남북관계의 기본적인 성격과 남북대화라는 제도 탄생의 배경을 이해하는 기초가 된다.

1. 남북 간 대결관계

남과 북은 1948년 각기 단독 정부를 수립한 이후 어느 쪽이 한반도에서 유일 합법적인 정치체인가를 다투는 정통성 경쟁을 해왔다. 이러한 경쟁은 정치, 군사, 이데올로기적 층위에서 갈등과 대결을 낳게 되었다.

정치적 층위에서 대결은 동맹관계의 강화와 국제무대에서의 경쟁으로, 이데올로기적 층위에서는 각기 자본주의·사회주의 체제의 우월성 선전, 쌍방 당국자에 대한 비방·중상 등으로 표현되었다. 무엇보다도 남북한 대결의 가장 노골적이고 극단적 표현은 군비증강, 군사도발 등 군사적 대결이다. 특히 북한의 침략을 경험한 남한의 입장에서는 북한의 군사적 도발이 정책 결정의 최우선적 고려 요소가 되었다.

미리 지적해 둘 것은 1970년대 이후의 남북관계에서도 이러한 대결이 기본을 이룬다는 점이다. 다만, 층위별 대결 강도에 차이가 있을 뿐이다.

1) 유엔 무대에서의 대결

남북 간 정통성 경쟁은 우선 유엔(UN) 무대를 통해서 일어났다. 한반도 통일문제와 관련하여 남한의 입장을 지지하는 결의안과 북한 측 입장을 지지하는 결의안 간의 대결이 그것이다. 그리고 이러한 결의안 대결은 기본적으로 서방측과 공산측 간의 진영 간 대결로 표현되었다. 이러한 유엔 무대에서의 남북 간 대결은 한반도 분단 과정과 연관되어 있는 만큼 미국과 소련으로 각각 대표되는 서방권과 공산권이 남과 북을 대리하여 대결하는 형식이 강했다.

한반도에서 미국과 소련은 남북 간 분단의 고착화를 타개하기 위해

1945년 12월 미·영·소 3국의 외무장관 회담인 소위 모스크바 3상회의를 개최하여 12월 27일 「조선에 관한 모스크바 3상회의 결정(모스크바 협정)」을 채택하였다. 이 협정은 '임시 조선 민주주의 정부(a provisional Korean democratic government)' 수립을 상정하고 이를 돕기 위해 「미소공동위원회」를 설치하여 5년간 미·소·영·중 4개국의 신탁통치를 실시한다는 것이다.[1] 이에 따라 1946년 3월 20일부터 개최된 미소공동위원회는 5월 6일까지 24회에 걸쳐 열려 통일정부 수립 협의에 참가할 정당·단체의 참가자격 문제를 놓고 미소 간 합의에 실패하여 일단 무기 휴회로 돌입하였다. 1947년 5월 21일부터 다시 열린 미소공동위원회는 미소 간 냉전이 격화되어감에 따라 7월 초부터 결렬의 길로 접어들게 되었다. 제1차 미소공동위원회 이후 이승만 세력과 김일성 세력은 단독 정부 수립 노선을 더욱 노골화하고 미국도 1947년 3월 마샬 독트린을 발표하여 대소 봉쇄 노선을 표방하고 나오는 상황에서 개최된 제2차 미소공동위원회의 결렬은 오히려 자연스러운 것이었는지도 모른다.[2]

이렇게 미소 간 협조와 협상에 의해 조선의 통일정부 수립이 불가능하다고 판단한 미국은 1947년 9월부터 소련의 반대에도 불구하고 '조선의 독립 문제(The problem of the independence of Korea)'를 유엔에 이관하는 것을 추진했다(Bulletin 1947.9.28, 618~620; DOS 1947, 15~16). 그 결과 유엔 총회는 9월 23일 조선문제를 의제로 채택하고 산하의 제1위원회(정치·안보위

1_여기서 중국은 장제스(蔣介石) 치하의 중국('자유중국')을 칭한다. 모스크바 협정의 조선 관련 내용은 국회도서관 1976, 15, DOS 1947, 18~19 참조.

2_미소공동위원회의 전개과정 및 쟁점에 대해서는 송남헌 1985, 313~530, 이호재 1986, 138~202, Cho 1967, 92~158, DOS 1947 등 참조.

원회, the Political and Security Committee)에게 이 문제를 토의·보고하도록 했다(Cho 1967, 169~172).

유엔 총회 산하 정치·안보위원회는 조선문제를 1947년 10월 28일부터 토의하기 시작했다. 여기에서의 쟁점은 외국 군대 철수 시점과 총회 토의 시 조선 대표 참가 문제였다. 미국은 1947년 10월 17일 정치위원회에 각 점령지역 내에서 늦어도 1948년 3월 31일까지 선거 실시, 전국적 범위의 정부 수립 및 군대 설치 후 미소 양군 철군, 선거 감시 등을 위한 「유엔 조선임시위원단(UNTCOK: United Nations Temporary Commission on Korea)」 설치 등을 골자로 하는 결의문 초안을 제출했다. 반면 소련은 선 외국 군대 동시 철군, 후 조선인에 의한 자체 정부 수립이라는 입장에서 결의안을 제출했다. 이와 함께 소련 측은 조선문제 토의에 조선인 대표를 초청하자고 제의했다.[3] 그러나 소련 측 결의안은 부결되고, 미국 측 결의안이 1947년 11월 5일과 14일 각각 정치위원회와 총회를 통과했다[4](Bulletin 1947.10.26,

3_이 당시 정치위원회의 미국 대표는 덜레스(John Foster Dulles)였으며, 소련 대표는 그로미코(Andrei Gromyko)였다.

4_1947년 11월 14일 제2차 유엔 총회 제112차 전체회의에서 찬성 43, 반대 6, 기권 6으로 통과된 '조선의 독립 문제' 결의문은 2개로 구성되어 있다. 첫 번째 결의문은 토착 주민의 대표자의 참가 없이는 조선문제가 정확하고 공정하게 해결될 수 없다는 것을 인정하면서, 조선문제 토의에 선출된 조선 대표를 초청하는 것과 그러한 대표가 정당하게 선출되는 것을 감시하는 유엔 임시위원단 설치를 결의한 것이다. 두 번째 결의는 7개의 항목으로 구성되어 있는 바, ① 임시위원단은 오스트레일리아, 캐나다, 중국(장제스 치하의 '자유 중국'), 엘살바도르, 프랑스, 인디아, 필리핀, 시리아, 우크라이나 등 9개국으로 구성 결정, ② 국회를 구성하고 정부를 수립할 수 있는 조선 대표를 선출할 선거를 늦어도 1948년 3월 31일 이전에 실시 권고, ③ 선거가 끝난 후 가급적 조속히 국회가 소집되어 정부를 수립하고 이를 위원단에 통보 권고, ④ 정부는 수립된 후 즉각 위원단과 협의하여, 자체 국방군을 조직하고 남북 군정당국으로부터 정부 기능을 이양 받으며, 점령군이 가급적 조속히, 가능하면 90일 내에 완전 철군할 수

820~821; 1947.11.2, 867~868; 1947.11.30, 1031~1032; 1947.12.14, 1154; Cho 1967, 175~183; Kim 1986, 51~55).

이와 같은 유엔 결의에 따라 설치된 유엔 조선임시위원단은 1948년 1월 초 서울에 도착하여 1월 12일 첫 모임을 갖고 활동을 개시하였다.[5] 그러나 소련은 북한지역에 위원단이 들어오는 것을 거부하였다. 이에 따라 위원단은 2월 6일 앞으로의 활동 방향에 관하여 유엔 소총회와 협의하기로 결정하고 (1) 남한지역 내에서 만의 선거 (2) 자유로운 분위기가 조성된 후 남북 전역에서의 선거 (3) 다른 제3의 대안 등 3가지 안을 마련하여 상임의장 메논(Kumara P. S. Menon)과 사무총장 후(Victor Hoo)를 소총회에 보내기로 했다. 2월 19일 이 문제를 검토하기 시작한 소총회는 선거 실시 방안을 놓고 논란을 벌였으나 결국 2월 26일 "위원단이 접근할 수 있는 조선지역에서" 부과된 임무를 수행하도록 한 결의를 찬성 31, 반대 2, 기권 11로 채택하였다. 이에 따라 유엔 임시위원단은 남조선 지역에서의 총선거를 1948년 5월 10일 실시하기로 결정하였다(국회도서관 1965, 62~66; Bulletin 1948.3.7, 297~298; Cho 1967, 184~190).

유엔 임시위원단의 결정에 따라 한국정치사상 최초의 총선거가 남한지

있도록 관계국과 협의 권고, ⑤ 위원단은 상기 조선 독립과 점령군 철수 프로그램 이행이 원활히 이루어지고 촉진될 수 있도록 해야 하고, 그 결과를 총회에 보고해야하며, 상황에 따라 이 결의문 적용과 관련하여 유엔 소총회(Interim Committee)와 협의 가능 등이다. 유엔 소총회 설치는 이번 제2차 유엔 총회에서 미국이 안건으로 제기하여 11월 13일 공산권의 반대 속에 설치 결의가 통과된 것으로 총회와 총회 사이에 기능하는 기구이다.

5_유엔 임시위원단 9개국 중 우크라이나는 참가하지 않았다. 총회에서 우크라이나는 임시위원단 구성 문제 토의 시 대표성 문제를 거론하며 위원단 참가 거부를 선언하였으며, 소련도 유엔이 한국에 위원단을 파견한다 하더라도 그에 협력하지 않겠다는 입장이었다(국회도서관 1965, 9; Cho 1967, 180~185).

역에서만 1948년 5월 10일 실시되고 5월 31일 제헌국회가 소집되었다. 제헌국회는 7월 12일 대한민국 헌법을 제정, 7월 17일 공포하고 7월 20일에는 이승만을 초대 대통령으로 선출하였다. 8월 15일에는 대한민국 정부 수립이 내외에 선포되었다.

북한도 1947년 12월 20일 헌법초안을 확정하고 1948년 2월 8일에는 인민군을 창설하였다. 이어 8월 25일 최고인민회의의 구성을 위한 대의원 선거가 실시되어 212명의 대의원이 선출되었다. 9월 8일부터 10일까지 개최된 최고인민회의에서는 헌법이 채택되고 내각을 비롯한 정권기관이 구성되었다. 그리고 9월 9일에는 김일성을 수상으로 하는 조선민주주의인민공화국이 수립되었다.

대한민국 정부가 수립되자 유엔 임시위원단은 활동보고서를 1948년 6월 5일과 7월 21일 두 번에 나눠 제출했다(국회도서관 1965, 95~96). 7월 21일 제출된 '제6장 본 보고서 제1부의 개요 및 결론'에서 임시위원단은 선거 준비 기간과 선거 당일 상당한 정도의 자유로운 분위기가 있었으며, 1948년 5월 10일 선거는 임시 위원단이 접근할 수 있는 지역에 사는 선거민의 "자유의사의 유효적 표현"으로 평가했다(국회도서관 1965.6.10, 113~114). 그리고 1948년 제3차 유엔 총회는 12월 12일 결의문을 통해 이러한 임시위원단 보고서의 결론을 승인하고, (1) 임시위원단이 감시하고 협의할 수 있으며 한반도 주민의 절대 다수가 살고 있는 한반도 일정 지역에 효과적인 통제권과 관할권을 가진 합법적인 정부로서 대한민국 정부가 수립되었고, (2) 이 정부는 임시위원단의 감시 하에 그 지역 유권자들의 자유의사가 유효하게 표출된 선거를 기반으로 수립되었으며, (3) 이 정부가 한반도에서 유일하게 그렇게 수립된 정부임을 선언했다.[6] 아울러 총회는 임시위원단을 대체하여 「유엔 한국위원단(UNCOK: United Nations Commission on Korea)」

을 설치하여 임시위원단의 활동을 계승하도록 결의했다[7](Bulletin 1948. 12.19, 760).

남한 정부가 유엔 외교를 시작한 것도 파리에서 열린 1948년 제3차 유엔 총회였다. 남한은 정부 수립 후 처음 개최되는 제3차 유엔 총회에 장면 박사를 수석대표로 대표단을 파견했다. 이는 선출된 전 조선의 대표가 독립 문제 토의에 초청된다는 1947년 제2차 유엔 총회 결의와 이에 기반하여 제3차 유엔 총회 정치위원회가 한반도 문제 토의에 남한을 단독으로 초

6_우리는 통상 이 제3차 유엔 총회 결의가 대한민국을 한반도에서 유일한 합법 정부로 인정한 것으로 해석하고 있으나, 조순승은 이 결의가 "대한민국이 전국적 범위의 정부로 선언하는 — 물론 그렇지 않다는 것을 특별히 선언하는 것도 아니지만 — 것을 조심스럽게 피하고 있다"고 주장하고 있다. 대한민국 정부의 한반도에서의 유일 합법성과 관련한 유엔 총회 결의문의 어구가 해석의 여지를 남겨 놓았기 때문에, 당시 한국 측 수석대표인 장면 박사는 유엔 정치위원회에서 관련 단락(결의문 제2항)에서 "한민족 전체에 대한 주권(the sovereignty of the entire Korean nation)이 대한민국에 있다"는 것으로 변경하자고 주장했다고 한다. 이러한 해석에 대해 자유 중국과 필리핀은 찬성했으나, 인디아, 버마, 시리아, 뉴질랜드는 반대했다고 한다. 특히 미국의 덜래스(John Foster Dulles) 대표가 정치위원회에서 결의문 제2항이 명백한 사실만을 말하고, 현재의 정부가 사실상 전 한반도 수준의 정부(the government of all Korea)임을 주장하지 않을 뿐 아니라 한반도의 다른 부분에서 다른 정권이 존재한다는 것도 부인하지 않기 위해 조심하며 문장을 사용했음을 밝혔다는 것이다(Cho 1967, 221~222). 문제가 되는 결의문 제2항의 원문은 다음과 같다(외무부 1976, 58~59). "(2) Declares that there has been established a lawful government (the Government of the Republic of Korea), having effective control and jurisdiction over that part of Korea where the Temporary Commission was able to observe and consult and in which the great majority of the people of all Korea reside; that this Government is based on elections which were a valid expression of the free will of the electorate of that part of Korea and which were observed by the Temporary Commission; and that this is the only such Government in Korea."

7_유엔 한국위원단은 오스트레일리아, 자유 중국, 엘살바도르, 프랑스, 인디아, 필리핀, 시리아 7개국으로 구성하는 것으로 결의했다.

청한 데 따른 것이다. 남과 북 어느 쪽이 한반도를 대표하는 정치체인가를 놓고 대결하는 것은 바로 한반도 문제에 대한 유엔의 토의에 남북 어느 측이 초청되는가 하는 문제에서부터 시작되었다.

1948년에서 1970년까지 유엔 정치위원회에서의 한반도 문제 토의에 남북한이 동시에 초청된 경우는 1960~61년간의 제15·16차 총회 기간뿐이며 그 외는 모두 남한이 단독으로 초청되었다. 공산권은 매번 북한 대표를 초청하려는 결의안을 제출했으나 상기 두 번을 제외하고는 부결되었다. 제15·16차 총회 정치위원회에서 남북한 동시 초청안이 채택된 것은 1955년부터 많은 신생 독립국들이 유엔에 가입하기 시작하였고, 특히 1960년에는 아프리카에서 16개국이 회원국으로 가입하여 유엔 회원국 79개국 중 아시아·아프리카 블록이 45개국으로 증가한 데 따른 것이다. 이에 미국은 남한 단독 초청안에 대해 인도네시아가 북한도 초청하자는 수정 결의안을 제출하자, 북한이 한반도 문제 처리와 관련한 유엔의 권능을 수락한다는 조건으로 초청한다는 재수정 결의안을 제출하여 통과시킨 것이다[8](국회도서관 1973; 외무부 1963, 41~52; 외무부 1976).

한반도 문제 토의와 관련한 대결은 이러한 절차 문제에 있어서의 대결과 함께 유엔 총회 결의안 내용에서의 대결이 있었다. 유엔 총회는 유엔 조

8_그 이후 1962년의 제17차 총회 이후부터 다시 남한 단독 초청안이 결의된 것은 북한이 1961년 4월 17일 성명을 통해 북한은 "유엔에서 조선문제가 토의되는 이상 자기 대표를 파견할 응당한 권리를 가지고 있으며 공화국 대표의 참가와 동의 없이 채택되는 그 어떤 부당한 결의도 인정하지 않을 것"이라고 밝히고(박태호 1985, 247), 김일성은 10월 23일 최고인민회의 제3기 제1차 회의 연설을 통해 "우리는 유엔이 조선문제를 토의할 권리가 없으며 우리나라의 내정에 간섭할 권리가 없다"(김일성 1962.10.23, 476)고 주장하는 등 유엔의 권능을 인정하지 않음에 따른 것이다(외무부 1976, 301).

선임시위원단(UNTCOK; 1947년), 유엔 한국위원단(UNCOK; 1948년), 유엔 한국통일부흥위원단(UNCURK; 1950년)의 설치와 존속, 동 기구의 한반도 통일 문제에 대한 조력, 차기 유엔 총회에 동 기구 활동보고서 제출, 동 보고서의 승인 등을 결의함으로써, 한반도 통일 문제 결의안은 결국 남한이 바라는 바대로 유엔 감시 하의 인구비례에 의한 남북 총선거를 골자로 지속적으로 채택되었다. 한편 공산권은 주한미군 철수, UNCOK·UNCURK 해체 등을 결의안으로 상정했으나 매번 부결되었다. 이러한 결의안 대결은 남북대화로 인해 1971~72년간은 서방측이 제출한 한반도 문제 토의 안건 일괄 연기안을 가결시킴으로써 약간 주춤한 듯하다가 1973년 북한이 세계보건기구(WHO)에 가입한 것을 계기로 다시 선회하여 1976년 제31차 유엔 총회까지 계속되었다(국회도서관 1973; 외교통상부 1999, 210-217; 외무부 1976).

2) 통일의 방식과 비전의 대결

남북 간 이데올로기 층위에서의 대결에는 자본주의·자유주의 생활양식과 사회주의 생활양식 사이의 우월성과 상대방 체제의 폭압성·예속성 선전이 항상적으로 일어나는 가운데 통일의 방식과 통일국가의 모습에 대한 비전, 즉 통일국가의 미래상에 대한 경쟁이 최정점을 이루고 있다.

남과 북은 1953년 정전협정 제4조 60항에 따라[9] 개최된 1954년 5월

9_정전협정 제4조(쌍방 관계 정부들에의 건의) 60항의 내용은 다음과 같다. "한국문제의 평화적 해결을 위하여 쌍방 군사령관은 쌍방의 관계 각국 정부에 정전협정이 조인되고 효력을 발생한 후 3개월 내에 각기 대표를 파견하여 쌍방의 한 급 높은 정치회의를 소집하고 한국

제네바 정치회담에서 그들의 통일방안을 국제사회에 천명하는 계기를 갖게 된다. 여기서 남한은 변영태 외무부 장관을 통해 한반도 통일방안으로서 유엔 감시 하에 자유선거를 북한에서 실시하고, 대한민국 헌법 절차에 의거하여 남한에서도 실시한다는 등 14개항을 제시했다.[10]

으로부터의 모든 외국 군대의 철수 및 한국문제의 평화적 해결 문제들을 협의할 것을 이에 건의한다."

10_14개항의 전체 내용은 다음과 같다(서울언론인클럽 1992, 886~887).

1. 통일·독립·민주의 한국을 확립할 목적으로 이에 관한 종전의 유엔 결의에 의거하여 유엔 감시 하의 자유선거를 실시할 것.
2. 자유선거는 이러한 선거가 종래 가능하지 못했던 북한에서 시행하고 대한민국 헌법 절차에 의거하여 남한에서도 실시할 것.
3. 선거는 이 제안이 채택된 날로부터 6개월 이내에 실시할 것.
4. 선거 실시 전후와 선거 기간 중 선거 감시에 관계있는 유엔 직원은 전 선거지역에서 자유분위기가 조성되도록 감시하고, 그러한 임무 수행에 필요한 이동 및 언론 등의 자유를 전적으로 향유할 것. 그 지역 소관의 행정당국은 그들에게 모든 가능한 편의를 제공할 것.
5. 선거 실시 전후와 선거 기간 중 후보자 및 그 운동원과 그 가족은 이동 및 언론 등의 자유와 민주국가에서 인정하고 보호하는 기타 인권을 전적으로 향유할 것.
6. 선거는 비밀투표와 보통·성년 선거의 원칙에 의하여 행할 것.
7. 전 한국 국회의 대표는 전국 인구의 비례에 의할 것.
8. 선거지역의 인구에 대한 정확한 비율에 의하여 대표수를 배정하기 위하여 유엔 감시 하에 인구조사를 실시할 것.
9. 전 한국 국회는 선거 직후 서울에서 소집할 것.
10. 특히 다음과 같은 문제는 전 한국 국회의 선거 직후 서울에서 소집할 것.
   가. 통일한국의 대통령을 새로 선출하는 여부
   나. 현행 대한민국의 헌법을 개정하는 문제
   다. 군사단체의 해체 문제
11. 현존하는 대한민국 헌법은 전 한국 국회에서 개정되지 않는 한 효력을 그대로 지속함.
12. 중공군은 선거일 1개월 전에 철수를 완료할 것.
13. 유엔군의 철수는 선거일에 시작할 수 있으되, 통일한국 정부가 전 한국을 완전히 지배할 수 있게 되고 이 사실을 유엔이 증명하기 전에는 완전 철수하지 못함.
14. 통일·독립·민주의 한국의 판도와 독자성은 유엔에 의하여 보장될 것.

남한은 통일과정에서 남한에서도 선거를 실시한다는 제네바 회담에서의 입장을 회담이 결렬된 이후에는 뒤집는다. 변영태 외무부 장관은 제네바 회담이 결렬된 직후인 1954년 6월 16일 현지에서 가진 기자회견에서 한국은 더 이상 정전협정을 준수해야 한다고 생각하지 않으며, "한국이 원하는바 어떠한 행동도 취할 수 있게 되었다"고 밝혔다(조선일보 1954.6.19).

사실 남한 내부에서는 북진통일론이 제네바 회담 이전부터 정부의 정책으로 강조되었다. 홍석률에 의하면, 이승만 대통령은 한국전쟁 이전부터 북진통일을 발언해 왔지만, 이를 본격적으로 주창한 것은 1953년 정전협정 체결을 앞둔 시점부터였다(홍석률 2001a, 18~20). 그리고 제네바 회담 시 천명한 남북한 총선의 입장을 부인하며 북진통일의 입장을 가장 잘 표현한 것이 1954년 11월 11일 제3대 국회의 「UN 감시 하 북한지역 자유선거에 관한 결의안」이다.[11] 이 결의안을 통해 남한은 "한국통일의 방안으로서는 유엔 감시 하에 선거가 실시되지 못한 북한지역에서 선거를 실시하는 것이 대한민국의 국시이며 … 대한민국 정부는 유엔의 감시 하 북한에서 선거를 실시할 것만을 요구하며, 만일 한국 전역에 총선거를 실시한다면 이는 신성한 유엔 총회의 결정에 배치되며 … 한국통일의 방안으로서는 유엔 감시 하에 북한지역에서 전 공산군이 철퇴한 후 선거를 실시하여 대한민국 주권

11_이 결의안은 소위 '뉴델리 사건'의 결과로 나온 것이다. 민국당 선전부장 함상훈은 1954년 10월 26일자 성명을 통해 동당 정책위 부회장이며 중앙상무위원인 신익희가 1953년 여름 영국 여왕 대관식 참석 차 영국 방문 후 귀환 길에 인도 뉴델리에서 북한의 조소앙과 회담하고 협상파와 연락하여 제3세력을 형성, 한국 중립화를 기도하고 있다고 주장하였다. 민국당은 즉시 상무회의를 열어 사실 여부를 조사, 함씨의 주장을 근거 없다고 결론 내리고 그를 제명 처분하였다(동아일보 1954.10.29; 조선일보 1954.10.29; 한국연감 1956, 125~126). 그러나 국회는 함씨 주장을 계기로 11월 7일 「한국 중립화 및 남북 총선안 반대 결의안」을 채택한 데 이어 상기 11월 11일 결의안을 채택했다.

을 확충하는 것만이 국시임을 재천명"했다(국회 1954.11.11).

한편, 북한 외무상 남일은 제네바 회담에서 (1) 외국군 철수, 남북한 병력의 1년 내 10만 이하로 감축, 타국과의 군사동맹 배격, (2) 전쟁 상태의 점진적 해소 및 쌍방 군대의 평화체제로의 전환 문제 관련 남북 정부 간 토의 및 협정 체결을 위한 위원회 구성, (3) 남북 간 경제·문화 관계를 확립·발전시키기 위한 대책 강구 및 이행을 보장하는 「전 조선위원회」 구성 등을 제의했다(남일 1954.4.27; 1954.6.15).

이후 북한은 '전체 조선 인민'의 총선거에 의한 통일정부 수립, 미군 철수와 이승만 정권 타도 입장을 견지하면서 남한에 대해 다방면에 걸친 접촉과 교류를 제의했다. 북한은 1954년 10월 최고인민회의 제1기 제8차 회의 호소문을 통해 (1) 남북 각 정당·사회단체 연석회의 혹은 남북 국회 합동회의, (2) 남북 간 경제 및 문화 교류, 통상, 통행, 서신 거래 개시 문제 토의를 위한 대표회의, (3) 통일문제 대책 강구를 위해 남북을 왕래하는 자들의 활동자유에 대한 쌍방 당국의 보장 등을 제의했다. 그 후 북한은 각종의 구체적인 교류·협력 제의와 함께 대남 지원을 제의했다.[12] 아울러 남북한 군대를 최소한도로 축소할 것을 제의해 온 북한은 1956년 8월 말까지 병력 8만 명을 일방적으로 감축하고 여기에 충당되었던 군사비를 평화 건

12_북한의 교류·협력 제의에는 남북 체신대표 회담, 보건당국 간 방역 정보 교환을 위한 보건대표 회담, 이산가족 서신 교환, 남북 일정 지점(개성, 철원 등)에서의 통상 및 물자교역, 공동시장 설치 등 통상 관련 실무협의를 위한 당국회담, 올림픽(제17차)에서의 남북단일팀 구성 등이 있었으며, 대남 지원 제의에는 대남 송전, 남한 절량농민에 대한 백미 10만 석 지원, 1959년 9월의 사라호 태풍 피해 이재민에 대한 양곡(쌀 3만 석), 물자(직물 100만 마, 신발 10만 켤레, 시멘트 10만 포대) 지원 등이 있었다(국토통일원 1985a, 257~261, 267~268, 274, 279~291, 294~295, 319~320, 328~332, 345~347, 379~381, 398~404).

설과 인민생활 비용으로 돌릴 것임을 밝히면서 남측도 이와 같은 조치를 취할 것을 요구했다(북한 최고인민회의 1954.10.30).

1960년대에 들어와 북한은 「남북연방제」를 제의하며 대남 공세를 강화한다. 김일성 수상은 1960년 8월 14일 해방 15주년 경축대회 연설을 통해 남한에서 미군이 철수되고 근로계급 정당의 활동 자유가 보장되어 "민주적인 기초 위에서 자유로운 남북 총선거를 실시하는 것이 평화적 조국통일의 가장 합리적인 길"이라는 기본 입장 하에 "만일 그래도 남조선 당국이 남조선이 다 공산주의화될까 두려워서 아직은 자유로운 남북 총선거를 받아들일 수 없다고 하면 먼저 민족적으로 긴급하게 나서는 문제부터 해결하기 위하여 과도적인 대책이라도 세워야 할 것"이라고 주장하며 그 대책으로서 남북연방제를 제의했다. 김일성은 이 연방제가 당분간 남과 북의 현재 정치제도를 그대로 두고 쌍방 정부의 독자적인 활동을 보존하면서 동시에 두 정부의 대표들로 구성되는 「최고민족위원회」를 조직하여 "주로 남과 북의 경제, 문화 발전을 통일적으로 조절하는 방법으로 실시하자"는 것이라며, 이 최고민족위원회를 통한 북반부의 경제 교류와 협조를 떠나서는 남한의 "경제적 파국"이 수습될 수 없을 것이라고 주장했다. 그리고 그는 만일 남한 당국이 연방제까지도 아직 받아들일 수 없다고 하면 남과 북의 실업계 대표들로 구성되는 「경제위원회」라도 조직하여 남북 간 물자교역과 경제건설에서 상호 협조·원조함으로써 "남조선 동포들을 굶주림과 가난에서 구원하여야 할 것"이라고 주장했다(국토통일원 1985a, 441~446).

이와 함께 북한은 1960년 11월 최고인민회의 제2기 제8차 회의에서 채택한 「남북조선의 경제·문화 교류의 협조를 실현하여 남조선에서 민족경제의 자립적 발전을 도모할 데 대한 의견서」를 통해 상기 김일성의 주장을 되풀이하며 남한 측에 마치 한 수 가르쳐 준다는 듯이 우월적 자세로 남한의 농업, 어업, 공업, 주택 건설, 남북 간 경협 및 통상, 과학·문화·교육·보건 분야 교류·협조 활성화를 위한 북한 측의 의견을 내놓으며 남측을 압박했다. 특히 북한은 "남조선 민족경제의 부흥과 인민생활의 안정 향상을 위하여" 농어민 부채 정리에 필요한 재정자금, 개간·관개·치수 등에 필요한 불도저, 시멘트 등 자재·장비, 공장 건설, 전기 공급, 주택 건설, 남한 실업자의 북한 유입 등의 지원 의사를 피력했다(국토통일원 1985a, 539~570).

1956년 대통령 선거를 앞두고 반 이승만 보수세력으로 결집된 민주당은 '화전양양론(和戰兩樣論)'으로 자유당의 무조건적인 북진통일론과 차별성을 두는 한편 유엔 감시 하의 남북한 총선거를 주장하기 시작했다.[13] 북진통일론과 관련하여 민주당은 1956년 시점에서는 평화통일의 가능성을 염두에 두고 남한 단독의 북진에 의한 무력통일 방법에는 반대하는 입장을 보이다가 집권 후에는 북진통일론을 완전히 폐기했다. 1960년 8월 민주당 정부는 정일형 외무장관의 외교시책 7개항 발표, 장면 총리의 시정연설 등을 통해 "'북진통일' 같은 무모하고 무계획적인 슬로간을 버리고 국제연합의 결의를 존중하여[14] 국제연합 감시 하에 남북한을 통한 자유선거[15]에 의

13_당시 민주당 선전부장 조재천에 의하면 '화전양양론'은 남한 단독의 북진통일 방법은 반대하나 "한국문제를 포함한 민주 공산 양대 진영의 세계적 규모에 있어서 무력으로 해결하지 않으면 안 될 기회가 올는지도 모르기 때문에, 그런 기회에 있어서는 한국도 유엔군과 또는 자유진영의 군대와 더불어 무력으로써 북진해야 된다"는 입장을 가지면서 "평화적 통일도 고려"한다는 것이다. 따라서 당시 민주당은 북진통일론을 총체적으로 부인하고 있는 것은 아니었다(신도성 등 1957, 16~17).

14_제네바 회담 당시 변영태의 14개항 제의에 "유엔 결의에 「의거하여」"(「 」는 필자 삽입)라고 표현된 것이 장면 정권에 와서 「존중하여」로 수정되었다. 이는 제15차 유엔 총회에 이르면 아시아·아프리카 회원국 수가 과반수를 훨씬 넘을 것으로 예상되고, 이에 따라 유엔에서 한국이 원하는 대로 통일방안 관련 결의가 채택되지 않을 수도 있다는 우려에서 나온 것이다(민의원 1960.9.21, 14~15). 정일형 외무장관은 유엔 결의는 존중하되, "대한민국 헌법 절

한 통한정책을 수행"할 것임을 천명했다. 이와 함께 북한이 주장한 남북 연방제에 대해서는 1954년 남일이 제네바 회담에서 제의했던 전 조선위원회안 등과 실질적으로 동일한 것으로 "북한 괴뢰정권을 계속 유지하면서 국제적 승인을 획득하려는 비굴한 행동"으로 비난했다[16](국토통일원 1987b,

---

차에 준해서 한다는 … 대전제를 잊어서는 안 될 것"이라는 입장을 밝혔다. 공산 통일국가는 있을 수 없다는 것이다(민의원 1960.9.10, 20). 실제로 1955년부터 많은 신생 독립국들이 유엔에 가입하기 시작하였고, 특히 1960년에는 아프리카에서 16개국이 회원국으로 가입하여 유엔 회원국 79개국 중 아시아·아프리카 블록이 45개국으로 증가했다.

15_유엔 감시 하 자유선거와 관련하여 1957년 8월 3당 선전부장 통일방안 관련 좌담회에 나온 민주당 선전부장 조재천은 1차적으로는 북한만의 선거를 실시해야 한다고 보나, "국제적으로 여러 가지 교섭과 검토를 한 결과 그렇게 하는 것이 부득이하다고 하는 경우가 온다고 할 것 같으면 제2차적으로는 남북한을 통한 총선거라도 응할 생각"이라는 입장을 피력했으나(신도성 등 1957, 22), 당시 민주당 대표최고위원이었던 조병옥은 그해 민주당이 발간한 자료, 「민주당의 당면 정책」의 서문(이 서문 집필 날짜는 1957년 10월 10일로 되어 있다)을 통해 "이번에 확고부동한 통일방안을 세웠으니 유엔 감시 하에 남북통일 자유총선거에 의하여 통일국회를 구성하고 그 국회로 하여금 헌법을 제정케 해서 남북 통일정부를 수립하자는 것"(민주당 1957, 7)임을 밝혀 선거지역이 북한만이 아니라 남북한임을 분명히 했다. 그 후 민주당 주요 당직자들은 보안법 파동과 결부하여 북한만의 총선거론을 부인하는 발언을 공개적으로 했다. 조병옥은 기자회견을 통해 "자유당이 북한만 선거해야 한다고 주장하는 것은 유엔 기타 국제관계를 무시하는 것"이며 "자유당이 진실로 그것을 정책으로 하려든다면 먼저 전 외무장관 변영태 씨의 제네바 회의에서의 통일방안 연설 전문과 지난 3월 1일자 이 대통령이 성명한 남북통일 정책을 아울러 취소해야한다"는 입장(조선일보 1958.11.24)을 천명했다. 자유당은 이러한 조병옥의 발언을 제30회 국회 본회의를 통해 「통일방안에 대한 국회 결의(1954.11.11.) 위반 사건」으로 다루었다. 동 국회 본회의에서 민주당 이종남, 조재천, 정일형 의원 등은 제네바 회담 직후 변영태의 해명, 14개항 제안에 대한 엄밀한 자구 해석을 내리면서 조병옥의 입장을 강력히 옹호했다(국회 1958.12.10, 8~10).

16_이와 함께 민주당은 당시 국내외적으로 제기되고 있던 중립화통일론, 남북협상론, 남북교류론에 대해 외무장관 담화, 국무총리 성명·기자회견 등을 통해 비판하며 1961년 1월 8일자 당 차원의 성명서를 통해 종합적으로 조목조목 반박했다(국토통일원 1987b, 245~248, 252~253). 4·19 전후 제기되고 있던 중립화통일론, 남북협상론, 남북교류론 등의 논의에 대해서는 엄상윤 2001, 홍석률 2001a 등 참조.

241~245).

박정희 정부는 남한의 국력 평가와 남북관계 역할 인식과 관련하여, 이승만 시대의 허세적 대북 자세를 극복하고 수세적으로 전환한 장면 정부의 대북 자세를 더욱 체계화, 조직화한다. 박정희 정권은 쿠데타 직후 "반공을 국시의 제일의로 삼고 … 반공체제를 재정비 강화"하며, 유엔 감시 하의 남북한 총선거에 의한 통일정부 수립이라는 유엔 결의를 지지하고 한반도 문제에 대해 활동하는 유엔의 권능과 권위를 존중한다고 천명했다(국토통일원 1987b, 301, 304~306; 동아일보 1961.6.24). 따라서 당시의 중립화통일론, 남북협상론, 남북교류론 등은 모두 국시 위반, 용공 이적 행위로 낙인찍혔다. 이러한 기조 하에 박 대통령은 이러한 통일 담론에 대처하는 "당시 보수 정치세력의 공론"으로(홍석률 2001a, 226) 1950년대 후반 이후 산발적으로 제기되어 왔던 소위 '실력 배양론', '선 건설, 후 통일'의 담론을 더욱 분명히 해나간다. 사실 5·16 쿠데타 당일 발표한 「혁명공약」에서 "국토통일을 위하여 공산주의와 대결할 수 있는 실력배양에 전력을 집중한다"고 하였으나 '선 건설, 후 통일'의 논리는 1966년에 와서야 구체적으로 표현되었다.[17] 박 대통령은 1966년 1월 연두교서를 통해 다음과 같이 천명했다.

17_박 대통령의 '선 건설, 후 통일'과 관련한 주장 중 1966년 이전의 것으로 가장 명확한 것으로는 1963년 12월의 대통령 취임사이다. 박 대통령은 다음과 같이 말한다(박정희 1963.12.17). "본인과 새 정부는 안으로는 조속히 견실한 경제·사회적 토대를 이룩하고 현 군사력의 유지와 발전을 포함한 단합된 민족의 힘을 결속할 것이며, … 여하한 상황과 조건 하에서도 공산주의에 대항 승리할 수 있는 민주적 역량과 민족진영의 내실을 기하여 우리의 숙원인 민족통일의 길로 매진할 것입니다." 1964년 11월 3일 학생의 날 기념사를 통해서는 북한을 능가 압도하는 국민의 단결과 군사적·경제적·정치적 실력배양이 앞서야 함을 강조했다(동아일보 1964.11.3). 국가재건회의 의장 박정희는 1963년 신년사를 통해서는 "이제 의지적인 노력으로 민주정치 재건과 경제발전 추진에 매진하고, 국토통일의 노정을 결정적

우리의 지상명제는 바로 조국의 통일입니다. 우리는 지금 모든 지혜와 노력을 한데 모아 조국 근대화 작업을 서두르고, 자립경제 건설에 박차를 가하고 있거니와, 이는 곧 통일을 위한 진취적인 계획이며, 통일을 향한 전진적인 노력인 것입니다. 우리가 지향하는 조국 근대화야말로, 한편 남북통일을 위한 대전제요, 중간 목표인 것입니다. 통일의 길이 조국 근대화에 있고, 근대화의 길이 경제자립에 있는 것이라면, 자립은 통일의 첫 단계가 되는 것입니다.(박정희 1966.1.18)

따라서 박 대통령은 70년대 후반기에 가서야 통일논의를 본격적으로 다룰 수 있을 것이라고 주장했다. 통일을 위해서는 조건이 성숙되어야 한다는 것이다. 박 대통령은 다음과 같이 말한다.

통일을 성취하는 데는 방안의 범람보다는 조건의 성숙이 앞서야 합니다. … 물론 통일은 우리 자신의 주체적 노력이 그 관건이며 따라서 조건 성숙의 시기는 우리의 노력 여하에 따라서 빠를 수도 있고 늦을 수도 있는 문제입니다. 그러나 현재의 국내외 정세와 제반 여건을 감안할 때 통일 조건이 성숙되는 데는 우리의 절실한 염원에도 불구하고 상당한 시일을 요한다고 보아야 할 것입니다. 왜냐하면 자립경제 건설과 근대화 작업을 대충 완료하여 우리의 경제 실력을 북괴에 비해 지금보다도 더욱 월등한 것으로 만들고 또 문화적으로나 사회적으로나 군사적으로나 그들을 압도할 절대 우위의 주체적 역량을 갖추는 데 어느 정도의 시간이 소요되기 때문입니다.(박정희 1966.8.15)

다만 지금 우리 정부가 1970년대 후반기에 가서 통일문제를 다루자 하는 얘기는 앞으로 한 10년 동안 우리의 국력을 더 축적해 가지고 1970년대 후반기쯤 가서 통일문제를 우리가 보다 더 본격적으로 대담하게 다루어 보자는 것입니다. 우

으로 단축시켜야 할 우리의 행동만이 남아 있다"고 주장했다(박정희 1963.1.1).

리가 통일문제를 다루기 위해서는 북한에 있는 북괴와 우리와의 실력 대비에 있어서 월등하고 우월한 지위를 확보해 가지고 여기에 임해야 되겠읍니다.[18] 이런 취지에서 얘기하는 것이지 1970년대 후반기에 가서 반드시 통일이 된다는 얘기는 아무도 할 수 없을 것입니다.(박정희 1966.12.17)

박정희 정권 수립 이후 김일성은 1954년 제네바 회담 시 남일의 제안 이래 대남 제안의 기본 입장을 유지하는 가운데,[19] 1964년 12월 4대 군사노선과 경제·국방 건설 병진 노선을 채택한 데 이어 1964년 2월 당 중앙위 제4기 제8차 전원회의를 통해 남한의 '실력 배양,' '선 건설, 후 통일'에 대해 '3대 혁명 역량 강화'로 맞섰다. 김일성은 남한의 '선 건설, 후 통일'에 대해 "미제의 식민지 통치 밑에서는 이와 같은 꿈은 절대로 실현될 수 없습니다"라고 주장하며, 한반도에서 "미 제국주의자들을 몰아내고 민족해방 혁명을 완수하기 위하여서는" 북한·남한·국제, 이 세 방면에서의 혁명 역량이 잘 준비되어야 한다고 강조했다. 김일성은 북한 내부의 혁명 역량을 강화하기 위해서는 정치·경제·군사적 측면에서 힘을 길러야 한다는 점을 강조함으로써[20] 박 대통령의 '선 건설, 후 통일'론과 크게 다르지 않았다. 그러

18_그러나 박 대통령은 대화 상대는 김일성 정권이 아니라는 것도 분명히 했다. 박 대통령은 1966년 6월 8일자 기자회견에서는 통일문제는 70년대 후반기에 가서 본격적으로 논의될 것으로 본다면서 "김일성은 6·25전쟁 도발 전범이므로 그 집단들과 논의한다는 것은 언어도단이다. 이 전범들이 물러나고 새로운 민족세력이 등장할 때에는 그들과 얘기할 수 있을 것이다"라고 주장했다(경향신문 1966.6.8; 박정희 1966.6.8).

19_이러한 북한의 기본 입장은 연방제, 남북교류, 주한미군 철수, 남북한 군대의 10만 이하 규모로 감축 등이다.

20_김일성은 북한 내부에서의 정치적 역량 강화 방안으로는 당시 130만 노동당원을 모두 맑스-레닌주의로 무장시키고 당 중앙위를 중심으로 단결하는 것, 당이 각계각층과의 군중사업을 잘 하는 것을, 경제력 강화는 자립적 민족경제 건설을, 군사력 강화는 4대 군사노선을 제

나 남한에서 "미 제국주의자들을 몰아내기 위하여서는 먼저 남조선 인민들이 주동이 되어 일떠서"도록 해야 한다고 하면서, 남한의 혁명역량을 강화하기 위해 맑스-레닌주의 당의 혁명 주력군 양성, 남한의 노동자·농민 대중을 쟁취하는 하층 통일전선 구축, 병사와 하급 장교에 대한 와해 사업으로서의 반혁명 역량 약화 사업을 강조하는 등 남한 주민을 "각성시켜" 내부에서의 혁명을 조장하는 측면에서는 김일성이 박 대통령보다는 훨씬 공세적이었다[21](김일성 1964.2.27).

이러한 3대 혁명 역량 강화를 통해 한반도를 통일하겠다는 김일성의 생각은 그가 1965년 4월 인도네시아의 알리 아르함 사회과학원에서 한 연설, 1966년 10월 조선로동당 대표자회에서 한 보고(「현 정세와 우리당의 과업」), 북한 정권 창건 20주년 경축대회의 보고 등을 통해 다시 한 번 구체적, 체계적으로 강조되었다. 특히 김일성은 경제건설과 국방건설의 병진을 강조하는 가운데 박 대통령이 김일성 정권을 부정하듯이 "미제와 박정희

시했다(김일성 1964.2.27).

21_여기서 김일성은 '혁명 위업' 실현의 일차적인 과제는 주한미군 철수로서, 어느 지역에서나 미군은 "이미 강점하고 있었던 곳에서는 물러간 적이" 없다고 강조한다. 그리고 국제 혁명 역량 강화의 방안으로 "미 제국주의자들을 고립시키며 침략 정책을 파탄시키기 위하여" 제3세계와의 단결 강화, 미국과 타협하는 수정주의 반대 등을 역설했다(김일성 1964.2.27).
북한의 지시에 따라 1963년 남한에 건설된 맑스-레닌주의당은 김종태, 김질락, 이문규 등이 조직한 '통일혁명당'으로 1968년 남한 당국에 의해 발각, 와해되었다. 북한은 1968년 1월 무장 게릴라 31명을 보내 청와대 습격을 기도하고, 11월에도 울진, 삼척에 120여 명 규모의 무장 게릴라를, 1969년 8월에는 주문진에 무장 게릴라를 침투시켜 남한을 교란시킨다. 울진, 삼척에 침투한 게릴라들은 마을에 들어가 혁명 선전을 시도하여, 주민 7명이 노동당에 가입하는 등으로 구속되었다. 그러나 게릴라들은 많은 주민들을 잔인하게 살해하는 등으로 대부분의 주민들로 호응을 받지 못했다. 게릴라들은 110명이 사살되고 5명이 생포되었으며 2명이 자수하였다(와다 하루끼 2014, 167~175; 최창규 1976, 427~432).

도당의 군사 파쑈적 폭압"에 대해 무력으로 투쟁할 것을 남한의 민중들에게 요구하고, "그 구체적 방도가 어떻든지 간에 조국통일은 미제 침략자들을 우리 강토에서 몰아내고 남조선 괴뢰정권을 때려 부순 다음에야 비로소 이룩될 수 있"으며, 남한에서 공산혁명이 성공하여 통일이 되면 "이 세상에 부러울 것 없는 살기 좋고 부강한 조국, 더욱 번영하는 새 조선을 건설할 것"이라고 주장했다(김일성 1965.4.14; 1966.10.5; 1968.9.7).

이와 같이 남북한의 정권 당국자들은 상대방의 정권과 체제를 부정하는 가운데 새로운 통일 방도를 제시하고자 했다. 그러나 통일된 한반도의 모습에 대해서는 북한이 훨씬 공세적이었다고 평가할 수 있겠다. 이승만 정권은 북한체제의 억압성만을 강조했을 뿐이고 박정희 정권은 북한에 먹히지 않는 통일, 남한체제 중심의 통일을 위해서는 경제건설이 우선되어야 한다는 것 이외의 비전이 없었다. 김일성은 당시 남한보다 우위에 있던 경제력을 바탕으로 남북한 교류와 지원을 제의하는 한편, 남한 정권이 미국의 '예속정권'임을 끊임없이 주장하면서 공산주의 혁명에 의한 통일된 한반도의 비전을 제시하고자 했다. 이와 같이 1960년대 말까지 정체성의 모든 면에서 북한이 우세적이고 공세적이었다.

3) 동맹관계의 강화

한국은 미국을 동맹의 주축으로 삼았다. 이것은 해방 이후 미국이 남한에 진주하고 이승만·한민당 세력에 의한 정권 수립의 자연스런 결과였다. 앞에서 본 바와 같이, 남한에 진주한 미국이 한반도에서의 통일정부 수립 문제를 미소공동위원회에서 해결하지 못하고 유엔을 통해 해결하고자 함으로써, 한국은 결국 미국의 산파로 탄생하게 되었다. 미국은 1948년 5·10

총선거에 의해 대한민국 정부가 수립되고 12월 19일 유엔 총회가 한국 정부가 합법적인 정부임을 결의함에 따라 1949년 1월 1일자로 한국 정부를 정식으로 승인했다(Bulletin 1949.1.9, 60).

동맹의 강도는 군사적 측면에서 평가되어야 한다고 볼 때, 한미동맹의 강도는 미국이 일본이나 유럽 국가들과의 동맹관계와 비교해 본다면 매우 허약한 수준이다. 그러나 이승만 대통령과 박정희 대통령의 입장에서는 주한미군의 주둔과 군사원조는 북한에 대한 강력한 억지력인 동시에 자신들의 안정적인 국내 통치의 물적 자원이기도 했다.

1948년 정부 수립 이후부터 닉슨 독트린까지 주한미군의 철수와 군사원조의 삭감은 지속적으로 제기되는 문제였다. 이것은 "미국의 한국에 대한 이익은 미국이 사활적이라고 생각하는 일본에 대한 이익으로부터 파생되어 나오는 것"일 뿐이기 때문이다(이춘근2003, 232~240). 그 결과 닉슨 독트린으로 이루어진 1970년의 감군 이전에는 실제로는 1949년의 철군과 1954년 한국전에 참가했던 32만 명의 미군 중 2개 사단 7만 명 정도만 남겨 놓고 철군한 두 번의 경우뿐이었으나, 그동안 계기 시마다 지속적으로 제기되어 온 주한미군 철수 문제는 한·미 간의 주요 갈등의 소재였으며 이승만 정부와 박정희 정부의 최대의 관심사였다. 주한미군의 첫 번째 철군이 일어난 1949년부터 1953년 한·미 상호방위조약 체결까지의 과정과 이후 이 조약에 대한 미국 정부 당국자들의 언급들, 그리고 한국전쟁 직후의 2차 철군 이후부터 한국군의 월남전 참전까지의 기간 동안 제기된 주한미군 철군 논의 등은 한미동맹의 본질적인 성격을 보여 주고 있다.

대한민국 정부 수립 후 미국은 1947년 11월 14일 제2차 유엔 총회 결의, 1948년 말 북한에 진주한 소련군 철군, 미국에 있어서 한반도의 낮은 전략적 가치 등을 고려하여 한국 정부의 완강한 반대에도 불구하고 1949

년도에 철군을 단행하여 그해 6월 29일 군사고문단 500명만 남기고 미군을 한반도에서 완전히 철수시켰다(동아일보 1949.6.29; 이호재 1986, 275~295; Bulletin 1947.11.30, 1031~1032). 당초 한반도에 진주한 미소 양군의 철군 문제는 미국이 한반도의 통일정부 수립 문제를 유엔에 상정하는 것을 저지하기 위해 소련이 제기하여 제2차 유엔 총회 결의에 반영되었다. 특히 소련은 1948년 9월 늦어도 그해 10월 중순부터 시작하여 1949년 1월 1일까지 북한에 진주한 소련군을 철수하겠다고 발표했다(NYT 1948.9.20). 이에 대해 미국은 대외적으로 남한에서 주한미군의 감축은 이미 시작되었다고 비공식적으로 밝히면서도, "점령군의 철수 문제는 한국 통일과 독립이라는 전체 문제의 일면에 불과한 것으로 본다"는 성명을 발표하면서 제3차 유엔 총회 결과를 지켜보자는 입장이었다(NYT 1948.9.21, 10.1).[22] 그러나 미국은 1948년 12월 12일 제3차 유엔 총회에서 한반도 문제 결의가 채택된 직후인 12월 28일 제7보병사단을 남한에서 철수한다고 발표했다.

한국 정부는 1949년에 들어와 미군의 철군 정책이 확고하다는 것을 사실로 받아들이고 미국의 군사원조 획득, 미국과의 방위조약 체결에 눈을 돌렸다(이호재 1986, 281~295). 그해 5월 17일 주한 미대사 무치오(John J. Muccio)를 접견한 이승만 대통령은 미군 철수를 기정사실로 받아들이면서 (1) 대서양 조약[NATO 조약 -필자]과 같은 태평양 조약(Pacific Pact), (2) 한미 간 단독 혹은 다른 나라를 포함한 방위조약, (3) 1882년 조·미 수호통상조약의 우호조항의 재확인 방식 중 하나가 바람직하다는 입장이었다(FRUS 1949, 1029~1030). 그러나 무치오 대사는 근대적인 우호통상조약을

22_한국 국회는 1948년 11월 20일 대한민국의 방위 태세가 정비될 때까지 미군의 남한 주둔이 필요하다는 결의안을 채택했다(동아일보 1948.11.21).

체결하는 협상은 긍정적으로 고려해 보겠다는 언급 이외에 이 대통령의 제의에 어떤 긍정적인 입장도 보이지 않았다. 이에 대해 이 대통령은 우호조약이 도움이 되겠지만, 여기에 군사원조 조항이 들어가지 않으면 특히 현재 한국이 필요로 하는 것에 부응하지 못하는 것이 될 것이라는 입장을 밝혔다[23](FRUS 1949, 1029~1030).

이 당시 미국의 한반도에 대한 전략적 평가는 한국에 대한 군사원조 이행 지연과 미군 철수의 단행으로 가늠할 수 있다. 이호재 교수에 의하면, 실제로 미국이 1949년 10월에 채택한 상호방위원조법(Mutual Defense Assistance Act)에 따라 할당한 2,764만 달러 중에는 한국에 대한 군사원조도 포함되어 있었지만, 이 원조의 이행이 지연되어 6·25전쟁 돌발까지 한국군에게 실질적으로 전혀 도움이 되지 못했다. 6·25 돌발 시 한국의 군사력은 1949년 6월 29일 미군이 떠날 때의 군사력에 비해 거의 발전이 없는 상태였다는 것이다(이호재 1986, 332~334). 1949년 8월 6일 장제스 정부를 포기하는 『중국백서』를 발표한 미국은 1950년 1월 12일 애치슨 국무장관을 통해 중국의 영토적 보존은 미국의 국익에 부합되는 것이며, 대만과 한국은 미국의 방위선 밖에 있다고 선언했다[24](Acheson 1950, 115~116). 이호

23_한미 단독의 방위조약 체결에 대해서는 무치오 대사가 이미 그 전에 이 대통령에게 "미국은 어느 일 국가와도 상호 방위동맹을 체결한 적이 없었다"는 입장을 전달한 바 있다(FRUS 1949, 1013). 한편, 방위조약 체결과 관련하여 이 대통령이 1949년 5월 16일 공보실을 통해 밝힌 입장은 "① 대서양 조약과 같은 동맹의 태평양 조약 체결, ② 한국과 미국 간에 한한 또는 기타 국가도 포함한 어떠한 침략국에 대한 상호 방위에 관한 협정, ③ 공산주의 침략에 관한 트루먼 대통령의 정책에 의거하여 재통일된 민주독립 한국을 방위한다는 서약을 미국이 공개하여 선언할 것" 등 3항 중 1항을 택하는 것이었다(동아일보 1949.5.18; FRUS 1949, 1023~1024).

24_장제스 총통이 이끌던 세력은 마오쩌둥(毛澤東) 세력에 쫓겨 1949년 12월 50만 군대와 함

재 교수는 미국이 미소공동위원회에 실패한 이후 남북 각각 단독 정권이 수립되어 심한 경쟁과 충돌이 예상되는 상황에서는 미소공동위원회 시절에 요구되는 정치적 고려보다는 군사적 고려가 앞서야 함에도 불구하고 미군 철수를 단행하게 된 원인을 한반도에 대한 중국보다 낮은 미국의 전략적 평가, '마오쩌둥의 티토화'라는 미국의 전략적 목표 등 때문인 것으로 분석하고 있다(이호재 1986: 311~322).

한반도에 대한 미국의 낮은 전략적 평가는 일반 경제원조의 제공에서도 반영되었다. 1949년 트루먼 행정부가 한국 원조안을 미 의회에 제출할 당시, 미 정부 당국자는 한국은 공산주의에 대항하여 민주주의 이상과 원칙의 유효성과 실질적 가치가 실현되는 시험장, 자유의 전초기지로서 한국이 자조적이고 안정적인 경제로 나아갈 수 있도록 하는 것은 아시아 주민들에게 강력하고 광범위한 영향을 미칠 것임을 강조했다. 그리고 현재의 지원이 계속되지 못하면 한국 경제는 불가피하게 급속히 붕괴될 것이며, 그러한 상황에서는 공산주의자들만이 승리하게 될 것임을 경고했다(Truman 1949, 781~783; Webb 1949, 783~786).

그럼에도 불구하고 공화당의 대중공 강경론자들은 트루먼 행정부가 중국에서 공산주의자들의 승리에 대해 어떠한 행동도 취하지 않고 있는 것을 공격하면서 국무부가 아시아정책을 바로 세울 때까지는 한국 원조안을 통과시킬 수 없다는 입장들을 강하게 제기했다. 이로써 이 예산안은 의회에 상정된 지 6개월 동안 지연되다가 결국 1950년 1월 19일 192대 191로 부결된다. 그 결과 1949년 7월부터 6개월간 한국은 계획적인 미국 원조를 전

께 중국 본토에서 대만으로 건너와 「중화민국('자유 중국')」을 세웠다.

혀 제공받지 못하고 임시변통에 의한 불규칙한 원조를 제공받았다. 그 후 미 의회는 장제스 치하의 중국에 할당되었으나 중국 사정으로 집행되지 못했던 ECA(Economic Cooperation Administration) 자금으로 한국과 대만을 원조하기 위해 극동경제원조법(Far Eastern Assistance Act)을 통과시켜 한국에 3,000만 달러를 추가로 할당했다. 그 결과 한국은 원조자금으로 1950년도에 총 9,000만 달러를 확보했으나, 6·25전쟁 전까지 7,500만 달러만 한국을 위해 사용하기로 계약이 되었으며, 이 계약액 중 한국에 도착한 것은 4,500만 달러에 불과함으로써 당시 미국 원조가 실제 한국 경제에는 아무런 도움이 되지 못했다는 것이다(이호재 1986, 323~332; NYT 1949.6.9, 6.21).

당시 미국의 이러한 전략적 관점과 정책은 6·25전쟁을 통해 이미 뉴욕타임스가 예견한 대가를 치르게 된다. 1949년 4월 19일자 뉴욕타임스는 사설을 통해 미국의 철수와 관련한 위험은 자명하다면서 만약 소련의 철군이 미국의 철군으로 이루어지도록 압박하고, 이것이 한반도의 공산화나 내란으로 이어지게 하는 것으로 그 전략이 한반도에서 통하게 되면, 이와 비슷한 책략이 독일에서도 통할 것이라고 경고했다. 결국 미국은 6·25전쟁을 치르고 난 후 1953년 10월 1일 상호방위조약을 체결함으로써 동맹관계를 한 단계 높였다.[25]

25_한·미 상호방위조약도 이승만 대통령은 휴전협정 체결 전에 체결되어야 한다고 강력히 주장했으나, 결국 미국이 의도한 대로 휴정협정 이후에 체결되었다. 휴전협정 체결과 한·미 상호방위조약 체결 과정 및 양자와의 관계에 대해서는 이호재(1986, 359~383)를 참조하라. 특히 이혜정은 동 조약의 발효가 당초 예정일인 1954년 3월 18일로부터는 8개월, 정식조인(1953.10.1)으로부터는 1년 이상 늦어진 1954년 11월 17일에야 이루어졌다는 사실에 주목해야 한다는 점을 강조한다. 이것은 "냉전의 진영 체제에서 한·미 양국의 군사적, 정치경제

그럼에도 불구하고 미국의 한국에 대한 전략적 가치 평가는 크게 변하지 않은 것으로 보인다. 한·미 상호방위조약 제3조는 "각 당사국은 태평양 지역에서 타 당사국의 행정 지배하에 있는 영토 혹은 각 당사국이 타 당사국의 행정 지배하에 합법적으로 들어갔다고 인정하는 향후의 영토에 대한 무력 공격을 자국의 평화와 안전을 위태롭게 하는 것이라고 인정하고 공통한 위협에 대처하기 위하여 각국의 헌법상의 절차에 따라 행동할 것을 선언한다"고 합의했다. 이러한 식의 조약 내용은 필리핀·미국 간 조약과 오스트레일리아·뉴질랜드·미국 간 조약과 같은 것이지만, 나토의 북대서양 조약과는 상당히 다른 것이다.[26] 미국 당국자 스스로의 해석에 의하면 한국

적 '정상 상태'에 대한 양국의 심각한 갈등의 결과였기 때문"임을 지적하고 있다. 즉 이승만 대통령의 북진 의지를 봉쇄하기 위한 한국군 증강 요구에 대한 미국의 거부, 미국 원조의 지연, 미국의 일본 재무장 정책과 대한 원조로 일본 자본재 구매 요구, 미국의 달러화 통제 등으로 인한 양국 간의 갈등이 조약 발효 지연의 원인이었다는 것이다(이혜정 2005).

26_한·미 상호방위조약과 북대서양조약의 원문은 다음과 같다.

- Mutual Defense Treaty between the Republic of Korea and the United States of America: "Article 3. Each Party recognizes that an armed attack in the Pacific area on either of the Parties in territories now under their respective administrative control, or hereafter recognized by one of the Parties as lawfully brought under the administrative control of the other, would be dangerous to its own peace and safety, and declares that it would act to meet the common danger in accordance with its constitutional processes." (출처: http://www.mnd.go.kr/Info/fieldWorkData/ file Data/index2.jsp)

- The North Atlantic Treaty: "Article 5. The Parties agree at an armed attack against one or more of them in Europe or North America shall be considered an attack against them all and consequently they agree that, if such an armed attack occurs, each of them, in exercise of the right of individual or collective self-defense recognized by Article 51 of the Charter of the United Nations, will assist the Party or Parties so attacked by taking forthwith, individually and in concert with the other Parties, such action as it deems necessary, including the use of armed force, to restore and maintain

과의 방위조약은 한 국가에 대한 공격이 나토 회원국 전체의 공격으로 간주하는 것과는 다른 "몬로 독트린 형식(Monroe Doctrine Formula)"을 취한 것이라고 한다. 나토 조약에서는 소련의 독일에 대한 공격도 미국은 그것을 곧 미국에 대한 공격으로 간주하지만, 한미 간 조약에서 미국은 북한의 남한에 대한 공격을 미국의 평화와 안전을 위태롭게 하는 것으로 간주하되, 미국의 "헌법상의 절차에 따라" 행동을 결정한다는 것이다(U.S. Senate 1970, 1526~1527). 이에 따라 한국은 한·미 정상회담 등 기회 있을 때마다 위기 사태 발생 시 미국의 자동 개입 문구를 담은 성명 등을 요구해 왔지만, 미국은 항상 한·미 상호방위조약의 범위를 벗어나는 문구를 사용하지 않도록 조심해 왔다(U.S. Senate 1970, 1527~1538).

이러한 한미동맹은 한국군의 월남 파병기에 가장 강력한 형태로 발전하게 된다. 그러나 그 이전까지 주한미군의 철수 문제와 군사원조 삭감 문제는 주요 계기마다 지속적으로 제기되었다. 앞에서 언급하였듯이 미국은 한국전쟁 직후 전쟁에 참가한 32만 명의 미군 중 2개 사단 7만 명 정도만 남겨 놓고 철수를 단행하는 것과 함께 한국군 감축을 검토했다(박태균 2000). 당시 아이젠하워(Eisenhower) 행정부는 안보정책으로 뉴룩(New Look) 정책을 채택했다. 이것은 트루먼 행정부의 봉쇄정책을 지지하지만, 공산주의 봉쇄를 위해 미국 GNP의 20%까지 군비에 지출할 수 있다는 트루먼 행정부의 「NSC 68」의 전제를 거부하는 것이다. 이것은 군비 지출을

---

the security of the North Atlantic area.

Any such armed attack and all measures taken as a result thereof shall immediately be reported to the Security Council. Such measures shall be terminated when the Security Council has taken the measures necessary to restore and maintain international peace and security." (출처: http://www.nato/docu/basictxt/treaty.htm)

위한 재정적자를 거부하고 건전 재정을 추구하는 정책이었다[27](Ambrose & Brinkley 1997, 127~150). 이러한 입장에서 아이젠하워는 한국군 감축 문제가 뉴룩 정책에서 가장 중요한 문제라고 선언했다. 그러나 한국군 감축은 1958년 12월에 2개 사단이 감축하는 것으로 결말이 났다. 한국 정부의 강력한 반발도 있었지만, 소련의 인공위성 발사 성공 등 1950년대 후반 소련과 중공의 공세, 제3세계의 불안정 등으로 미국이 더 이상 안보 문제에 있어서 후퇴하는 모습을 보여 줄 수가 없었기 때문이다[28](박태균 2000, 33~38).

1961년 1월에 들어선 케네디(Kennedy) 행정부에서도 한국군과 주한미군 규모에 대한 조정 문제가 제기되어, 1963년 케네디가 암살되고 존슨 행정부에 들어와 문제 검토가 계속됐다. 존슨 대통령은 1964년 5월 5일 「국가안보행동 비망록(NSAM) 298」을 하달하여 26일까지 주한미군 1개 사단 재배치와 대한 군사원조 감축에 대한 세부계획을 마련하는 합동연구를 할 것을 국무부, 국방부, 대외원조처에 지시하였다.[29] 그러나 이러한 계획은

27_당시 국무장관 덜레스는 뉴룩 정책에 대해 다음과 같이 말한다(Dulles 1954, 107~108). "우리에게 전략적인 예비를 남겨 두지 못할 정도로 미 지상군을 아시아에 영원히 주둔시키겠다고 공약하는 것은 건전한 군사전략이 아니다. 다른 나라를 영원히 지원하겠다는 것은 건전한 경제도 아니거나 좋은 외교정책이 아니다. 왜냐하면 그것은 좋은 의도만큼 많은 해악을 창출할 것이기 때문이다. 실제적인 파산을 가져올 만큼 과도한 군사 지출을 영원히 하겠다고 공약하는 것 역시 올바르지(sound) 못하다. … 우리는 동맹과 집단안보가 필요하다. 우리의 목적은 이러한 관계를 고효율 저비용으로 만들자는 것이다."

28_따라서 1959년 6월 25일 개최된 NSC 회의에서 아이젠하워는 다음과 같이 언급한 것으로 기록되어 있다(FRUS 1958~1960, 565). "우리가 한국을 진공 상태에서 고려해서는 안 된다는 것이 대통령에게 명확해 진 것 같다. 한국문제는 세계정세 하에서 논의되어야 한다는 것이다. … 대통령은 한국군의 규모를 줄이는 것이 잘못되었다는 것을 말하는 것이 아니라, 미국이 세계적으로 중요한 많은 지역에서 약한 모습을 보이는 것이 진짜 위협이 된다는 것을 지적하려는 것이라고 했다."

29_이때 미 국무부와 국방부는 한국군 7만 명을 2년에 걸쳐 감축한다는 데는 합의했으나, 주

한국에서 1964년 6·3 사태로 인한 정치위기가 발생하고, 그 후 1965년 4월 존슨 행정부가 지상군 투입 등 베트남에 대한 군사적 개입을 확대하기로 결정하여 한국군 전투부대 파병을 적극 검토하기 시작함으로써 사실상 중단되었다(마상윤 2003a). 국방장관 맥나마라(McNamara)는 1966년도까지도 주한미군의 군사력은 북한의 군사 위협에 비해 불균형적으로 많으며 남한은 자체 방위를 충분히 할 수 있을 만큼 강하다고 보고 주한미군 감축을 주장했으나, 그 주장은 존슨 대통령이 베트남 전투에 동맹국을 끌어들이는 데 강한 집착을 보임에 따라 실현될 수 없었다(U.S. House 1978, 61).

한국은 베트남 전쟁에 참전함으로써 한미동맹의 질적인 전환을 가져올 수 있었다. 우선 미국으로부터 과거보다 훨씬 많은 군사원조를 확보할 수 있었다. 1961년부터 1965년까지의 원조액이 8억 1,500만 달러인 데 비해 1966년부터 1970년까지의 원조액은 16억 8,100만 달러로서 두 배 이상 많은 액수였다. 둘째로, 미국의 한국에 대한 안보 공약이 강화되었다. 이것은 비록 말로만 하는 수준에 불과하지만, 한국 정부 당국자들이 수없이 듣고 싶어 하며 그렇게 언급해 주기를 미국 측에 요구하고 미국 측도 "몇 번인지 기억하지 못할 정도이지만 많이 언급한" 것이었다(U.S. Senate 1970, 1531). 1966년 2월 한국을 방문한 미 부통령 험프리(Humphry)는 "남북의 경계선에 미군이 한 명이라도 있는 한, 미국 전체의 완전한 힘이 한국의 안전과 방위를 공약하는 것"임을 밝혔으며, 그해 11월에 방문한 존슨 대통령은 박정희 대통령과의 공동성명을 통해 "한국에 대한 군사적 공격을 격퇴하기 위해 1954년의 한·미 상호방위조약에 따라 즉각적이고 효과적으로

한미군 1개 사단 철수에 대해서는 여전히 국무부가 반대하는 상황이었다(마상윤 2003).

지원한다는 미국의 의지와 결의를 재확인"했다.[30] 이와 함께 존슨은 박정희에게 주한미군을 현 수준에서 감축할 계획이 없음을 확약하고 미국은 1971년까지 주한미군을 철수하지 않게 된다. 셋째로, 한국이 미국과의 관계에 있어서 비록 베트남전 수행 등과 관련한 것이지만 발언권이 강화되었다는 점이다. 한국은 베트남전 해결에 있어서 미국의 협상에 의한 방법을 반대하고 군사적 방법에 의한 해결을 주문하기도 하였으며, 이러한 입장에서 한국은 1966년 10월 마닐라에서 개최된 월남전 참전 관계국 간 정상회담에서 강경노선을 주도하며 공동선언에 한국의 입장이 반영되도록 했다.

30_미국의 대한 방위 공약에 대한 언급으로 1966년 험프리와 존슨의 언급 사이에 그해 3월 7일과 8일에 주한 미국대사 브라운이 한국 전투병의 베트남 파병과 관련하여 연속적으로 이동원 외무장관에게 보낸 편지가 있다. 3월 7일자 편지에서 브라운 대사는 "나는 귀하에게 존슨 대통령이 다음과 같이 언급했던 바로부터 우리의 입장 변화가 전혀 없다는 점을 확인시켜 줘라는 우리 정부의 지시를 받았습니다"라며 박 대통령 방미 시 발표한 1965년 5월 18일자 한·미 공동성명의 일부를 그대로 인용하고 있다. 그런데 그 이튿날 브라운의 이동원 장관 앞 편지에는 1965년 5월 한·미 공동성명뿐만 아니라, 1964년 1월의 박정희와 국무장관 러스커 간 공동성명, 상기 1966년 2월 험프리의 언급까지 장황하게 인용하고 있다(U.S. Senate 1970, 1529~1930). 이것으로 볼 때, 비록 말로 만하는 미국의 공약임에도 한국의 정부 당국자들은 국내 정치의 필요에 의해 미국으로부터 더욱 구체적인 언급을 여러 번 듣기를 원했음을 추측할 수 있다. 그리고 소위 「브라운 각서」라고 일컬어지는 내용의 주요사항은 그 이전 브라운이 이동원 장관에게 보낸 3월 4일자 편지에 담겨져 있다.

사실 풀브라이트 청문회 당시, 1966년 11월 존슨의 방한 시 발표한 상기 공동성명에서 "즉각적(prompt)"이란 표현의 의미에 대한 질문에 주한 미대사 포터는 항상 한국인들은 유사시 미국이 자동 개입을 할 수 있는가에 관심이 있지만, 미국 측은 절대로 그렇게 할 수 없음을 밝히면서 미국은 "협의 과정을 즉각적으로 시작하겠다"는 점을 한국 측에 확인해 주고 있으며, "즉각적"이라는 단어는 사실상 "한국 측의 바램(wish)을 만족시키기 위한" 미국 측의 노력일 뿐으로 즉각적 행동은 미국이 내부적으로 지켜야 절차[헌법 절차 -필자주] 내에 있어야하는 것임을 밝혔다(U.S. Senate 1970, 1528~1529). 1966년 11월 한·미 공동성명 전문은 Johnson 1966.11.2 참조.

이와 함께 한국 정부는 아시아·태평양 비공산국가 간 지역협력기구로서 아시아·태평양 각료회의(ASPAC, Asian and Pacific Council) 창설을 주도하기도 했다(최용호 2005; Han 1978).

한편, 북한은 해방 직후에는 소련의 후견으로 정권을 수립하였기 때문에 초기에는 소련과의 동맹체제에서 움직였으나, 중국의 한국전쟁 개입 이후 중국의 영향력이 증대되는 가운데 중소분쟁이 시작된 1956년부터 1961년 동안에는 중·소 등거리 노선을 취했다. 특히 1961년 11월 제22차 소련공산당대회를 앞두고 중·소가 북한의 지지를 확보하기 위해 격렬히 경쟁하는 것을 북한은 최대한으로 이용했다. 북한은 중·소로부터의 경제적 지원[31] 외에 체약국 간 상호 방위를 주 내용으로 하는 안보조약을 체결, 군사적 동맹관계를 공고히 하였다(스칼라피노·이정식 1987, 728~733; 정규섭 1999, 217~235; 정진위 1985, 17~78).

1961년 남한에서 군사정부가 들어선 직후인 7월 6일 북한 김일성은 소련을 방문하여 「우호협조 및 상호원조 조약」을 체결하고 공포한 후, 중국을 방문하여 7월 11일 중국과도 「우호협조 및 상호원조 조약」을 체결하였다.[32] 그러나 북한은 1962년부터는 미국과 타협하는 '수정주의'를 강력

31_소련으로부터의 주요 경제지원은 약 1억 9,000만 달러(7억 6,000만 루블) 상당의 차관 상환 면제, 3,500만 달러의 차관 상환 연기, 7개년 경제계획 기간(1961~1967) 동안 연간 강철 280만 톤, 압연강 230만 톤 생산 능력의 김책 제철소 확장 공사 및 북창과 평양에 각각 50만 Kw, 40만 Kw 발전 능력의 화력발전소 건설에 대한 원조 제공, 연간 200만 톤 생산 능력의 정유공장 건설 및 공장 가동에 필요한 원유 공급, 섬유, 영화산업 등 경공업 공장 건설에 대한 기술지도 등이다. 한편 중공으로부터의 경제지원은 1961년부터 3년간 1억 500만 달러(4억 2,000만 루블)의 장기차관 제공, 고무타이어, 무선통신장비 생산공장, 소비재 생산을 위한 경공업 공장 등 건설 협조, 섬유, 화학, 기타 경공업 생산 설계도 및 기타 기술자료, 농산물 종자 공급 등이다(정진위 1985, 64~66).

히 비판하며 중국·인도 간 국경 분쟁, 쿠바 미사일 위기 등과 관련하여 노골적으로 중국의 입장에 서는 한편, 소련과 동유럽으로부터 원조가 끊어진 상황에서 경제건설을 위해 '자력갱생'과 '주체'를 강조했다.[33] 이러한 북한과 소련의 관계는 1964년 흐루쇼프가 당 제1서기직과 각료회의 의장직에

32_북한과 중·소와의 상호 방위와 관련, 소련과의 조약 제1조는 "체약 일방이 어떠한 국가 또는 국가연합으로부터 무력 침공을 당함으로써 전쟁 상태에 처하게 되는 경우, 체약 상대방은 지체 없이 자기가 보유하고 있는 온갖 수단으로써 군사 및 기타 원조를 제공한다"라고 규정했다. 한편, 중국과의 조약 제2조에서는 "체약 쌍방 중 어느 일방에 대한 어떠한 국가로부터의 침략이라도 이를 방지하기 위하여 모든 조치를 공동으로 취할 의무를 지닌다. 체약 일방이 어떠한 한 개의 국가 또는 몇 개의 국가들의 연합으로부터 무력 침공을 당함으로써 전쟁 상태에 처하게 되는 경우에 체약 상대방은 모든 힘을 다하여 지체 없이 군사 및 기타 원조를 제공한다"라고 규정했다(정진위 1985, 238~241).

33_김일성은 자력갱생과 주체를 강조하며 다음과 같이 말하고 있다(김일성 1962.3.8, 180~181). "어떤 사람들은 자력갱생이 민족주의라고 시비하는데 그것이 왜 민족주의겠습니까? 자력갱생은 공산주의자들의 고상한 혁명정신입니다. 제 힘으로 혁명을 하며 제 손으로 사회주의를 건설하는 것이 무엇이 나쁩니까? … 우리가 남의 원조를 반대하는 사람은 아닙니다. 우리는 형제나라들의 원조를 환영합니다. 주는 원조를 싫다고 할 사람은 없습니다. 그러나 원조를 주지 않는 데야 어떻게 하겠습니까? 남의 원조가 없어도 혁명은 해야 하며 사회주의는 건설해야 합니다. … 원조는 주지도 않으면서 자력갱생하자는 것은 민족주의라고 시비하는 사람들의 심보를 어떻게 이해하여야 할 것입니까? … 당원들과 근로자들 속에서 자력갱생의 정신을 불러일으키기 위하여서는 사대주의와 교조주의를 반대하고 주체를 세우기 위한 투쟁을 계속 힘있게 벌리는 동시에 부화하지 않고 검박하게 생활하도록 그들을 끊임없이 교양하여야 합니다."

소련은 1962년 초 북한이 중공으로 기우는 것을 방지하기 위해 북한에게 경제적 압력을 가하는 한편, 코메콘(COMECON, 상호경제원조회의)의 가입을 종용하며 자립정책 포기를 강요했다고 한다. 한편, 김일성은 1962년 10월 중공·인도 국경 분쟁, 쿠바 미사일 위기 직후 군사대표단을 소련에 파견하였으나 원조 획득에 실패했다. 1962년 말에 이르러 북한의 선전구호는 소련에 노골적으로 반기를 드는 '현대 수정주의에 대한 전면 투쟁'과 '자립을 위한 총력'으로 집약되었다(로동신문 1963.6.12; 정진위 1985, 90~91; 조선로동당출판사 1964, 489; Shinn 1973, 58).

서 해임되고 브레즈네프-코시긴 체제의 등장을 계기로 개선되기 시작했다. 이듬해인 1965년 2월 소련 수상 코시긴이 북한을 방문하고 북·소 양국은 몇 가지 무역협정을 체결한 결과 기계류, 전기제품의 대소 수출이 전년도에 비해 2배로 증가하였다. 아울러 북한과 소련은 코시긴의 방북에 앞서 별도로 군사협력 협상을 진행하여, 그해 5월 군사지원 협정을 체결하고 주로 제트연료, 예비 부속품, 지대공 미사일, MiG-21기 등으로 북한의 공군력 강화를 지원하였다. 그리고 북한 군사요원들이 소련 사관학교에서 위탁교육도 받게 했다(정진위 1985, 135~136). 동유럽과의 경제관계도 개선되었으며 북한은 코메콘에 옵서버 자격으로 정기적으로 참석하기 시작하였다.[34] 한편, 북중관계는 북소관계의 호전에 따라 곧바로 냉각되었다. 이러한 북중관계의 냉각에는 1965년부터 시작된 중국의 문화대혁명도 일조했다. 당시 북한의 중국에 대한 비난은 로동신문이 1966년 9월 15일 「트로쯔끼주의」 제하의 사설을 게재하고, 이를 소련의 프라우다가 17일자로 「좌익 기회주의자들의 반혁명 이론」이라는 제목으로 전재함으로써 극에 이르렀다. 그러나 중소 갈등의 와중에 '주체'를 강조해 왔던 북한은 1966년 10월에 이르러서는 자주노선을 공식화했다. 김일성은 10월 5일 당 대표자 대회에서의 보고, 「현 정세와 우리당의 과업」을 통해 북한의 입장을 총정리해 내놓았다[35](스칼라피노·이정식 1987, 728~733, 773~798; 정규섭 1999,

34_정진위에 의하면, 북한이 이렇게 소련 쪽으로 기울게 된 주요 원인은 1965년 미국의 월맹 폭격 개시와 한·일 국교정상화에 있다고 한다. 북한은 미국의 월맹 폭격과 한·일 국교정상화를 계기로 한반도에서 북·미가 다시 충돌할 경우 핵 보호를 포함하여 소련의 군사적 지원만이 미국에 대한 효과적인 억제수단이 될 것으로 판단했기 때문이라는 것이다(정진위 1985, 134~135).

35_김일성은 이 보고에서(김일성 1966.10.5, 377~414) "미 제국주의는 세계 인민들의 첫째가

217~263; 정진위 1985, 56~150; Shinn 1973). 이를 통해 김일성은 소련의 수정주의와 중국의 교조주의를 "거의 똑같은 비중으로" 공격해 나갔다(스칼라피노·이정식 1987, 797).

그러나 북중관계는 문화혁명이 마무리 단계에 접어든 시점인 1969년 4월 제9차 중국공산당 전국대표자대회 이후 점차 개선되기 시작했다. 북한은 1969년 10월 중국의 정권 수립 20주년을 맞이하여 최용건을 경축사절단장으로 베이징에 보내는 등 북한과 중국은 활발히 접촉을 재개하여

는 투쟁대상"임을 밝히면서 "현대수정주의는 '정세의 변화'와 '창조적 발전'이라는 구실 밑에 맑스-레닌주의를 수정하고 그 혁명적 진수를 거세"하여 "제국주의에 대한 환상을 퍼뜨리며 사회적 및 민족적 해방을 위한 인민들의 혁명투쟁을 각방으로 방해"한다고 설파하는 한편, 좌경 기회주의에 대해서는 "좌경 기회주의는 변화된 현실을 고려하지 않고 맑스-레닌주의의 개별적 명제들을 교조주의적으로 되풀이하며 초혁명적인 구호를 들고 사람들을 극단적인 행동에로 이끌어 … 당을 군중으로부터 이탈시키며 혁명 역량을 분렬시키며 주되는 적에 공격을 집중할 수 없게"한다고 주장한다. 그러면서 김일성은 "누구도 형제나라, 형제당에 대하여 과장되거나 왜곡된 평가를 내리지 말아야 하며 13개 사회주의 나라들 중 어느 한 나라도 사회주의 진영 밖에 있거나 국제공산주의 운동 밖에 있다고 보지 말아야"한다고 주장하고 "모든 당들은 서로 평등한 입장에서 다른 당들을 존중하고 서로 동지적인 관계를 유지하도록 노력하여야 할 것"과 "공산당 및 노동당들 사이에는 높은 당과 낮은 당, 지도하는 당과 지도받는 당이란 있을 수 없"으며 "그 어느 당도 국제공산주의 운동 내에서 특권적 지위를 요구할 수 없"다는 점을 강조하면서 다음과 같이 사회주의 각국이 자주성과 독자성을 확보해야 함을 공식화했다. "국제공산주의 운동의 현 정세는 우리들로 하여금 자주성과 독자성을 더욱 확고히 견지할 것을 요구하고 있습니다. 오늘의 조건에서 우리가 만일 자주성과 독자성이 없이 남이 하는 대로 따라간다면 노선과 정책에서 원칙성과 일관성을 가질 수 없게 될 것입니다. 이렇게 되면 결국 우리의 혁명과 건설 사업에 막대한 해독을 끼치게 될 뿐 아니라 국제공산주의 운동에도 커다란 손실을 주게 될 것입니다. 우리는 결코 남의 풍에 놀 수 없으며 또 그렇게 하지도 않을 것입니다. 우리는 맑스-레닌주의 원칙과 우리나라의 현실로부터 출발하여 자주적으로 자기의 노선과 정책을 규정하고 그것을 관철함으로써 혁명과 건설 사업을 힘 있게 추진시켜 나아가야 합니다. 우리는 국제 활동 분야에서도 자신의 신념에 기초하여 자주적 입장을 견지하여 나아가야 합니다."

1970년 2월과 3월에는 대사를 베이징과 평양에 각각 파견하였다. 그리고 4월 5일부터 7일까지 중국의 저우언라이(周恩來) 수상이 평양을 방문하여 "양국은 순치 관계에 놓여 있는 인방이며 우리 두 나라 인민은 육친적인 정을 맺고 있는 형제"임을 선언함으로써 북중관계는 새로운 국면에 들게 된다. 여기에는 1969년 7월의 닉슨 독트린 발표, 11월의 닉슨·사또 공동성명 발표, 1970년 6월의 미·일 안보조약 자동 연장 등이 영향을 미쳤다(스칼라피노·이정식 1987, 803~804; 정진위 1985, 151~154).

미국을 방문한 일본 수상 사또는 닉슨과 함께 1969년 11월 21일자로 발표한 공동성명을 통해 "한국의 안보가 일본 자체의 안보에 필수불가결하다"고 선언하는 한편, "대만 지역에서의 평화와 안전의 유지 또한 일본의 안보에 매우 중요한 요소"임을 밝혔다(Nixon 1969.11.21). 이에 저우언라이는 1970년 4월 평양 방문 시 닉슨·사또 공동성명은 "미국과 일본 반동세력 간에 군사적 공모가 강화되고 있음을 적나라하게 보여 주는 것"임을 주장하면서 북·중 간 군사적 단결을 보다 강화시켜 나갈 것을 촉구하였다. 이러한 북중관계의 회복에 따라 북소관계는 상대적으로 위축되었으나 1960년대 초기의 경우와는 달리 단절된 관계는 아니었으며 기본적인 접촉은 계속 유지되었다(정진위 1985, 152~160).

4) 군사적 대결의 강화

한국전쟁 이후 남북 간 군사적 대결은 군비 증강, 비무장지대·서해 5도 등 특정 지역에서의 총격·포격, 무장세력, 간첩 등의 침투, 선박·항공기 납치 등의 테러 등을 들 수 있다.

1958년 중국이 북한에 주둔시킨 군대를 철수하자, 북한은 이듬해 노농

적위대를 창설하고, 1960년대에 들어와 중소분쟁의 와중에서 자력갱생과 주체를 강조하면서 군사 부문에 있어서도 '4대 군사노선'을 채택[36]하는 등 독자적으로 전쟁을 수행할 수 있는 군사력 건설을 위해 무력을 증강해 나갔다. 특히 북한은 한국군의 베트남 파병과 이에 따른 한국군 현대화 사업의 추진에 따라 군사비 지출을 급격히 늘려 나가는 한편, 대남 군사도발도 증대시켜 나갔다. 그 결과 1967년과 1968년은 국방비 지출과 남한 전복을 위한 소규모 군사행위가 최고조에 이르게 된다. 〈표 2-1〉에서 보는 바와 같이 절대 액수로 1964년부터 급격히 증가하는 북한의 국방비는 1971년까지 계속 늘어나고 예산지출 대비 국방비 비율은 1968년에 정점에 이르고 있다. 〈표 2-1〉에 인용된 수치는 북한이 공식적으로 발표한 것에 따른 것으로 '인민경제' 부문의 감추어진 군사비 지출은 반영되지 않은 것이다(국토통일원 1988a, 29). 한편 SIPRI가 집계한 북한의 군사비 지출 추이(〈표 2-2〉)를 보아도 1967년부터 군사비가 급격히 증가하는 경향을 볼 수 있다.

36_4대 군사노선은 1962년 12월 10일부터 14일까지 개최된 당 중앙위원회 4기 5차 전원회의에서 채택되었으나, 이 결정이 여기서 채택되었다는 것은 한참 뒤인 1966년 10월 5일 당 대표자회의에서 한 김일성의 보고(「현 정세와 우리당의 과업」)로 알려졌다. 김일성은 동 대표자회의에서 다음과 같이 말한다(김일성 1966.10.5, 418). "동지들이 다 아는 바와 같이 미제국주의자들은 1962년에 꾸바 공화국을 반대하여 까리브해의 위기를 조성함으로써 전체 사회주의진영에 도전하여 나섰으며 국제정세를 매우 긴장하게 만들었습니다. 그 후 미 제국주의자들은 아세아에서 침략책동을 더욱 노골화하는 길에 들어섰습니다. 그들은 웰남민주공화국을 반대하여 바크보만 사건을 도발하고 남부 웰남에서 침략전쟁을 대대적으로 강화하였으며 동남아세아와 극동 및 기타 지역에서 긴장 상태를 더욱 격화시켰습니다. 이러한 정세에 대비하여 우리 당은 이미 1962년에 소집되였던 당중앙위원회 제4기 제5차 전원회의에서 경제건설과 국방건설을 병진시킬 데 대한 방침을 제기하고 경제건설을 개편하는 한편 국방력을 더욱 강화하기 위한 일련의 중요한 대책을 세웠습니다. 그 후의 사태발전은 우리 당이 취한 대책이 전적으로 정당하였다는 것을 증명하고 있습니다."

이와 함께 북한은 〈표 2-3〉에서 보는 바와 같이 1967~68년이 이르러 소규모 대남 군사도발을 급격히 증가시켜 나갔다. 이러한 북한의 행위중 대표적인 것으로 1967년 1월 동해에서 어로작업을 보호중이던 해군함정 격침사건, 11월의 어선 10척 피랍사건, 1968년 1월 21일의 청와대 습격 미수 사건, 1월 23일 미 푸에블로호 나포사건, 11월의 울진·삼척 무장 게릴라 침투사건, 1969년 4월 미 정찰기 EC-121기 피격사건, 12월 KAL기 납북사건 등을 들 수 있겠다.[37] 북한은 1967년 7월에 무장 정규군에 의한 본격적인 대남 유격활동을 벌이기 위해 특수부대를 창설했던 것으로 알려졌다(최창규 1976, 419).

남한의 경우 군비 증강은 한국군의 월남파병 이후 미국원조에 의한 한국군 현대화 사업을 통해 본격적으로 이루어진다. 〈표 2-2〉에서 보는 바와 같이 남한의 국방비도 월남전 파병 이후인 1966년부터 급격히 증가하고 있음을 볼 수 있다. 이것은 다음 〈표 2-4〉에서의 월남전 이후 증가하는 미국의 군사원조와 밀접히 관련되어 있다.

37_1967년 1월 해군함정 격침 사건으로 승무원 79명 중 실종자를 포함 39명이 사망했다. 어선 10척 피납 사건은 1967년 11월 3일 동해 어로저지선 근해상에서 명태잡이를 하던 남한 어선 20여 척에 대해 북한 함정 2척과 쾌속정 7척이 약 40여 분에 걸쳐 기관포와 다발총을 난사하면서 일어났다. 청와대 습격에는 31명의 무장 게릴라가 침투하여 1명이 생포되고 2명은 월북, 나머지는 사살되었다. 푸에블로 호는 북한 초계정 4척과 미그기 2대에 의해 동해상에서 원산항으로 나포되었다. 여기에는 장교 2명, 수병 75명, 민간인 2명이 타고 있었으며, 미국은 1968년 2월 5일부터 북한 측과 송환 협상을 시작하여 12월 31일 승무원 전원을 송환받았다. 울진·삼척에 침투했던 무장 게릴라는 120여 명으로 이중 110명이 사살되고 7명이 생포되거나 자수하였다. 동해상에서 피습된 EC-121기에는 31명의 승무원이 탑승하고 있었으나 전원 사망하였다. KAL기는 강릉에서 서울로 오던 중 대관령 상공에서 납치되어 승객 47명, 승무원 4명 가운데 39명이 1970년 2월 14일, 65일 만에 귀환하고 납치범 1명을 제외한 11명이 억류되었다(송효순 1978, 430~506; 최창규 1976, 418~430).

표 2-1 | 북한의 국방비 추이 (단위: 천원)

연 도	예산지출	국방비	예산지출/국방비
1953	495,970	75,390	15.2
1954	729,560	58,360	8.0
1955	988,000	61,260	6.2
1956	955,980	56,400	5.9
1957	1,022,440	54,190	5.3
1958	1,183,000	56,780	4.8
1959	1,649,600	61,040	3.7
1960	1,967,870	61,000	3.1
1961	2,338,000	60,790	2.6
1962	2,728,760	70,950	2.6
1963	3,028,210	57,540	1.9
1964	3,418,240	98,260	5.8
1965	3,476,130	278,090	8.0
1966	3,571,400	357,140	10.0
1967	3,948,230	1,200,260	30.4
1968	4,812,890	1,559,380	32.4
1969	5,048,570	1,565,060	31.0
1970	6,186,620	1,917,850	31.0
1971	7,277,270	2,183,200	30.0

* 출처: 국토통일원 1988a, 28, 강인덕 1974, 51

표 2-2 | 남북한 국방비 비교 (단위: 백만 달러, 1970년 기준)

구분	1964	1965	1966	1967	1968	1969	1970	1971	1972
북한	300	350	350	465	630	700	745	735	487
남한	162	179	208	231	272	314	324	383	427

* 출처: 이춘근·이정민 1996, 421

표 2-3 | 북한의 대남 도발 행위(1965-1972)

구 분		1965	1966	1967	1968	1969	1970	1971	1972. 8.18
사	MDL 남쪽에서의 주요 사건	42	37	445	486	87	66	37	0
	남한내의 주요사건	17	13	121	143	24	47	10	0
	DMZ에서의 총격	23	19	122	236	55	42	31	0
건	남한내에서의 총격	6	11	96	120	22	26	6	0
사 건 총 계		88	80	784	985	188	181	84	0
사	남한에서 사살된 북한인	4	18	228	321	55	46	34	0
	남한에서 생포된 북한인	51	21	57	13	6	3	2	0
상	남한에서 사살된 UNC소속 군인	21	35	131	162	15	9	22	0
	남한에서 부상한 UNC소속 군인	6	29	294	294	44	22	47	0
자	남한에서 사살된 남한 경찰과 주민	19	4	22	35	19	7	8	0
	남한에서 부상한 남한 경찰과 주민	13	5	53	16	17	17	6	0
사상자·체포된 자 총계		114	112	785	841	156	104	119	0

* 출처: Shinn 1973, 61

표 2-4 | 미국의 대한 군사원조 (단위: 백만 달러)

회계연도	1964	1965	월남 파병	1966	1967	1968	1969	1970	1971	1972	1973	월남 철군
원조액	124	173		210	272	389	480	330	556	532	363	

* 출처: Han 1978, 908

한편, 남한도 북한 내부를 교란하기 위한 게릴라를 침투시킨 것으로 알려지고 있다. 홍석률이 소개한 미국 측 자료에 의하면 1967년 9월 3일경 한국군 특수부대도 군사분계선을 넘어 북한군의 시설을 공격하여 북한군에게 심각한 타격을 입혔으며, 11월에는 한국군 특공대 12명이 북한군 사단본부를 폭파하기도 했다(홍석률 2001b, 185). 2002년 9월 국군정보사령부가 국가안전보장회의에 보고한 자료에 따르면 1951년부터 1972년까지 실제로 북파활동을 수행한 요원은 1만 1,273명이며 이중 1960년부터 1972년 7월까지 활동한 인원은 2,800여 명에 이르는 것으로 나타났다(김성호 2006, 291~295).

남북 간의 군사적 대결은 남북한 사회의 병영화를 가져왔다. 북한의 노농적위대 창설에 대응하여 남한에서도 예비군 창설 작업이 시작되었다. 남한 정부는 1961년 11월에 제정되었으나 유명무실했던 「향토예비군법」에 근거를 두고 1968년 북한의 1·21 청와대 습격 사건을 계기로 4월에 「향토예비군설치법 개정 법률안」을 제출했다. 이 법안은 예비군의 관리를 기존 내무부 장관에서 국방부 장관으로 변경하고 지역 또는 직장 단위로 대원을 편성하여 필요시 동원을 명령할 수 있도록 했다. 그러나 이 법안은 야당인 신민당이 법적 근거부터 희박하다는 비판과 함께 정치적 악용 가능성 등의 문제를 제기하면서 법안 심의를 전면 거부하고 국회에 불참하는 가운데 1968년 5월 국회 본회의에서 가결되었다(국회사무처 1968, 17~35; 장준하 1968).

이와 함께 정부는 1968년 7월 북한의 비정규전에 대비하여 국가안전보장회의 주관 하에 14개 부처와 각 시·도가 참가하는 태극연습을 처음 실시하였으며, 이듬해부터는 정규전에 대비한 훈련으로 을지연습으로 변경하여 실시하였다(국방부 2002, 329).

한편, 주한 유엔군사령부 차원에서는 1968년 10월부터 포커스 렌즈(Focus Lens) 연습이 처음 실시되었으며,[38] 1969년부터는 한미동맹 차원에서 한·미 방위조약에 의거하여 미군과 합동 군사훈련도 시작되었다. 미국 전략타격사령부의 지휘 하에 대규모 공수작전인 포커스 레티나(Focus Retina) 작전이 3월 9일부터 19일까지 11일간 실시되었다. 주력부대가 미 노스 캐롤라이나 주 포프 공군기지에서 한반도에 투입된 이 훈련은 극동에서는 처음 실시된 최장거리의 작전으로 후에 프리덤 볼트(Freedom Volt, 1971), 팀 스피리트(Team Sprit, 1976) 훈련 등으로 계승되었다(국방부 2002, 329~337; 동아일보 1969.3.10; 최창규 1976, 438).

이와 같은 남북 간 군사적 대결은 〈표 2-3〉 등의 자료를 종합해 볼 때 1969~70년에 와서는 다소 줄었으나, 여전히 1966년 수준보다는 그 강도가 훨씬 강했다고 평가할 수 있겠다.

2. 남한 내부정세

박정희 대통령은 유신체제의 명분으로 국제적 데탕트에 따른 남북대화를 내걸었다. 그러나 박 대통령 세력은 유신의 전조가 되는 3선개헌 당시에는 그 명분으로 한편으로 '조국 근대화' 완성을 위해 강력한 리더십이 필요하다는 주장으로, 다른 한편으로는 북한의 김일성이 70년대 초기 무력통일 실현을 공언하고 있고, 1·21 사태 등 무장침입으로 남한을 전면전으로

38_이 훈련은 1976년부터 을지연습과 통합되어 을지-포커스 렌즈 연습으로 실시되어 오고 있다(국방부 2002, 331~334).

유도하는 등의 북한의 위협에 대처하기 위해서는 강력한 통수권을 행사할 수 있는 박 대통령에게 한 번 더 집권의 기회를 줄 필요가 있다고 주장했다[39](국회 1969.9.10, 14~16; 동아일보 1969.1.7; 한국일보 1969.4.25).

39_박 대통령이 남북대화를 정치적으로 이용하려 한 의도는 3선개헌 명분과 유신의 명분 사이에 차이가 난다는 데서도 엿볼 수 있다. 박 대통령은 유신의 명분으로 다음과 같이 말하고 있다(박정희 1972.10.17). "긴장완화의 본질은 아직까지도 열강들의 또 하나의 문제해결 방식에 지나지 않으며, 이 지역에서는 불행하게도 긴장완화가 아직 정착되지 못하고 있는 것으로 나는 보고 있습니다. 그렇기 때문에, 긴장완화라는 이름 밑에 이른바 열강들이 제3국이나 중소국가들을 희생의 제물로 삼는 일이 충분히 있을 수 있다는 점을 우리는 경계해야 할 것입니다. 지금, 우리 한반도를 둘러싼 열강들의 기존 세력균형 관계에는 커다란 변화가 일어나고 있습니다. 나는 이 변화가 우리의 안전보장에 직접적 또는 간접적으로 위험스러운 영향을 미치게 될 것으로 보고 있습니다. … 이 같은 상황 속에서 전화의 재발은 미연에 방지하고 평화로운 조국통일의 길을 모색하기 위해, 우리는 … 남북대화를 시작한 것입니다. … 우리 헌법과 각종 법령, 그리고 현 체제는 동서 양극체제 하의 냉전시대에 만들어졌고, 하물며 남북의 대화 같은 것은 전연 예상치도 못했던 시기에 제정된 것이기 때문에 오늘과 같은 국면에 처해서는 마땅히 이에 적응할 수 있는 새로운 체제로의 일대 유신적 개혁이 있어야 하겠습니다."

한편, "열강들의 약소국 희생 제물 경계"에 대한 언급을 두고 박정희 정부는 미국과 마찰을 빚게 된다. 당초 대통령 특별선언문에서는 이 부분이 더 강하게 표현되었으나, 미국이 강력하게 제동을 걸게 됨으로써 이 정도로 표현되었다. 미국 국무부는 이 부분에 대한 표현 삭제를 위해 주한 미국대사로 하여금 박 대통령 면담을 지시했다. 그러나 박 대통령이 그를 만나주지 않자, 하비브(Habib) 대사는 1972년 10월 17일 김종필 총리를 면담하여, "일련의 성명서 전체 문구가 미국을 자극하는(offensive)" 것임을 지적하고 그날 오후 박 대통령 면담을 요청했다(Amembassy Seoul 5976 1972.10.17). 김 총리는 문구에 대한 재검토를 하비브 대사에게 약속한 다음, 김용식 외무부 장관을 통해 미국을 직접 언급한 부분은 삭제하였으며, 둘째 단락에서 다섯째 단락까지는 삭제하거나 수정하였음을 알려 주면서 당연히 '열강'은 미국을 지칭하는 것이 아니라고 해명했다(Amembassy Seoul 5980 1972.10.17). 그러나 미 국무부 존슨(U. Alexis Johnson) 차관은 김동조 주미 한국대사에게 여전히 '열강'이라는 표현이 들어있는 것과 관련하여, 로저스(William Pierce Rogers) 국무장관이 전한 닉슨 대통령의 우려를 전달하고 "성명서의 자극적인 부분은 삭제되어야 한다"고 요구했다. 이에 대해 김 대사는 문제되는 부분은 수정했으며, '열강' 표현은 미국을 지칭하는 것이 아니라 "한 닉슨 독트린까지 남북대화에 대한 내부적 동인이 없었던 첫 번째 이유는 1960년 5·16 군사정변 이후 반공체제의 확립을 들 수 있겠다. 박정희 군사정부가 들어서고 반공체제가 강화됨에 따라 4·19 이후 남한사회에서 활발하게 논의되었던 중립화통일론, 남북교류론, 남북협상론 등은 억압을 받게 되었다.[40] 이러한 통일논의에 대한 억압은 혁신계의 억압으로부터 시작되었다. 군부 쿠데타 세력은 중립화통일 논의 등의 주창자들을 "혁신을 가장한 용공세력"으로 단정하고, 민주당은 통일정책에 있어서 "무계획하고 무력"하였으며 무능하여 용공세력을 막지 못해 국가의 체면 손상과 위기를 초래했다고 평가했다(한국혁명재판사편집위원회 1962a, 225).

쿠데타 직후 「중앙합동수사본부」를 설치하여 소위 '용공분자'와 장면 총리 등 민주당 정부 요인을 포함한 '반국가 행위 피의자'에 대해 조사를 시작한 군부세력은 1960년 6월 20일에는 내각을 통해 「혁명재판소 및 혁명검찰부 조직법」을 의결·공포토록 하고, 22일에는 반혁명·반국가 행위 등을 처벌하는 「특수범죄처벌 특별법」[41]을 공포했다(동아일보 1961.6.21, 6.23; 최창규 1976, 88~90). 이에 따라 민주당 요인들뿐만 아니라 사회당, 사회대중당, 통일사회당, 민통학련 등 혁신계열 인사 대부분이 구속 수감되었다(최창규 1976, 94~97; 한국혁명재판사편집위원회 1962b; 1962c). 이와 함께 군부

국 국민들에게 그들의 역사적 경험은 강대국들의 이해에 따라 희생되었던 것임을 상기시키는 일종의 경고(a warning)"라고 해명했다(DOS 189689 1972.10.18).

40_당시 통일논의의 상세한 내용에 대해서는 엄상윤 2001, 홍석률 2001a 참조.

41_동법 제6조는 '특수 반국가 행위'에 대해 "정당, 사회단체의 주요지위에 있는 자로서 국가보안법 제1조에 규정된 반국가단체의 이익이 된다는 정을 알면서 그 단체나 구성원의 활동을 찬양고무, 동조하거나, 또는 기타의 방법으로 그 목적수행을 위한 행위를 한 자는 사형, 무기 또는 10년 이하의 징역에 처한다"라고 규정하고 있다.

가 발표한 「정치활동정화법」에 따라 1962년 4월부터 정치활동이 금지되었던 3,033명의 인사 중 이듬해 2월까지도 정치활동 금지 조치가 풀리지 않은 인사 269명 중 혁신계 인사는 거의 100명에 이르렀다[42](동아일보 1962.5.31 조간; 1963.2.27 호외). 이에 따라 1963년 10월의 5대 대통령 선거와 11월 6대 국회의원 선거에서 혁신계의 대부분이 정치활동정화법에 묶여 있었고, 혁신계 중진의 상당수는 교도소에 있었기 때문에 혁신정당이나 혁신계 정치인의 움직임은 보이지 않았다(최창규 1976, 188~202).

닉슨 독트린까지 남북대화의 내부적 동인이 없었던 두 번째 이유로는 야당의 분열과 허약성을 지적할 수 있겠다. 1963년 10월 5대 대통령 선거와 11월의 6대 국회의원 선거를 앞두고 쿠데타 세력과 대결해야 하는 야당은 제2공화국 당시의 분열상을 거의 그대로 간직한 채 단일화 작업에 실패하고 민주당, 민정당, 국민의 당 등으로 분열되어 선거를 치르게 되었다. 그 결과 대통령 선거에서 윤보선 후보는 박정희 후보에게 15만여 표 차이로 낙선했다(동아일보 1963.10.19; 중앙선거관리위원회 1973a, 752~753). 국회의원 선거에서는 민주공화당이 지역구 88석과 전국구 22석을 합쳐 110석을 차지한 반면, 민정당은 지역구 27석, 전국구 14석, 합계 41석을, 민주당은 지역구 8석, 전국구 5석, 합계 13석을 얻었으며, 자유민주당은 지역구 6석, 전국구 3석, 합계 9석, 국민의 당은 지역구만 2석을 차지했다.[43]

42_「정치활동정화법」에 따라 활동이 금지된 인사는 자유당 인사 576명, 초대 참의원 48명, 5대 민의원 217명, 정부 요인 10명, 민주당 간부 589명, 신민당 간부 457명, 혁신계 등 군소정당 357명, 지방의원 290명, 지방장관 16명, 국영기업체 사장 16명, 부정축재자 32명, 정치부패책임자 378명, 혁명방해자 47명 등이다(동아일보 1962.5.31).

43_공화당과 민정당 사이에 득표율에서는 33.5%와 20.1%로 13.4%의 차이밖에 나지 않았지만, 의석수에 있어서 69석의 차이가 난 이유에는 선거법이 작용했다. 당시 선거법은 우선 지

1967년 5월 3일의 6대 대통령 선거와 6월 8일의 7대 국회의원 선거에서도 야당은 너무 늦게 단일화를 이루었다. 1963년도 선거 후 야당은 단일화의 필요성은 일찍부터 절감했으나, 야권은 6·3 사태 이후 대여 투쟁 방식을 놓고 정당별, 계파별 분열과 대립을 거듭하다가 1967년 2월이 되어서야 신민당으로 통합되어 대통령 후보를 윤보선으로 단일화했다(최창규 1976; 중앙선거관리위원회 1973b). 그러나 이번 대통령 선거에서는 박정희 후보가 윤보선 후보에 대해 116만여 표의 차이를 내며 승리했다. 국회의원 선거에서도 공화당이 지역구 103석, 전국구 27석으로 총 130석을 차지한 반면, 신민당은 지역구 27석에 전국구 17석을 합쳐 44석을 차지했을 뿐이다. 지역구 국회의원의 득표율에서도 공화당이 63년의 33.5%에서 67년에는 50.6%로 상승한 반면, 야당은 63년의 경우 민정당과 민주당을 합친 득표율이 33.7%였으며, 이번 선거에서 신민당은 32.7%에 그쳤다(최창규 1976, 391~392, 398~400).

셋째로 민주공화당의 성격과 박정희의 리더십도 닉슨 독트린까지 남북대화의 내부적 동인이 없었던 이유에 포함될 수 있겠다. 김용호는 민주공화당은 초기에는 지오반니 싸토리(Giovanni Sartori 1976)가 말하는 "패권적 정당(hegemonic party)"을 추구하였으나 실패하였으며, 그 실패는 이미 1960년대 공화당의 성립과 발전 과정에서 배태되었고, 공화당의 정치적 허약성이 유신체제 수립의 핵심적 요소가 되었다고 주장한다(Kim 1989).

역구 선거에서 제1당을 차지한 정당이 전국구 정원(당시 44명)의 50%를 할당받게 되고 2등을 한 정당이 나머지 전국구 의석의 2/3를 차지하고 나머지 정당들은 그 나머지 전국구 의석을 각기 지역구 득표 비율에 따라 배분받게 된다. 그리고 지역구 선거 득표율이 5% 미만이거나 3석 미만을 획득하면 전국구를 배정받을 수 없었다(Kim 1989, 166~157).

그리고 그는 공화당이 멕시코의 PRI와 같은 패권정당이 되지 못한 이유로서 다음 4가지 기준으로 설명하고 있다. 첫째로 공화당 등장 이전의 정당발전 정도이다. 한국은 정당정치가 공고화되지 못하고, 공화당 이전의 정당들은 파벌주의와 권위주의로 점철되어 있었기 때문에 공화당이 뿌리를 내리는 데는 구(舊)정치인들의 이러한 약점을 이용할 수 있었다. 그러나 공화당은 구정치인들의 인적 네트워크를 이겨내지 못했기 때문에 공화당 조직에서도 구정치인들을 활용할 수밖에 없었으며, 이러한 구정치인들의 능력은 반(反)박정희 전선을 충분히 형성할 수 있었다. 그 결과 구정치인들은 1967년에는 단일 야당을 형성할 수 있었으며, 1971년 선거에서 야당은 공화당 지배의 큰 위협으로 성장하게 되었다. 둘째로는 정당 내부의 통합성 정도이다. 공화당은 내적으로 김종필파와 구정치인 중심의 반(反)김파로 분열되어 있었기 때문에 패권정당으로서의 성장에 문제가 있었다. 반김 세력은 김종필파의 아성인 공화당의 사무국 조직을 파괴하려고 필사적이었으며, 김종필파와 달리 박정희 대통령의 3선개헌을 적극적으로 지지했다. 공화당은 민중주의(populism)적 리더십이 없었으며 분배중심적 정책이 결여되어 있었기 때문에 도시지역에서 세력이 매우 약했다. 한편 공화당의 기반인 농촌은 산업화로 인해 인구가 도시로 대량 이동하고 있었으며, 정부가 상대적으로 농촌발전을 등한시함으로써 농촌에 남은 인구로부터 인기를 잃어 가고 있었다. 마지막으로 국가기구에 대한 당의 통제력 정도이다. 쿠데타 초기 단계에는 당과 행정부 간 정치적 자원 통제 문제에 있어서 힘의 균형이 있었지만, 1968년경에 와서는 공화당은 정부의 시녀에 불과했다. 이것 역시 공화당이 패권정당으로 성장하지 못하는 데 심각한 영향을 주었다. 여기에는 우선 정부를 당의 영향으로부터 차단하려는 박정희의 강력한 노력에 원인이 있었다. 공화당 자체가 정부를 통제할 직접적인 기제가 거의 없었다는 것도 지적할 수 있겠다. 국가 주도의 외자의존적인 산업화로 국가 관료의 역할이 커졌다는 데도 그 원인이 있었다. 그리고 반(反)김종필 세력은 일찌감치 행정부 지도자들과 동맹을 형성하고 있었다는 점이다(Kim 1989, 362~378).

이와 같이 혁신세력의 소멸, 야당의 분열과 허약성, 공화당의 한계 등 군부 쿠데타에 이후 변모된 법적·정치적 층위에서의 구조의 변화로 남북 교류 등 남북 문제 논의는 박 대통령의 '실력 배양,' '선 건설, 후 통일' 담론의 압력으로 보안법의 철창 안에 갇히게 되었다. 1964년 11월에는 문화방송 사장 황용주가 월간 『세대』 11월호에 두 개의 한국을 인정, 유엔 동시 가입, 미국·중공 등 외국군 철수 후 유엔 감시 하 남북 총선거 실시 등을 주장하다가 대한민국 정부의 합법성 부인 등의 이유로 구속되었다(동아일보 1964.11.11, 11.12). 조선일보 편집국장 선우휘와 이영희 기자도 정부 고위 소식통을 인용하며 "통일 아랍 공화국 등 비동맹그룹 국가군 일부가 남북한을 동시에 유엔에 가입시키려고 움직이고 있다"는 보도를 했다고 반공법 위반으로 구속되었다(조선일보 1964.11.22). 특히 여기서 주목해야 할 것은 황용주 씨가 국시를 위반했다며 구속하라는 요구는 야당에서 더 주도적으로 나왔다는 사실이다(국회 1964.11.10, 11.11; 동아일보 1964.11.12).

남북문제와 관련한 논란은 1965년에는 한일협정 문제로 잠잠하다가 이듬해 5월 16일 민사당 대변인 이필선이 구속됨으로써 시작되었다. 민사당의 발기 취지문에는 "국제적 여건을 감안하여 민족자결을 토대로 부분적 통일로부터 완전 통일을 성취할 수 있는 정치적 현실을"이라는 구절이 들어있었다(중앙선거관리위원회 1973b). 이 구절의 의미에 대해 이필선 대변인은 "남북한 서신 교류, 서신 교환, 기자 교류, 문화인 및 체육인 교류, 그리고 동서독에서 이루어지고 있는 친척 교류를 뜻한다"고 설명했다. 이에 대해 정부는 이 대변인의 설명이 북한의 주장과 같다고 하며 반공법 위반으로 구속했다. 그 후 검찰은 민사당 창당준비위원장인 서민호도 구속했다[44](동아일보 1966.6.3). 서민호는 민사당 창당준비확대대회 개회사에서 집권 후에는 김일성과 직접 면담하겠다는 입장도 밝혔다(조선일보 1966.5.28).

정부·여당은 아직 남북교류는 시기상조라는 입장이었다. 국력의 측면에서 남한은 아직 남북관계에서 북한을 선도해 나갈 힘이 없다는 것이다. 공화당 의장 김종필은 남북교류는 "제3차 5개년 계획이 끝나는 70년대 후반이나 80년대 초기에나 얘기될 수 있을 것"이라는 입장을 밝혔다(동아일보 1966.5.20). 중앙정보부장 김형욱은 남북교류는 "외교적으로 중립국에 북한이 침략성이 없는 것처럼 보이게 하고, 정치적으로 용공주의자와 극렬한 혁신계열의 정계 진출을 뒷받침하고, 사상적으로 민족진영 분열을 가져오는 등 북한에게 간접적으로 이롭게 하므로, 이러한 주장을 내세우는 혁신정당은 일절 허용될 수 없다"고 천명했다(동아일보 1966.6.4). 이에 대해 민중당은 즉각 반박성명을 냈다. 민중당 김대중 대변인은 "국민의 염원인 남북통일 문제에 대해 정부 당국자가 공갈과 협박으로 나오는 것은 결단코 용납할 수 없다"며 국회를 통해 통일론의 법적·정치적 한계와 자유를 확립하기 위해 적극 투쟁하겠다는 입장을 밝혔다(동아일보 1964.6.4).

44_이 무렵 정부는 "월남파병이 미국의 뜻을 승인한 것도 아니고 민주주의를 신봉하기 때문인 것도 아닌, 어디까지나 청장년들의 피를 팔아 정치자금을 마련하기 위한 행동"이라고 기자들에게 발언한 신한당 총재 윤보선 씨도 반공법 위반 여부를 조사하기 위해 소환하는 한편, 신한당의 남원 시국강연회를 좌절시켰다. 이에 대해 야권은 이듬해 선거를 앞둔 정부여당의 전형적인 정치탄압으로 주장했다(동아일보 1966.5.27, 5.28; 조선일보 1966.5.27). 아울러 이 당시 정부는 1964년 10월 27일에 이만섭 의원 등 공화당 의원 46명이 제안한 남북 이산가족 면회소 설치 결의안도 국시 위반으로 판정했다(동아일보 1966.5.31).

그러나 박정희 대통령은 남북교류가 시기상조임을 다시 한 번 강조한다. 그는 1968년 6월 8일 기자회견을 통해 "통일논의는 70년대 후반, 김일성 세력이 물러난 뒤 본격적인 논의가 가능할 것"임을 천명했다. 한편 같은 날 기자회견을 가진 민중당 박순천 대표는 "통일논의에 대한 정부의 태도는 피해 망상적이고 패배주의적임을 지적하고 통일논의는 정치와 학술의 차원에서 다루어질 수 있도록 국회 안에 통일위원회를 설치하겠다"는 입장을 밝혔다. 그러나 야당의 적극적인 통일논의 입장은 1968년 초부터 한반도의 군사적인 긴장으로 사회적 실천력은 전혀 확보하지 못했다. 따라서 닉슨 독트린 이전까지는 남북대화를 추동하는 어떠한 힘도 일어나지 않았다.

3. 북한 내부정세

북한은 1956년 8월 종파투쟁을 계기로 주체사상을 강조하면서 북한식 사회주의 사회의 건설을 추진하기 시작했다. 8월 종파투쟁은 김일성의 유일지도 체계 성립을 가능케 한 권력투쟁의 성격과 함께 정책논쟁과 노선투쟁의 성격도 함축하고 있었다. 따라서 김일성 세력의 승리는 경제정책면에서 중공업 우선 성장 보장 하에 경공업과 농업의 동시적 발전 정책, 전면적인 사회주의 개조 정책을 보장해 주는 것이었다(서진영 1990, 91). 1958년 사회주의적 개조를 완료하여 사회주의 체제의 기초를 확립한 북한은 1961년 9월 제4차 당대회 시 김일성의 사업총화 보고를 통해 "사회주의의 완전한 승리"를 위해 사회주의 공업국가로서 물질적·기술적 토대를 튼튼히 구축하는 것을 향후 북한의 추진 목표로 제시했다(김일성 1961.9.11). 이를 위해서는 공업 부문에서의 자립적 체계 구축, 당·정권 기관의 기능과 역할의 강화, 근로 대중들에 대한 혁명전통 교양사업 강화 등 재사회화, 새로운 기술 엘리트의 충원 등이 과제였다(김일성 1961.9.11; Kim 1975, 287).

한편, 스칼라피노·이정식 교수는 1960년대 초반, 제4차 당대회 전후 북한의 정치상황은 "정치적 안정과 자주적인 새 시대의 개막"으로 특징지을 수 있다고 평가하고 있다(스칼라피노·이정식 1987, 713~714). 1960년대 북한은 '자주적 새 시대'를 열어가기 위한, 새로운 자기정체성 수립을 위한 핵심 고리로 김일성의 유일체계를 확립해 나가는 노력에 매진했다. 1956년 8월의 종파투쟁을 통해 김일성이 권력을 확립하였다는 측면에서 1960년대 초반의 북한 내부의 정치과정은 안정적이었다고 평가할 수 있으나, 1960년대의 전반적인 정치과정은 김일성 유일체계 확립의 "사회적 동의 기반을 확보"해 나가는 한편 그 걸림돌을 제거해 나가는 과정이었다. 유일체계의 사회적 동의 기반 확보를 위해 김일성은 제4차 당대회를 전후로 북한의 대중들에게 『항일 빨치산 참가자들의 회상기』와 김일성의 저작들을 광범히 하게 학습하게 하였다(이종석 1995, 285~294). "'소련을 향해 배우자'라는 낡은 구호는 이제 '김일성 동지와 항일 유격대에 의해 확립된 찬란한 혁명 전통을 계승하자'라는 보다 새롭고 긴 구호로 대치되었다"(스칼라피노·이정식 1987, 714). 김일성 저작은 1968~69년간 만해도 200만 부가 당 자금으로 출판, 당원들에게 배포되었다(Kim 1975, 310).

이종석은 북한 내부의 안정적인 정치과정은 특히 1966년에 들어오면서 서서히 파괴되기 시작하여 10월의 제2차 당 대표자회 이후 완전히 파괴되었다고 분석한다. 한·일 국교정상화를 계기로 한 일본군국주의의 노골화, 베트남전의 확대 등 긴장된 대외정세 하에 1967년 1월에 들어와 북·중 갈등관계가 표면화되기 시작했다. 이에 따라 북한 전역은 국방력 강화가 더욱 요구되는 가운데 주체사상이 한층 강조되면서 김일성 "개인숭배의 물결 속으로 빨려 들어가기 시작했다." 그 결과 김정일의 주도 하에 1967년 5월 당 제4기 제15차 전원회의를 통해 유일지도 체계에 장애가 되고 있다고 판단되는 세력, 박금철, 이효순 등 항일 무장투쟁 출신자들로서 1950년대 권력투쟁에서 김일성을 옹위해 온 조국광복회 인사들에 대한 숙청이 단행되었다. 이러한 유일체계 확립 노력은 1968년 말에는 항일유격대 출신 인사들에 대한 숙청으로 이어졌다. 그 결과 당시 민족보위상 김창봉, 대남총책 허봉학 등 상당수의 군 수뇌부가 숙청당했다(이종석 1995, 296~323).

북한은 1961년 9월 제4차 당대회에서 제시한 「인민경제발전 7개년 계획(1961~1967)」의 성과적 수행을 위해 중공업 우선 성장 보장 하의 경공업과 농업의 동시 발전 전략을 채택했다(김일성 1961.9.11). 그러나 1962년 12월 당 중앙위 제4기 제5차 전원회의를 통해 4대 군사노선이 채택되면서, 이러한 경제정책 노선은 "인민경제의 발전 속도를 조절하더라도 조국보위의 완벽을 기하기 위하여 응당 국방력을 강화"하는 방향으로 경제건설과 국방건설을 병진하는 것으로 변경되었다(김일성 1966.10.5, 415, 418~419). "남조선을 강점하고 있는 미 제국주의자들의 침략책동이 날로 더욱 노골화되고 있는 현 정세에 비추어 … 전체 당원들과 근로자들은 한 손에는 무기를 들고 다른 한 손에는 낫과 망치를 들고 원수들의 침해로부터 조국의 모든 초소를 믿음직하게 수호하면서 사회주의를 더욱 성과적으로 건설하여야"했다[45](김일성 1963.1.1, 9~10).

45_ 스칼라피노·이정식 교수는 이와 같은 북한의 노선 변경의 배경으로 당시 북한이 아무런 준비 없이 남한의 4·19와 군부 쿠데타를 맞이함으로써 통일의 기회를 상실한 점, 이에 대한 반성으로 월맹 식 통일전략을 채택하기 위해서는 10년 이상의 준비 기간이 필요하다는 점, 일본 군국주의가 부활할 것이라는 예상, 북소관계 악화로 소련의 원조가 감축된 점 등을 들고 있다(스칼라피노·이정식 1987, 742~743).

그리고 김일성은 4대 군사노선, 경제·국방 병진 노선과 함께 다시는 남한의 4·19 혁명과 같은 통일의 기회를 상실하지 않기 위해 1964년 2월 당 중앙위 제4기 제8차 전원회의에서 '민족해방 혁명 위업'을 실현하기 위한 방안으로 북한·남한·국제 차원에서의 3대 혁명 역량 강화 노선을 제시했다(김일성 1964.12.27). 당시 김일성에게는 남한과 평화적인 대화의 관념은 존재하지 않았다. 김일성은 1966년 10월 제2차 당 대표자회에서도 "조국통일과 … 조선혁명의 전국적 승리는 남조선에서의 혁명역량의 강화 여하에 크게 달려 있[다]"는 점을 강조했다. 따라서 남한에 맑스-레닌주의 당의 건설, 남한 주민을 정치사상적으로 각성시키면서 국군을 혁명의 편으로 포섭하는 등 혁명에 이해관계를 갖는 모든 역량 동원한 통일전선 형성 강화를 '민족해방 혁명 위업'의 과제로 다시 강조했다(김일성 1966.10.5).

김일성은 1967년 워싱턴의 김용중 씨에게 보낸 편지에서도 북한이 대화를 통한 협상에 나설 뜻이 없음을 분명히 했다. 김일성은 남북대화를 제안한 김용중 씨에게 보낸 편지에서 다음과 같이 말한다.

> 만일 남조선 당국자들이 지금이라도 외세의존 정책을 버리고 자주적 입장에 돌아선다면 그때에는 우리가 그들과도 중립국이나 혹은 합의되는 임의의 장소에서 협상할 수 있을 것입니다. 그러자면 남조선 당국자들이 응당 다음과 같은 조항들을 접수하여야 할 것입니다. 1) 미국 침략군대의 철거를 요구할 것. 2) 범죄적인 월남파병을 중지하고 이미 파견된 '국군'을 완전히 철수할 것. 3) 매국적 '한일협정'을 취소할 것. 4) 조국통일 위업을 위하여 투쟁하였다는 이유로 체포 구금된 일체 '정치범'들과 애국자들을 석방할 것. 5) 파쑈적 탄압을 중지하고 언론, 출판, 집회, 결사, 시위의 자유 등 사회, 정치 생활에서 민주주의적 자유를 보장하며 조국통일에 대하여 마음대로 논의할 수 있게 할 것. 남조선 당국자들이 이러한 조항들을 실현할 것을 맹세한다면 우리는 그들이 비록 조국과 인민 앞에 큰 죄를 범하

였음에도 불구하고 그들과 조국통일 위업을 달성하기 위한 길을 공동으로 모색할 수 있을 것입니다.(김일성 1967.1.4, 11)

이와 같이 1960년대 김일성은 중소분쟁, 북한의 중·소와의 갈등, 월남전 확대, 일본 군국주의 부활과 남한의 성장 등 외부적 도전에 대하여 내부적으로 유일사상 체계를 확립해 나가면서 경제건설과 국방건설의 병진, 3대 혁명 역량 강화에 매진해 왔다. 이러한 노선에 따라 남한에 대해서는 무장 게릴라를 내려 보내고 남한 내부에 맑스-레닌주의 당 건설을 주문하는 등 대화와 협상 보다는 침투 정향의 정책을 추진하였다.

4. 요약 및 재정리

이 장에서는 닉슨 독트린 이전까지의 남과 북은 평화적인 협상의 길로 들어서지 못하는 구조를 안고 있었던 역사적 사실들을 남북관계에서의 대결관계, 남북한 내부정세의 측면에서 살펴보았다. 이 시기의 남북 간 정통성 경쟁은 남한은 '반공,' 북한은 '남조선 혁명'이라는 정책 기조 하에 이루어지는 경쟁이었으며, 이러한 구도 하의 남북 간 대결관계의 주요 요소로는 유엔무대에서의 대결, 통일방식과 비전의 대결, 동맹관계, 군사적 대결 등이 있었다.

유엔은 남북한이 정통성 경쟁을 벌이는 일차적인 공간이었다. 유엔 무대에서의 대결은 한반도에서 어느 측이 유일하고 합법적인 정통성을 가지고 있는가를 국제적으로 시위하는 데 있었다. 이것은 유엔 총회 결의안을 둘러싼 대결로 집중적으로 표현되었다. 유엔 총회에서 한반도 문제 협의

시 남북한 어느 측을 초청할 것인가 또는 배제할 것인가 등 절차적 문제와 통일방안, 주한미군 철수, UNCURK 해체 등 유엔 결의안의 내용 문제 등을 놓고 미·소를 중심으로 한 진영 간 대립이 있었다.

통일의 방식과 통일국가의 비전을 내외에 과시하는 대결에서는 북한이 1960년대 말까지는 우월한 경제력을 바탕으로 남한에 대해 상대적으로 공세적인 자기정체성과 분명한 통일국가의 미래상을 가지고 남북 연방제와 함께 적극적으로 남북 교류협력, 지원을 제의했다. 남한은 통일의 방식 외에 통일국가에 대한 구체적인 비전은 없었다. 민주당 정부에 들어온 이후 자유당 정부에서 우세한 담론으로 작동한 북진통일론을 폐기하고 유엔 감시 하의 남북한 자유선거를 통일방안으로 정립하였다. 그러나 박정희 정부에서도 남북교류론과 중립화통일론은 모두 국시 위반, 용공 이적 행위로 낙인찍히는 가운데 1960년대 중반부터 '선 건설, 후 통일'이 남북교류와 통일논의를 통제하는 주요 담론이 되었다. 이 무렵 북한도 경제건설과 국방건설의 병진을 강조하면서 남조선 내부의 공산혁명 역량 강화를 주문하는 '3대 혁명 역량 강화'로 맞섰다.

동맹에 있어서는 한국과 미국, 북한과 소련·중국의 행동양식이 매우 달랐다. 남한은 이승만 정부에서부터 주한미군이 항상 주둔하고 유사시 미군이 자동 개입되는 형태의 동맹을 간절히 바라왔지만, 미국의 군사원조, 미군 철수 문제 등은 언제나 한국정부를 괴롭히는 문제였다. 여기에는 미국의 한반도에 대한 전략적 평가가 낮았다는 데도 기인했다. 그러나 베트남전은 한미동맹 관계를 역사상 가장 굳건히 해주는 계기가 되었다. 한국의 베트남전 참전은 한국이 과거보다 훨씬 많은 군사원조를 확보하고 미국의 안보공약이 강화되는 등 한미동맹의 질적 전환을 가져왔다. 한편, 1960년대 북한은 중소갈등 속에서, 북중·북소 간 줄타기 외교를 벌이며 우호관계와 갈등관계의 곡절을 겪는 가운데 자주노선을 추구해 왔다. 1966년 로동신문 논설 등을 통해 자주노선을 천명하는 등 중·소 중립노선을 추진한 북한은 1969년에 들어오면 돈독한 북·중 우호관계로 돌아서게 된다.

군사적 대결은 북한의 대남 도발로 1967~68년에 절정에 이르렀으며, 북한의 4대 군사노선에 따라 남북한 모두가 병영사회로 변모해 나가는 계기가 되었다.

남한 내부에서는 수세적 자기정체성과 수동적인 역할 인식이 시현되면서 '선 건설, 후 통일' 담론 속에 남북교류는 시기상조라는 이유로 부정되었다. '선 건설, 후 통일'이 쉽게 통용될 수 있는 이유는 군부 쿠데타 이후 반공체제를 강화하는 법질서 확립에 따른 혁신세력의 소멸, 특히 선거를 앞둔 상황에서의 야당의 분열과 뒤늦은 단일화, 그리고 허약성, 공화당이 패권정당으로 성장하지 못한 채 박 대통령에게 종속된 점 등을 들 수 있겠다. 그러나 가장 중요한 요인은 박 대통령과 김일성 모두 철저한 현실주의자들이었다는 것이다. 따라서 남북 간 정통성 경쟁의 구도에서 김일성이 3대 혁명 역량 강화를 주창하듯이 박 대통령에게는 경제건설이 우선적으로 필요한 전략이었다. 정치적으로도 박 대통령과 공화당 세력에게는 반공과 경제건설이 군부 쿠데타의 정당성을 뒷받침해 주는 것이다. 따라서 당시의 박 대통령과 공화당은 허세적으로라도 남북교류론 같은 통일과정에서의 역할을 제시할 수가 없었다. 더욱이 1971년 대통령 선거가 다가오는 것을 감안하면, 이것은 곧 정국 주도권을 야당에게 상실하는 것이기 때문이다. 수세적인 자기정체성과 수동적인 역할 인식의 제시가 이들의 정치적 이익에 부합하는 것이다. 이러한 사정, 즉 남북 간 정치체제의 차이가 김일성이 자기정체성의 강도와 무관하게 남북관계에서의 역할을 허세적으로라도 제시할 수 있는 것과 다른 점이다. 아울러, 남한에서 제시되는 자기정체성과 역할 인식은 대개 남북관계 바깥에서 발원하는 특징이 있다.

북한 또한 중소갈등, 월남전 확대, 남한의 박정희 정부 등장과 일본 군국주의 부활 가능성 등 외부적 도전에 대하여 김일성 유일사상 체계 확립, 경제건설과 국방건설 병진 등 새로운 자기정체성 확립을 위한 내부적 준비에 몰입했다. 따라서 '남조선 혁명'도 남한 내부에서의 맑스-레닌주의 당 건설 등 혁명역량 강화를 주문하는 한편, 무장 게릴라 세력을 침투시키는 전략에서 벗어나지 않았다.

그림 2-1 | 1960년대 말 남북 간 게임: 죄수의 딜레마 게임

* DC 〉 CC 〉 DD 〉 CD		북 한	
		대 화 (협력, C)	대 결 (배반, D)
남 한	대 화 (협력, C)	3, 3	1, 4
	대 결 (배반, D)	4, 1	*2, 2*

이러한 남북한 상황에서는 남과 북이 안보 딜레마에서 벗어나기는 실질적으로 불가능했으며, 대화·협상이 최선의 선택이 될 수 없었다. 이 당시 남북관계는 〈그림 2-1〉과 같이 죄수의 딜레마 게임 상황이었다. 여기서 남북한 각기의 선호(preference)에 따른 보상값(payoffs)의 순서는 DC 〉 CC 〉 DD 〉 CD이다. '선 건설, 후 통일'을 내건 박 대통령과 '경제·국방 건설 병진'을 내건 김일성에게 있어서는 남과 북이 대결을 지속해 나가는 것(DD)보다는 상호 대화·협력하는 것(CC)이 나은 것이지만, 대화의 장에 나오는 상대방을 자기 주도 하에 남북관계를 조종하는 것(DC)이 가장 좋은 상황인 것이다.[46] 상대방이 남북관계를 주도하는 상황에서 자기가 대화·협력하는 것(CD)은 최악의 상황이 될 것이다. 즉 북한(남한)이 협력하는 데 남한(북한)이

배반함으로써 얻는 남한(북한)의 대가(4)는 힘의 압도적 우위이다. 쌍방이 대화·협력함으로써 얻는 대가(3)는 긴장완화와 평화증진이다. 상호 대결을 지속함으로써 얻는 대가(2)는 대결 지속으로 인한 비용부담이다. 마지막으로 북한(남한)이 배반하고 남한(북한)이 협력함으로써 남한(북한)의 얻는 대가(1)는 국가안보의 위기이다. 이러한 게임에서 내쉬 균형(Nash equilibrium)은 남과 북이 대결관계를 지속하는 (대결, 대결)이 된다.[47]

죄수의 딜레마 게임에서는 지배전략(dominant strategy)이 협력이 아니라 배반이다. 따라서 남과 북 모두 대화·협력전략과 대결·배반전략 중 대결·배반전략을 선택하여 내쉬 균형을 이루게 된다. 그러나 남과 북이 상대방의 전략에 대응하여 합리적으로 선택한 최선의 응답(best reply)은 최적의 결과가 아닌 그에 미달하는 결과(suboptimal outcome)일 뿐이다. 남과 북이 대결·배반을 선택한 대가(2)는 남북이 모두 대화·협력을 선택할 때의

46_남한의 경우 DC는 남한이 대결(배반) 전략을 취하고 북한이 대화(협력) 전략을 취하는 경우를 말한다. 북한의 경우 DC는 북한이 대결(배반), 남한이 대화(협력) 전략을 취하는 경우이다. 남한의 경우 DC일 때 보상값(4, 1)은 남한의 보상값이 4이고 북한의 보상값이 1이라는 것이다. 보상값은 보통 게임의 왼쪽 행위자(남한), 위쪽 행위자(북한) 순으로 표시한다. 아울러 보상값은 서수(ordinal number)이다. 남한의 경우 선호의 순서가 DC 〉 CC 〉 DD 〉 CD이므로 보상값을 편의상 4, 3, 2, 1로 정했다. 따라서 보상값을 예를 들어 74, 72, 70, 68로 해도 결과에는 영향이 없다.

47_내쉬 균형은 노벨상 수상자인 존 내쉬(John Nash)에 의해 창안된 개념으로, 비협조적(noncoopreative) 게임에서 어느 행위자도 이 균형에서 일방적으로 이탈할 유인이 없는 안정된 균형점을 말한다. 이 균형점을 이탈하는 전략을 취하게 되면, 그 행위자의 보상값은 줄어들게 된다. 따라서 내쉬 균형에서의 전략이 상대방 전략에 대한 최선의 응답(best reply)이다. 그러나 이 균형이 어느 행위자든 그에게 최선의 결과(best outcome)를 가져다주는 것이라는 것을 의미하는 것은 아니다 (Morrow 1994, 80~81). 내쉬 균형을 찾는 방법은 〈부록 6〉 참조.

그림 2-2 | 죄수의 딜레마 게임과 파레토 최적

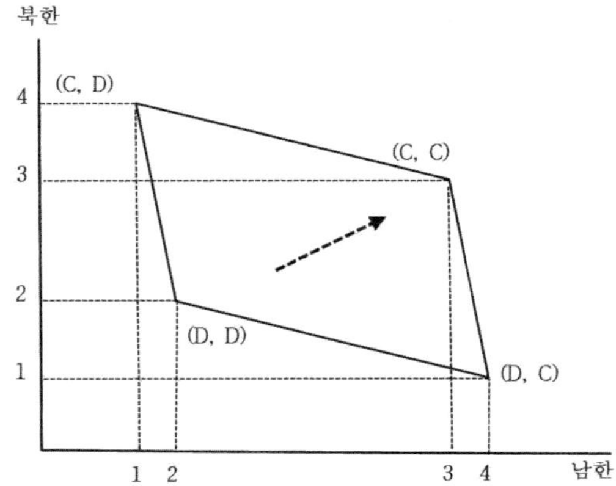

* 출처: Tsebelis 1990, 66

대가(3)보다 작기 때문이다. 이러한 딜레마에서 벗어나기 위해서는 남과 북이 의사소통 과정을 통해 파레토 최적(Pareto Optimality)[48]의 결과를 얻을 수 있도록, 즉 〈그림 2-2〉에서 보는 바와 같이 보상값을 (2, 2)에서 (3, 3)을 얻을 수 있도록 전략을 DD(대결, 대결)에서 CC(대화, 대화)로 조정 할 수 있을 것이다(Tsebelis 1990, 62~63). 그러나 앞에서 살펴본 바와 같이 남과 북 모두 당시에는 이러한 의사가 전혀 없었다.

48_ 파레토 최적은 한 행위자의 보상값을 올리기 위해서는 반드시 다른 행위자의 보상값을 줄여야 하는 경우의 결과를 말한다. 내쉬 균형이 행위자가 그 균형점에서 일방적으로 이탈(unilateral diviations)하지 않는 안정성을 말하는 것이라면, 파레토 최적은 다른 행위자에게 피해를 주지 않고는 그 최적점을 벗어날 수 없다는 의미에서 게임 행위자들의 "보편적 연합(universal coalition)"에 대항하는 안정점이다. "따라서 2인 게임에서 내쉬 균형인 동시에 파레토 최적인 결과는 일방적으로(unilaterally)도, 집단적으로(collectively)도 변경될 수 없다" (Tsebelis 1990, 67).

3장

미국의 데탕트 정책과 1970년대 초 한반도 상황

이 장에서는 1971년 8월 남한 측이 남북적십자회담을 제의하여 성사되기까지 한반도 상황을 살펴본다. 1970년대 전후의 한반도에서는 역사의 점진적 축적의 결과가 아닌 우발적인 요소(contingency)로 등장하는 미국의 데탕트 정책과 닉슨 독트린, 이에 따라 제기된 주한미군 철수 문제가 있었다. 그리고 미중 화해 및 주한미군 철수와 관련한 한국·미국과 북한·중국의 움직임, 이러한 한반도 정세 변화에 따른 한국 내부의 움직임 등도 있었다. 이러한 상황을 통해 남북대화가 여전히 남북한이 합리적으로 선택할 수 있는 유일한 대안은 아니라는 사실도 밝혀낸다.

1. 미국의 데탕트 정책

미국은 1969년 1월 닉슨(Nixon)이 대통령으로 취임하면서 데탕트 정책을 추진하기 시작했다. 데탕트는 그동안 공산진영과의 냉전을 평화적으로 관리하자는 것으로, 거기에는 소련과의 데탕트와 중국과의 데탕트라는 '두 개의 데탕트'가 있었다(Spanier 1992, 196).

미국이 1960년대 말에 들어와 데탕트 정책을 추구하게 된 가장 중요한 요인은 소련이 전략 핵무기 부문에서 미국과 상대적 평형을 이루었다는 사실이다. 1964년 대폭적인 군사력 증강을 추진해 온 소련은 1969년 말에 이르러서는 ICBM을 1,140기 보유함으로써 1,054기를 보유한 미국에 대해 수적 우세를 누리게 되었다. 잠수함 발사 미사일, 장거리 핵폭탄 등의 우세로 아직 전반적인 핵무기에 있어서는 미국이 앞서고 있었지만, 미소 간에 대체적인 핵무기 균형이 지속됨으로써 20여 년간의 미국의 압도적인 핵무기 우세 현상은 끝나게 되었다. 이로써 미소 초강대국 간의 관계도 새로운 의미를 가지게 된 것이다. 두 번째 요인으로는 월남전의 장기화로 인한 경제의 활력 저하와 피폐 현상을 들 수 있겠다. 이로써 미국은 이제 2차 대전 이후 추진한 냉전을 뒷받침할 수 있는 경제적 수단을 더 이상 가질 수 없게 되었고, 이에 따른 정치적 의지도 약화되었다. 마지막으로 중소 간 갈등관계가 증대됨으로써, 이를 생산적으로 이용할 욕구가 생기게 되었다(Hook & Spanier 2007, 136~139; McMahon 2003, 123).

미소 간 데탕트, 미소 간 협력관계는 여러 부문에서 이루어졌지만 가장 핵심적인 것은 전략무기제한회담(SALT)이었다. 훅과 스패니어에 의하면, 미국에게 있어서 SALT는 다음 4가지 목적이 있었다. 첫째는 미소 간 군비경쟁을 예측 가능하게 하자는 것이다. 이것은 각 측이 가진 전략 핵무기의 수를 확정하여 문서화하고 보고함으로써 가능할 것이다. 둘째는 양측 핵무기 간의 평형을 이루자는 것이다. 여기에는 만약 양측이 동수의 핵탄두를 가지게 되면 어느 측도 상대측에 결정적인 타격을 가하지 못할 것이라는 가정이 내재되어 있었다. 셋째 목적은 각 측의 억지력에 대한 위협을 줄이자는 것이다. 문제가 되는 것은 새로운 방어무기이다. 당시 소련이 개발한 탄도탄 요격 미사일(ABM)이 미국의 ICBM을 요격하여, 미국의 파괴력을 소련이 수용 가능한 정도의 살상 수준으로 줄일 수 있다면, 그것은 확증파괴를 가함으로써 달성하고자 하는 미국의 억지능력을 손상시키는 것이 될 것이다. 마지막으로, SALT는 데탕트의 상징이기 때문이었다. SALT와 관련한 합의에 실패하거나 SALT가 진행되지 못하게 되면, 그것은 미소 간의 전반적인 관계에 나쁜 영향을 미치게 될 것이기 때문이었다(Hook & Spanier 2007, 144~145).

1969년 10월 19일 닉슨 대통령이 소련과 SALT의 개시 일을 발표한 이후, 첫 회담은 그해 11월 17일 헬싱키와 비엔나를 오가며 진행되었다. SALT는 미소 간 상호 불신과 기술적 난해성으로 인해 회담이 시작되자마자 곧 교착에 빠지게 되었다. 가장 어려운 문제는 핵무기를 어떤 카테고리로 분류할 것인가 하는 문제였다. 구체적으로, 합의안을 장거리 미사일로 제한할 것인가, 유럽에 배치된 미국의 중거리 미사일도 포함시킬 것인가 등이 문제였다. 다탄두 미사일(MIRV)이라는 새로운 기술의 등장도 문제를 복잡하게 하였다(McMahon 2003, 126).

이러한 교착은 1971년 5월 돌파구가 열렸다. 미국은 소련에 ICBM에 있어서 3대 2의 우위를 인정하는 대신 소련은 서유럽에서 발사되는 핵미사일을 무시하기로 한 것이다. 그리고 양측은 MIRV는 금지하지 않기로 했다. 그렇지만 소련이 이러한 협정에 서명하기까지 닉슨의 중국 방문이 필요했다. 결국 소련은 미중 화해에 자극을 받은 후에야 발걸음을 재촉하게 되었다(McMahon 2003, 127). 그 결과 1972년 2월 닉슨이 중국을 방문한 후 5월에 소련을 방문하여[1] 브레즈네프와 1단계 SALT(SALT I)[2]에 서명하는 한편, 향후 미소관계와 관련한 「미소관계의 기본 원칙(Basic Principles between the United States of America and the Union of Soviet Socialist Republics)」[3]에도 서명하였다(Brown 1994, 253).

미소 협조 정신에서 2차 대전 종전 문제를 처리하던 미국은, 1947년 3월 트루먼 독트린 선언 후 공산진영과의 냉전으로 정책적 전환을 한 이후, 1960년대 말에는 결국 소련의 존재를 새롭게 인식할 수밖에 없게 되었다.

1_키신저에 의하면, 미국은 비밀 방중을 준비하면서 동시에 닉슨-브레즈네프 정상회담도 모색했다고 한다. 소련이 미소정상회담에 조건을 붙이는 전술을 사용함에 따라 닉슨의 베이징 방문이 먼저 일어났고, 그의 방문 발표가 나오자 소련은 그런 행태를 그만두었다는 것이다 (Kissinger 2011, 290).

2_1972.5.26 채택된 SALT I은 사실상 각기 다른 두 개의 합의로 구성되어 있다. 첫째 부문은 소위 'ABM 조약'(「미소 간 ABM 시스템의 제한에 관한 조약」)으로서 미소는 각기 ABM을 단 두 개의 장소에만 각 100기의 발사체를 배치할 수 있다는 것이다. 두 번째 부문은 '잠정 협정'(「전략공격용 무기의 제한과 관련한 일정 조치에 대한 미소 간 잠정 협정」)으로서 공격 핵무기에 대한 5년간의 잠정 합의이다. 그것은 소련에 대해 ICBM에 있어서는 3 : 2(1,1618 v.s. 1054), SLBM에 있어서는 약간의 우세(950 v.s. 710; 소·미간 잠수정 비율은 62 : 44)를 인정하면서, 이 무기들의 수를 현 상태에서 동결하는 것이다. MIRV가 금지되지 않았고 장거리 핵폭탄도 규제되지 않은 만큼, 전체적으로 미국은 소련에 대해 이동 가능한 핵탄두에 있어서 5,700대 2,500의 우세를 유지할 수 있었다(Brown 1994, 240; McMahon 2003, 128).

3_「기본 원칙」에서는 미소 간 상업적·경제적 관계가 양국 관계 강화에 "중요하고 필요한 요소"임을 인정하고, 이 방향에서 관계를 증진시킬 것을 다짐함과 동시에, 향후 미소 간 행동 수칙으로서 군사적 대결의 회피 및 핵전쟁 발발 방지에 최대한 노력, 미소 상호관계에 있어서 '절제(restraint)' 약속, 직간접적으로 상대방을 희생시키면서 일방적 이득 획득의 포기 등을 담고 있다(Brown 1994, 253; McMahon 2003, 128).

이제 소련은 핵무기에 있어서 미국과 평형을 이루게 되었기 때문이었다. 따라서 미국은 소련과 냉전이 아니라 미소 간 경쟁을 평화적으로 관리할 필요가 있었다.

한편, "미중 데탕트는 미소 데탕트의 전제조건"이었다. 왜냐하면 미국으로서는 소련의 행동을 제어하고 미국과의 관계개선에 대한 소련의 욕구를 높여 나가기 위해서는 중국을 이용할 필요가 있었다(Spanier 1992, 196). 이미 닉슨은 대통령이 되기 전인 1967년 10월호 『포린 어페어즈(*Foreign Affairs*)』에 기고한 논문을 통해 중국과의 관계개선이 필요하다고 역설했다. 닉슨은 「월남전 이후의 아시아(Asia after Viet Nam)」라는 제목의 논문에서 중국이 현존하는 위협이며 잠재적인 위협이므로 "중국이 변하지 않으면 세계는 안전할 수 없다"라고 하면서, 그러한 위험에 대처하는 조치를 취해야 한다고 주장했다. "먼 안목으로 볼 때, 우리는 중국을 국가들의 집합체 바깥에 내버려 둘 수는 없다. … 이 조그만 지구상에 10억 명의 잠재적으로 유능한 인민들이 분노하며 고립 상태로 살아갈 곳은 없다"는 것이다[4] (Nixon 1967, 121).

미국은 1969년 상반기까지는 소련과의 관계개선에 더 큰 비중을 두었다.[5] 미국은 미소관계를 개선함으로써, 북베트남이 월남전 종전 협상에 양보를 하도록 소련이 북베트남에 압력을 가하고, 소련과 핵무기 통제 협정을 맺을 수 있을 것으로 믿었다. 따라서 닉슨은 1969년 3월 14일 미사일

4_키신저는 이러한 닉슨의 중국정책을 "국가들의 공동체(the community of nations)에 중국을 재가입"시킨다는 측면에서 '윌슨주의'라고 보았다(Kissinger 2011, 202).

5_한편 닉슨은 1969년 초 프랑스, 루마니아, 파키스탄의 중개인들을 통해 중국을 방문하고 싶다는 의향을 강하게 암시하기 시작했다(Brown 1994, 245).

방어체제를 배치하기로 발표했을 때, 그것을 "미소 어느 나라도 잠재적인 중국 공산주의 위협에 발가벗긴 채로 서 있기를 원치 않는다"는 명분으로 정당화했다. 그렇지만 그 당시 중국은 미국에 도달할 수 있는 미사일이 없었다. 1969년 3월은 중소 간 국경분쟁이 우수리강에서 무력 충돌로 발전한 때였다. 이후 소련은 중국을 공격하겠다는 암시를 하며 미국의 묵시적 지지 여부를 탐색하고 있었다(Schaller 2002, 168).

이러한 상황에서, 닉슨은 7월 21일 해외여행에서 귀국하는 미국인들에게 100달러 내에서 중국 상품 반입을 허용하고, 미국의 의회 의원, 학자, 과학자, 언론인, 대학생, 교사, 적십자사 대표들의 중국 여행을 허용하는 정책을 승인하는 한편, 7월 25일에는 「닉슨 독트린」을 발표하였다. 그리고 8월에 들어 미국은 소련이 월남전 종전 협상을 위해 북베트남에 압력을 가할 수 있을 것이라는 희망을 완전히 접게 되었다(Brown 1994, 245; Schaller 2002, 169).

그 이후 닉슨 행정부는 중국 카드를 적극 추진하게 된다. 중국도 1956년 흐루쇼프의 평화공존 노선으로 시작된 중소분쟁이 1969년 중소 간 국경 무력 충돌로 극에 달하자 미국과 안보적 취약점을 극복할 필요가 있었다. 1968년 소련이 체코를 침공하고, 필요하면 무력을 통해서라도 자기 통제 하에 두겠다는 '제한 주권론'('브레즈네프 독트린')은 "사실상 중국에 대한 경고이며 위협"이었다. 소련은 체코 무력 응징 후 공군 정예부대를 중소 국경지대로 이동 배치하기까지 했다(서진영 2006, 157~160). 이제 중국 지도부에게는 중국의 주적으로 소련의 '사회 제국주의(social imperialism)'가 미국의 '자본주의 제국주의(caitalist imperialism)'를 대체한 것이었다(Schaller 2002, 166). 이에 따라 1968년 11월 중국 외교부 대변인은 다음 해 2월 바르샤바에서 미국과 대사급 회담을 재개할 의향이 있다고 선언한다[6](Pollack

1991, 409).

이후 1969년 8월 1일 키신저는 파키스탄의 칸(Yahya Khan) 대통령에게 미국이 중국과 화해를 원한다는 것을 저우언라이(周恩來)에게 알려 줄 것을 부탁했다. 닉슨과 키신저는 그들의 입장이 진지하다는 신호로 10월에 타이완 해협에서 미해군의 순찰 중지 명령을 내렸다. 12월에는 어느 유고슬라비아 패션쇼에서 주 폴란드 미대사 스토어셀(Stoessel)이 중국 외교관 양레이를 찾아가 닉슨이 베이징과 '진지하고 구체적인 대화'를 원하고 있다고 알렸다. 이에 대해 중국은 1969년 2월 요트로 중국 영해를 침범하여 체포된 미국인 2명을 그해 12월 7일에 풀어 주고, 사흘 뒤에는 양레이가 비공식적인 환담을 하자고 스토어셀을 초대하였다. 그 후 1970년 1~2월에 이 둘 사이에 2차례의 공식적인 회담이 개최되었다(Brown 1994, 245~246; Schaller 2002, 169~170).

1970년 3월부터 1971년 봄까지의 미중관계는 전진과 후퇴를 거듭하는 상황이었다. 닉슨이 파키스탄, 루마니아 중개인을 통해 미중 지도자들이 소통할 수 있는 직접적인 채널을 열자고 제의하고 이에 저우언라이가

6_물론 이 회담은 네덜란드에서 근무하던 중국 외교관 1명이 미국으로 탈주하는 사건이 발생하여 예정대로 열리지 못하고 1970년 1월에야 개최되었다(Pollack 1991, 409~410; Schaller 2002, 167~168). 미중 사이의 대사급 바르샤바 대화는 대만 군대가 1954년 대만해협의 진먼다오(金文島)와 마주다오(馬祖島)에 주둔하자 중국이 포격을 하게 되었고, 이에 대해 미국이 대만과 상호방위조약을 체결(1954.12)하는 식으로 대응하는 등의 '제1차 대만해협 위기'(1954.8~1955.5) 상황에서, 저우언라이가 1955년 4월에 반둥회의를 계기로 제의하여 1949년 이래 처음으로 이루어진 미중 간 대화였다. "따분할 정도로 아무른 결실이 없는 … 매 단계 마다 20여 명의 의원들에게 보고를 해야 하는" 이 대화는 1971년 7월 키신저의 베이징 비밀방문 전까지 16년간 136회 개최되었다. 이 대사급 대화는 처음에는 제네바에서 열렸다(서진영 20006, 291; FRUS 1969~1972a, 364~365; Kissinger 2011, 216; Schaller 2002, 149).

긍정적인 반응을 보인 것 등이 미중관계 전진의 요소였다면, 캄보디아에서 친미주의자들이 중국의 동맹인 시아누크를 축출한 사건, 베트남 전쟁의 격화, 마오쩌둥과 린뱌오(林彪) 간의 권력투쟁 등은 그 진전을 방해하는 요소였다. 이러한 미중관계는 1970년 가을 마오쩌둥이 린뱌오와의 권력투쟁을 극복함으로써 관계 진전의 계기를 만들었다. 1970년 12월에는 저우언라이가 파키스탄 중개인을 통해 대만 주둔 미군 철수 문제를 협의하는 특사 접촉을 갖자고 제의하는 수기 메모가 키신저에게 전달되었다.[7] 이에 미국은 특사 접촉을 수용하면서 타이완을 포함해서 모든 쌍방 관심사를 논의할 용의가 있다는 답신을 보냈다[8](Brown 1994, 246~247; Kissinger 2011, 229; Schaller 2002, 170~172).

이렇게 미국과 중국이 서로의 입장을 탐색하는 가운데 1971년 2월 말 닉슨은 미 외교정책에 대한 의회 보고를 통해 중국을 '중화인민공화국'으로 정식으로 호칭하고 중국과 대화를 할 준비가 되어있다고 밝혔다(Nixon 1971.2.25, 383). 1971년 4월에 들어 마오쩌둥이 미국 탁구 선수를 베이징에 초청하고, 중국 탁구팀이 미국 여행에 초청되는 가운데 4월 27일 주미

7_이때 중국은 똑같은 메시지를 루마니아를 통해서도 보냈다. 파키스탄을 통해 보낸 수기 메모보다 한 달 늦게 도착한 이 메시지에는 닉슨의 베이징 방문을 환영할 것이라는 내용이 추가 되어 있었다(Kissinger 2011, 230~231).

8_1970년 10월 마오쩌둥은 미국과의 관계개선 의지를 전달하기 위해, 서방 언론인으로서는 처음으로 마오쩌둥과 인터뷰한 에드가 스노우(Edgar Snow)를 초청하여 인터뷰를 갖고 닉슨이 대통령으로 오든, 관광객으로 오든 그의 방문을 환영할 것이라는 입장을 밝혔으나, 미국 정책 당국자의 주목을 받지 못해 키신저에게 전달되지도 않았다. 마오쩌둥이 인터뷰 전에 스노우에 대한 신임의 표시로 중공당 내전 승리 추가 퍼레이드(10.8)에서 자기 옆자리에 스노우를 앉혔으나, 미국 당국자들은 스노우를 여전히 중국의 선전원으로 취급했기 때문이다(Kissinger 2011, 279~280).

파키스탄 대사가 고위급회담을 위해 미국의 특사를 초청하는 저우언라이의 수기 메모를 워싱턴에 다시 한 번 전달함으로써 돌파구가 열리게 되었다. 이 메모를 통해 중국 측은 미국과의 "관계회복의 조건으로 그때까지의 쟁점으로는 가장 약한 이슈인 타이완과 그 해협에서 미군이 철수하는 것을 요구할 뿐, 타이완의 반환은 요구하지 않았다"(Kissinger 2011, 233). 그 결과 1971년 7월 드디어 키신저가 비밀리에 중국을 방문하고, 7월 15일 닉슨이 이듬해 5월 안에 중국을 방문하겠다고 밝힌 후 1972년 2월에 실제로 중국을 방문함으로써 미중 간 데탕트는 급속히 진전된다(Brown 1994, 247~252; Kissinger 2011, 231~235; Schaller 2002, 172~178).

2. 닉슨 독트린과 주한미군 철수

닉슨은 대통령이 되기 전부터 아시아와 미국의 역할이 변해야 한다는 구상을 갖고 있었다. 그는 『포린 어페어즈(*Foreign Affairs*)』 1967년 10월호를 통해 베트남 등 아시아 지역에서의 미군 철수, 아시아인들에 의한 아시아 문제의 해결 등 닉슨 독트린에 대한 단초를 비치고 있다.[9] 닉슨은 월남을 제외한 아시아 국가들이 큰 변화를 겪고 있으며, 그러한 변화는 매우 고무적인 것으로 진단한다. 이러한 변화를 가져온 핵심적인 요소로 아시아 지역주의, 아시아 경제발전, 과거의 이념에 대한 반감의 증가 등을 들고 있

9_이미 닉슨은 1967년 4월 아시아 여행길에 인도네시아에서 마샬 그린(Marshall Green) 대사와의 대화에서 아시아에서의 지상군 감축과 중국과의 관계 재평가 필요성을 강조하였다(U.S. House 1978, 58).

다(Nixon 1967, 111).

이에 따라 닉슨은 미국의 역할도 이제 달라져야 한다는 것이다. 앞으로는 '세계의 경찰'로서의 미국의 역할은 제한되어야 한다는 것이다. 이를 위해서는 먼저 지역국가들 스스로 집단적 노력을 통해 지역의 위협을 막아야 하며, 둘째로 만약 이것이 실패할 경우 미국에게 집단적으로 도움을 요청하는 기제를 만들어야겠다는 것이다[10](Nixon 1967, 114). 그리고 아시아의 미래를 설계하는 데 강력한 미국의 압력이 행사될 공간은 이제 없다는 것이다. 앞으로 미국·아시아 관계의 중심적인 패턴은 아시아가 선도하는 데 미국이 뒷받침하는 형태가 되어야 한다는 것이다(Nixon 1967, 124).

이러한 구상을 갖고 있던 닉슨은 대통령이 된 후 1969년 7월 25일 괌(Guam)에서 소위 「닉슨 독트린」을 발표하게 된다.[11] 닉슨 독트린은 베트남 종전 이후 미국의 역할이 재정의되어야 한다는 인식에서 출발했다. 닉슨은, 미국은 지리적으로 태평양 세력이며, 그동안 미국이 한국전, 월남전 등의 전쟁에 개입된 것은 미국의 태평양 정책의 부재에 기인했다고 판단하고 있다. 한편, 닉슨은 미국이 아시아에서의 새로운 전쟁에 개입되지 않기 위해서는, 과거 영국, 프랑스, 네덜란드와 같이 아시아에서 철수하여 미미한 역할을 할 것이 아니라, 계속 아시아에서 중요한 역할을 해야 한다고 인식하고 있다. 당시 아시아는 세계평화에 가장 큰 위협이 되고 있다는 것이다. 공산 중국의 힘이 성장하고 있을 뿐 아니라 호전적인 북한과 베트남도

10_닉슨은 이러한 기제로서 ASPAC을 활용하는 방안을 제시하고 있다(Nixon 1967, 115~117).

11_닉슨 독트린은 닉슨이 1969년 7월 26일부터 8월 3일까지 필리핀, 인도네시아, 태국, 인도, 파키스탄, 루마니아를 방문하는 길에 괌에서 기자 간담회 형식으로 언급된 것이다.

평화의 위협 세력이라는 것이다. 아시아는 또한 세계에서 발전에 대한 가장 큰 희망이 되고 있었다. 일본, 한국, 대만, 태국, 싱가포르, 말레이시아 등에서의 급속한 경제성장이 그것이다.

닉슨에 의하면, 이러한 상황에서 향후 미국의 역할을 재규정하기 위해서는 다음 두 가지의 새로운 요소가 고려되어야 한다는 것이다. 첫 번째는 민족주의의 급속한 성장이다. 이와 함께 민족적 자부심, 지역적 자부심도 주요 요소가 되고 있다는 것이다. 두 번째 요소는 '아시아의 문제는 아시아인에게 맡겨라' 라는 것이다. 아시아인들은 외부로부터 지시받기를 원하지 않는다는 것이다.

이에 따라 닉슨은 미국은 아시아를 지원하되 지시해서는 안 된다는 것을 강조한다. 그리고 현재 아시아인들이 잘하고 있는 정치·경제 계획에 대해 미국은 지원하겠으며 미국이 아시아 국가들과 체결한 조약의 공약도 지켜 나갈 것임을 밝히고 있다. 그렇지만, 미국은 아시아 국가들이 너무 미국에 의존하여 또 다시 월남전과 같은 전쟁에 개입될 수 있는 정책은 피해야 한다는 점을 강조한다. 따라서 아시아 국가들과의 군사적 관계와 관련하여, 닉슨은 아시아 국가들이 주변 강대국으로부터 핵전쟁을 포함하는 형태의 위협을 받지 않는 한, 아시아 국가들의 내적 안보 문제는 아시아 국가들 자체가 책임지고 해결할 것임을 밝혔다. 이와 함께 철군 문제와 관련한 기자들의 질문에 대해 이미 몇 주 전에 베트남에서 미 지상군을 1970년 말까지 철수하기를 희망한다고 밝힌 닉슨은 해외의 미군과 군사적 지원, 군사원조 프로그램 등이 감축될 것임을 밝혔다[12](Nixon 1969.7.25).

12_키신저는 회고록에서 닉슨이 괌에서 대외 안보정책을 그 정도로 정식으로 밝힌 데 대해 놀랐다고 밝히고 있다. 닉슨 일행의 괌 체류는 필리핀 방문 길목에 들린 것으로서, 기자간담회

그 후 닉슨은 1969년 11월 베트남전에 관한 연설(Nixon 1969.11.3)과 이듬해 2월 의회에서의 외교정책 구상 연설(Nixon 1970.2.18)을 통해 그의 독트린을 다시 밝혔다. 키신저는 이러한 닉슨 독트린을 다음 3가지로 요약했다. (1) 미국은 조약상의 모든 공약을 지킬 것이다, (2) 핵 국가가 미국의 동맹국의 자유를 위협하거나, 위협받는 국가의 생존이 미국 안보와 지역 전체의 안보에 사활적으로 중요한 국가의 자유를 핵 국가가 위협하는 경우, 미국은 그러한 국가에 핵우산을 제공할 것이다, (3) 상기와 다른 형태의 침략을 받은 경우, 미국은 요청을 받고 적절하다고 판단되면, 군사·경제적 원조를 제공할 것이나, 미국은 위협을 직접 받은 나라가 자체 방위를 위해 인력을 조달하는 일차적인 책임을 질 것을 기대한다는 것 등이다

의 목적은 날짜변경선을 넘어가는 과정에서 시간이 비기 때문에 몇 가지 뉴스를 제공하기 위한 것이었다고 한다. 키신저에 의하면 당시 미국은 과잉 개입에 대한 국내적 비판에 직면하여 새로운 대외전략을 수립함에 따라 군사력도 조정하게 되었으며, 이에 대해 특히 아시아 동맹국들이 그 지역에서 미국이 책임을 벗어 버리고 등을 돌리지나 않을까 하는 불안 등에 대해 미국의 의도를 설명할 필요를 느끼고 있었다고 한다. 그리고 닉슨의 1969년 여름 아시아 방문을 앞두고 닉슨과 키신저는 이 문제를 자주 토론하는 가운데, 아시아 국가에서의 안보 위협을 3가지 형태로 구분하는 것이 중요하다는 결론에 이르렀다고 한다. 내란, 인접국에 의한 외적 침략, 소련이나 중국에 의한 핵공격이 그것이다. 가장 높은 단계의 위협인 핵공격의 경우, 미국은 이에 대한 반대를 명백히 한다. 가장 낮은 단계의 위협, 내란의 경우에는 미국은 개입을 피해야 한다는 것이다. 문제는 이 중간단계의 위협인데, 이것은 결코 간단한 문제가 아니다. 닉슨은 괌 기자간담회에서 앞으로 5년 뒤에는 아시아 국가들로 구성된 집단안보로 해결할 수 있을 것으로 전망했다. 사실 닉슨은 이러한 선에서 1969년 여름의 일정 시점에 대통령 연설로 그 정책구상을 밝히려 했던 것이다. 그런데 막상 그의 비공식 언급이 나옴으로써 그가 방문하는 국가마다 이것이 논의의 중심적인 주제가 되는 등 센세이션을 일으키게 되자, 닉슨은 곧 그의 언급을 그의 이름이 붙은 독트린으로 격상하려고 했다고 한다. 그리고 처음에는 언론에서 '괌 독트린'으로 칭하게 되어 이를 지역이 아닌 인명이 붙은 독트린으로 대체하는 데 많은 시간이 걸렸다고 한다(Kissinger 1979, 222~224).

(Kissinger 1979, 224~225).

키신저에 의하면, 닉슨 독트린은 아시아 국가 간 전쟁에 비록 미국이 군사·경제적 원조는 제공할 수 있을지 모르지만, 자동적인 개입을 배제했다는 것이다. 아울러 키신저는 그것이 국내적으로는 미국의 과잉 개입에 대한 공격에 대해 분명한 기준을 제공하는 한편, 미군 철수에 대해 겁을 먹고 있는 아시아 국가들에게는 그것을 이해하고 나면 상당히 안심을 주는 것으로 평가했다(Kissinger 1979, 225).

닉슨 독트린이 처음 발표되었을 때 한국 정부는 주한미군이 이에 따라 감축될 것으로 예상하지 못했다고 한다[13](U.S. House 1978, 60). 닉슨 독트린이 발표된 지 한 달이 채 지나지 않아, 박 대통령은 1969년 8월 20일부터 25일까지 미국을 방문하여 샌프란시스코에서 닉슨과 회담을 가졌다. 회담에서 박 대통령은 닉슨 독트린을 매우 조심스럽게 승인하면서 경계를 늦추지 않았다. 8월 21일 만찬에서 박 대통령은 다음과 같이 말한다.

13_닉슨은 회고록에서 당시 괌에서 밝힌 닉슨 독트린은 아시아에서 미군 철수를 공식화하는 것이 아니라, 아시아의 미국 동맹국뿐만 아니라 비공산권 국가나 중립국들이 독립을 지킬 수 있도록 돕는 데 있어서 미국이 그 지역에 남아 책임 있는 역할을 계속할 수 있는 유일한 기초를 제공하는 선언이었다고 주장한다. 그럼에도 괌 독트린은 미군이 아시아와 다른 지역에서 전면적으로 철수하는 정책의 신호로 오해되었다고 주장하고 있다(Nixon 1978, 395).
한편, 닉슨 독트린이 발표된 직후 미 국무장관 로저스(Rogers)는 1969년 7월 28일부터 8월 10일간 일본, 한국, 대만, 인도네시아, 호주, 뉴질랜드 등을 방문했다. 이때 그와 함께 온 국무부 동아태차관보 마샬 그린(Marshall Green)에 의하면, 닉슨 독트린에 대한 한국 정부의 첫 반응은 미국의 강력한 동맹국으로서의 존속 여부, 원조에 미칠 영향, 베트남에 대한 미국 입장의 강도, 북한, 특히 북한의 도발에 대한 미국의 입장 등에 대해 우려를 표명하는 것이었으나, 닉슨 독트린이 한국 안보에 나쁜 징조가 될 것이라든가, 주한미군 철수로 이어질 것으로 보지는 않았다고 한다(U.S. House 1978, 59~60).

아시아 문제는 아시아인들에게, 그리고 미국은 아시아를 포기하지 않을 것이며, 아시아·태평양 세력으로서 아시아에 계속 머물면서 스스로의 노력으로 아시아 지역 발전을 위해 애쓰는 아시아인들을 도울 것이며 그 지역에 대해 공약한 바를 존중할 것으로 믿고 있습니다.

이와 같이 닉슨 대통령 정책의 핵심적 주제에 대해 전적으로 찬동한다는 말씀을 드리게 되어 매우 기쁘게 생각합니다. …

미국인들과 아시아인들 모두 명심해야 할 사항이 있습니다. 아시아인들의 요구에 효과적으로 대처하기 위해서는, 아시아인들 스스로 주도하고 노력하는 데 미국의 협조가 잘 조정되고 균형이 이루어졌을 때만 우리는 아시아 지역의 안전과 진보를 위한 미국의 새로운 접근에 큰 효과를 기대할 수 있을 것입니다.(Bulletin 1969.9.15, 242)

한편, 닉슨은 박 대통령 방문 기간 동행한 주한 미국대사 포터(William J. Porter)를 따로 불러 주한미군 철수 문제를 논의한다. 우선 닉슨은 포터에게 주한미군 철수가 실현 가능한 것인지부터 알고 싶어 했다. 이에 대해 포터는 미국이 급속히 철군을 하지 않는다면 가능한 일이라고 대답했다. 포터는 당시 닉슨이 미국민들에게 아시아 지역에 배치된 미군의 수를 줄이겠다는 약속을 지킨다는 것을 보여 주기 위해 철군을 원했던 것으로 추론했다. 면담 말미에 닉슨은 곧 주한 미대사관이 워싱턴으로부터 철군에 관한 지시를 받게 될 것이라고 알려 주었다(U.S. House 1978, 60~61). 한편, 양국 대통령은 정상회담 공동성명을 통해서는 한국군과 주한미군이 계속 강력한 경계태세를 유지한다는 데 합의하고, 한국에 대한 무력 공격에 대해서는 한·미 상호방위조약에 따라 대응한다는 양국의 결의를 재확인했다(Bulletin 1969.9.15, 243).

미국은 드디어 1970년도에 들어와 주한미군 2만 명 감축안으로 닉슨 독트린을 한국에 적용하고자 했다. 미국은 월남전에서 패퇴하는 모습을 보이지 않으면서 발을 빼기 위해서는 닉슨 독트린이 아시아 전 지역에서 적용된다는 것을 보여 주어야 했으며, 그것을 합리화하기 위해 철군 시기를 결정하는 상황에서는 한국이 베트남 이외의 지역에서 닉슨 독트린을 적용할 가능성이 가장 큰 지역이었다(U.S. House 1978, 60). 1970년 3월 워싱턴은 포터 대사에게 철군 문제에 대해 박 대통령과 논의를 시작하라고 지시했다[14](State 043396, 1970.3.25; State 043550, 1970.3.25; U.S. House 1978, 63).

이러한 미국의 결정으로 한미 간에 긴장이 고조되었으며 한국 내에서 큰 소동이 일어났다. 한국 정부는 한국군의 베트남 파병 상황에서 주한미군 철군 시 안보 문제, 한미 간 역사적 유대 등을 이유로 닉슨 독트린의 한국 적용은 당연히 배제되어야 한다는 주장이었다. 몇 달 동안 한국 정부의 완강한 저항이 계속되었다.

14_케네디 행정부부터 제기된 주한미군 감축 논의는 1965년부터 수그러들었다가 1968년부터 다시 본격적으로 시작된 것으로 보인다. 존슨 행정부의 밴스(Cyrus Vance) 국무장관은 한미관계에 대한 종합적인 연구를 권고하였고, 이에 따라 미국의 대한정책에 대한 대통령의 선택을 연구하는 NSC 연구모임이 구성되었다. 그러나 이때는 존슨 행정부 말기였기 때문에 그 연구모임은 연구를 완료하지 못했다고 한다. 닉슨 행정부에 들어와 키신저가 NSC를 재조직하고 존슨 행정부 당시의 한미관계 연구를 계속하여 1년 안에 완료하도록 했다. 그 결과 1970년 3월 20일 공식문건으로 나온 것이 「국가안보 결정 비망록 48호(National Security Decision Memorandum 48, NSDM 48)」라는 것이다. NSDM 48에는 주한미군 1개 사단 철수 결정이 담겨져 있으며, 이와 관련하여 다음 4가지의 상호 연관된 행동들을 열거하고 있다. ① 박 대통령에게 감군 결정 통고 후 그가 철수 시기, 조건들을 찾게 한다는 것, 즉 감군은 박 대통령 주도로 이루어지는 것처럼 보이게 하는 것, ② 미 행정부가 의회에 한국군 현대화 계획을 제안한다는 것, ③ 원조 증액과 관련하여 국무부와 국방부가 의회와 협의하며, 국방부는 감군 계획과 잔존 미군의 DMZ 바깥에 재배치하는 계획을 수립한다는 것, ④ 미군의 한국 주둔에 관한 장기 계획이 수립되어 있어야 한다는 것 등이다(U.S. House 1978, 61~62).

박 대통령은 포터의 방문을 받고, "미군 철수는 허용할 수 없으며, 미국은 철군의 권한이 없다"는 입장을 보였다(U.S. House 1978, 63). 그러나 주한미군 감축에 따른 구체적 절차 등을 논의하는 한·미 군사회담이 1970년 7월 11일 유엔사에서 열렸다.[15] 이와 관련 포터 주한 미대사는 12일 "주한미군 감축은 한국의 안전이 보장되는 범위 안에서 이루어질 것이며 상대적인 보장책이 마련된 다음 실현될 것이므로 한국 방위에는 지장이 없을 것"이라면서, 한·미 고위군사회담에서는 (1) 미국 대한공약의 재확인, (2) 한국군의 현대화, (3) 감축의 구체적 절차, (4) 미군 주력부대의 계속 주둔 문제 등이 논의될 것이라고 밝혔다(조선일보 1970.7.14).

그러나 정일권 국무총리는 7월 13일 AP통신과의 회견에서 미국이 주한미군 2만 명 감군을 실천에 옮긴다면 내각이 총사퇴하겠다는 의지를 보이는 한편, 국회 답변에서도 군의 현대화 문제가 결정되어야 감축 문제가 논의될 수 있다는 입장을 밝혔다[16](조선일보 1970. 7.14; 국회 1970.7.13, 46). 국회 차원에서는 7월 16일 「주한미군 감축 반대에 관한 결의안」을 채택한다.[17]

15_한국 측에서는 합참의장 취임 예정인 심흥선 중장, 합참작전기획국장 최석신 소장, 국방부 군수국장 김용걸 소장 등이, 미국 측에서는 로버트 N. 스미스 공군중장, 미8군부사령관 겸 미 제1군단장 패트릭 커시디 중장, 합동군사고문단장 존 S. 렉슨 소장, 한미합동참모기획단 미측 대표 제임스 D. 켐프 준장이 참석했다(조선일보 1970.7.12).

16_1970년 6월 1일 까지도 정래혁 국방부 장관은 주한미군 철수에 대해 정식으로 통보를 받은 바 없다고 주장하였으나(국회 1970.6.1, 4), 7월 8일 미대사가 한국 정부에 정식 통보한 후 정일권 국무총리는 7월 11일 국회 본회의에서 주한미군 병력 6만 4,000명 중 2만 명이 감축될 것이라고 밝혔다(국회 1970.7.11, 1, 30).

17_이 결의안은 ① 긴장 상태에 있는 한반도에서 "북괴의" 남침야욕을 유발하게 될 여하한 명분의 주한미군의 감축도 반대, ② 미국은 주한미군 감축을 거론하기에 앞서 국군장비의 쇄신 강화 작업과 군수산업 육성 지원 선행을 구체화, ③ 한국의 자주국방 태세가 확립되고 극

이러한 가운데 한국과 미국은 1970년 7월 21일부터 23일까지 호놀룰루에서 제3차 「한미 국방각료회의」를 개최하였다.[18] 미국은 한국측 대표에게 부담을 주지 않기 위해 각료회의가 개최되기 전인 7월 8일에 주한미군 감축 결정을 통보했다고 한다. 정래혁 국방장관은 미국 수석대표로 나온 국방부 차관 팩커드(Packard)에게 미군 감축을 막으려 회담에 나왔다고 하면서 감축 문제 토의를 그냥 넘어가려고 했다. 이에 미국이 반대하자, 한국측은 감축 미군만큼 월남에 파견된 한국군으로 대체하겠다고 위협하기도 했다. 결국 이번 회의에서 한국은 미국이 원하는 바대로 합의를 해 주었지만, 미군 감축 문제는 추가적인 논의가 더 필요하며 감축전 한국군 현대화에 대한 미국의 보장을 받아내는 데 실패했다고 보도가 나오도록 했다고 한다[19](U.S. House 1978, 65~66).

동지역의 긴장 사태가 해소될 때까지 한·미 공동방위의 공약을 보다 강력하고 효율적으로 뒷받침할 수 있는 모든 외교적 조치 강구 구현 등을 주장했다. 이와 함께 국회는 정부에 대해 「주한미군 감축설에 따른 건의안」도 채택했다(국회 1970.7.16, 163~165).

18_국방각료회의는 북한의 청와대 습격사건(1968.1.21.), 푸에블로 호 납북 사건(1968.1.23) 등에 따른 "한반도 긴장고조"와 한국군의 월남 파병에 따른 한미 간의 "우호적인 군사협력 분위기"를 바탕으로 1968년 2월 미국 국방차관 밴스(Cyrus Vance)가 존슨 대통령 특사로 한국에 와 정일권 총리와 회담하고, 동 회의를 설치하기로 합의한 후, 1968년 5월 28일 워싱턴에서 처음 개최되었다. 이 각료회의는 1971년부터 외교부 고위관리도 참석하는 등 협력의 범위를 확대하면서 명칭도 「한미 안보협의회의(SCM, Security Consultative Meeting)」로 변경하여 2016년까지 연례적으로 48차례 개최되고 있다(국방부 1988, 123~124; 국방부 1989, 153; 외무부 1979, 132; 최창규 1976, 423).

밴스 특사가 파견된 목적은 한국 정부로부터 독자적인 대북 행동을 하지 않겠다는 동의 확보, 한국 측의 대북 보복 의지 약화, 푸에블로 호 승무원 석방을 위한 북미 양자 협상에 대한 한국 정부의 동의 확보 등이었다고 한다(U.S. House 1978, 57).

19_동 각료회의 공동성명에는 주한미군 감축 문제는 언급되어 있지 않다. 그러나 공동성명은 (1) 한국의 방위능력을 증강하고 현대화하기 위한 상당한 수준의 미국 군사원조가 유지되어

그 후 1970년 8월 말 애그뉴(Agnew) 부통령이 두 번째로 아시아 순방길에 오른다. 닉슨 대통령의 요청에 따라, 닉슨의 개인적지만 실질적인 메시지를 가지고 각국의 정상들을 만나 양국 관계에 대한 실질적인 대화를 하겠다는 것이었다. 특히 닉슨 독트린의 요체, 미국이 아시아에 남아 조약적 의무를 다하겠다는 것을 재확인해 줌으로써 동맹국들을 안심시키고자 했다(Bulletin 1970.10.5, 379).

애그뉴(Agnew) 부통령은 두 번째 순방의 첫 방문지로 한국을 택했다.[20] 8월 24일 서울에 도착한 애그뉴는 서울 시청 앞 광장에서 미국이 지상군을 줄이는 데 따라 한국의 독자적인 방위를 돕는 차원에서 미국은 1개 F-4 전술비행단 이동을 결정했으며, 조만간에 북한의 남침 선박을 레이더로 포착할 수 있는 항공기들을 제공할 것임을 밝혔다.[21] 아울러 한국의 방위력을 실질적으로 현대화할 수 있도록 추가적인 군사원조를 제공하겠다고 약속했다(Bulletin 1970.10.5, 380). 박 대통령과의 회담은 25일과 26일 양일간에

야 한다는 것 (2) 한국에 추가적인 방위산업을 발전시키는 것이 바람직하다는 것과, 이 문제가 계속적인 협의의 대상이 되어야 함을 인정하였다는 것 등에 합의했음을 밝히고 있다(국방부 1970).

20_애그뉴는 그해 1월 자유 중국, 월남, 태국 등 아시아 10개국을 순방한 데 이어 이번이 8개월만에 이루어지는 두 번째 순방이지만 한국 방문은 처음이다.

21_미국의 워싱턴 이브닝 스타(*The Washington Eveningn Star*)는 패텀 비행단의 이동은 일본에서 한국으로 이동하는 것으로, 이것은 푸에블로 호 사건을 계기로 미 본토 공군기지에서 잠정적 임무를 띠고 서로 교대해 가면서 한국 공중을 방위해 왔던 비행대대 가운데 마지막 2개 대대와 교대하기 위한 것일 뿐, 한국의 방위력 증강을 위한 별도의 공약이 아니기 때문에 환상이라고 비판했다(조선일보 1970.9.2). 뉴욕타임스도 F-4 전투기 이동과 한국군 현대화 군사원조는 이미 한국 정부와 협의해 오던 사항인 데도 애그뉴는 주한미군 감축을 보상하기 위해 새로운 군사적 사항을 협상하러 한국에 간 것처럼 오도되었다고 비판한다(NYT 1970.8.31).

걸쳐 한국군 현대화의 속도, 현대화와 미군 감축 간의 관계 등과 관련하여 총 6시간 동안 상호 "솔직한 의견 교환"으로 진행되었다(Bulletin 1970.10.5, 382).

애그뉴 부통령은 박 대통령에게 미국은 한국에 등을 돌리지 않을 것이며, 한국 방위가 필요로 하는 바에 응답하겠다는 보장을 함으로써 미군 감축에 대한 박 대통령의 반대를 완화시키고자 했다. 그러나 박 대통령은 극도로 공격적이었다. 애그뉴 부통령은 미군 감축과 관련하여 의회의 역할을 지나치게 과장한 반면, 박 대통령은 그 반대로 의회의 역할을 지나치게 무시했다. 박 대통령은 애그뉴에게 미국 의회의 권한을 인정하지 않은 채 여러 가지를 제기하면서, 계속 그러한 것들을 "[닉슨] 대통령에게 말해라"라고 주문했다(U.S. House 1978, 67). 박 대통령은 (1) 한국군 현대화와 5개년에 걸친 20~30억 달러의 군사원조, (2) 미국의 대한 방위 자동개입 조항의 문서화, (3) 2만 명 이외의 주한미군 불철수 보증 등을 요구했으며, 이에 대해 애그뉴는 난색을 표명했다[22](청사편집부 1984, 26).

애그뉴는 대만으로 떠나는 비행기 안에서 가진 기자회견을 통해 (1) 박 대통령과 주한미군 감축에 대해 기본적인 합의에 도달했다, (2) 미국은 한·미 상호방위조약을 준수할 것을 재확인했다, (3) 1971년도 말까지 2만

22_저우언라이는 키신저 비밀 방중(1971.7.9~7.11) 마지막 날 회담에서, 박정희-애그뉴 회담 당시 박 대통령이 애그뉴 부통령에게 무례하게 대하여 애그뉴가 매우 화가 났던 것으로 들었다고 말한다. 이어 저우는 중국에 "소인배들은 가까이 하면 까불고 버릇없이 굴고, 멀리 하면 불평한다"는 말이 있는 데, "최근 소인배들의 태도가 그렇다"면서 이승만, 박정희, 베트남의 디엠(Ngo Dinh Diem)과 티우(Nguyen Van Thieu), 캄보디아의 시릭 마탁(Sisowath Sirik Matak)을 예로 들었다. 그러면서 그는 친구가 동등하면 서로 존경할 것이라고 언급하고, 키신저에게 중국이 닉슨의 방중 일자를 어떻게 처리했는지를 소개한다(FRUS 1969~1976a, 447).

명을 감축한다, (4) 미국의 개입 없이도 군사적 안보가 이루어지는 수준까지 한국군 현대화 계획이 완성되는 때(5년이나 그 이상 걸릴지 모른다고 예상) 미군을 철수한다,[23] (5) 한국군 현대화의 진도 및 주한미군 감축과 현대화 간의 관련성에 대해 솔직한 의견교환이 있었으며, 미국은 주한미군의 감축이 현대화와 무관하며 또 한국군 현대화는 미군 감축과 무관하다는 입장을 취하고 있다는 점 등을 밝혔다(Bulletin 1970.10.5, 382; 중앙일보 1970.8.28).

애그뉴의 이러한 발언에 대해 한국 정부는 즉각 반박했다. 정부 대변인인 신형식 문화공보부 장관은 "(1) 2만 명 감군에 동의한 바 없으며, 선 현대화, 즉 선 [군비 -필재] 증강 후 미군 감축 원칙은 불변이다, (2) 애그뉴 부통령이 언급한 5년 내 주한미군 전면 철수 계획은 박 대통령과의 회담에서 전혀 토의되지 않았다, (3) 애그뉴의 언급은 우리의 자주 국방력이 완비된 장차의 사태를 상정하고, 그 가상 아래 닉슨 독트린의 원칙을 일반적으로 설명한 것으로 안다"는 등의 입장을 밝혔다(동아일보 1970.8.28). 애그뉴의 당초 방문 목적은 닉슨 독트린에 대해 동맹국들을 안심시키는 것이었음에도 불구하고, 그의 기내 발언은 한국민들의 불안을 최고조에 이르게 했다. 그 결과 미군 감축 문제와 관련하여 그해 여름과 가을 내내 한미 정부 당국자들 사이의 이견은 해소되지 않고 있었다.

미 의회는 박 대통령과 애그뉴 부통령과의 회담이 궁극적으로 두 가지의 중요한 효과를 가져왔다고 평가하고 있다. 첫째로는 워싱턴의 정책결정자들이 주한미군 감축 속도를 늦추게 되었다는 것이다. 둘째로는 한국 측은 미국의 속도 조절을 의회에 영향력을 행사하는 데 이용했다는 것이다

23_애그뉴 부통령의 이 발언은 워싱턴 당국자가 처음으로 밝힌 주한미군 전면 철수 계획이다 (NYT 1970.8.27).

(U.S. House 1978, 67). 애그뉴 부통령 방한 이후, 한국은 이제 미군 철수 문제를 미 의회에 직접 가져가고자 했다. 이것은 애그뉴가 방한하여 의회의 역할을 지나치게 강조한 결과라고 할 수 있겠다(U.S. House 1978, 68).

따라서 1970년 12월 미 의회가 한국에 M16 소총공장 건설을 위한 대규모 원조를 승인한 후에야 미군 감축에 대한 한국 정부의 반대가 수그러들기 시작했다. 양국은 1970년 7월 11일부터 10차례에 걸쳐 개최한 한·미 군사회담을 통해 주한미군 2만 명의 단계적 감축과 이에 따른 국군현대화 5개년 계획을 위한 소요의 판단, 장비의 종류 및 수량 등에 대한 상세한 계획서에 대해 1971년 1월 26일 합의하였다. 아울러 양국은 2만 명 이외 추가적인 감축은 하지 않으며, 감축에 따른 1억 달러 상당의 미군 군사장비를 한국군에 이양하고 군 현대화를 위해 한국에 추가로 15억 달러 상당을 원조하기로 합의했다[24](국방부 1988, 136~137; 외무부 1979, 132; 조선일보 1971.1.27; NYT 1971.1.27). 이에 따라 미국은 1971년 3월 27일 주한미군 2만 명 감축을 완료하게 된다.

24_양국은 1971년 2월 6일 최규하 외무장관과 포터 주한 미대사 간의 합의각서를 서명·교환하고 이와 관련한 공동성명을 동시에 발표했다(중앙일보 1971.2.6).
한편, 미국은 약속한 원조금을 실제로는 9.88억 달러만 집행함으로써, 한국군 현대화 계획은 차질을 빚게 된다. 이에 따라 한국 정부는 1973년에는 「방위산업에 관한 특별 조치법」, 1975년에는 「방위세법」을 제정하여 전력증강 사업에 착수한다(국방부 1988, 137).

3. 남북대화 추진에서 미국과 중국의 역할

1) 미국의 역할

남북대화를 시작하는 과정에서 미국의 역할은 포터(William Porter) 주한 미국대사가 미 상원에서 한 증언에서 잘 나타나고 있다. 포터는 1970년 2월 26일 상원 국제관계위원회에서 다음과 같이 증언한다.

> 얼마 전 나는 우리의 견해에 대해 한국인들과 토론할 권한을 요청하여 그 권한을 부여받았습니다. 우리의 견해란 대화가 이루어질 수 있는 영역이 어디에 있을지 찾아보는 목적으로 북한 방향으로 쳐다보는 것이 좋을 것이라는 것입니다. 이러한 아이디어는 환영을 받지 못했습니다. 왜냐하면, 수많은 위협을 듣고 있고 남한 대통령의 생명을 노리는 것을 포함한 다양한 형태의 사건을 보고 있는 남한 사람들에게는 그러한 교류를 상상하기는 좀 어려운 것이었기 때문입니다. 그렇지만, 우리는 이러한 방향으로 쳐다볼 수 있는 가능성에 대해 한국민들과 조용히 토론을 계속해 왔습니다.(U.S. Senate 1970, 1680~1681)

포터 대사가 증언하듯이 미국의 남북대화 권유 초기에 한국 당국자들의 반응은 부정적이었다. 포터 대사는 1969년 12월 29일 주한 미국대사관저에서 중앙정보부장을 지냈던 김형욱을 만났다.

포터 대사는 김형욱 전 중정부장에게 당시 한국은 정국이 안정되어 있으며 인구, 군사, 산업 등의 면에서 북한에 앞서 있다는 점을 지적하면서, 이러한 북한의 심리전·선전전에 대해 왜 한국은 독일·베트남과 같이 당국간 직접 대화·협상을 하지 않는가를 묻는다.[25] 이에 대해 김형욱은 당시 남한 정부의 자기정체성을 정확히 반영하면서 다음과 같은 요지로 대답했다.

한국의 상황은 독일과 베트남과는 매우 다르다. 한국인들은 독일·베트남인들보다는 공산주의자들에 대해 훨씬 많이 알고 있으며 훨씬 나쁜 경험을 했다. 포터 대사가 지적했듯이 한국의 상황이 군사, 산업 등 측면에서 여러모로 좋게 보일지 모르지만, 문제는 한국은 아직 북한과 어떤 형태의 접촉에 대해서 용납하지 않는다는 점이다. 그러기에는 한국의 구조가 너무 유연성이 없이 허약하기 때문에, 남북 간 접촉이 일어나면 한국은 해체될 것이다. 만약 박 대통령이 공식·비공식이든, 어떤 의제이든 간에 북측과 접촉이나 대화를 하기로 한다면, 그는 남한의 많은 사람들로부터 친공주의자로 비난을 받을 것이며 혼란이 야기될 것이다.(Amembassy Seoul A-001, 1970.1.2)

이와 함께 김형욱은 남한이 북한의 심리전·선전전에 대처할 수 있는 능력은 1973년 이후가 되어야 갖추어질 수 있다고 내다봤다. 북한이 제안했던 남북 이산가족 간 서신 교환도 생각해 볼 수 있지 않는가라는 포터의 종용에 대해, 김형욱은 처음에는 그것을 허용할 수 없다는 입장을 보이다가 1971년 대통령 선거 이후에나 그 문제를 검토해 볼 수 있을 것이라고 대답했다(Amembassy Seoul A-001, 1970.1.2).

1971년에 들어와 미국은 더욱 적극적으로 한국 정부에 남북대화를 종용한 것으로 보인다. 포터 주한 미대사는 1971년 2월 18일자로 국무부장관 앞으로 보낸 전문을 통해 다음과 같이 말한다.

1. 대한민국 국민들은 남한의 안보를 위태롭게 하지 않는 범위에서 북한 주민과

25_당시 한국은 그해 12월 11일 납북된 KAL기 승무원 송환 등 문제를 남북 간 직접협상을 통해 해결하려 하지 않고 유엔 군사정전위원회가 제기해 줄 것을 요청하고 있었다. 한편, 북측은 이 문제를 군정위에서 토의하는 것을 거부하고, 방송을 통해 남한 당국이 아닌 남측의 시민·노동자 단체 대표들과 협의하자고 제의하고 있는 상황이었다.

의 접촉에 굶주려 있다. … 비록 박 대통령의 1970년 8월 선언이 강경파에 의해 상당히 완화된 것이지만,[26] 박 대통령은 사실 북한과의 접촉에 관한 주제에 대해 무언가를 말할 필요가 있다는 것을 인정하고 있다. 분명, 북한에서도 [남북 주민간 접촉을 바라는 –필자] 비슷한 감정이 있을 것이다. 그러나, 나는 그 문제 [남북 주민간 접촉 –필자]에 관한 한 남한의 지도자건, 북한의 지도자건, 대화를 통해 가능성을 탐색하는 데 진정한 관심이 있는지에 대해서는 의심하지 않을 수 없다. 이 평가가 정확하다면, 우리는 어떻게 해야 하나?

2. 이 정권[박정희 정권 –필자]은 그 자체의 시간표와 방식으로 통일문제에 대해 몇 가지로 접근할 수 있을 것이다. 우리는 한국의 시간표와 방식, 그 어느 것을 좋아하든 안하든, 이를 기다리며 지켜볼 수 있을 것이다. 나는 이미 이 문제에 대해 한국 정부 관리들과 토론할 수 있는 권한을 부여받았다. 그러나 이러한 과정을 시작한 다음부터, 나는 우리 친구들이 우리의 견해를 검토나 해보도록 유도하기 위해서는 조용한 설득 이상의 것이 자주 필요하다는 것과 직접 접촉을 통한 데탕트라는 아이디어를 제대로 이해시키는 데는 아마 "좀 더 많은" 영향력이 필요할 것이라는 인상을 받았다. …

4. 나는 우리가 이 문제[주한미군 철수 문제 –필자]에 대해서는 좀 더 덜 수동적이고 좀 더 덜 관대해야 한다고 생각한다. 세계의 다른 곳에서 우리는 공산세력과의 긴장을 완화하기 위한 방안을 적극 추진하고 있다. 미군이 한국에 공약을 한 상황에서는, 우리는 한반도의 긴장을 줄이는 방법을 찾는 데 직접적인 이해관계를 가지고 있으며, 한국이 우리를 한국과 함께 견고한 적대적 상태에 묶어 놓게 내버려 둘 수는 없다.

5. 따라서 나는 7월에 새 정부가 들어서면, 그것이 박 정권이든 야당이든, 다음 사항을 제의하기를 제안한다. 한국의 새 정부는 가족 문제, 문화, 무역 문제 등을 시작으로 북한과 이 문제들을 직접 다루는 진지한 노력을 하라는 것과 만족할 만

26_1970년 8월 선언의 성안 과정에 대해서는 '제4절 1) 박 대통령의 8·15 평화통일 구상 선언' 참조.

한 한국의 반응이나 선도적 행위가 없는 상황에서는, 우리가 긴장을 줄이는 가능성을 열어 놓는 것처럼 보이는 조치를 취할 것이라는 것을 한국 정부 당국자들에게 알려 주자는 것이다. 앞의 두 번째 사항은 일차적으로 한국의 행동을 유도하기 위한 것이다. 그렇지만 이것은 한국에게 우리가 북한과 개별적인 협의 채널을 찾을 것이라는 경고를 하는 셈도 될 것이다.(Amembassy Seoul 949, 1971.2.18)

남북대화의 개시 등 한반도 긴장완화 조치와 관련하여, 사실 미국 정부 내에서 어느 수준에서 의사결정이 일어났으며, 미국이 어느 수준에서 어떠한 방식으로 한국 정부에게 압박했는지는 구체적으로 알 수는 없다. 아무튼 한국과 미국의 당국자 간에 "조용히 토론"하는(U.S. Senate 1970, 1681) 가운데, 한국 정부는 1970년 8월 15일 광복절 25주년 기념 박정희 대통령의 경축사를 통해 「평화통일 구상 선언」을 발표한다. 그리고 1년 뒤 8월 12일에는 대한적십자사를 통해 남북 이산가족 찾기를 위한 적십자회담을 제의한다.

여기서 추가로 주목되는 바는 1970년 6월 9일자로 포터 대사가 본국에 보내는 「통일에 관한 몇 가지 생각(Some Thought on Reunification)」이라는 전문이다. 여기서 포터는 이 당시 "남한 정부가 북한과 어떤 종류의 직접협상도 할 의향이 없다"는 점을 지적하는 한편, 국제적으로는 통일문제에 대한 남한 정부의 완고한 입장이 한반도 긴장에 일조하고 있다는 인상을 주고 있다는 것을 지적한다. 그리고 그는 이러한 인상을 바로잡는 방법으로, 남북 간 직접적인 협상을 거부하는 것과 같이 남한 정부가 근본입장을 변경하지 않고 수용할 수 있는 방안으로 다음 3가지를 제안한다. 남한에서 통일문제에 대한 보다 공개적인 토론을 하는 것, 남한 정부가 최소한 유고슬라비아와, 그리고 가능하면 다른 동유럽 국가와 영사관계를 수립하는 것, 박 대통령이 남북 간 직접협상 제의 수준에는 미치지 못하면서 남한 정부가 평화적인 의도를 가지고 있고 궁극적으로 통일을 희망한다는 것을 강조하는 성명을 내는 것 등이다(Amembassy Seoul A-278, 1970.6.9).

남한 정부는 이러한 포터의 제안 중에 두 개는 실천에 옮긴다. 앞에서 언급한 박 대통령의 8·15 평화통일 구상 선언이 그 첫 번째이고, 다른 하나는 고려대학교 아세아문제연구소가 1970년 8월 24일부터 29일까지 주최한 '통일한국 문제 국제학술회의'이다. 이 학술회의에는 한국을 포함하여 12개국에서 80여 명의 학자들(한국 학자 44명, 재미 한국인 포함 미국, 유럽, 아시아 등 외국 학자 39명)이 참가하여, 통일한국의 국제적 환경, 통일을 위한 내적 조건, 통일방안 검토, 통일 전망 등 광범위한 주제에 대한 토론의 장을 열었다는 평가를 받았다(이승헌 1970; Kim 1971, 96~97). 아울러 동유럽 국가와의 영사관계 수립 제안도 6·23 선언으로 실천에 옮기려고 의도했다고 볼 수 있겠다.

2) 중국의 역할

한반도의 긴장완화를 위해 남과 북에 영향력을 행사하겠다는 미국과 중국의 의지는 1972년 2월 닉슨 대통령의 방중 시 저우언라이 수상과의 대화에서 잘 나타나고 있다. 그들은 다음과 같이 말한다.

> 저우 수상: 한반도 문제와 관련하여, 우리는 물론 귀하들의 생각을 알고 있으며, 귀하들 또한 우리 생각을 알고 있습니다. 첫째로 대통령[닉슨 –필자]의 공식 정책은 장차 한국에서 군대를 궁극적으로 철수하는 데 대한 준비와 일본 세력들이 한반도에 진입하는 것은 극동 평화의 대의에 이롭지 못하므로 이를 저지할 준비가

되어 있다는 것입니다. 남북한 사이의 접촉은 어떻게 장려해 나가는 것이 좋겠습니까? 평화적 통일은 어떻게 장려해 나가는 것이 좋겠습니까? 이 문제들은 많은 시간을 요할 것으로 생각됩니다.

닉슨 대통령: 여기서 중요한 것은 우리 모두 우리 동맹국들에게 자제하라고 영향력을 행사하는 것이겠지요. …

닉슨 대통령: 한국인들은 남쪽이나 북쪽이나 모두 감정적으로 충동적인 사람들입니다. 우리 모두 이러한 충동, 그들의 호전성이 우리 두 나라를 당황하게 하는 사고를 일으키지 않도록 영향력을 행사하는 것이 중요합니다. 한반도를 우리 두 나라 간의 전장으로 만드는 것은 바보 같은, 그리고 불합리한 짓이지요. 그런 일이 한 번 일어난 만큼, 다시 일어나서는 안 되지요. 수상과 내가 함께 일하면, 이것을 막을 수 있다고 봅니다.

저우 수상: 그 일은 또한 남북 간의 접촉을 장려하는 일이 되겠습니다.

닉슨 대통령: 적십사 접촉과 정치적 접촉 같은 것.

저우 수상: 그리고 우리 측은 또한 UNCURK가 생을 마감할 수 있는 날이 온다면 좋겠다고 생각합니다. 그건 좋은 일이 될 것입니다.

키신저 박사: 대통령 각하, 그 문제는 우리가 지금 검토하고 있습니다.

닉슨 대통령: 키신저 박사와 함께 귀하가 그 문제를 제기한 만큼, 우리가 검토해 보겠습니다.(FRUS 1969~1976a, 732~733)

중국은 이와 같이 한반도 긴장완화를 위해 영향력을 행사하려는 입장에서, 미중 간 협의 결과에 대해 북한에게 충분히 설명해 주는 등 북한의 불안의 해소하는 데 상당한 노력을 기울였던 것으로 보인다. 1960년대 중반에 냉각되었던 북중관계는 1969년에 들어와 개선되기 시작했다. 1970년 4월에 평양을 방문한 바 있는 저우언라이는 키신저 미 대통령 안보보좌관이 베이징을 비밀방문한 직후인 1971년 7월 15일 평양을 방문하여 김일성에게 키신저와의 회담 내용을 설명하며 중국은 미국에 대해 원래 주장해 오던 바를 주장하면서 "원칙을 고수"할 것이라고 김일성을 안심시켰다.[27] 김일성은 중국 입장을 지지하면서, 닉슨의 중국 방문은 북한 주민에게는 새로운 문제로 제기된 만큼, "조선로동당은 인민에게 교육을 진행하겠다"는 입장을 밝힌다(王泰平 1999, 39~40).

북한은 1971년 4월에 개최된 제4기 제5차 최고인민회의에서만 해도 닉슨 독트린에 대해 강력히 비난하고 있었다. 이 회의에서 허담 외무상은 "미 제국주의자들은 '닉슨주의'를 내걸고 '새 아세아 정책'에 대하여 떠벌리면서부터 우리나라에서 보다 음흉하고 교활한 방법으로 새 전쟁도발 책동을 악랄하게 다그치고 있으며 정세를 더욱더 전쟁 접경에로 이끌어가고 있[다]"고 주장했다(허담 1971.4.12).

27_중국 시간으로 1971년 7월 16일(미국 시간 7월 15일) 닉슨 대통령은 키신저의 방중 사실과 자신의 1972년 5월 이전 중국 방문 계획을 발표한다. 저우언라이는 그 하루 전인 15일 평양을 방문했다.

키신저는 1971년 7월 제1차 방중(7.9~7.11) 시 중국 측과 총 5차례의 회담하는 중 저우언라이와는 네 번 만났다(나머지 한 번은 당 군사위 부주석 예젠잉(葉劍英)과 그의 비밀 방중과 닉슨의 방중 관련 발표 문안 협의). 여기서 저우언라이는 주한미군의 철수를 요구하고 완전 철수의 시기를 확인해 보려 한다. 그는 베트남에서의 미군 철수 문제를 논의하는 가운데, 1954년 제네바 회담에서 평화협정이 체결되지 못하고 여전히 한반도에서 정전체제가 계속되고 있는데 대해 북한이 긴장하고 언제 상대측에서 공격해 올지 불안해 한다는 점도 언급한다. 아울러 주한미군 철수 후 휴전선에서 미군 제1군단을 대체하여 한미 합동의 제1군단이 편성된 데 대해서도 북한의 반대가 심해질 것이고 중국도 반대한다는 입장을 밝히는 한편, 일본 군부 인사의 방한에 대해서도 우려한다. 저우는 또 이승만과 박정희를 "소인배"라고 비난했다(이에 대해서는 이 장 각주 22 참조). 한편, 키신저는 미중관계 등 정세가 잘 발전하면 닉슨이 재선되어 차기 임기를 마칠 무렵 이전에는 전체는 아니라도 대부분의 미군이 철수될 것으로 전망한다. 그리고 그는 남한과 미국에 대해 북한이 호전성을 보이지 않도록 중국이 영향력을 행사해 줄 것을 부탁한다(FRUS 1969~1976a, 389~391, 407, 419, 449~450).

그 후 김일성은 내부 토론을 거쳐 1971년 7월 30일 김일 부수상을 베이징에 파견하여, 미중 화해가 "세계혁명에 유리하게 하기 위한 것"이며, 중국의 "반제 입장은 결코 변화하지 않을 것을 북한은 굳게 믿는다"며 중국의 입장을 수용한다는 의사를 공식적으로 전달한다. 이와 함께 북한은 8개항을 제시하고, 미중회담 시 중국이 이를 미국에 전달해 주기를 요청했다.[28] 중국은 1971년 10월 키신저의 2차 방중(1971.10.20~10.26) 당시 북한의 이 요구를 전달했다[29](王泰平 1999, 40). 이 접촉 직후에도 저우언라이는 김일성을 베이징에서 만나(1971.11.1~11.3) 회담 내용을 직접 설명하고 정책을 조율했다(박건영·박선원·우승지 2003, 66; 이종석 2000, 257).

이와 같이 중국은 미중관계 개선 과정에서 북한 측과 긴밀한 협의 과정을 거친다.[30] 이와 함께 중국은 경제 및 군사 원조를 추가적으로 보장한다.

28_북한이 중국 측에 미국에 전해 주기를 요청한 8개항은 다음과 같다(王泰平 1999, 40). ① 미국·UN군 깃발 하의 모든 외국 군대 반드시 철수, ② 미국의 대남 핵무기, 미사일, 각종 무기 제공 즉각 중단, ③ 북한에 대한 미국의 침범, 정탐·정찰 중지, ④ 한·미·일 합동 군사연습 중지 및 한미연합사 해체, ⑤ 일본 군국주의가 부활하지 않을 데 대한 미국의 보장 및 일본군이 주한미군과 기타 외국 군대를 대체하지 않을 데 대한 미국의 보장, ⑥ UNCURK 해체, ⑦ 미국은 남북 직접협상을 방해하지 않으며, 남북한 문제의 남북한 주민에 의한 자체 해결 ⑧ UN의 한국문제 토의 시 북한 대표의 무조건 참여.

29_중국의 왕타이핑은 북한의 8개항 문건 전달 당시 키신저는 반응을 보이지 않은 것으로 기록하고 있다(王泰平 1999, 40). 그러나 키신저는 방중 후 닉슨 앞 결과보고에서 "저우언라이가 [미국이 -필자] 평양에 대해 동등하게 대해 줄 것을 강력히 요청하고 한국전쟁에 대한 항구적인 법적 해결 [평화협정 -필자]이 필요하다고 말하면서 그들의 동맹이 보낸 모욕적인(abusive) 8개항을 전달했다. 나는 그 편지를 거절하며 우리는 [북한에 대해 -필자] 더 동등한 지위(a more equal status)를 고려할 준비를 하고 있다고 말하고 북한의 호전성에 대해 경고했다"고 적고 있다(FRUS 1969-1976a, 527).

30_그 결과 중국은 1972년 2월 닉슨의 중국 방문에 따른 상하이 공동성명에 1971년 4월 12일 허담이 제시했던 '평화통일 8개항'과 북한의 UNCURK 해체 입장을 "확고히 지지한다"는 항

북한 부총리 정준택은 1971년 8월 베이징을 방문하여 경제협조에 관한 협정을 체결하였으며, 인민군 총참모장 오진우는 8월 18일부터 9월 9일까지 베이징을 방문하여 중국 해방군과 군사원조 협정을 체결했다(정진위 1985, 158).

이에 따라, 이 무렵 김일성은 공개적으로도 미중관계 개선을 용인하는 발언을 한다. 1971년 8월 6일 캄보디아 시아누크 국왕 환영 평양시 군중대회에서 닉슨의 중국 방문에 대해 다음과 같이 평가했다.

> 결국 닉슨은 지난날 조선전쟁에서 패배한 미제침략자들이 판문점에 흰기를 들고 나오듯이 베이징으로 흰기를 들고 찾아오게 된 것입니다. … 닉슨의 중국 방문은 승리자의 행진이 아니라 패배자의 행각이며 미 제국주의의 서산락일의 운명을 그대로 반영하는 것입니다. 이것은 중국 인민의 큰 승리이며 세계 혁명적 인민들의 승리입니다.(김일성 1971.8.6)

이 자리에서 김일성은 "남조선의 민주공화당을 포함한 모든 정당, 사회단체 및 개별적 인사들과 아무 때나 접촉할 용의가 있[다]"는 입장도 천명했다(김일성 1971.8.6).

목을 포함시켰을 뿐만 아니라, 저우언라이는 닉슨의 중국 방문 직후에도 평양을 방문(3.7~3.9)하여 김일성에게 미중회담 내용, 특히 공동성명 작성 과정을 설명하고, "미·중 어느 측도 제3국을 대표하여 협상하지 않는다"는, 미국의 주장에 따라 들어간 공동성명의 조항에도 불구하고, 중국은 판문점 군사정전위원회에서 여전히 북한편이라고 미국에 설명했다는 것도 소개했다. 아울러 닉슨이 미중 정상회담에서 일본의 대만 진입을 불허하고 남한 진입을 지지하지 않는다는 입장이었다는 것도 알려 주었다. 이에 대해 김일성은 중국 측에 "미중회담 중 조선문제에 대해 특별히 관심을 가져준데 대해 재차 감사의 뜻을 전했다"(王泰平 1999, 40~41).

4. 민족문제에 대한 남북한의 입장 표명

1) 박 대통령의 8·15 평화통일 구상 선언

닉슨 독트린으로 인한 아시아의 정세 변화를 예상하며 1970년대를 맞이한 박 대통령은 신년사를 통해 "70년대에는 국토통일 방안을 적극적으로 모색 추구"해 나가겠다는 의지를 밝혔다. 그러면서도 박 대통령은 "평화적인 방법이든, 비평화적인 방법이든 어떠한 방식의 통일방안에 대해서도 즉각적으로 대처하고 대응할 수 있게 … 자주 국방력을 언제든지 확보하고 있어야" 한다는 입장을 밝혔다(박정희 1970.1.1).

이와 함께 박 대통령은 연두 기자회견을 통해 북한이 "70년대 적화통일"을 장담하고 있으므로 1970년대 초반의 안보는 더욱 불안할 것이라는 의견을 피력했다. 따라서 북한 침략에 대비한 자주국방을 위해 "우리가 추진하고 있는 경제건설이라는 것은 곧 국방력의 강화라고 생각해야" 한다는 점을 강조한다. 또한 닉슨 독트린과 관련하여, 그 당시 아시아에서는 그것이 요구하는 바, 아시아 문제는 아시아 사람끼리 해결할 수 있는 "그러한 힘이 있다고 볼 수 없고, 따라서 아시아 사람들끼리 지금 당장 어떠한 군사동맹체를 결성하는 것과 같은 구체적인 문제를 거론할 그러한 단계도 아니며, 그러한 여건도 성숙되어 있다고 … 보지 않[는다]"고 진단했다. 그러나 "대략 70년대 후반쯤 가서는 우리들이 원하든 원치 않든 또는 싫든 좋든 점차 여러 가지 객관적인 국제정세가 우리에게 이러한 협력체제를 강요하는 시대가 오지 않겠느냐, 이렇게 예견"하면서 몇 년 전 한국이 추진해 왔던 「아시아·태평양 각료회의(ASPAC, Asian and Pacific Council)」와 같은 기구를 통해 경제, 기술, 문화 등 부문과 같은 "당장 우리가 할 수 있는 분야부터 하나하나 서로의 협력체제를 굳혀 나가"면서 군사동맹체로 발전시켜 나가자는 입장을 제시했다[31](박정희 1970.1.9).

따라서 박 대통령은 통일문제에 있어서도 당시 언론에서 광범위하게 유포된 "70년대는 통일의 연대"라는 담론에 대해 유보적인 입장을 보이는 한편, "통일에 대한 적극적인 접근"의 의미도 완전히 다르게 부여했다. 이 문제와 관련 박 대통령은 다음과 같이 말한다.

> 작년 연말 도하 각 신문 특집에 통일문제에 대한 기사들이 많이 나왔습니다. 통일문제를 상당히 큰 비중으로서 다루고 있는 것 같고 일부 신문에는 70년대는 통일의 연대다, 이렇게 지적한 신문도 있었던 것 같습니다. 그러나 지금 우리가 70년대를 통일의 연대로 지정한다는 것은 조금 성급한 표현이 아니겠느냐 하는 생각이 듭니다. 나로서는 통일 그 자체가 70년대의 문제라기보다는 70년대는 통일을 위한 우리의 준비를 완료하는 연대다, 이렇게 말하고 싶습니다.
>
> 물론, 70년대는 우리가 통일문제에 대해서 보다 더 적극적으로 접근을 시도해야 할 연대요, 시기라고 생각합니다. 보다 더 적극적으로 접근을 시도한다는 것은 무슨 뜻이냐 하면, 이 기간 중에 우리가 국력을 급속히 성장시켜서 통일에 대비할 여건과 기반 조성을 서둘러야 하겠다는 것입니다. 그래서 정치·경제·외교·사회·문화 등 모든 분야에서 우리가 북괴보다도 압도적으로 우월한 힘을 배양해서, 통일에 대비한 여러 가지 고지를 선수를 써서 점령해 버리자 하는 것입니다.
>
> 70년대 말에 가면 우리가 지금 추진하고 있는 소위 조국 근대화 작업은 일단 매

31_1966년 한국은 베트남전 해결에 있어서 미국의 협상에 의한 방법을 반대하고 군사적 방법에 의한 해결을 주문하는 입장에서, 그해 10월 마닐라에서 개최된 월남전 참전 관계국 간 정상회담에서 강경노선을 주도하며 공동선언에 한국의 입장이 반영되도록 했다. 이와 함께 한국 정부는 아시아·태평양 비공산국가 간 지역협력기구로서 ASPAC 창설을 주도하기도 했다(Han 1978; 최용호 2005).

듭을 짓게 됩니다. 근대화 작업이 일단 매듭을 짓고 우리의 경제가 어느 정도 자립을 하게 되고, 국방에 있어서도 우리의 자주적인 능력을 갖추게 되고, 기타 모든 분야에 있어서 통일에 대한 고지를 우리가 먼저 전부 점령을 해버리게 되면, 그 다음부터는 통일문제는 완전히 우리가 주도권을 장악하게 되는 것입니다. 그 다음에는 국제정세에 돌아가는 여러 가지 흐름을 우리가 예민하게 판단해서 기회를 어떻게 포착하느냐 하는 문제가 나오게 될 것입니다.

이러한 관점으로 볼 때, 이 다가오는 70년대라는 것은 우리가 통일에 대비하는 면에서도 대단히 중요한 연대라고 하겠습니다. 언제인가 나는 조국 근대화 작업이라는 것은 조국통일의 하나의 중간목표라고 완전히 점령하고 통일에 대한 준비를 완료해야 한다 하는 것이 70년대 통일에 대한 나의 생각이고 전망입니다.(박정희 1970.1.9)

그러나 1970년 8월에 오면 박 대통령의 통일문제 및 남북관계에 대한 이와 같은 유보적 태도는 보다 적극적인 자세로 천명된다. 박정희 대통령은 1970년 광복절 경축사(「8·15 평화통일 구상 선언」)를 통해 북한에 대해 "인도적 견지와 통일기반 조성에 기여할 수 있으며, 남북한에 가로놓인 인위적 장벽을 단계적으로 제거해 나갈 수 있는 획기적이고도 보다 현실적인 방안을 제시할 용의가 있다"고 밝혔다(국토통일원 1985c, 232~233).

이것은 비록 북한이 남한에 대한 전쟁도발 행위를 즉각 중단하고 무력적화통일이나 폭력혁명에 의한 남한 전복을 포기했다는 것이 명백히 입증되었을 때 그렇게 하겠다는 선행조건이 달려 있었지만, 그 이전의 통일문제에 대한 박 정권의 태도와는 명백히 다른 것이었다. 박 대통령이 이 연설에서도 밝히고 있듯이, 그는 통일 노력의 본격화는 70년대 후반기에나 가능하다는 생각이었으며, 그동안은 통일에 대한 직접적인 노력보다는 우리의 경제·군사적 실력 배양, 국제적 여건, 북한 스스로의 변화 등에 의지해 보겠다는 매우 수동적이고 수세적인 태도를 취하고 있었다. 이와 함께 박 대통령은 북한이 "유엔의 권위와 권능을 수락한다면, 유엔에서의 한국문제 토의에 북한의 참석을 반대하지 않을 것"이며, 이제는 남북 "그 어느 체제가 국민을 더 잘살게 할 수 있으며, 더 잘 살 수 있는 여건을 가진 사회인가를 입증하는 개발과 건설과 창조의 경쟁"을 하자고 제의했다[32](국토통일원 1985c, 232~233).

이러한 박 대통령의 1970년 8·15 구상은 구조적으로는 닉슨 독트린에 의해 촉발되었으며, 행위적으로는 포터 주한 미대사가 밝혔듯이 미국과 "조용히 토론"하면서 이루어졌다고 볼 수 있겠다. 당시 강상욱 청와대 공보수석 비서관의 증언에 의하면 이 구상은 "1969년 추석 전후"에 박 대통령이 강 비서관에게 직접 지시를 하면서 시작되었다. 당시 박 대통령은 "1960년대를 한 번 청산하고 1970년대 국정 전반에 대한 하나의 비전을 제시할 수 있는" 담화를 연두에 발표할 수 있도록 준비하라고 지시했다(강인덕·송종환 2004, 454~455).

이에 따라 1차로 박 대통령은 1970년도 신년사를 통해 "1970년대에는 국토통일 방안을 적극적으로 모색 추구"해 나간다는 입장을 밝혔다(박정희 1970.1.1). 그 후 박 대통령은 3·1절이 지난 며칠 후 마치 포터 대사의 제안을 의식한 듯이[33] "우리가 먼저 어떤 제스처를 취하면 북한이 반응을 보일

32_박 대통령의 1970년 광복절 경축사, 통칭 「8·15 평화통일 구상 선언」 전문은 〈부록 1〉 참조.

33_강상욱 비서관은 8·15 선언이 있기까지는 다른 경로를 통한 박 대통령에 대한 건의는 없었으며, 본인이 유럽 시찰 후 귀국 보고(「통일방안 대응방안의 기조에 관하여」)를 통해 "적절한 타이밍(광복절 적합: 예비적으로는 신년사 또는 6·25)을 택해 평화통일 의지 표명, 현실적인 통일의 단계적 접근방안에 대한 1차적 기조 천명"을 건의한 것이 "가장 주된 요인"이었을 것이라고 주장한다(국토통일원 1989b, 7). 그러나 포터 대사의 증언을 보면, 박정희는

것이고 이렇게 의견 교환을 하다보면 북한 측의 군사도발을 억제할 수 있지 않겠는가, 앞으로 1995년까지 남북한이 서로 반공이니 반동이니 그러한 소리 하지 말고 서로 평화를 지키면서 어느 체제가 잘 사는지를 정정당당하게 경쟁해 나갈 것을 제시해 보자"는 구상을 밝히면서 강 수석에게 8·15 경축사 작성을 지시했다[34](강인덕·송종환 2004, 455). 여기에는 남한의 국력에 대한 박 대통령의 자신감도 함께 작용했다고 볼 수 있다. 중앙정보부 국장을 역임했던 강인덕 전 통일부 장관에 의하면, 중앙정보부는 1969년 초에 박 대통령에게 그해를 기점으로 남한의 1인당 국민소득이 북한의 그것을 상회(남: $205~208, 북: $194~197)한다는 보고를 했다(Ostermann and Person 2011, 88).

한편, 8·15 경축사의 초안에서 최종본이 나오기까지 정부 내 토의 내용을 보면, 당시는 여전히 국내적으로 관념적 구조의 측면에서 남북대화를 할 여건이 매우 열악했다는 점을 다시 한 번 확인 할 수 있다. 닉슨 독트린이라는 외생적인 변수가 없었다면, 생각할 수 없는 사안이었다고 판단된다. 강상욱 수석의 증언에 의하면 "인도적 견지와 통일기반 조성에 기여할

이미 미국으로부터 그러한 정책 전환을 요청받고 있었음을 알 수 있다.

34_통일문제와 관련한 1970년 신년사 전체 문장은 "70년대에는 국토통일방안을 적극적으로 모색 추구해 나가는 일방, 평화적인 방법이든, 비평화적인 방법이든 어떠한 방식의 통일방안에 대해서도 즉각적으로 대처하고 대응할 수 있게끔, 북괴에 비해 절대 우위의 힘을 항시 확보해야 하며, 특히 북괴 단독의 침공에 대해서는 우리 단독의 힘 만으로서도 능히 이를 분쇄할 수 있는 자주 국방력을 언제든지 확보하고 있어야 합니다"로 되어 있어 "통일방안의 적극적인 모색"이 부각되지 않았다. 당초 강상욱 비서관의 초안은 "70년대는 평화적인 방법에 의한 국토통일을 이룩하기 위해서 그 기반 조성에 접근할 수 있는 현실적인 방안을 적극적으로 모색, 촉구해 나가야 한다"는 것이었다. 박 대통령이 신년사에서 이렇게 밝히고 8·15 때 유사한 언급을 하게 되면 8·15 때는 극적인 효과가 없게 된다는 점을 감안하여 수정했다고 한다(국토통일원 1989b, 24~28).

수 있으며, 남북한에 가로놓인 인위적 장벽을 단계적으로 제거해 나갈 수 있는 획기적이고도 보다 현실적인 방안을 제시할 용의가 있다"는 언급과 관련한 초안은 다음과 같이 되어 있었다.

> 첫째, 인도적 견지에서 남북으로 헤어져 있는 한 가족과 친척 간의 재결합을 추진하기 위하여, 우선 이들 간의 서신 왕래의 길을 열어 주고 그 결과에 따라 적십자 기구가 상봉 사업(소재 확인)을 실현한다.
>
> 둘째, 통일기반의 조성에 기여할 수 있도록 당장 실현 가능한 체육 분야로부터 착수하여 순수학술·문화·예술 등의 비정치적 분야의 상호 인적 교류를 점진적으로 확대해 나가며 물적인 교류에 있어서도 직접 또는 제3국이 중개하는 남북교역의 실현을 위하여 원한다면 필요한 협의에 응할 용의가 있다.
>
> 위에서 제시한 방안들이 실천에 옮겨져 남북한에 가로놓인 인위적 장벽들이 단계적으로 제거되며 상호 신뢰가 회복되고 주변 정세가 성숙되며 통일기반이 조성된다면 그때 지체 없이 평화적인 통일 성취 방안을 놓고 정치적 접촉을 시도할 수 있게 될 것이다.(국토통일원 1989b, 50)

이와 같은 초안을 놓고 대통령 주재로 이루어진 검토회의에서[35] 법무부와 검찰은 강력한 반대 의견을 개진했다. 이호 법무부 장관은 "대통령의 경우 조금 다른 점이 있다고 하겠으나 법이 모든 사람에게 평등하다는 것을 생각할 때" 반공법, 국가보안법 등 현행법을 그대로 놓아두고 그런 언급을 하기는 어렵다는 점에서 반대한다는 입장이었다. "이와 같은 얘기를 일

35_검토회의는 1970년 8월 초순에 있었다. 참석자는 강상욱 비서관, 김계원 중정부장, 최규하 외무부장관, 김영선 통일원장관, 이호 법무부장관, 신직수 검찰총장 등이었다(국토통일원 1989b, 44).

반인이 했다고 하면 이것은 당장 법에 저촉되어 구속해야 할 사유에 해당" 한다는 것이다. 한편, 신직수 검찰총장은 "대통령이 통치적 차원에서 국가의 새로운 전환의 방향을 제시하는 것은 가능한 일이라고 볼 수 있고 현행 법에 저촉되는 것은 아니다"라고 할 수 있으나, "국내의 정권 타도 내지 반대세력들에 대해서 사상논쟁을 재현"시킬 우려가 있다는 점을 지적하면서 그러한 방안을 제시하는 데 대해 반대 의사를 피력했다(국토통일원 1989b, 45~46). 이러한 가운데 이호 법무장관이 "대통령한테 이런 걸 건의해서 혼란을 일으키게 하는 사람들이 의심스럽다"고 불만을 표출하는 등 이호 장관과 강상욱 비서관 사이에 감정적 논란이 일어나자, 오전 11시 반경 박 대통령은 비서실장 주재 하에 회의를 계속하여 결론을 내라고 지시했다(국토통일원 1989b, 45~46).

비서실장 주재 하의 회의에서 반공문제를 강조하자는 주장이 제기되어 "흉악한", "간악한" 등의 표현이 삽입되는 한편, 획기적·현실적 통일접근 방안 제시에 대한 선행조건—남한에 대한 전쟁도발 행위 즉각 중단, 무력 적화통일이나 폭력혁명에 의한 남한 전복 포기 등을 명백히 입증 등—도 삽입되었다. 그러나 이러한 회의가 오후 4시까지도 결론이 나지 않음으로써, 결국 박 대통령이 앞에서 인용한 각 방안의 첫 구절들만 조합하는 방식으로 직접 수정안을 제시하여 통과시켰다(국토통일원 1989b, 47~51). 여기서 우리는 군부 쿠데타 이후 더욱 견고해진 반공체제라는 하나의 제도(institution) 아래에서 이와 관련된 담론과 법규·규범이 박 대통령의 목적행위(agency)를 제한하고 있음을 발견하게 된다.

이 수정안은 그 자체로 보면 전제조건이 있기 때문에 사실상 획기적인 대북 제안으로 볼 수 없었다. 따라서 강상욱 비서관은 중정부장, 외무부 차관 등과 협의하여 언론 간부와 대학 교수에 대한 백그라운드 브리핑을 통해 삭제된 내용을 알려 줌으로써 제의의 실질적인 의미를 국내외적으로 파악할 수 있도록 하였다고 한다(국토통일원 1989b, 54~61).

그러나 정부는 남북교류에 대해서는 매우 신중한 입장이었다. 정일권 국무총리는 국회 보고를 통해 8·15 선언의 전제조건을 다시 강조하는 한편, "감상적이거나 무조건적인 남북교류나 또는 무원칙적인 통일론은 모두가 다 같이 삼가 나가야 할 것"임을 강조했다(국회 1970.9.7). 이러한 신중한 태도는 박 대통령의 언급에서도 나타나고 있다. 박 대통령은 1971년 연두 기자회견을 통해 8·15 평화통일 구상 선언은 북한의 비난에도 불구하고 여전히 유효하다고 확인하면서 "그때 … 제시한 선행조건은 반드시 충족되어야" 한다는 점을 강조했다. 이와 함께 경제건설과 국방력 강화의 병진을 강조했다. 여기에는 앞으로 2~3년은 중국의 유엔 가입 지지국 증가, 닉슨 독트린으로 인한 아시아의 힘의 공백 등을 틈탄 북한의 무력도발 가능성에 충분히 대비해야 한다는 이유였다(박정희 1971.1.11).

박 대통령은 여전히 통일논의의 시기도 1970년대 후반이 되어야 한다는 생각을 가지고 있으며 북한에 대해 수세적인 태도를 보이는 가운데 적극적인 대북 접촉을 통해 북한을 변화시키겠다는 의지는 내놓지 않고 있다. 이와 관련하여 박 대통령은 다음과 같이 말한다.

> 그렇다면, 통일에 대한 전망은 영영 절망적이냐, 희망이 없느냐, 그렇지도 않다고 우리는 보는 것입니다. 비관을 할 필요도 없다, 그러면 통일의 시기를 앞당기기 위한 방법은 무엇이겠느냐, 이것 역시 우리의 국력을 배양하고 우리의 국력이 빨리 성장해서 모든 면에서 북한 괴뢰를 압도하는 그러한 시기가 결국은 평화통일에 대한 길이 트이는 시기다, 그렇게 우리는 보고 있습니다.
>
> 만약, 앞으로 우리의 국력이 성장하고 모든 면에 있어서 북괴를 능가하고 압도

할 그런 시점에 도달하였을 때에, 결국은 북한괴뢰라는 것은 국제사회에 있어서 점차 약화되고 또는 고립될 것이 틀림없습니다. 남한에서부터 북한 땅으로 자유화의 물결이 솔솔 밀어들게 될 것 같으면, 결국은 김일성 독재체제의 동요를 가져오게 될 것이다, 변질을 가져올 것이다, 아무리 김일성이가 무력을 가지고 적화통일을 하려고 하더라도 도저히 전쟁이라든지 무력만 가지고는 해결이 안 된다, 이렇게 체념했을 때에 그때에 비로소 평화적 통일에 대한 길이 트이기 시작한다, 이렇게 우리는 보는 것입니다.

따라서 우리는 그 시기가 올 때까지는 국력을 기르는 데 총력을 경주해야 겠는데, 우리가 지금 하고 있는 모든 이 노력은 통일을 위한 기반 조성 작업인 것입니다. 북한괴뢰가 평화적 노력을 거부했다 해서 우리는 절망할 필요는 없습니다.(박정희 1971.1.11)

박 대통령의 1970년 8·15 평화통일 구상 선언 전후 지금까지의 언급과 이후의 태도를 종합해 볼 때, 남한은 통일을 주도할 힘이 아직은 모자란다는, 북한에 대해 수세적인 자기정체성을 가지고 있는 한편, 통일을 주도해 나가야 한다는 역할 인식에 대해서는 강박관념을 가지고 있음을 확인할 수 있겠다. 이것은 1971년 4월 제7대 대통령 선거를 앞둔 시점에 신민당 김대중 후보가 남북관계와 통일문제에 대해 전향적인 발언을 이어나가는 것과도 무관하지 않다.

한편, 국력평가에 있어 박 대통령의 수세적인 인식 이면에는 반공 규범 아래에 '선 건설, 후 통일' 담론을 이어 나가야 유리하다고 판단하는 공화당의 정치적 이익, 남북 간 안보 딜레마, 즉 상황의 불확실성이 요구하는 대통령의 신중성 등도 깔려있다고 판단된다. 이러한 박 대통령의 입장과 태도는 다음에서 보는 바와 같이, 북한 김일성에게도 마찬가지로 적용될 수 있다. 물론 남북관계에 대한 역할 인식의 측면에서는 김일성은 1950년대부터 공세적이었다.

2) 김일성의 공화당 인사와의 대화 용의 표명

북한도 1970년 11월 제5차 당대회까지는 남측의 평화통일 구상에 대해 매우 부정적이었다. 김일성은 당대회 사업총화 보고에서 남측의 제의와 박정희 정부에 대해 다음과 같이 평가했다.

> 요즘 남조선 괴뢰들이 떠들어 대고 있는 이른바 '평화통일 구상'에 대하여 말한다면 그것은 조국통일 문제를 실현할 아무런 방도도 없는, 철두철미 허위와 기만에 찬 정치적 모략선전에 지나지 않습니다. 그들이 '평화통일 구상'이요 뭐요 하고 떠벌이는 목적은 남조선에서 날로 높아가고 있는 자주적 평화통일 기운을 무마하고 저들의 매국 배족 행위를 가리우며 우리의 조국통일 방안을 지지하는 세계의 이목을 딴 데로 돌리려는 데 있습니다.
>
> 나라의 자주적 평화통일을 가로막고 조국통일을 위한 남조선 인민들의 투쟁을 총칼로 탄압하며 미군의 남조선 강점을 계속 애걸복걸하며 일본 군국주의 침략세력까지 남조선에 끌어들이며 자기 민족을 외국의 노예로 팔아넘기며 월남 침략전쟁에서 남조선 청장년들을 미제의 총알받이로 내몰고 있는 이 매국 역적들과 어떻게 나라의 통일문제를 운운할 수 있단 말입니까?
>
> 남조선에 미제 침략군대와 현 괴뢰들을 그대로 두고서는 나라의 평화통일이란 생각조차 할 수 없습니다.
>
> 조국통일 위업을 실현하기 위하여서는 우리 조국의 통일을 가로막는 기본 장애물인 미제 침략자들을 남조선에서 몰아내고 그 식민지 통치를 청산하며 현 군사파쑈 독재를 뒤집어엎고 혁명의 승리를 이룩하여야 합니다. 그리하여 남조선에 참다운 인민의 정권이 서면 공화국 북반부의 사회주의 역량과 남조선의 애국적 민주역량의 단합된 힘에 의하여 우리 조국의 통일은 순조롭게 실현될 것입니다.

(김일성 1970.11.2, 314)

그러나 북한은 1971년 4월 최고인민회의를 통해 소위 「평화통일 방안 8개항」을 제의한 이후 8월에 들어와 진전된 대남 제의를 하게 된다.[36] 앞에서 언급한 바와 같이, 김일성은 중국과의 긴밀한 협의를 거친 가운데, 1971년 8월 6일 시아누크 캄보디아 국왕 환영 평양시 군중대회에서의 연설을 통해 닉슨의 중국 방문을 "승리자의 행진이 아니라 패배자의 행각"으로 평가한 후, 남한의 민주공화당과도 대화할 용의가 있다는 입장을 천명함으로써, 남측에 대해 과거보다는 한 단계 진전된 제의를 했다. 김일성은 다음과 같이 말한다.

> 조선의 평화적 통일을 위하여 시종일관 힘쓰고 있는 조선민주주의인민공화국 정부는 지난 4월에 8개 항목으로 되는 조국의 자주적 평화통일 방안을 또다시 내놓았습니다.

36_북한 외무상 허담이 1971년 4월 12일 최고인민회의 제4기 제5차 회의 보고에서 제시한 「평화통일 방안 8개항」은 다음과 같다(허담 1971.4.12, 1074~ 1077). ① 남한에서의 미군 철수, ② 미군 철수 후 남북한 군대를 각각 10만 또는 그 이하로 감축, ③ 한미상호방위조약, 한일조약 등 남한 당국이 "민족의 이익에 배치되게 외국과 체결한 모든 매국적이며 예속적인" 조약·협정의 폐기·무효 선언, ④ 자주적 민주주의적 기초 위에서 자유로운 남북한 총선거 실시, 통일적인 중앙정부 수립, ⑤ 자유로운 남북 총선거를 위하여 남한 전역에서 각 정당·사회단체 및 개별적 인사들이 정치활동을 벌일 수 있는 완전한 자유 보장 및 통일운동을 이유로 남한에서 체포·투옥된 모든 정치범들의 무조건 석방, ⑥ 완전한 통일에 앞서 필요하다면 현재와 같은 남북의 각이한 사회제도를 그냥 두고서 과도적 조치로서 남북연방제 실시, ⑦ 남북 간의 통상과 경제적 협조, 과학, 문화, 예술, 교육 등 여러 분야에 걸친 상호교류와 협조 실현 및 남북 간의 편지 거래와 인사 왕래 실현, ⑧ 이상의 문제를 협의하기 위해 각 정당 ·사회단체 인사들과 전체 인민적 성격을 가진 사람들로써 남북조선정치협상회의 진행.

미제와 남조선 괴뢰도당은 전민족의 한결같은 지향을 반영한 우리의 이 공명정대한 평화통일 방안에 대하여 이번에도 아무 대답이 없이 그저 빈말로만 '평화통일'을 운운하고 있습니다. 만일 남조선 위정자들이 정말로 나라의 평화통일을 바란다면 우선 미군의 장기주둔을 애걸할 것이 아니라 그를 남조선에서 나가게 하며 일본 군국주의자들과 결탁하여 그들을 남조선에 끌어들이는 것을 그만두며 평화통일을 주장하는 남조선의 정당, 사회단체 및 민주인사들에 대한 탄압을 그만두고 그들이 나라의 통일을 위한 남북 간의 협상에 나설 수 있도록 하며 조선문제는 조선사람 자신의 손에 의하여 해결해야 한다는 데로부터 출발하여야 할 것입니다.

남조선의 위정자들이 우리의 8개 항목 평화통일 방안을 접수하는가 안 하는가 하는 것은 딴 문제로 치더라도 그들이 참말로 나라의 통일을 바란다면 무엇 때문에 남북이 접촉하고 협상하는 것을 두려워하겠습니까.

우리는 남조선의 민주공화당을 포함한 모든 정당, 사회단체 및 개별적 인사들과 아무 때나 접촉할 용의가 있습니다.

남조선 위정자들이 남북 간의 초보적 접촉마저도 거절하면서 이른바 '평화통일'에 대하여 입으로 떠들기만 한다면 그것은 인민들의 더 큰 증오와 분노를 사게 될 것입니다. 그들은 자기들의 '실력 배양'이 될 1973년도 이후 시기 또는 1970년대 후반기에 가서야 통일문제가 논의될 수 있을 것이라고 공공연히 떠들고 있는데 그 속심은 되살아난 일본 군국주의자들을 그때까지 남조선에 전면적으로 끌어들인 다음 이른바 '승공통일'의 망상을 실현해 보겠다는 것입니다.(김일성 1971.8.6)

김일성이 이번 제의에서 통일에 대한 그들의 입장을 이미 그해 4월 허담을 통해 제시하고 대남 접촉을 제의했음을 밝히고 있으나, 허담의 제의에는 8개항의 내용뿐만 아니라 이에 대한 논의방식도 기존의 정당·사회단체 연석회의를 제시한 이상, 그 제의는 남측이 수용하기 힘들 뿐만 아니라 진지한 제의로 받아들여지지 않았다. 그러나 이번 제의에서 김일성은 남측이 그들이 제시한 8개항의 수용 여부와 상관없이 접촉·협상할 것을 제안하는 한편, 이 접촉에 민주공화당을 포함한다는 것을 적시함으로써, 제의에 현실성과 진지성을 더 했다고 평가할 수 있겠다.

한편, 김일성은 당시의 표준적인 대남 담론을 북한 주민들에게 상기시키는 것을 잊지 않는다. 그는 통일문제와 관련한 연설 말미에 다음과 같이 말한다.

> 우리 인민은 공화국 북반부에서 사회주의 건설을 더욱 다그치며 남조선 인민들을 지원하여 남조선 혁명을 완수하고 조선 사람끼리 조국의 통일문제를 자주적으로 민주주의적 기초 위에서 평화적으로 해결하기 위하여 계속 완강히 투쟁할 것입니다.
>
> 남조선에서 미제 침략자들을 철거시키고 조선에서 긴장 상태를 가시며 우리나라의 자주적 평화통일을 실현하기 위한 조선 인민의 정당한 투쟁은 전 세계 평화애호 인민들의 날로 커가는 지지성원 밑에 반드시 승리할 것입니다.(김일성 1971.8.6)

그런데, 북한이 이러한 일련의 대남 제의를 한 이유에 대해 1972년 9월 22일 북한 부총리 정준택은 루마니아에서 초세스쿠를 면담하면서 다음과 같이 밝힌다. 북한은 남한의 사회대중당이 박정희의 쿠데타로 해체되고 그 이후 통일혁명당도 괴멸된 후, 제3차 세계대전으로 비화할 수 있는 남한과의 전쟁은 할 수 없는 상황에서, 혁명세력을 양성하고 조직화하기 위해서는 '평화공세'로 나아가는 것이 가장 좋은 방안이라고 결론을 내렸다는 것이다. 이에 따라 북한은 당시 신민당이 "다소 진보적인 노선"을 따르고 있고 야당 등 민주세력의 반대에도 3선 개헌안이 통과된(1969.10.17) 상황에서, 제7대 대통령 선거를 불과 보름 앞두고 '평화통일 방안 8개항'을 제의(1971.4.12)한다. 북한은 김대중 후보가 선거에서 이기지 못한다는 것을 알고 있었지만, 그 8개항의 제의로 남한 주민의 실제적인 힘을 가늠하고, 누가 어느 정도 평화통일을 지지하는지 판별하고자 했다는 것이다. 그리고 1971년 5월 국회의원 선거에서 공화당이 박 대통령의 4선을 위한 개헌 가능선인 3분의 2 의석을 차지하지 못한 것을 본 김일성은 박정희가 진퇴양난에 빠졌다고 판단하고 1971년 8월 6일 공화당도 포함하여 남한의 모든 정당 인사들과 언제든지 만날 용의가 있다는 제의를 했다는 것이다(Person 2009, Doc. 28).

그리고 정준택은 김일성이 평화공세의 목표로 다음 세 가지를 들었다고 소개하고 있다. 첫째로, 남한 문제는 "비합법적 투쟁만으로 해결할 수 없[으므로]" 북한이 "박정희로 하여금 남조선을 파시스트 국가로 전이시키지 않도록 하면, 이것은 남조선에서 민주주의를 강화하여 혁명세력을 증강시키는 길로 나아갈 것"이라는 것이다. 둘째로, 북한은 "남조선의 소수세력이 주장하는 바, 북이 남침을 원하고 있다는 그릇된 선전을 폭로하고자 한다"는 것이다. 셋째로는 "미 제국주의자들의 책동을 폭로하고자 한다"는 것이다. 이어서 정준택은 북한이 "적절하게 투쟁을 하면, 박정희가 연방제 안을 받아들이도록 설득할 수 있[으며]" 북한이 남북대화를 계속해 나가면 "다음 대통령 선거에서 박정희가 제거되고 신민당에서 대통령 자리를 차지하게 될 것"이라고 주장했다. 그리고 그는 남한에서 민주화가 진행되면, 통일혁명당과 모든 혁명세력의 활동공간이 넓혀져 남북한 총선거를 통해 통일민주정부 수립이 가능할 것으로 내다보았다(Person 2009, Doc 28).

5. 남북관계와 관련한 남한 내부의 움직임

1) 국토통일원 설립

남북대화를 개시하는 준비와 별개로 통일문제를 담당하는 기구의 설치 문제는 1960년 이래 국내적으로 꾸준히 제기되었다. 그 결과 국토통일원이 1969년 3월 1일자로 장관급 정부 조직으로 설치되었다. 그러나 이 무렵 국토통일원의 설치가 남북대화를 준비하기 위한 것은 아니었다. 이것은 1960년 4·19 이후 분출한 통일논의의 열기에 대한 방어적 성격이 짙다.[37] 따라서 통일을 위한 남북협상을 추진하는 기구가 아니라 통일문제를 연구하는 기구의 설치가 논의되었다.

정치권에서 통일문제 연구기구의 설치에 대한 최초의 언급은 장면 총리로부터 나왔다. 장면 총리는 취임 다음 날인 1960년 8월 24일 가진 기자회견에서 "국토통일 같은 거족적인 과업을 거국적으로 연구하고 심의"하는 특별기관 설치를 언급했다(한국혁명재판사편집위원회 1962a, 213). 그 후 민주당은 1961년 1월 8일 4·19 이후 남한사회에서 거론되어 왔던 중립화통일론, 남북협상, 남북 인사교류, 남북교류, 남북 서신왕래 등에 대해 반대하

37_반면, 북한은 남한의 4·19 혁명에 직접 개입하지 못했다는 것을 반성하고, 통일논의 분출 등 4·19 이후의 남한정세를 적극 활용하기 위해 북한의 각 정당·사회단체를 대표하는 33명의 준비위원들이 모여 1961년 5월 13일 조선로동당 외곽의 통일전선 단체로 「조국평화통일위원회(조평통)」를 조직했다. 당시 조평통 간부로는 위원장에 홍명희, 부위원장에 박금철, 이효순, 강량욱, 박신덕, 백남운, 이극로 등이었다. 월북인사인 홍명희, 백남운, 이극로와 천도교 청우당 소속인 박신덕을 간부진에 포함시켜 통일전선 조직의 외양을 갖추었다(김성보·기광서·이신철 2004, 185; 스칼라피노·이정식 1987, 735; 통일부 2016, 576).

는 입장을 밝히는 성명의 결론으로 "국내 각계의 의견을 종합 통일화할 수 있는 통일 촉진 기구의 설치를 서두르고 있다"고 밝혔다(한국혁명재판사편집위원회 1962a, 220). 신민당도 2월 20일 결당대회에서 발표한 정강정책을 통해 "종전의 이북5도 지사 및 대북 각 정보기관을 통합하여 정부 내에 통일부를 설치하고 통일문제를 연구 추진"하며 당에도 통일문제 연구기관을 둔다고 밝혔다. 그러나 신민당의 통일부 설치안도 결당대회를 앞두고 청조회계 소장파들이 제기한 서신 교환, 언론인 교류·시찰, 월남동포의 부양가족 교환 등 남북교류 조항이 정강정책에서 삭제되고 남은 방어적인 안이었다[38](경향신문 1961.2.18; 동아일보 1961.2.19, 2.20; 조선일보 1961.2.18). 이러한 흐름은 5·16 군부 쿠데타 이후에도 계속된다. 공화당은 1963년 8월31일 제3차 전당대회를 통해 "통일대책과 통일 후의 시책을 연구하기 위하여 국토통일 연구기구를 설치한다"는 선거공약을 채택했다(동아일보 1963.9.3).

이러한 가운데 국토통일 연구기관 설치 문제가 본격적으로 논의된 것은 1964년 2월 19일 민중당 방일홍 의원 외 19인이 「국토통일문제연구 특별위원회 설치에 관한 결의안」을 국회에 제출한 이후 시작되었다. 이와 더불어 민주공화당의 변종봉 의원은 3월 26일자로 「국토통일연구소법안」을 제출했다. 이 두 제안은 모두 당시 프랑스의 중국 승인, 드골의 동남아 중립화론, 유엔에서의 제3세계 성장 등의 국제정세 변화 속에 유엔 감시 하의 남북한 총선거론을 북한이 전격적으로 수용할 가능성이 있다는 위기감의 발로로서 제안되었다(국회 1964. 4.1, 4.10).

「국토통일문제연구 특별위원회 설치에 관한 결의안」은 국회에 10명

38_남북교류를 주장한 청조회계 소장파의 대표적인 인물은 박준규, 김영삼, 김룡성 의원 등이었다.

이상으로 구성되는 특별위원회를 설치하여 "국토통일의 대비책을 강구"한다는 안이었다(국회 1964.4.1). 한편, 「국토통일연구소법안」은 국무위원급의 소장 및 차관급에 해당하는 차장 외 대통령이 임명하는 연구위원으로 구성, 국토통일에 대비하여 북한의 제 실태, 통일방안에 관한 국제기구의 제안과 실태, 국토통일 방안의 수립 및 국토통일 후의 제반 정책에 관한 사항을 조사연구토록 한다는 것이다(국회 1964.4.10, 4.14).

국회 운영위원회는 국토통일연구소법안이 정부조직법 개정안과 관련되므로 외무위원회 의견을 참작하되 내무위원회가 주관하도록 하였으며(국회 1964.4.2, 4.3), 두 제안이 성격상 유사한 점을 감안하여 하나의 안으로 절충을 시도하였으나 결국 1966년이 되도록 진척이 없었다(국회 1964.4.4, 12.7, 1965.5.31, 1966.7.13). 외무위원회에서는 두 제안에 대해 원칙적으로 찬성한다는 의견을 제시하였으나(국회 1964.4.14), 운영위원회와 내무위원회 등에서 각기 논란이 계속되었다. 국회 내에 특별위원회 설치안은 통일문제 연구가 장기간을 요하는 항구적 성격인 데 비해, 국회법상 특별위원회는 일시적 성격을 가진다는 문제가 지적되었다(국회 1964.4.3, 4.4). 국토통일연구소법안은 외무부, 중앙정보부, 내외문제연구소 등에서 파편적으로 이루어지고 있는 북한정보 수집, 통일문제 취급 등을 체계적이고 종합적으로 수행하자는 데 비해,[39] 이에 반대하는 사람들은 외무부에 한 개의 국을 신설하든지, 외무공무원교육원을 활용한다든지 등의 방법으로 하면

39_국회에서는 당시 외무부에서 통일문제는 방교국에서 1~2명이 취급하고 있으며, 이들은 통일문제만 전담하는 것이 아니라 유엔에서 한반도 문제가 논의되었을 때 어떻게 하겠는가 하는 문제를 중심으로 연구하며, 또 일정한 기간이 되면 이들은 딴 곳으로 전근을 간다는 점 등이 지적되었다(국회 1964.4.14).

되지 굳이 많은 예산을 들여가며 국무위원급 기관을 신설할 필요가 없다는 입장이었다. 당시 통일연구소 설치를 제안·찬동하는 사람들은 통일방안뿐만 아니라 통일 이후 정책 문제도 구체적으로 연구해야 한다는 입장이었던 반면, 외무부는 이 연구소가 통일문제에 대해 연구단계에 머물러야지, 정책을 생산하든가 집행기관의 성격을 가지기에 시기상조라는 입장이었다(국회 1964.4.14, 5.25, 12.7).

이러한 논란으로 두 개의 제안 어느 하나도 진척이 없게 되자, 공화, 민중 여야 총무단은 국회 내에 특별위원회를 설치하여 국토통일 연구기구를 정부에 둘 것인지, 국회에 둘 것인지 등에 대해 검토하기로 합의하였다. 이에 따라 내무위에서는 변종봉 의원이 제안한 국토통일연구소법안 토의를 유보하였으며(국회 1966.7.13), 김동환·김영삼 의원 외 9명은 1966년 7월 14일자로 「국토통일연구 특별위원회 설치에 관한 결의안」을 운영위원회에 상정하였다. 이 결의안은 정부 내에 국토통일 연구기구 설치 문제와 국회 내에 동 연구기구 설치 문제를 강구하도록 하기 위하여, 국회에 「국토통일연구 특별위원회」를 10명의 인원으로 구성일로부터 1966년 12월 31일까지 설치한다는 것이었다. 운영위원회는 이 결의안을 원안대로 통과시켜 국회 본회의에 회부하는 한편, 방일홍 의원 등이 1964년에 제안했던 결의안은 폐기시켰다(국회 1966.7.14a). 당일 본회의에서도 이 결의안을 가결하고 특별위원회 위원 10명을 선임하여 활동에 들어갔다[40](국회 1966.7.14b).

국토통일연구 특별위원회는 예정된 기간에 연구보고서 작성을 할 수 없음에 따라, 활동기간을 1개월 연장하여(국회 1966.12.21) 1967년 1월 31

40_선임된 특위 위원은 여야 6 : 4 비율로, 공화당의 서인석, 이종극, 황호현, 길전식, 이만섭, 신형식, 민중당의 유성권, 조윤형, 방일홍, 김상현 의원이다(국회 1966.7.14b).

일 국회 본회의에 보고서(『통일백서』)를 제출하였다. 이 보고서는 통일문제 전담기구를 "우선 정부 내 독립된 기구로 설치"하고 국회에도 "이에 상응하는 기구가 설치되어야 한다"고 결론을 내리고 각기 처리 방안을 제시하였다. 우선 정부 내에 설치할 통일문제 전담기구는 "「국무위원을 장」으로 보하는 「국토통일원」으로 한다"고 명시하고, 국토통일원의 기능과 임무는 통일 관련 정책 수립, 조사·연구, 홍보 등으로 제시하였다.[41] 그리고 이 기구 설치에 대한 입법조치는 제6대 국회가 하여 조속한 시일 내 발족할 것으로 기대하였다. 한편 국회 내에 설치할 통일문제 전담기구는 국회 내에 국토통일원에 대한 소관위원회를 두되, 이 위원회의 위원은 타 상임위원회의 위원을 겸할 수 있도록 하였다(국회 1967.1.31).

그러나 이 보고서는 앞에서 제시한 통일문제 전담기구 설치 부분, 보고서 「제5장 제3절 결론 및 처리방안」에 대해 김준연, 민영남 의원의 강력한 반대, 즉 새로운 통일문제 전담기구 설치 필요성에 대한 의문 제기에 직면하여 그날 접수되지 못하고 한 달 뒤인 2월 27일 제60회 국회 본회의에서 접수되었다(국회 1967.1.31, 2.27).

이와 같은 국회의 권고에 따라 정부는 1968년 4월 18일 국무회의를 개최하여 「국토통일원 신설 등에 관한 정부조직법 중 개정법률안」을 의결하

41_국회 『통일백서』가 제시한 국토통일원의 구체적 기능과 임무는 다음과 같다. ① 단일민족 단일국가로서의 기반 견지를 위한 정책 수립, ② 국토통일 방안의 수립과 그 발전에 관한 사항, ③ 국토통일 후의 제반 정책에 관한 사항, ④ 통일문제와 연관된 국내외 제반 사정의 조사연구, ⑤ 북한 제 분야의 실태·자료의 수집 및 조사, ⑥ 국경선 및 휴전선 그리고 그 연변 지역의 정치적, 법적 문제에 관한 대책의 수립, ⑦ 월남동포에 관한 제반 문제의 조사연구와 대책 수립, ⑧ 접촉을 포함한 남북한 간의 관계 가능성의 검토 분석, ⑨ 통일문제에 대한 공보선전의 조정, ⑩ 통일문제에 대한 국내의 사회·학술단체와의 협조(국회 1967. 1.31).

여 국회에 이송했다(통일부 1999, 381). 정부안은 국무총리 소속 하에 국토통일원을 두되, 원장과 차장을 별정직으로 하며 정책실, 조사실, 교육홍보실을 두고 실장은 별정직으로 한다는 내용이었다. 그러나 내무위원회 심의 과정에서 국토통일원이 통일을 실현할 수 있는 명실상부한 기구가 되기 위해서는 원장은 국무위원이 되어야 한다는 주장이 강하게 제기됨으로써,[42] 내무위에서 국토통일원 장관은 국무위원으로, 차관은 별정직으로 한다는 수정안이 표결을 통해 통과되어 법사위를 거쳐 본회의에 회부되어 최종 확정되었다(국회 1968.6.27~6.28, 7.1~7.4).

이에 따라 정부는 1968년 7월 24일 제55회 국무회의 심의를 거쳐 국토통일원 설치와 관련한 정부조직법을 공포하고 1969년 1월 29일 정원 45명의 국토통일원 직제를 공포한 후 3월 1일 박정희 대통령 참석 하에 신태환 장관, 최규학 차관이 이끄는 국토통일원을 개원하였다.[43] 개원식에서 박대통령은 국토통일원이 통일정책 목표, 방향 설정 및 정책 수립, 통일 관계 자료의 집대성, 범국민적·초당적 중지 결집 및 국론통일, 특히 국민역량 결집 모체로서의 역할을 다해 줄 것을 강조했다(국토통일원 1972, 23, 55). 그러나 당시 국토통일원은 남북대화를 위한 기구로서의 면모는 보이지 않았다.[44]

42_일부에서는 국토통일원 장관을 부총리급으로 하자는 주장도 제기되었다(국회 1968.7.2, 7.4).

43_김갑철에 의하면, 박 대통령이 1968년 중앙정보부 초도순시 시 “이제는 통일문제를 좀 더 체계적으로 국가적 차원에서 연구할 것”을 지시함에 따라 당시 중앙정보부의 통한팀이 통한단으로 승격되었고, 이 통한단이 국토통일원 직제 초안을 만들었다고 한다(강인덕·송종환 2004, 473).

44_당시 강상욱 청와대 공보수석비서관의 증언에 의하면, 박 대통령은 1969년 1월 초에 “통일원을 경제기획원과 동급으로 하고 장관을 부총리급으로 해서 통일 관련 사항에 대해서는 필

2) 제7대 대통령 선거(1971.4) 운동 과정에서의 한반도 문제 담론

신민당은 1970년 9월 29일 대통령 후보 지명을 위한 임시전당대회에서 김대중 의원을 제7대 대통령 선거(1971.4.27) 후보로 선출하고, 각 분야별 당면 정책을 채택했다. 통일 분야와 관련한 당면 정책으로는 (1) 구체적 통일방안 제시, (2) 남북한의 긴장완화를 주안으로 가장 안전한 통일방안부터 시도, (3) 비정치 분야에 대한 남북 간의 동일화 추진과 남북 간의 자유로운 방송 청취 허용, (4) 국가안보협의체 설립 등을 제시했다(동아일보 1970.9.29).

한편, 김대중 의원은 1970년 10월 16일 대통령 후보로서 첫 기자회견을 열고 남북관계 및 통일문제에 대해 정부 측보다는 전향적인 방안을 제시했다. 남북교류와 관련하여 북한이 무력도발과 침투공작을 포기하는 것

요하면 정치·경제 분야의 모든 부서의 업무를 총괄해서 조정하는 이런 방향으로 설치할 구상"임을 밝히고, 장관은 "부총리급으로 하는 데 백낙준 박사 같은 상징적인 분을 모시려고" 한다는 생각을 본인에게 밝혔다고 한다. 이에 대해 강 비서관은 당시 통일문제에 있어서는 연구도 안 되어 있고 남북관계도 부총리가 일반 행정부처를 통할·조정할 정도로 발전되어 있지 않으므로, 통일원은 자료 수집과 분석 등 연구소적 기능 이상을 벗어나지 않도록 "당분간은 좀 격이 낮은 연구기관적 성격으로 하되, 대외적으로 정부 조직에 속하는 행정부처로서 장관을 두는 정도로 시작하는 것이 나을 것" 같다는 입장을 밝혔다고 한다(국토통일원 1989b, 17~20).

그런데 국회는 이미 1968년 7월에 국토통일원 장관을 국무위원으로 보한다고 의결하였으며, 이에 따라 정부도 국무회의를 통해 정부조직법을 공포했다(국회 1968.7.4; 국토통일원 1972). 따라서 강상욱의 증언은 시기를 착각했을 수도 있겠으나, 박 대통령이 적어도 통일원 장관은 중량급 인사로 해야겠다고 생각했음에 비추어 볼 때, 통일문제의 상징성은 인식하고 있었음을 알 수 있겠다. 그러나 박 대통령은 본격적인 통일논의는 1970년대 후반에 가서야 가능하다는 입장을 밝힌 점에 비추어볼 때(동아일보 1966.6.8), 아직은 통일원이 조사·연구 등 통일문제 협의를 준비하는 기구로밖에 인식되지 않았을 것이다.

을 전제로, 남북 간 서신 교환, 기자 교환, 체육경기 등 비정치적인 직접접촉을 고려할 것과 미·일·중·소 4개국에 의한 한반도에서의 전쟁억제 공동보장을 요구할 것임을 밝혔다. 아울러, 향토예비군의 정치적 악용을 제기하며 이 제도의 폐지를 주장하는 한편, 신민당 전당대회 시(1970.9.29.) 당면 정책으로 채택된 한 해 5만 명씩 3년간 15만 명의 국군 감축안에 대해서는 논의 시기가 아니라는 이유로 당내에서 재고되어야 한다는 입장을 밝혔다(동아일보 1970.9.29, 10.16).

이러한 김대중 후보의 주장이 대구 등 지방에서의 선거유세 과정에서 계속되자, 공화당은 11월 초 "국기를 흔드는 중대 오류"로 규정하고 이것이 신민당의 공약인지를 물으며 공약 취소를 요구했다. 이에 대해 신민당은 김 후보의 주장이 지난 9월 말 전당대회 시 채택한 당면 정책과 일치하는 것임을 발표하는 등 공방을 계속해 나갔다(동아일보 1970.11.2~6, 11.9, 11.19~20).

김대중 후보는 통일방안도 새롭게 제시한다. 이것은 김 후보가 미국 방문 중인 1971년 2월 3일 워싱턴 내셔날 프레스클럽에서 가진 내외신 기자회견을 통해 발표한 3단계 통일방안이다. 이것은 통일이 평화공존 → 평화교류 → 평화통일의 3단계를 거치는 방안이다. 1단계인 평화공존은 "남북이 서로 전쟁을 사태 해결의 수단으로 삼지 않기로 하고 서로 파괴공작을 않는다. 이런 무력 포기를 안전하고 영구한 것으로 보장"하는 단계이다. 2단계인 평화교류는 1단계를 거치면 "기자 교환, 서신 교환, 운동선수 교환, 그리고 라디오, TV 등 상호 청취 허용 등 비정치적인 접촉"을 하고, "그 다음 경제적 나아가 정치적 접촉을 하고" 마지막 단계에서 통일을 한다는 것이다[45](동아일보 1971.2.4).

이러한 김대중 후보의 제안에 대한 공화당과 신민당 간 공방은 북한 허담 외무상이 4월 12일 소위 평화통일 8개항을 제의한 것을 계기로 다시 일어났다. 선거운동 막바지인 4월 14일 공화당 김창근 대변인은 허담의 제의를 북한이 "선거를 교란하고 지금까지 박 대통령을 중심으로 이룩한 우리의 정치적 안정과 경제적 성장을 파괴하려는 적화 음모로 단정"했다. 허담의 제의가 "신민당 김대중 후보의 제안인 언론, 체육인 등의 남북교류, 4대국 보장안, 예비군 폐지 등을 전폭적으로 지지하면서, 한편 우리의 집단안보 체제의 지주인 한미방위조약의 폐지와 주한미군의 전면적인 철수를 요구해 왔음은 그들의 침략적인 속셈을 여지없이 드러낸 것"이라고 비난했다. 아울러 "김 후보의 몰지각하고 무책임한 안보공약이 마침내 북괴의 위장 평화공세의 도구로 이용되는 결과를 가져왔다"고 주장했다. 나아가 "신민당과 김 후보는 현실을 직시, 지금까지 주장한 탈안보적 집권 공약을 즉각 철회하고 그동안 선동과 책략으로 국민을 오도함으로써 북괴를 이롭게 한 책임을 통감하고 국민 앞에 마땅히 사과해야 할 것"이라고 색깔론을 들고 나왔다(동아일보 1971.4.14).

이에 따라 신민당 정일형 선거대책 본부장은 "대한민국만이 유일한 합법정부이기 때문에 북괴의 김일성 집단과 무릎을 맞댄 정치회담은 있을 수 없다"고 말하면서, 신민당의 주장이 "김일성과의 교류는 북한에 남아 있는 가족이나 북한 땅의 주인인 우리 동포들과의 교류를 뜻하는 것"이라고 해명했다(동아일보 1971.4.14).

45_김대중 전 대통령의 3단계 통일안은 이때 처음 제시된 후 1990년대 완성된 형태로 발표되었다. 이때 제시된 초기 형태는 언론을 통해서는 위에서 인용한 바와 같으나, 1995년 출판된 『김대중의 3단계 통일론』(아태평화재단 1995)에서는 이보다는 상세히 제시된 것으로 정리되어 있다. 이에 대한 세부내용과 그 발전과정에 대해서는 아태평화재단 1995, 278~291 참조.

이로써 우리는 당시의 한국사회 이데올로기 지형이 남북 당국 간 회담이나 정치협상의 관념을 허용하지 않고 있음을 알 수 있다.

6. 남한의 남북적십자회담 개최 제의

앞에서 살펴보았듯이 남북관계와 남북한 내부정세로 보아서는 남과 북이 굳이 남북대화에 나설 강력한 모티브는 아직 없었다. 그러나 남측은 닉슨 독트린 이후 변화하는 외부정세에 따라, 그리고 미국과 "조용히 토론"하는 가운데 남북대화의 필요성을 인식하고 있었다.

특히, 닉슨 독트린으로 제기된 주한미군 감축 문제는 이에 따른 한국군 현대화 문제와 함께 한미 양 정부 간 1971년 2월 6일자 공동성명으로 마무리 되어 3월 27자로 주한미군 제7사단, 2만 명의 철수로 완료되었다. 이 무렵, 2월 18일 포터 대사는 「남북대화에 있어서 미국의 이익을 더욱 시현하기 위한 제안(Proposal for Increased Display of U.S. Interest in Dialogue between R.O.K. and North Korea)」이란 제목으로 본국에 보내는 보고서를 통해 남북대화를 위해 한국 정부에 더 많은 압박을 가할 필요가 있다는 입장을 밝혔다[46](Amembassy Seoul 949, 1971.2.18).

닉슨 대통령은 1971년 2월 말 미국 외교정책에 대한 의회 보고를 통해 중국을 '중화인민공화국'으로 정식으로 호칭하고 중국과 대화할 준비가 되어 있다고 천명했다(Nixon 1971.2.25, 383). 4월에 들어 한국 정부는 미국의

46_주요 내용은 앞의 '제3절 남북대화 추진에서 미국과 중국의 역할, 1) 미국의 역할' 참조.

탁구팀이 중국의 초청을 받아 저우언라이를 접견하는 모습도 지켜보게 되고, 닉슨으로부터 대중국 관계 개선 5개항 발표와 중국 방문을 희망한다는 언급도 듣게 된다.[47]

박 대통령은 주한미군 철수 협상에서 경험했듯이, 미국은 남한의 입장과 의지에 상관없이 미중 화해의 길로 나아갈 것으로 판단했을 것이다. 우승지는 박 대통령이 미국의 남북대화 종용에 순응한 이유를 미국으로부터의 "방기의 두려움"으로 설명하고 있다.[48] 미국의 긴장완화 정책으로 방기의 두려움을 더욱 깊이 느끼게 된 한국이 자구책으로 한편으로는 자주국방을 추진하면서 한편으로는 대결 상태에 있는 북한과 대화함으로써 위협의 수위를 낮추면서 시간을 벌려고 했다는 것이다(우승지 2005, 95). 여기서 한국 정부가 가지는 방기의 두려움은 미국이 추가적으로 군사적 분야에서 동맹 약속을 약화시키는 데서 오는 것보다는 남북 직접대화에 소극적인 남한

47_1971년 4월 14일자로 발표된 이 조치는 2월 25일 닉슨이 의회에 제출한 제2차 대외 정책 보고서에서 "내년에는 중국 국민과 미국 국민들 사이의 접촉의 기회를 넓히는 데 필요한 추가적인 조치가 무엇이며 이러한 기회를 위해 없애야 할 불필요한 장애는 무엇인지를 면밀히 검토하겠다"는 약속에 따른 것이다. 구체적으로 ① 미국을 방문하는 중국의 개인이나 단체에 대한 비자 발급 신속화, ② 중국이 달러를 사용할 수 있도록 미국 통화 통제의 완화, ③ 미국의 석유회사들이 중국을 출입하는 선박·항공기에 연료를 제공하지 못하도록 한 종전의 조치 해제, 그러나 중국이 소유 또는 임대한 월맹, 북한, 쿠바 왕래 선박·항공기는 제외, ④ 미국의 선박과 항공기는 중국이 아닌 지역의 항구·공항 간에 중국 화물 수송 허용 및 미국 소유 외국 국적 선박의 중국 항구 기항 허용, ⑤ 대중국 직접수출용 일부 비전략물자 중 특정 품목의 대중국 직접수출 허용 등 5개항이다. 마지막 ⑤항과 관련, 미국은 6월 10일 중국 수출 또는 수입 품목 중 비전략물자에 대한 무역통제의 종료를 백악관 대변인을 통해 발표했다(Nixon 1971.4.14).

48_동맹국 간의 안보 딜레마를 "방기의 두려움"과 "연루의 두려움"으로 설명하는 논리에 대해서는 Glenn H. Snyder의 저술(1984; 1997)을 참조.

정부를 제치고 선도적으로 북한에 접근하는 데서 야기되는 두려움이 더 컸을 것으로 추론된다.[49] 이것은 남북 간 정통성 경쟁에서 유발되는 통일 주도권과 관련된 역할 경쟁에 미국이 개입하는 데 따른 위험성이다.

한편, 국내적으로 박정희 대통령은 1971년 4월 27일의 제7대 대통령 선거를 앞두고 통일문제와 안보문제에 대해 김대중 후보와 경쟁하였다. 이에 따라 박 대통령은 김대중 후보의 남북교류론, 4대국 보장론 등을 "환상적 대응책", "망국적 병폐" 등으로 비판하면서도, 제3차 5개년 계획이 끝나는 1976년께에는 남한의 국력이 북한에 월등히 앞서게 되므로, "그때 가면 남북교류는 물론 그 이상의 것도 북괴에 여유 있게 제의할 수 있게 될 것이며, 반공법의 제한도 풀 수 있게 될 것"이라고 주장하면서, 구체적으로 북한과 합작투자 방식에 의한 신의주 고속도로 건설, 금강산 개발을 제시했다(동아일보 1971.4.15; 4.17).

이러한 상황에서 박 대통령은 일주일에 한 번 정도로 안보관계장관회의를 열어 상황을 점검하였으며, 이때 중앙정보부의 국장이나 과장이 회의 시작 전에 북한 동향이나 국제정세를 보고했다(국토통일원 1989a, 27). 1971년 5월 초순에 개최된 회의에서는 주변 정세 변화 동향과 이것이 남한 안보에 미치는 영향에 관한 토의가 있었으나 뚜렷한 결론을 내리지 못하는

49_앞에서 밝힌 바대로 이 당시 미국은 한국을 안심시키기 위해 주한미군 철수에 따라 2만 명 이외 추가적으로 주한미군을 감축 하지 않으며, 감축에 따른 1억 달러 상당의 미군 군사장비를 한국군에 이양하고 군 현대화를 위해 한국에 추가로 15억 달러 상당을 원조하기로 약속했다. 한편, 포터 대사는 남북 간 직접협상에 소극적인 한국에 대해 "북한과 개별적인 협의 채널을 찾을 것이라는 경고"를 하는 차원에서도 미국이 긴장완화처럼 보이는 조치를 취할 것이라는 것을 한국 정부 당국자들에게 알려주자는 제안을 국무부에 보냈다(Amembassy Seoul 949, 1971.2.18.). 박 대통령도 유신을 정당화하기 위한 논리의 하나로 강대국간 긴장완화 상황에서 약소국이 희생될 가능성을 언급했다(박정희 1972.10.17).

가운데, 이후락 중정부장은 급변하는 국제정세에 대처하기 위해서는 총선이 끝나면 안보·외교 정책을 재정립해야 한다고 역설했다(국토통일원 1989a, 28).

이러한 이후락의 주장이 개진된 후, 중정 내부에서는 당시 이철희 국제정보국장의 지시에 따라 1970년 8·15 대통령 경축사의 내용에서 출발하여 「70년대 한국의 새로운 전략」 보고서 작성반이 꾸려졌다. 이들은 동서독 교류, 미중 간 핑퐁외교, 미소 간 핫라인 등을 참고하여 남북 간 접촉과 교류를 하자는 제안, 8·15 경축사의 "인도적 견지"에서라는 개념을 모티브로 하여 이산가족의 고통을 덜어 주는 조치를 취하자는 제안, 북한의 유엔총회, 전문기구 참가 허용 등의 안을 만들어 이것을 1971년 7월 1일 대통령 취임식이나 8월 15일 광복절 기념식에서 발표토록 건의하였다[50](강인덕·송종환 2004, 499~500; 국토통일원 1989a, 28~30). 그러나 이 보고서에는 적십자회담 제의가 구체적으로 담겨져 있지는 않았다.[51] 이러한 작업이 모태가 되어 7월 20일경 박 대통령의 재가를 받은 최종안은 1971년 8·15 경축사를 통해 "남북한 교류와 이산가족 문제의 해결을 위해 북한 측과 대화를 시작할 용의가 있다는 제의를 포함하여 앞으로의 대북·대외 정책 방향을

50_이러한 작업반의 건의는 1971년 5월 중순 청와대 보고에 앞서 이후락 중정부장에게 보고하는 과정에서 채택되지 못했다. 당시 작업반에 참여했던 지주선의 증언에 의하면, 이러한 건의가 이후락 부장에게는 "너무 앞서 있다"는 인상을 주어, 이 부장은 '향후 국제정세 평가' 부분만 수정하여 대통령께 보고하고, '대응전략'은 대통령의 지침을 받아 다시 작성하라고 지시했다. 그 후 작업반은 해체되었으나, 7월 1일 중정 조직 개편에 따라 새로 설치된 국제정세 분석국에 강인덕 국장이 부임, 새로운 작업반을 구성하여 전술한 작업반의 건의를 다시 수정하기 시작했다(국토통일원 1989a, 30~32).

51_적십자회담 제의 준비 작업은 1971년 7월 1일 중정 조직 개편 무렵에 나왔다(강인덕·송종환 2004, 476).

개략적으로 밝히고" 그 후 이산가족 회담은 별도로 8월 17일 한적 총재가 대북 제의를 한다는 계획이었다(강인덕·송종환 2004, 476, 499~500; 국토통일원 1989a, 28~32).

그런데 7월 26일자 일본 요미우리신문이 이 계획에 대해 비교적 정확히 보도하고,[52] 김일성이 8월 6일 시아누크 캄보디아 국왕에 대한 환영 연설을 통해 허담 외상이 4월에 제의한 평화통일 8개항을 재확인하는 가운데 "남조선의 민주공화당을 포함한 모든 정당, 사회단체 및 개별적 인사들과 아무 때나 접촉할 용의"가 있다고 선언했다(국토통일원 1985a, 1080~1083). 이 허담의 8개항에는 남북 간 통상과 경제적 협조, 과학 등 여러 분야에서의 상호 교류와 협조 실현, 남북 간 편지 거래와 인사 왕래 실현도 포함되어 있었다.[53] 따라서 박 대통령은 계획을 바꾸지 않을 수 없었다. 1971년 8·15 경축사를 통해 밝히려던 대북·대외 정책 방향 제시는 하지 않기로 하고, 한적 총재의 이산가족 회담 제의를 8월 12일로 앞당기기로 했다(국토통일원 1989a, 32; 강인덕·송종환 2004, 500). 이후락에 의하면, 박 대통령은 이때 남측이 제의하지 않으면 북한에게 선수를 뺏길 것으로 생각하고 있었다고 한다(Amembassy Seoul 4729, 1971.8.7). 이에 따라 남한은 1971년 8월 12일 대한적십자사 총재를 통해 "1천만 남북 이산가족들의 실태를 확인하고 이들의 소식을 알려 주고 재회를 주선하는 '가족 찾기 운동'만이라도 우

52_강인덕 당시 중정 국장의 회고에 의하면, 이 계획이 누설된 것은 당시 김종필 총리가 오프 더 레코드로 시마모토 겐료(鴨元謙郎) 요미우리 서울지국장에게 넌지시 알려 준 것이 발단이 되었다고 한다(강인덕·송종환 2004, 463, 483-484). 그 당시 남북대화에 대해 부정적이었던 김종필에 의해 이 정보가 새나갔다는 것이 주목할 만하다.

53_1971년 4월 12일 북한 최고인민회의 제4기 5차회의에서 허담 외상이 한 보고에서 제시된 소위 '평화통일 8개항'에 대해서는 앞의 각주 36 참조.

선 전개"하기 위해 남과 북의 적십자사 대표가 제네바에서 회담을 가질 것을 제의했다[54](국토통일원 1988a, 35).

북한은 8월 14일자로 남측의 제의를 수락하면서 9월 중으로 판문점에서 예비회담을 가질 것을 제의했다(국토통일원 1985a, 1087~1090). 북한 측이 이렇게 빨리 남측의 제의를 수락하게 된 것도 이미 미중 화해 과정에서 중국 측으로부터 남북대화에 대해 상당한 종용을 받으며 긴밀히 협의한 결과라고 판단된다(BIR 1972.1.18; Brown 1971.8.16; Shinn 1973, 65).

북측은 남측의 제의를 수락하면서 남측이 제의한 이산가족의 생사 확인과 재회 사업을 넘어 이산가족뿐만 아니라 그 친척과 친우들의 자유로운 내왕과 상호 방문, 서신 왕래 사업을 회담 의제로 제시했다. 이러한 제의를 하면서 북한은 해방 직후부터 한반도에서 외국 군대가 철수한 가운데서의 자유로운 총선거 실시 문제부터 남북 간 자유로운 서신 왕래와 인사 교환에 이르기까지 평화통일의 제 방안들을 제의해 왔다는 사실, 특히 그해 4월 허담의 평화통일 8개항과 8월 김일성의 시아누크 국왕 환영 연설을 상기시키면서, 북측의 제안은 이러한 기존의 북측 제의의 연장선상에 있음을 암시했다(국토통일원 1985a, 1087~1090).

54_당시 이후락 중정부장은 포터 주한 미국대사에게는 8월 6일자로 대북 제의 사실을 알려 주었다. 이때는 내부적으로는 외무장관과 법무장관만 이 사실을 알고 있었고 대북 제의 당사자인 한적 총재는 물론 국방장관도 모르고 있었다(Amembassy Seoul 4729, 1971.8.7). 적십자 총재에게 상황을 설명하고 관련 제의 문건을 전달한 것은 8월 9~10일 경이었다(강인덕·송종환 2004, 463).

7. 요약 및 재정리

닉슨 대통령이 취임하면서 시작된 대소련, 대중국 데탕트 정책 추진 과정에서 미중 화해는 미·소 데탕트의 전제조건이었다. 1969년 7월 닉슨 독트린은 닉슨 행정부의 적극적인 대중국 카드 추진 과정에서 나왔다. 닉슨 독트린은 소련, 중국에 대한 인식의 변화에서 출발하여 미국이 국제정치에서 역할 인식을 새롭게 변화시킨 과정의 산물이었다. 그것은 베트남 종전 이후 미국의 역할이 재정의되어야 한다는 인식에서, 이제 '세계의 경찰'로서의 미국의 역할은 제한되어야 한다는 데서 출발한 것이었다. 닉슨은 대통령이 되기 전부터 아시아와 미국의 역할이 변해야 한다는 구상을 갖고 있었다. 키신저에 의하면 닉슨 독트린은 아시아 국가 간의 전쟁에 비록 미국이 군사·경제적 원조는 제공할 수 있을지 모르지만, 자동적인 개입은 배제한다는 것이었다.

한국에게 닉슨 독트린은 우발적인 것이었다. 닉슨 독트린이 발표된 지 한 달이 채 지나지 않은 8월 하순 샌프란시스코에서 닉슨과 회담을 가진 박 대통령은 닉슨 독트린을 매우 조심스럽게 승인하면서 경계를 늦추지 않았지만, 이에 따라 주한미군이 감축될 것으로 예상하지 못했다. 양국 대통령은 한미정상회담 공동성명을 통해 한국군과 주한미군이 계속 강력하고 경계태세를 유지한다는 데 합의하고, 한국에 대한 무력 공격에 대해서는 한미상호방위조약에 따라 대응한다는 양국의 결의를 재확인했다. 그러나, 닉슨은 박 대통령 방문 기간 동행한 주한 미국대사 포터를 따로 불러 주한미군 철수 문제를 논의한 후, 1970년도에 들어와 주한미군 2만 명 감축안으로 닉슨 독트린을 한국에 적용하고자 했다. 1970년 3월 워싱턴은 포터 대사에게 철군 문제에 대해 박 대통령과 논의를 시작하라고 지시했다.

이러한 미국의 결정으로 한미 간에는 긴장이 고조되고 몇 달 동안 한국 정부의 완강한 저항이 계속되었다. 1970년 12월 미 의회가 한국에 M16 소총공장 건설을 위한 대규모 원조를 승인한 후에야 미군 감축에 대한 한국 정부의 반대가 수그러들기 시작했다. 한미는 2만 명 외 추가적인 감축은 하지 않으며, 감축에 따른 1억 달러 상당의 미군 군사장비를 한국군에 이양하고 군 현대화를 위해 한국에 추가로 1억 5,000만 달러를 원조하기로 합의함에 따라 미국은 1971년 3월 27일 주한미군 2만 명 감축을 완료하게 된다.

닉슨 독트린과 미중 화해의 정세 변화 속에서 남북한이 대응할 수 있는 방안은 대체로 세 가지로 볼 수 있다. 첫 번째 대안은 이전과 같이 정치·군사적 대결을 지속하는 것이다. 두 번째 대안은 기존 동맹을 강화하는 한편, 집단 안보를 추진하는 것이다. 셋째는 남북 간 긴장을 완화하며 대화와 협상을 시도하는 방안이다. 남북한은 이러한 대안들을 모두 모색한 것으로 보인다.

남한은 주변 정세의 변화에 대응하여 기본적으로는 경제건설과 국방건설의 병진 노선으로 대응했다. 박 대통령은 1970년과 1971년의 신년사와 연두 기자회견 등을 통해 북한이 평화통일의 길로 나서지 않는 한 평화적인 방법이든, 비평화적인 방법이든 어떠한 방식의 통일방안에 대해서도 즉각적으로 대처하고 대응할 수 있도록 자주 국방력을 확보해야 한다, 이를 위해서는 군수산업이 육성되고 다른 부문에서의 경제력도 뒷받침되어야 한다, 따라서 국방 = 경제건설이라는 입장을 밝혔다. 이와 함께 한국이 추진해 왔던 ASPAC과 같은 기구를 통해 경제·기술·문화 등 부문에서부터 협력체제를 구축, 군사동맹체로 발전시켜 나가자는 구상도 했다.

북한도 여전히 미군과 현 박정희 정부를 그대로 두고는 평화통일을 생각조차 할 수 없다, 남한이 인민정권이 들어서야 통일은 가능하다고 공공연히 주장하면서 중국과의 접근을 강화해 나갔다.

그러나 1972년 2월 닉슨 대통령의 방중 시 저우언라이 수상과의 대화에서 잘 나타나고 있듯이, 한반도 문제가 미중 화해의 걸림돌이 되지 않도록 남북 간 긴장완화의 방향으로 남과 북에 영향력을 행사하겠다는 미국과 중국의 의지는 명백했다. 미국은 늦어도 1969년 말 1970년 초부터 이러한 방향에서 한국 정부에 접근한 것으로 보인다. 1969년부터 다시 북한과의 관계를 정상화한 중국도 미중 접촉 과정에서 북한과 긴밀히 협력했다.

이에 따라 한반도에서의 새로운 물결은 남한에서부터 시작되었다. 박 대통령은 1970년 8·15 평화통일 구상을 통해 북한에 대해 (1) 북한이 대남 무력 적화통일이나 폭력혁명 포기를 명백히 하면, 인도적 견지와 통일기반 조성에 기여할 수 있으며, 남북 간 인위적 장벽을 단계적으로 제거해 나갈 수 있는 획기적이고도 보다 현실적인 방안을 제시할 용의가 있다, (2) 북한이 유엔의 권위와 권능을 수락한다면, 유엔에서의 한국문제 토의에 북한의 참석을 반대하지 않을 것이다, (3) 이제는 남북 어느 체제가 국민을 더 잘살게 할 수 있으며, 더 잘살 수 있는 여건을 가진 사회인가를 입증하는 경쟁을 하자 등의 입장을 밝혔다.

그러나 김일성은 1970년 11월 제5차 당대회에서 이 제의를 비난하고 박 정권 타도를 외쳤고, 박 대통령도 여전히 8·15 제의의 선행조건을 상기시키면서 경제건설과 자주국방의 병진을 통한 통일역량 구축을 강조하는 수준에 머무르고 있었다. 국토통일원은 1969년도에 설치되었지만 남북 당국 간 대화기구로서는 인정되지 않았고, 신민당은 당시 대선 후보 김대중 의원의 남북교류론은 당국 간 교류가 아님을 해명해야 하는 수준이었다.

북한도 1971년 4월 최고인민회의를 통해 소위 평화통일 방안 8개항을 제의할 때까지는 통일전선의 형성에 있어서 남한 주민들의 역량을 테스트하는 수준에 머물렀을 뿐, 대외적으로 과거의 대남 태도와 다른 면모를 보인다고 인지시켜 주지 못했다. 북한은 그해 5월 남한의 국회의원 선거 결과에 따라 향후 신민당의 집권 가능성을 확인하고, 7월에 키신저의 방중 이후 저우언라이의 방북 등을 통해 중국과의 긴밀한 협의를 거치면서, 8월에 들어와 진전된 대남 제의를 하게 된다. 8월 6일 김일성은 시아누크 캄보디아 국왕 환영 평양시 군중대회에서의 연설을 통해 닉슨의 중국 방문을 "승리자의 행진이 아니라 패배자의 행각"으로 평가한 후, 남한의 민주공화당과도 대화할 용의가 있다는 입장을 천명한다.

남한은 1971년 2월 주한미군 감축 문제 및 한국군 현대화 문제와 관련한 한미협상이 마무리된 시점에서부터 4월에 이르기까지 미중관계의 급속한 진전을 목도하게 된다. 포터 주한 미대사가 2월 18일자로 "남북대화를 위해 한국정부에 더 많은 압박을 가할 필요가 있다"는 입장을 담은 보고서를 본국에 보낸 것으로 보아, 이때는 남한 정부가 남북관계 개선에 더 많은 압박을 받았을 것으로 추정된다.

박 대통령도 주한미군 철수 협상에서 경험했듯이, 미국은 남한의 입장과 의지에 상관없이 미중 화해의 길로 나아갈 것이며, 북중관계의 밀착을 볼 때 한국도 이러한 흐름에 편승해야 유리할 것으로 판단했을 것이다. 이후락 중앙정보부장도 급변하는 국제정세에 대처하기 위해서는 총선이 끝나면 안보·외교 정책을 재정립해야 한다는 입장이었다. 이에 따라 중앙정보부가 중심이 되어 1971년 8·15 대통령 경축사를 통해 남북교류 및 이산가족 문제 해결을 위한 남북대화 용의 표명 및 대북·대외 정책 방향 제시, 8월 17일 한적 총재를 통한 이산가족 회담 제의 등을 계획했다. 그러나 요미우리신문을 통해 남측의 계획이 사전 누설되고 김일성이 8월 6일 연설을 통해 민주공화당 접촉 용의를 표명함에 따라, 남한 정부는 8·15 경축사를 통해 밝히려던 대북·대외 정책 방향 제시는 하지 않기로 하고, 북한에게 선수를 빼앗기지 않기 위해 한적 총재의 이산가족 회담 제의를 8월 12일로 앞당겼다. 이 제의를 북한이 8월 14일자로 수락함에 따라 남북대화가 개시된다.

이와 같이 남북한은 닉슨 독트린과 미중 화해의 정세 변화라는 우발성 속에서 대응할 수 있는 3가지 대안, 대결·동맹·화해 중 결국 화해의 방안을 선택했다. 그러나 이것은 미국과 중국의 영향력 행사가 더 강하게 개입한 결과였다. 이와 더불어 미중 화해에 따르는 미국의 선도적인 북한에 대한 접근 가능성에 대한 두려움이 있었을 것으로 추론된다. 이것은 남북 간 정통성 경쟁에서 유발되는 통일의 주도권과 관련된 역할 경쟁에 미국이 개입하는 데 따른 위험성이다. 이것은 스나이더가 양극체제에서 "방기의 부분적 대체물(partial surrogates of abandonment)"의 하나인, 양극의 두 강대국에 의한 공동통치(condominium)에서 유발될 수 있는 것이다. 공동통치는 "양극체제에서 질서를 유지하기 위해 초강대국들이 높은 수준으로 협력하는 것과 이러한 목표에 그들 간의 경쟁적 이익과 동맹국들의 이익을 종속시키는 것"을 의미한다(Snyder 1984, 486).

제2장에서 1960년대 말 남북관계 상황을 〈그림 3-1〉과 같이 죄수의 딜레마 게임으로 정리하면서, 당시는 남과 북이 대화에 나서는 것이 합리적 대안일 수 없음을 분석했다. 여기서는 남과 북 각기의 선호에 따른 보상값의 순서가 DC 〉 CC 〉 DD 〉 CD이다. 즉 북한이 협력하는데 남한이 배반(DC)함으로써 얻는 남한의 대가(4)는 힘의 압도적 우위이다. 쌍방이 협력(CC)함으로써 얻는 대가(3)는 긴장완화와 평화증진이다. 상호 대결을 지속(DD)함으로써 얻는 대가(2)는 대결 지속으로 인한 비용부담이다. 마지막

으로 북한이 배반하고 남한이 협력(CD)함으로써 남한의 얻는 대가(1)는 국가안보의 위기이다.

그림 3-1 | 1960년대 말 남북 간 게임: 죄수의 딜레마 게임

* DC〉CC〉DD〉CD		북 한	
		대 화(협력, C)	대 결(배반, D)
남 한	대 화(협력, C)	3, 3	1, 4
	대 결(배반, D)	4, 1	*2, 2*

그런데 1970년대 초반부터 1971년 8월 남북적십자회담 제의까지의 국내외 상황에서, 미국과 중국이 남북한의 입장과 의지에 상관없이 화해를 추구해 나간다면 적어도 남한의 선호는 달라진다. 즉, DC 〉 DD 〉 CC 〉 CD가 된다. 과거와 같은 견고한 동맹을 유지하지 못하는 것으로 인식하고 있는 남한으로서는 중국과 견고한 동맹을 형성하고 있는 북한과 협력을 하는 것은 불안한 평화일 뿐이다.[55] 한편, 남북 간 대결을 일정 정도 유지해 나가는 것은 3선 개헌 후 내부체제 공고화에도 도움이 된다. 따라서 협력의 대가가 배반의 대가보다 작게 된다(DD 〉 CC). 그러나 이러한 경우에도 내쉬 균형은 〈그림 3-2〉에서 보듯이 남북이 대결을 추구하는 것이 된다.

55_빅터 차(Victor Cha)는 미국의 데탕트의 가속화가 박 대통령으로 하여금 미국의 한미동맹 공약의 약화로 이어질 것이라는 방기의 두려움을 증대시켰으며, 그 결과 박 대통령은 미국 정부에 NATO 수준의 자동개입이 들어가는 한미방위조약의 개정을 요구하고 핵무기 개발도 시도하는 한편, 유신체제 수립의 길로 나아갔다고 주장한다(Cha 1999, 64~67; 109~115).

그림 3-2 | 1970년대 초 남북 간 게임: 미·중 간 화해 독주의 경우

* 남: DC〉DD〉CC〉CD * 북: DC〉CC〉DD〉CD		북 한	
		대 화 (협력, C)	대 결 (배반, D)
남 한	대 화 (협력, C)	2, 3	1, 4
	대 결 (배반, D)	4, 1	*3, 2*

만약 한미관계에서는 미국의 일방적 독주가 계속되고 대한 공약도 약화되는 가운데, 중국은 북한에게 남북 간 긴장완화를 강력히 종용하면서 이에 대한 보상으로 경제·군사 원조도 증대하는 경우 북한의 선호는 CC 〉 DC 〉 DD 〉 CD로 변경된다. 남한이 대결을 추구할 가능성이 있지만, 북한은 중국에게 남북대화에 나서겠다고 공약함으로써 힘을 확실히 증대할 수 있는 경제적·군사적 원조를 확보할 수 있기 때문이다. 이 경우에도 〈그림 3-3〉에서 보듯이 남과 북은 대결 전략이 내쉬 균형이 된다.

그림 3-3 | 1970년대 초 남북 간 게임: 미국의 미중 화해 독주, 북중 협력의 경우

* 남: DC〉DD〉CC〉CD * 북: CC〉DC〉DD〉CD		북 한	
		대 화 (협력, C)	대 결 (배반, D)
남 한	대 화 (협력, C)	2, 4	1, 3
	대 결 (배반, D)	4, 1	*3, 2*

만약 미국과 중국이 미중 화해의 걸림돌 제거에 강력한 의지를 보여 남북 간 긴장완화 정책을 종용하는 경우, 남북 대결 지속 정책을 동맹 파기로 위협하는 대신 남북 간 협력에 대해 충분한 경제·군사적 지원을 약속하는 경우를 상정해도 남북 간 협력이 유일한 균형은 되지 않는다.[56]

이 경우 남북 각기의 선호는 CC 〉 DC 〉 DD 〉 CD가 되는 것으로, 이것은 〈그림 3-4〉와 같은 사슴사냥 게임에 해당한다.

그림 3-4 | 1970년대 초 남북 간 게임: 한미, 북중 협력의 경우

* CC〉DC〉DD〉CD		북 한	
		대 화(협력, C)	대 결(배반, D)
남 한	대 화(협력, C)	*4, 4*	1, 3
	대 결(배반, D)	3, 1	*2, 2*

이 게임에서는 위 그림에서 보듯이 쌍방 대화전략(CC)과 쌍방 대결전략(DD) 모두 내쉬 균형이 된다. (대결, 대결)도 내쉬 균형을 이루는 이유는 전략적 불확실성 때문이다(Jervis 1978; Watson 2008, 71~72). 이 게임에서 협력전략, (대화, 대화)를 확실히 이끌어 내기 위해서는 다음 장에서 보듯이 남북 간에 별도의 노력이 필요하다.

이러한 전략적 불확실성은 현실주의자들에게는 가장 중요한 이론적 기초이며, 웬트 류의 구성주의는 극복하지 못하는 사항이다(Copeland 2006). 앞에서 보듯이 박 대통령과 김일성 모두 통일 주도 세력으로서의 역할 경쟁을 강하게 의식하면서도 남북 각기 자기에 대한 정체성 측면에서는 통일을 주도할 힘이 아직 모자란다는 수동적 성격을 가지고 있었다. 따라서 남

56_한국이 남북대화에 나설 수 있는 허용 요인으로서는 1969년에 남한의 경제력이 북한을 따라잡게 되었다는 것도 고려할 수 있다. 1969년 1인당 GNP가 남한이 205~208달러 북한이 194~197달러로 역전된 것이다(강인덕·송종환 2004, 459; Ostermann and Person 2011, 88).

북 양측은 모두 자기 동맹국으로 부터 좀 더 확실한 보장이 필요했으며, 각기 상대방의 의중을 좀 더 탐색할 필요가 있었다.

4장

정세 변화와 힘의 균형, 박정희와 김일성의 선택

이 장에서는 남과 북이 비밀접촉을 통해 남북관계의 새로운 국면을 열면서 7·4 남북공동성명이 생산되고 그 이후 1970년대 남북대화의 과정과 남북관계의 특징을 살펴보고자 한다. 7·4 남북공동성명은 남과 북의 당국이 만나 앞으로 남과 북이 남북관계 개선과 통일을 위해 지향해야 할 길을 제시한 최초의 문건이다. 7·4 공동성명 이후의 남북관계는 한 마디로 말하면 대화와 대결이 공존하는 관계라고 말할 수 있다. 이 시기 남북 간 주요 대화는 남북적십자회담과 함께 7·4 공동성명이 생산되기까지의 접촉과 공동성명 이행을 위한 남북조절위원회 회의이다. 이 회담들을 통해 남과 북은 각기의 정책목표에 따라 남북관계 개선 및 통일에 대한 그들의 입장과 이를 대내외에 정당화하고 상대측을 규율하고자 하는 담론과 제안을 구체적으로 제시한다.

1. 1970년대 한반도 환경

미소, 미중 데탕트는 1972년 2월 닉슨 대통령이 중국을 방문하여 주은라이 수상, 마오쩌둥 주석과 회담하고 상하이 공동성명을 발표하는 한편, 5월에는 모스크바를 방문하여 브레즈네프 서기장과의 회담을 통해 SALT I과 미소관계 기본원칙 협정에 서명하게 되는 결실을 낳게 된다. 그 후 미국과 중국 사이에는 1973년 5월 워싱턴과 베이징에 연락사무소가 공식 개설되고, 1975년 12월 포드-마오쩌둥 간 베이징 정상회담을 거쳐, 1979년 1월 공식 수교를 맺고 덩샤오핑 부총리가 미국을 방문하여 과학기술 협력, 문화교류 협력에 관한 협정을 체결하게 된다. 특히, 미국과 중국은 덩샤오핑 방미를 계기로 소련에 대한 군사정보 협력에도 합의하게 된다. 한편 미국과 소련과는 데탕트에 반대하는 미국 국내의 여러 저항, 제3세계 지역문제와 관련한 양국 간 갈등 등에도 불구하고 1972년 후반 시작된 SALT II 협상이 1979년 6월 결실을 맺게 된다(서진영 2006, 153~ 171; 정재호 외 2014, 270~282; Brown 1994, 235~257; Mann 1998, 13~114; McMahon 2003, 122~142; Schaller 2002, 185~193).

그러나 미국이 추진한 소련·중국과의 데탕트가 중동, 베트남 등의 지역에서와 마찬가지로 1970년대의 한반도에서도 미국이 의도하는 바대로 진행되지는 않는다(Kort 1998, 69~71; McMahon 2003, 133~137). 그것은 중동, 베트남에서 보듯이 해당 국가에서는 데탕트라는 국제정세의 변화에 따른 국가적 차원의 전략적 이익과 정치 지도자의 정치적 이익이 발현되기 때문이다.

한반도에서도 데탕트 국면에서 무력보다는 대화를 통한 관계 변화가 추진되지만 1950년대 이후 남북 간 대결관계의 속성, 정통성 경쟁이 사라진 것은 아니었다. 통일 방식과 비전의 대결, 군사적 대결, 국제무대에서의 대결, 동맹관계의 강화를 통한 대결은 지속된다. 남과 북에 있어서의 데탕트는 남북관계 추진 전략과 국내 정치의 측면에서 위기이자 기회였다. 북한은 1970년대 남한과 대화에 나서면서도 김일성이 1964년 2월 당 중앙위 제4기 제8차 전원회의에서 내건 대내·대남·대외 차원의 '3대 혁명 역량 강화' 노선에 입각하여 대내외 정책을 추진하였다.[1] 남한의 박 대통령에게도 데탕트의 이름으로 생산되는 각종 성명과 선언은 "정치적인 쇼"에 불과하며 상대에게 적대적이고 도발적인 공산주의의 본질은 변화하지 않았다는 것이다(Cha 1999, 109~110). 따라서 미중 화해는 중국과 긴밀한 협의 하에 대응하는 북한에게는 한·미·일 3각 협력의 파괴와 한반도 통일 주도의 기회로, 남한에게는 미국으로부터 남북관계 주도권과 연관된 방기의 위협과 북·중으로부터 새로운 압박에 대처해야 하는 위기로 인식되면서(서진영 2001, 32~35), 1970년대 한반도에서도 앞의 4개 차원의 대결은 자연스럽게 일어난다.

통일 방식과 비전의 대결에서 북한은 여전히 연방제 통일을 주창하는 반면, 남한은 체계적인 통일방안은 제시하지 않지만 과거 유엔 감시 하의 남북한 총선거 안을 폐기하고 토착인구 비례에 의한 남북한 총선거 안을 내 놓으면서(1974.8.15) '잘살기 경쟁'의 차원에서 경제적 역량 강화에 매진하게 된다. 이러한 경제역량 강화 경쟁은 군사적 경쟁과 자연스럽게 연결

1_1970년대 북한의 행태를 '3대 혁명 역량'의 관점에서 분석하는 대표적인 사례는 하영선 2015, Koh 1974, Koh 1978 등이다. 다만, 1960년대 후반과의 전술적인 차이는 1960년대에는 북베트남 방식의 게릴라 전술이 부각되었던 반면, 1970년대에는 위장평화 공세가 핵심적인 전술이었다. 이러한 점은 북한 당국자들의 언동에서도 잘 나타난다(Person 2009, Doc. 23, Doc. 25, Doc. 27, Doc 28).

된다. 정광민이 잘 분석하고 있듯이, 박정희와 김일성 간의 잘살기 경쟁은 "실제로는 더 많은 무기를 위한 경쟁이 중심이 되었다"(정광민 2012, 20). 남과 북은 모두 1970년대 남북대화가 진행되는 가운데 총력전적인 군수산업화가 진행된다.[2] 이와 함께 북한은 남한에 대한 기습공격을 위한 땅굴을 건설하게 되고 판문점 도끼 만행(1976.8.18)과 같은 도발도 감행하게 된다. 국제무대에서의 외교적 대결도 여전히 진행된다. 북한은 주한미군 철수와 UNCURK 해체, 남한의 외교적 고립을 위한 활동, 특히 비동맹 외교를 강화한다. 사실 북한은 7·4 남북공동성명으로 상당한 외교적 성과를 거양한다.[3] 특히, 북한이 7·4 남북공동성명 이후 남북조절위원회 회의 과정에서

2_그 결과 1970년부터 1977년까지만 보더라도 연평균 군사비 지출이 남한은 9.91억 달러(GNP의 5.9%), 북한은 14.39억 달러(GNP의 19.6%)에 달했으며, 1970년대 말 북한은 군사력의 거의 모든 측면에서 남한에 앞선다. 남한 대 북한의 군사력 비율은 지상군이 1.1 : 1, 탱크가 2.1 : 1, 대포가 2.3 : 1, 병력 수송 장갑차가 2.3 : 1 등이었다(Baek 1987, 96). 이와 같이, 북한은 군사비 지출 면에 있어서나 무기개발의 기술력에 있어서나 남한을 따라잡지 못하게 되자, 비무장 지대에 무장 병력을 집중시키는 것으로 대처했다(Oberdorfer 2001, 68). 1970년대 남북 간 군수산업 중심의 "경제전쟁"의 전모에 대한 분석은 전광민(2012) 참조.
남북 간 군비증강은 '잘살기 경쟁'이라는 한반도 내부적 요인뿐만 아니라 동맹국의 군사원조라는 외부적 요인도 함께 작동했다. 이와 관련하여 함택영은 북한의 1962년 군비증강은 "소련의 방위공약에 대한 신뢰의 약화 및 군사원조 감축에 의해서 발생한 위기를 극복"하기 위해, 1970년대 남한의 자주국방은 "미국의 군사원조 감축과 철군에 대한 반응"으로 파악하고 있다(함택영 1998, 248~249).

3_1971~1973년 사이에 덴마크, 노르웨이, 스웨덴, 핀란드 등 20여 개국과 외교관계를 수립한 북한은 1973년에 들어와 4월에 IPU에 가입하는 한편, 5월에는 WHO에, 8월에는 UNCTAD에 가입하게 된다(박태호 1987, 109, 124~131; Koh 1974, 40). 1973년 WHO 가입으로 유엔에서 옵서버 자격을 얻은 북한은 그해 제28차 유엔 총회에서 UNCURK 해체 결의를 이끌어 내고(비록 서방 측 결의안을 통해서였지만), 나아가 1975년 유엔 총회에서는 일단 유엔군 사령부를 존속시키려는 서방 측과 이를 당장 해체하려는 공산 측 간의 상반된 결의안을 모두 통과되도록 하는 성과를 올렸다. 이때 서방 측 결의안에는 "직접 당사자들" 사이의 휴

남북 간 군사적 문제, 주한미군 철수 문제를 우선적으로 해결하고자 하는 데 집중하고 북미 간 직접 접촉을 시도하는 상황에서, 카터의 주한미군 철수 추진과 이를 원활히 하기 위한 하나의 방편으로 추진된 남·북·미 3자회담 성사 노력은 남북 사이의 정치·군사·외교적 차원의 대결을 더욱 복잡하게 하였다.

아울러 7·4 남북공동성명에서 합의한 자주·평화·민족대단결의 통일 3원칙은 그러한 정책을 원활하게 추진하기 위해 남측을 제어하기 위한 효과적인 담론의 소재였다. 자주는 주한미군 등 '외세'의 축출을 위해, 평화는 남한의 군사력 증강의 방지를 위해, 민족대단결은 반공법·보안법을 철폐하여 남한 내부의 혁명 역량을 강화시키기 위해 동원된 논리였다.

2. 7·4 남북공동성명 채택 과정

앞장에서 살펴본 남북적십자 예비회담이 진행되는 가운데 시작된 남북 간 비밀접촉은 실무자(남: 정홍진, 북: 김덕현) 간에 1971년 11월 20일부터 1972년 3월 22일까지 11차례의 접촉을 가지게 된다. 그리고 그 직후인 1972년 3월 말과 4월 중순 남북 실무자 간 평양·서울 교환 방문을 통해 이후락 중앙정보부장과 김영주 로동당 조직지도부장 간 평양·서울 교환 방

전협정을 대체할 평화협정 체결 협상 희망, "휴전협정을 유지하기 위한 적절한 체제가 마련되는 대로" 유엔 사령부가 해체될 수 있도록 단시일 내 협의 촉구 등이 포함되어 있으며, 공산 측 결의안에는 유엔 사령부 해체와 유엔 기치 하에 한국에 주둔한 모든 외국 군대의 철수 필요 고려, 휴전협정의 평화협정으로 대체 촉구 등으로 구성되어 있다(국회도서관 1976, 65~66; 외교통상부 2009, 174~177).

문을 위한 실무 작업을 완료하게 된다. 그 후 이후락 부장이 1972년 5월 2일부터 5일까지, 박성철 북한 부수상이 김영주를 대신하여 5월 29일부터 6월 1일까지 서울을 방문하여, 각각 김일성 수상·김영주 부장과 박 대통령·이후락 부장과 회담한 후 7월 4일 남북공동성명을 발표한다.

1) 비밀접촉 추진 배경

7·4 남북공동성명을 위한 접촉은 1971년 11월 3일 제7차 남북적십자 예비회담에서 남측 정홍진 대표가 북측 김덕현 대표에게 비밀접촉을 제의하는 메모를 전달하고,[4] 그 다음 11월 11일 제8차 회담에서 북측이 수락함으로써, 제9차 회담 다음 날인 11월 20일부터 「남북 실무자 간 비밀접촉」을 통해 시작되었다(국토통일원 1988a, 56; 정홍진 2002, 11). 이때는 키신저가 제2차 방중(1971.10.20~10.26)을 끝내고 돌아간 뒤, 베이징을 방문(11.1~11.3)한 김일성에게 저우언라이가 키신저와 한 회담 내용을 직접 설명하고 서로 정책을 조율할 때였다.

별도의 비밀접촉을 추진한 동기에 대해서는 남한 정부 측 자료는 다음 두 가지로 설명하고 있다. 첫째로 적십자회담이 정치회담으로 변질되는 것을 차단하고자 했다. 적십자 본회담 의제 토의에 들어간 6차 예비회담부터 북측은 적십자 사업의 범위에 이산가족의 '친우'까지 포함시킬 것과 이들 간의 자유로운 왕래와 서신교환을 고집하는 등 인도주의 회담을 정치회담

4_적십자회담 예비접촉 대표로 나온 남측의 정홍진 대표는 당시 중앙정보부 회담운영부장(대외직명: 한적 회담사무국 회담운영부장)이었으며, 북측 김덕현 대표는 노동당 중앙위 조직담당 책임지도원(대외직명: 북적 중앙위 보도부장)이다.

으로 끌고 가려고 기도하여, 이를 저지하기 위해서는 별도의 정치회담 공간을 마련할 필요가 있었다는 것이다. 두 번째 동기는 남북 당국 간 직접적인 정치적 대화 통로를 마련함으로써, 전년도에 천명한 박 대통령의 8·15 평화통일 구상과 같은 새로운 한반도 평화정착 정책의 추진 계기를 포착하려 했다는 것이다(국토통일원 1988a, 57).

그러나 이 비밀접촉은 두 번째 목적, 남북 간 정치대화를 위한 별도 접촉에 더 큰 비중이 주어졌다. 적십자 예비회담에서 북측의 제안은 통일전선 차원에서 적십자회담을 이용하여 북측의 체제 선전을 도모하고자 한 술책이었다. 남한도 적십자회담을 체제 선전 차원에서 접근하기는 마찬가지였다.[5] 따라서 별도 비밀접촉이 진행되는 초반에 북측은 1971년 12월 10일에 열린 제12차 예비회담에서 적십자 사업의 범위 중 '친우'를 삭제하는 데는 동의하면서도 가족, 친척 간의 '자유로운' 왕래와 서신 거래를 주장하는 대신 이들의 상봉을 마련해 주는 사업은 제외시켰다. 그 후 북측은 정치대화를 위한 별도 접촉과 상관없이 '자유로운'의 표현은 끝까지 고수해 나가는 가운데, 1972년 2월 17일 제19차 예비회담 이후 13차례 개최된 문안 실무 접촉의 후반부에 가서야 이산가족의 상봉 사업에 다시 합의하였다(국토통일원 1988a, 43~45; 남북회담사무국 1995, 23~26).

5_북한 측은 서울에서 열린 제2차 회담에서 하층 통일전선의 확대를 기도하는 차원에서 김일성, 주체사상 등과 관련하여 노골적으로 정치선전을 함으로써 오히려 남한 국민들로부터 빈축을 샀다(동아일보 1972.9.14). 남측도 제1차 평양회담에서와 마찬가지로 북한이 정치선전을 할 것으로 예상한 듯 이 회담 실황을 전부 방송·방영하기로 했으며, 남산에서 내려 보이는 서울시내 큰 빌딩에 모두 저녁에 불을 밝혀 놓도록 하는가 하면, 고속도로에 승용차와 화물차 등 많은 차들을 동원하는 등 북측 대표단에게 남한의 발전상을 보여 주려고 노력했다(Oberdorfer 2001, 28~30).

이러한 남북 당국 간 직접대화는 남측 당국의 의지와 상관없이 당시의 외부 정세가 추동하고 있었다고 보아야 할 것이다. 미국의 '조용한 종용'으로 남북적십자 예비회담을 시작한 한국 정부는 새로운 상황에 직면하였다. 키신저 미 대통령 안보보좌관이 1971년 7월 9일부터 11일까지 비밀리에 중국을 방문했다. 그 직후인 7월 15일, 닉슨 대통령은 1972년 5월 이전까지 중국을 방문하겠다고 발표했다(Nixon 1971.7.15). 이와 함께 로저스(Rogers) 국무장관은 8월 2일 중국의 유엔 가입을 지지하겠다는 미국 정부의 입장을 공식 천명하였다(Bulletin 1971.8.23, 193~196). 이 무렵 저우언라이는 뉴욕타임스 부사장 레스톤(James Reston)과의 회견을 통해 한반도에서 전쟁 상태는 아직 종결되지 않았으며, "한반도 문제를 해결하기 위해서는 남북 양측이 화해를 이룩하여 평화통일로 나아가는 방안을 찾아야 한다"는 입장을 밝혔다(NYT 1971.8.10; 동아일보 1971.8.11). 김일성도 8월 6일 시아누크 캄보디아 국왕 환영 연설을 통해 남북 간 접촉과 협상을 촉구하며 남측의 "민주공화당을 포함한 모든 정당, 사회단체 및 개별적 인사들과 아무 때나 접촉할 용의가 있다"는 입장을 표명했다[6](김일성 1971.8.6; 동아일보 1971.8.7). 1971년 9월 말, 10월 초에 들어와 김일성은 일본 언론과의 인터뷰를 통해 미중 간 대화로 국제사회의 긴장이 완화되고 그동안 아시아에서 미해결 상태로 있던 문제가 해결되는 조건이 조성된다면, 그것은 좋은 일이라는 입장을 보였다. 이와 함께 당시 진행되고 있던 남북적십자 예비

6_이 연설에서 김일성은 닉슨의 중국 방문을 "패배자의 행각"이라고 평가했다. 이것은 닉슨의 중국 방문에 대한 공산권의 첫 반응으로 중국의 신화사 통신은 논평 없이 연설 전체를 방송했다. 이에 대해 뉴욕타임스는 중국이 이것을 닉슨의 초청에 의구심을 가진 아시아 사회주의 국가들에 대한 설명자료로 활용할 목적이 있었던 것으로 파악했다(NYT 1971.8.11).

접촉에 대해 남측이 회담을 지연시키려는 입장에 있다고 비난하는 한편, 북한은 적십자회담을 적극 추진할 뿐만 아니라 더 나아가 앞으로 남북의 정당·사회단체 접촉을 적극 추진하겠다는 입장을 밝혔다(김일성 1971.9.25, 10.8; 동아일보 1971.10.11).

이미 1971년 8월 12일에 적십자회담을 제의하고, 8월 31일에는 인도적 차원의 문제 해결 → 물자교환·인적교류·문화교류 등 비정치적 차원의 문제 해결 → 유엔 결의를 통한 한반도 문제를 위한 3단계 접근법을 천명한[7](동아일보 1971.8.31) 한국 정부는 9월에 들어와 미국으로부터 한국도 미중 화해 흐름을 함께 해야 한다는 미국의 강력한 의지를 확인하게 된다. 1971년 9월 하순 김용식 외무장관은 유엔 총회 참석차 미국을 방문하는 길에, 닉슨 대통령이 중국 방문에서 한반도 문제를 토의하게 되면 사전에 한국 정부와 협의할 것을 요청하는 박 대통령의 닉슨 대통령 앞 편지를 들고 9월 21일 미 국무성에 들른다.[8] 로저스 국무장관 면담 후 찾아온 김용

7_이것은 김용식 외무장관의 기자간담회를 통해 발표되었다. 그 전날, 남북 간에는 남북적십자 예비회담을 위한 세 번째 파견원 접촉이 이루어지고 있었으며, 일본 후쿠다 외상은 중국과의 국교 수립 의지를 표명하는 한편, 재계 대표들은 일본을 방문한 중국의 일본우호협의회 부회장 왕궈췐(王國權)의 "일중관계 개선에는 중국의 '평화 5원칙'이 바탕이 되어야 한다"는 주장을 수락하고 중국을 유일 합법정부로 인정했다(동아일보 1971.8.30, 8.31).

8_이 편지는 1971년 9월 16일자로 작성되어 김용식 장관은 21일 이 편지를 들고 로저스 국무장관을 만났다(EA-Marshall Green 1971.9.20). 편지 내용 전문은 그 전에 미대사관을 통해 국무부에 전달되었다. 이에 대한 닉슨의 답장은 3개월이 지난 11월 29일자로 작성되어 한국 정부에 전달되었다. 닉슨은 답장에서 중국이 한반도 문제를 제기하면, 미국은 한미 간 강력한 동맹관계를 공언하겠으며, 한반도 안보에 영향을 주는 문제는 계속 한국 정부와 협의하겠다고 했다(Paul Washington S/S-I 1971.11.30). 이러한 약속은 이미 로저스 국무장관이 김 외무장관에게 해주었으며, 닉슨의 편지는 12월 22일자로 국내에 공개되었다(동아일보 1971.9.22, 12.22). 이러한 공개는 남북대화와 관련한 간주관적인 '지식의 공유'를 형성하고

식 외무장관에게 그린 동아시아·태평양 차관보는 김 외무장관과 "좀 더 큰 그림"을 그려 보자고 주문한다. 그린은, 중국은 북한이 남북대화에 나서는 것을 지지한 것 같으며 중국도 소련도 북한이 한반도에서 긴장을 조성하는 것을 원하지 않고 있다는 점을 상기시키면서, 한국 정부가 남북 간 적대로 인해 이전에는 하기 힘들었던, 1971년 8월 12일의 적십자회담 제의는 국제적 긴장완화 시도와 일치하는 것이라고 평가했다. 그린은 "한미 모두 어떻게 힘과 동맹을 가장 잘 유지할 것인가를 포함하여 우리가 지금 어디로 향하고 있는지를 생각해야 한다"며 대화의 마지막까지 김 외무장관이 장기적인 전망에서 한반도 문제를 바라보도록 주문했다(Memorandum of Conversation 1971.9.21).

따라서 북한과 중국이 견고한 동맹 하에 남북대화에 나서고 있는 점을 보고 있는 한국으로서는 미국의 외교정책에 편승하지 않을 수 없었다(박건영·박선원·우승지 2003; Kim 2005). 한국이 주한미군 철군에 따른 미국의 한국군 현대화를 위한 군사원조와 추가적인 미군 감축이 없다는 약속을 받은 상황에서, 이러한 미중 화해의 흐름 속에 남북대화에 소극적일 경우 미중 두 강대국의 "공동통치"에 따른 남한의 이익 침해에 대한 두려움, 즉 미국이 선도적으로 북한에 접근할 가능성에 대한 두려움이 있었을 것으로 추론된다(Snyder 1984, 486). 이것은 남북 간 정통성 경쟁에서 유발되는 통일 주도권과 관련된 역할 경쟁에 미국이 개입하는 데 따른 위험성이다.

한편, 남북한 사이에는 상당한 정도의 전략적 불확실성이 내재되어 있었다. 따라서 적십자회담을 시작했지만 여전히 조심스러워했던[9] 남한은 북한

자 하는 행위로서 남북접촉 확대에 대비하여 일부의 우려를 불식하고 사전 분위기 조성하기 위한 것으로 볼 수 있겠다.

의 적극적인 남북 당국 간의 정치회담 신호에 대해 그 진위를 탐색할 필요가 있었다. 이에 따라 남측 정홍진 대표가 북측 김덕현 대표에게 별도 접촉을 제의하는 메모를 보내게 된다(강인덕·송종환 2004, 465).

9_미 국무부는 1971년 9월 10일자로 남북대화에 대한 한국 정부의 조심스런 태도와 관련하여 "한국 정부가 진지한 협상을 하기보다는 적십자회담을 지연시키거나 방해하는 데 실질적인 이해를 가지고 있을 것이라는 몇 가지 징후를 포착하고 있다"면서 주한 미국대사관의 견해를 묻는 전문을 보냈다. 이러한 태도는 북한도 일정부분 가지고 있을 것이라면서, 한국 측의 징후로 8월 21일 김종필 총리의 적십자회담은 앞으로 10년이 걸릴 것이라는 발언과 실질 문제 토의에 들어가기까지 회담은 매우 오래 걸릴 것이라는 장우주 씨의 발언을 근거로 들고 있다. 이와 함께 미 국무부는 한국 정부가 회담을 2년 동안 구체적인 결과 없이 질질 끌고 가겠다는 의도가 있다는 정보 보고도 가지고 있다고 했다(State 166258 1971.9.10).
남한 정부로 하여금 남북 간 접촉으로 유도하기 위한 미국의 조바심과 동 접촉에 대한 남한 정부의 조심스런 태도는 그해 8월 초 존슨(U. Alexis Johnson) 국무부 정무차관과 김동조 주미대사 사이의 대화에서도 잘 나타나고 있다. 7월 초 로저스 군정위 유엔 측 수석대표는 "지난 18년간 판문점에서 열려 온 군사정전위원회의 성격과 활동에는 이제 변화가 있어야 할 때가 왔으며, 이 변화를 가져오는 한 가지 현명한 방법은 유엔군 측 수석대표를 한국인으로 바꾸어 '한국인과 한국인끼리' 대화케 하는 방법일 것"이라는 언급한 바 있다(동아일보 1971.7.5). 이와 관련하여, 김동조 대사는 존슨 차관에게 "로저스 대표의 언급은 한국 정부를 당황하게 하고 있다"고 하면서, "한국 정부의 기본정책은 한반도 긴장을 완화하는 것이지만, 이것을 언제, 어떻게 할 것인가를 결정하는 것은 한국 정부에게 맡겨야 할 것이며, 한국 정부는 자기 의사에 반하면서 특정 조치를 취하라는 요구를 수용할 수는 없다"는 입장을 피력했다. 이러한 한국의 태도에 대해 미국 측은 "한국 정부는 남북한 사이의 직접협상을 통해 긴장이 완화될 수 있다는 것을 믿지 않[고 있다]"고 평가했다. 김 대사는 자기가 박 대통령에게 북한체제를 사실상 인정할 것을 건의하여 박 대통령이 이를 수용할 것을 원한다는 말과 함께, 자기는 박 대통령이 남북 간 긴장완화와 관련한 몇 가지 발표를 할 수 있기를 희망한다고 말하자, 존슨 차관보는 김 대사에게 그러한 노력이 필요함을 강조하면서 동서독의 사례를 한국이 참고할 수 있을 것이라고 말했다(Memorandum of Conversation 7112176 1971.8.4).

2) 이후락·박성철의 평양·서울 방문과 7·4 남북공동성명

남과 북은 1971년 11월 20일부터 11차례의 비밀접촉을 추진하면서 정치회담에 대한 쌍방의 의지를 확인하고 최고위급이 신임하는 인사, 즉 남측의 이후락 정보부장과 북측의 김영주 로동당 조직지도부장 간 회담을 평양과 서울을 오가면서 개최하기로 합의하게 된다. 이에 따라 이후락이 1972년 5월 2일부터 5일까지 평양을 방문하여 김일성, 김영주와 각각 2차례 회담하고 김영주를 대신하여 박성철이 5월 29일부터 6월 1일까지 서울을 방문하여 이후락과 2차례, 박 대통령과 1차례 회담한다.[10] 남과 북은 이 비밀방문을 통해 토의·합의한 사항을 공동성명 형태로 정리하여 국내외에 공포키로 하여 실무적인 문안 작업을 거쳐 6월 29일 최종 합의하여 7월 4일 오전 10시 서울과 평양에서 동시에 발표하였다(국토통일원 1988a, 58-60).

10_이에 앞서 남측 정홍진 대표가 1972년 3월 28일부터 31일까지 평양을 방문하여 북측의 김영주를 만나고, 북측의 김덕현이 4월 19일부터 21일까지 서울을 방문하여 이후락 부장을 만나는 한편, 4월 29일 이후락 중정 부장실과 김영주 로동당 조직지도부장실 간 직통전화를 개설하는 등 이후락·김영주 간 서울·평양 교환방문을 위한 사전준비 작업을 완료했다(국토통일원 1988a, 58).

정홍진과 김덕현의 상대측 사전방문은 이후락·김영주 간 직접대화 이전 이들 간 사전 간접대화의 성격이 짙다. 정홍진과 김덕현은 남북관계 및 통일문제에 대한 이후락·김영주의 생각을 전달하고 이들의 생각을 전달받았다. 한편, 당초 남측에서는 정홍진의 역할, 즉 이후락·김영주 간 직접대화 전 남북 간 사전 의사소통의 역할을 당시 한국일보 사장이었던 장기영에게 시키려고 계획했다. 이는 장기영이 IOC 위원을 지냈기 때문에 북측이 남북 간 정치적 접촉을 위해 접근했던 하나의 채널이었기 때문인 것으로 생각된다(강인덕·송종환 2004, 465).

따라서 정홍진·김덕현 비밀접촉은 이러한 북측의 대남 접촉 창구를 이후락·김영주 채널로 일원화하는 역할도 했으며, 북한이 남북 당국 간 대화에 매우 적극적이었다는 사실을 말해준다.

7·4 남북공동성명은 7개항으로 구성되어 있다.[11] 제1항에서 조국통일의 원칙으로 통일은 자주적이고 평화적으로 실현하며, 민족적 대단결을 도모할 것을 합의하였다. 이 제1항은 김일성의 주도에 의해 합의된 것으로 판단된다. 이후락을 만난 김일성은 1968년의 1·21 청와대 피습 기도에 대해 본인이나 당의 의사와 무관한 좌익 맹동분자의 짓으로 "박 대통령에게 대단히 미안한 사건"이었다고 사과하는 한편, 남북이 모두 맹동분자를 견제하면서 외세에 의존하지 말고, 싸움하지 말고 평화적으로, 민족단결을 위한 방향에서 출발점을 삼고 통일하자고 제의했다. 김일성은 이후락과 자주·평화·민족대단결의 통일 3원칙에 합의하면서, 이번 회담을 통해 남측은 미국·일본과 결탁하여 전쟁을 하지 않는다, 북측은 남침·적화통일을 하지 않는다는 쌍방의 의지를 확인하고 그동안의 오해를 풀었다는 것을 강조했다[12](국토통일원 1982, 87~88). 특히 자주통일 문제와 관련하여, 김일성으

11_7·4 공동성명 전문은 본 논문 〈부록 2〉 참조

12_『김일성 저작집』에서는 이때 김일성일 통일 3원칙에 대해 매우 체계적이고 상세하게, 자주·민족대단결·평화의 순으로 의견을 피력한 것으로 기록되어 있다(김일성 1972.5.3.; 11.3, 163~182). 남한의 문헌들을 보면, 이때 이후락과 통일 3원칙에 합의한 것은 사실이며, 박성철이 서울에 와 박정희 대통령을 면담했을 때 박 대통령도 "3개 원칙에 전적으로 동의하며 찬성"한다고 확인하였으나(강인덕 1990, 45), 실제로 이 3원칙에 대한 김일성의 해석이 그렇게 체계적으로 피력되지는 않았다(강인덕 1990, 41). 사실 최고위급인 김일성이 회담석상에서 실무자처럼 그렇게 상세히 해설하는 식으로 발언하는 것도, 이후락이 강의받는 학생처럼 듣고 있었을 것이라고 상상해 보면 그것은 매우 어색한 사실관계임이 드러난다. 한편, 당시 국무총리였던 김종필은 최근 발간한 회고록에서 통일 3원칙은 이후락이 "한 건 올리려는 목적으로 김일성이 동의할 만한 문구를 안출해서" 김일성보다 먼저 내놓은 것이라고 주장한다(김종필 2016, 399). 아무튼 향후 남북관계 전개와 관련하여 이 3원칙에 대한 북한 측의 입장이 중요하다는 취지에서 『김일성 저작집』에 기록된 김일성의 발언을 중심으로 자주·평화·민족대단결에 대한 각각의 의미를 요약하면 다음과 같다.

「자주」와 관련, 김일성은 통일문제는 전적으로 우리나라의 내정 문제이기 때문에 민족의

내부 문제를 자체로 해결하지 않고 외세에 의존하여 해결하려고 한다면 그것은 민족의 수치라는 입장이며 통일문제를 자주적으로 해결하기 위해서는 사대주의를 배격해야 한다고 밝히고 있다. 이와 관련, 북한은 김일성이 이후락에게 "당신이 남조선 당국도 외세의 간섭을 반대하며 미국과 일본을 끌어 들이지 않고 나라의 통일문제를 자주적으로 해결하려 한다고 하면서 절대로 미국이나 일본의 앞잡이가 되지 않겠다고 맹세하였는데 그것이 진실이라면 대단히 좋은 일"이라고 언급했다고 기록하고 있다.

「평화」와 관련, 김일성은 남과 북이 군사적 부담이 매우 크므로 군대를 줄일 것을 제안한다. 군대를 줄여야 남북 간 긴장을 완화하고 군사적 부담을 줄일 수 있다는 것이다. 아울러 남과 북이 각각 자위를 주장하고 있는데 서로 상대방을 반대하기 위한 자위가 아니라 남과 북이 힘을 합쳐 외래침략을 반대하기 위한 자위를 해야 한다고 주장한다.

김일성은 「민족대단결」을 이루기 위해 남과 북이 자기의 사상과 제도를 초월하여야 하며 서로 상대방을 적대시하는 정책을 쓰지 말아야 하고 서로 자기의 사상과 제도를 상대방에 강요하려 하여서는 안 된다고 주장한다. 북한이 남한에 사회주의 제도와 공산주의 사상을 강요하려 하지 않는 것과 마찬가지로 "남조선 당국자들도 '승공통일'을 하겠다고 하거나 공산주의를 하지 말라고 우리에게 강요하지 말아야 한다." 다시 말하여 "'반공'의 구호를 버려야"한다는 주장이다.

이와 함께 민족의 대단결을 이루기 위해 남북 사이에 오해와 불신 제거, 상대방에 대한 비방·중상 중지, 경제적 합작 실현, 대외관계 분야에서의 협력 등을 열거한다. 특히 남북 사이의 오해와 불신과 관련하여 북한은 다음과 같이 기록하고 있다. "당신과의 이번 대화를 통해서도 벌써 북과 남 사이에 적지 않은 오해가 풀렸습니다. 북과 남 사이에 대화를 할 바에는 좀 일찌기 하였더라면 더 좋았을 것입니다. 우리는 지금까지 남조선 당국자들이 미 제국주의와 일본 군국주의의 앞잡이가 되어 나라를 팔아먹으려 한다고 생각하고 있었는데 당신은 그런 일이 절대로 없을 것이라고 하였습니다. 당신은 남조선 당국이 일본 군국주의자들을 남조선에 다시 끌어 들이는 일도 없을 것이고 미국이나 일본의 앞잡이가 되어 나라를 팔아먹는 일도 없을 것이라고 하면서 이에 대하여 꼭 믿어달라고 재삼 부탁하였습니다. 그런 것만큼 우리는 당신의 말을 믿고 지난 시기에 가지고 있던 불신임을 없앨 수 있습니다. … 우리는 지난 시기에 '남침'할 의사가 없다는 것을 여러 번 천명하였지만 오늘 이에 대하여 당신에게 다시 한 번 명백히 말합니다. '적화'에 대하여 말한다면 우리는 남조선을 '적화'하려 하지도 않거니와 우리가 '적화'하려 한다고 하여 남조선이 '적화'되는 것도 아닙니다. 그러니 지난 시기에 당신들이 '남침'이요, '적화'요 하면서 품고 있던 오해를 이제는 풀 수 있으리라고 생각합니다."

여기서 우리는 당시 김일성은 미중 화해의 조류 속에서 남북대화를 통해 한국을 미·일과의

로서는 남북 화해를 통해 과거부터 주창해 온 주한미군을 철수시킬 뿐만 아니라 닉슨 독트린 이후 부상한 일본의 군사적 역할에 대해서도 싹을 없애야 했다. 그래서 김일성은 7·4 공동성명이 발표된 이후 처음으로 가지는 대외 인터뷰인 일본 마이니치신문과의 회견을 통해 "털어 놓고 말하여 나라를 자주적으로 통일한다는 것은 미제가 남조선에서 나가도록 하며 그 밖에 다른 나라 세력이 우리나라의 통일문제에 간섭하지 못하도록 하여야 한다는 뜻"임을 분명히 했다. 김일성은 미중 화해의 조류 속에서 남북대화를 통해 한국을 미·일과의 3각 동맹체제에서 분리시키는 동시에 그동안 한·미와의 대결을 통한 한반도 긴장으로 인한 경제적 부담에서도 벗어나야 했다.

이후락은 김일성과 통일 3원칙에 합의하면서 김일성에게 상대방에 대한 비방·중상 중지, 대외선전 목적의 일방적 통일 제안 중지, 상대방에 대한 무력 도발 중지를 약속할 것을 강조했다. 아울러 이산가족 찾기 운동 성사를 위한 남북적십자회담의 성공, 남북 간 인적·물적·통신 교류의 추진, 이러한 성과를 바탕으로 한 정치회담의 개최를 제의했다(국토통일원 1982, 88; 1988, 59). 이후락의 제의는 방북 전 1972년 4월 26일 박 대통령 훈령에 따른 것으로, 이러한 훈령 내용은 오늘날까지도 남북대화에 임하는 남한의 기본 입장으로 견지되고 있다.[13] 이에 따라 남북공동성명 제2·3·4항은 이

3각 동맹체제에서 분리시키는 동시에 그동안 한·미와의 대결을 통한 한반도 긴장으로 인한 경제적 부담에서 벗어나는 것을 제1의 정책목표로 삼았음을 알 수 있겠다.

13_이 훈령 내용은 "조국통일은 궁극적으로 정치적 회담을 통한 평화적 통일이어야 하며, 4반세기 동안 정치·경제·사회 기타 분야에서 상호 상이한 제도 하에 놓여 있는 남북의 실상을 직시, 통일의 성취는 제반 문제의 해결을 통하여 이루어져야 하며, 따라서 우선 현재 진행 중인 남북적십자회담을 촉진시켜 인도적 문제의 조속한 해결을 보도록 할 것이며, 경제·문

러한 남한 측의 입장을 기준으로 정리되었다고 평가할 수 있겠다.

제5항의 "돌발적 군사 사고를 방지하고 남북 사이에 제기되는 문제들을 직접, 신속 정확히 처리"하기 위한 상설 남북 직통전화 설치 합의는 기존의 이후락·김영주 간 회담을 위해 설치한 것을 상설화시킨 것으로, 쌍방은 7·4 남북공동성명 발표와 동시에 「남북 직통전화 가설 및 운용에 관한 합의서」를 공표했다.

제6항의 남북조절위원회 구성은 이후락의 평양 방문 시 김일성이 제안한 안으로 김일성과 박 대통령이 신임하는 인사 간(당시는 이후락과 김영주를 대신하는 박성철 간) 직접대화 채널을 만들자는 것이었다. 그런데 5월 29일 서울을 방문한 박성철은 이 조절위원회는 남북 간 정치·군사 문제 전반에 대해 협의·결정하고 그 집행을 조절하는 기구로 한정하고, 고위급 「경제·문화교류 협의위원회」를 별도로 구성할 것을 제의했다. 그리고 이 협의위원회 아래에 필요한 분야별 분과위원회를 둘 수 있다는 입장을 밝혔다. 그러나 이러한 북측의 제안에 대해 남측은 반대했다. 조절위는 남북문제 개선을 위한 제반 사업을 담당하는 기구로서, 남북문제 개선과 해결을 위한 산파역일 뿐 공식 결정의 역할을 할 수 없다는 것이 남측의 주장이었다. 그리고 기타 협의 위원회는 조절위를 운영하는 가운데 필요하면 설치하자는 입장이었다(강인덕 1990, 43~45; 국토통일원 1988a, 59).

남북 간 최고위급이 신임하는 인사 간의 직접대화 채널로서 조절위 설

화 등 비정치적 문제를 풀어 나가면서 정치적 문제로 이행하며, 남북 간 분위기를 호전시키기 위하여 비현실적인 일방적 통일방안의 선전적 제안을 지양하는 동시에 대외적으로 남북 간 상호 중상 및 비방을 지양하며 직접적이거나 간접적임을 막론하고 무력행동으로 상대방을 괴롭히는 처사는 일절 없어야 한다"는 것 등이다(국토통일원 1982, 86).

치와 아울러, 북측은 남북 간 정치대화가 정상회담으로 발전되어야 한다고 주장했다. 그러나 남측은 아직 남북 간 불신이 해소되지 않고 있는 등 분위기와 여건이 성숙되지 않았음을 들어 반대했다(강인덕 1990, 46).

여기서 우리는 남과 북이 각기의 정체성에 따라 이해관계가 달라지는 것을 확인할 수 있다. 2000년 6·15 공동선언 이후의 경우, 남한은 북에 비해 모든 면에서 우위에 있다는 인식 아래 남북장관급회담을 남북 간 현안을 다루는 총괄·조정 기구로 하고, 그 산하에 정치·경제·사회문화 등 차관급 기구를 구성하는 데 적극적이었을 뿐 아니라 남북정상회담을 개최하는 데도 적극적이었다. 그러나 남한은 적어도 1970년대 초에는 아직 통일을 주도할 국력을 갖고 있지 못하다고 판단했기 때문에 남북조절위 기능뿐만 아니라 남북정상회담에도 소극적이었다. 반면, 북한은 이 당시 정체성 면에서 우월적이었으며 남북 합작이라는 전략적 목표 아래 이러한 사안들에 대해 적극적이었으나, 6·15 공동선언 이후에는 소극적인 태도 아래 선별적으로 임했다.

한편, 당시 남북 간 상당히 논란이 된 것이 그동안의 비밀접촉 결과, 즉 7·4 공동성명의 발표 문제였다. 적어도 박성철이 서울을 방문했던 때까지 남측은 남북 간 비밀접촉 결과를 그 당시 시점에 발표하는 데 반대했다. 박정희 대통령은 다음과 같이 말했다.

> 3개 원칙 전적으로 환영합니다. 그렇다고 해서 해소되었느냐? 솔직히 말해 나 자신부터 불신이 해소되지 않았습니다. 이러한 실정인데 국민들에게 발표할 수 있겠느냐? … 불신의 원인은 여하튼 전쟁입니다. 또 휴전 후 간첩과 게릴라를 얼마나 내려 보냈습니까? 나를 암살하려 김신조 팀이 400m 거리까지 왔었습니다. … 이러한 문제 때문에 원칙적 합의가 되었더라도 남의 동포들이 갖는 불신은 해

소되지 않습니다. … 박 부수상은 원칙적 합의를 이루고 이를 공개하자고 하는데, 나는 이 시점에서 공개하는 것은 반대입니다.(강인덕 1990, 46)

당시 박정희 정부는 비상사태를 선언(1971.12.6)하고 「국가보위에 관한 특별조치법(1971.12.27)」까지 갖추고 있었지만, 북한과의 접촉 결과를 발표한다는 것은 쉽지 않은 일이었다. 박 대통령이 쿠데타 이후 스스로 조직화, 체계화한 반공체제라는 구조를 의식하지 않을 수 없었다. 이러한 접촉에 대해서는 7·4 공동성명이 발표되기 전까지는 당시 김종필 총리도 관여하지 못했다(강인덕·송종환 2004, 498).

그러나 당초의 남측 입장은 한 달 뒤인 6월 하순부터 변하기 시작하여 남북 간에 공동성명 문안 협의를 위한 전화 통신이 이루어지기 시작했다(강인덕 1990, 47). 7·4 공동성명 발표 후 3개월 후에 '10월 유신'(대통령 비상조치 특별선언 발표 및 비상계엄 선언, 1972.10.17)이 발표된 것을 감안하면 이후락 부장과 박 대통령은 상당한 정치적 계산을 했을 것이다. 이와 관련, 8·15 평화통일 구상 선언에 깊이 관여했던 당시 강인덕 북한국장은 "왜 7·4 공동성명 3대원칙을 우리가 급하게 받아먹었는가에 대하여 지금도 의문을 털어낼 수가 없다"며, 7·4 공동성명과 10월 유신과의 관계를 간접 평가하고 있다(강인덕·송종환 2004, 466). 이동복 전 남북조절위원회 남측 대변인도 "이후락 중앙정보부장이 그가 주도하였던 유신체제 추진의 명분 구축을 위하여 7·4 남북공동성명 타결을 무리하게 서두른 결과 김일성이 제기한 통일 3원칙을 여과 없이 수용"했다고 지적하고 있다(강인덕·송종환 2004, 486).

마지막으로 공동성명 문안 협의 과정에서 남북 간 입장 차이에서 주목되는 점은 서명권자의 직위 표시 문제와 성명의 법적 성격이었다. 북한 측은 서명 당사자들이 통치권자의 전권대표 자격으로 서명할 것을 요구했다. 즉 "박정희 대통령 위임에 의하여, 김일성 수상의 위임에 의하여"라고 명기하자고 제의했다. 따라서 공동성명의 법적 성격도 "조약과 같은 성격을 가진 문서"로서 "공동합의서"로 하자고 제의했다. 결국 남측의 주장대로 공동성명은 "서로 상부의 뜻을 받들어" 서명하는 "공동선언"으로 낙착되었다(강인덕 1990, 47~48). 남측은 법적으로, 정치적으로 당시 반국가단체인 북한과 조약의 성격을 가진 합의서를 채택할 수는 없었던 것이다.

한편, 남한 정부는 7·4 공동성명 이후의 남북관계의 성격과 대북 인식을 새롭게 했다. 이후락 부장은 "대화 없는 남북 대결에서 대화 있는 남북 대결의 시대"로, "대화를 통한 대결의 시대"로 규정했다(서울신문 1972.7.4; 동아일보 1972.7.4). 이후락은 7·4 공동성명 채택 배경 설명 과정에서 북측에 대한 호칭도 '북괴'에서 '북한'으로 바꿔 불렀으며, 이튿날 문공부는 각 부처 및 지방자치단체 공보관 회의를 소집하여, "종래 북괴로 부르던 것을 '북한'으로 호칭할 것과 김일성과 그 체제에 대한 중상비방을 삼가도록" 공보지침을 시달했다(동아일보 1972.7.6). 이것은 남한 정부가 사실상 북한을 정치적 실체로 인정하는 것이다. 그러나 7·4 공동성명에 대한 국회보고 과정에서 김종필 총리는 '7·4 공동성명으로 정부가 대한민국이 한반도에서 유일 합법 정부라는 유엔결의의 토대를 흔드는, 두 개의 한국을 인정하는 것이냐'는 송원영 의원의 질문에 대해 "그렇게 생각하지 않는다"고 답변했다[14](국회 1972.7.5).

14_그 외 국회에서는 신민당 의원들로부터 7·4 공동성명에 대한 우려 표명이 있었다. 김영삼 의원은 '사상·이념·제도의 차이를 넘어선 민족 대단결'은 공산통일이라도 감수한다는 것인가라고 우려했다. 아울러 김 의원은 외세와 관련하여, 이후락 정보부장이 기자회견에서 유

3. 남북조절위원회 회의

남과 북은 7·4 남북공동성명에서 합의한 바대로 공동성명의 합의사항 이행 문제, 남북 간 현안과 통일문제 등을 협의하기 위해 1972년 10월부터 11월까지 3차례의 남북조절위원회 공동위원장 회의, 11월부터 이듬해 6월까지 3차례의 남북조절위원회 본회의로 진행했다. 1973년 8월 28일 북한의 남북조절위 회의 중단 성명 이후에는 1973년 12월부터 1975년 3월까지 새롭게 이루어진 10차례의 남북조절위원회 부위원장 회의로 진행했다.

1) 남북조절위원회 공동위원장 회의

3차례 진행된 남북조절위원회 공동위원장 제1차 회의는 1972년 10월 12일 판문점 남측 지역인 자유의 집에서, 제2차 회의는 11월 2일에서 4일까지 평양에서, 제3차 회의는 11월 30일 서울에서 개최되었다.

7·4 남북공동성명의 합의사항이 이행되기 위해서는 공동성명 제6항을 통해 합의된 남북조절위의 구성·운영 문제부터 협의되어야 했다.[15] 이에 따라 남과 북은 7·4 성명 발표 직후부터 조절위 공동위원장 회의 개최 문

엔은 외세가 아니라고 답변한 데 대해 북한은 이를 부정하고 있다고 지적하는 한편, 이것이 주한미군 철수를 "사실상 가능케 하는 숨은 합의가 이루어진 것"이라고 주장했다. 송원영 의원은 '군사충돌 방지' 합의로 북한이 남북간 군축을 주장할 것이라고 우려했다(국회 1972.7.5).

15_7·4 남북공동성명 제6항은 "쌍방은 이러한 합의를 추진시킴과 함께 남북 사이의 제반 문제를 개선 해결하며 또 합의된 조국통일 원칙에 기초하여 나라의 통일문제를 해결할 목적으로 이후락 부장과 김영주 부장을 공동위원장으로 하는 남북조절위원회를 구성·운영하기로 하였다"라고 규정하고 있다.

제를 협의했다. 쌍방은 공동위원장 회의에 북측 위원장인 김영주가 반드시 참석해야 한다는 남측의 요구로 한동안 논란을 벌인 가운데 1972년 10월 초에 들어서야 제1차 회의를 10월 12일 판문점에서 개최하기로 합의했다(송종환 1976, 16). 남북조절위 공동위원장 회의에서는 조절위원회 구성·운영 합의서 채택 문제, 통일 3원칙 해석 문제와 7·4 남북공동성명 이후 남북 간 정세 등에 대한 토의가 이루어졌다.

제2차 공동위원장 회의에서 채택된 「남북조절위원회 구성 및 운영에 관한 합의서」 협의 과정에서 나온 쌍방 주장과 합의 결과를 살펴보면 이후 남북관계 진전 과정에서 새로운 합의와 비교하는 중요한 준거가 된다. 이 합의서에서는 우선 조절위의 성격을 남북 간 문제의 "협의·결정 및 그 실행을 보장"하는 기구로 규정했다. 당초 남측은 조절위는 "남북문제 개선과 해결을 위한 산파적 역할에 한정하고 공식 결정의 역할을 담당하는 기구는 될 수 없다"는 입장이었다(강인덕 1990, 44~45). 그러나 북측은 조절위가 "단순한 건의기관이 아니라 남북합작을 실현시킬 수 있는 실질적 권능기관"으로 구성할 것을 주장했다(남북회담사무국 1994a, 11; 송종환 1976, 20).

둘째로 이 합의서에서는 조절위에서 협의할 사항이 구체적으로 열거되어 있다. 자주적 평화통일 실현 문제, 남북의 정당·사회단체 및 개별 인사들 간 광범위한 정치적 교류 실현 문제,[16] 남북 간 경제, 문화적·사회적 교류와 "힘을 합쳐 같이 사업"하는[17] 등의 문제, 남북 간 긴장 상태 완화, 군사

16_당시 회담 관계자에 의하면 당초 북측은 남북 제 정당·사회단체의 쌍무적·다무적 정치협상, 의회 간의 정치협상 등 "정치협상"이 조절위의 기능으로 포함되어야 한다는 입장이었으나 결국 "정치적 교류"로 정리되었다고 한다.

17_"힘을 합쳐 같이 사업"한다는 표현은 북측이 정치, 경제, 문화, 군사 등 다방면에서의 "합작" 실현을 주장한 것과 관련, "합작"이란 용어를 대체한 것이다(강인덕·송종환 2004,

적 충돌 방지, 군사적 대치상태 해소 문제, 대외활동에서 남북 공동보조, 민족적 긍지 선양 문제 등이 그것이다. 이렇게 남북 간 협의사항이 구체적으로 나열된 것도 북측의 주장이 강하게 반영된 결과로 보인다.

셋째로 조절위 위원 및 분과위 구성 문제이다. 북측은 조절위가 정치, 경제, 문화, 군사 등 다방면에서의 '합작'을 실현할 수 있는 실질적인 권능 기관이 되어야 한다는 입장에서 조절위 위원도 국방장관, 외무장관, 상공장관 등 장관급으로 구체적으로 그 직위를 명기하고 그 아래 분과위원회를 두는 방식으로 각 부문별 합작을 기도했다. 이것은 남측의 중앙정보부에 의한 남북관계의 총괄 조정 기능을 파괴하고자 한 것이다. 그러나 남측의 주장에 따라 최종적으로는 위원의 직책은 명기하지 않고 장·차관급으로 하되 사전에 남북이 협의하며, 분과위는 사업이 진척되는 데 따라 설치하기로 합의했다(강인덕 1990, 54; 강인덕·송종환 2004, 169~174;남북회담사무국 1994a, 11).

남북조절위 공동위원장 회의에서 논의된 가장 중요한 주제는 7·4 남북공동성명을 어떻게 볼 것인가라는 문제로서, 이는 조절위 본회의, 부위원장 회의를 관통하는 핵심적인 논쟁점이었다. 남측은 공동성명을 남북관계 개선과 통일을 위한 이정표로 보았다. 따라서 공동성명이 채택되었다고 해서 남북 간 대결관계가 해소된 것으로 보지 않았다. 공동성명은 이러한 대결관계를 대화를 통해 해소해 나가는 지침이었으며 조절위는 그러한 통로였다. 따라서 남측으로서는 공동성명 채택 당시 남북관계를 대화가 막혀 전쟁의 불확실성이 매우 높은 대결의 시대에서 "대화 있는 대결의 시대"가

171~172; 송종환 1976, 20; 이동복 1999, 27~32).

열린 것으로 보고, 앞으로 남과 북이 대화를 통해 대결을 해소하여 전쟁의 불확실성 낮춰 나가는 것이 과제였다. 그러나 북한은 공동성명으로 남북 간 대결은 청산되었고 공동성명을 남북 간 합작을 위한 구체적 실천계획으로 보았다. 남한 측이 남북대화를 체제 간 대화로 인식한 반면, 북측은 통일전선의 차원에서 민족 간 대화로 규정한 결과이다.

북한은 이러한 입장에 따라 제1차 공동위원장 회의에서부터 7·4 공동성명의 통일 3원칙과 결부하여 남한 측의 정책 변경을 요구하고 나섰다. 북한은 7·4 공동성명이 발표된 3개월이 지났는데도 여전히 남한 측에서 통일 3원칙에 위배되는 현상이 발생하고 있다고 강한 불만을 표출했다. 우선 유엔을 외세로 보지 않고 미군의 남한 주둔을 주장하는 것은 자주의 원칙에 위배되고, 실력 배양을 위한 총력안보 강화, 국군 현대화, 대규모 군사훈련은 평화의 원칙에 위배된다는 것이다. 그리고 남한의 반공정책은 민족대단결 원칙에 위배된다는 것이다. 따라서 북한은 통일 3원칙에 합의한 이상 반공정책 포기 및 공산주의 허용, 통일과 관련하여 자유민주주의 체제 옹호 중지, 유엔의 한반도 문제 개입 저지, 주한미군 철수, 국군의 전력증강 및 군사훈련 중지 등의 남측 조치가 필요하다고 주장했다(국토통일원 1988a, 66~67). 북한은 여기서 나아가 제2차 공동위원장 회의에서는 남북 간 '합작'에 위배되는 정책을 추진해서는 안 된다고 주장하면서 반공교육·반공선전 등 반공정책 중지, 공산주의 비방·중상·탄압 중지, 주한미군 철수, 일본 재침 방지, 언론·출판·집회·결사·시위 등 대중의 정치적 자유와 정당 활동 보장, 반공법·국가보안법 위반 공산주의자 등 정치범 석방, 평화통일 반대론자 활동 중지 등을 요구했다(국토통일원 1988a, 68; 송종환 1976, 20).

이에 대해 남한 측은 우선 남북조절위를 발족시켜 공동성명 합의사항들을 실천해 나가면서 남북 간 오해와 불신 제거, 이해와 신뢰 증진, 남북 간 사회적 이질화 극복 등을 점진적으로 추진해 나가자는 입장을 견지했다. 이러한 입장에서 남측은 남북 간 신뢰 회복을 위해 대남·대북 비난 방송 중지, 군사분계선 상 확성기에 의한 대남·대북 비난 방송 중지, 상대방 지역에 대한 전단 살포 중지 등을 제의하여, 이를 1972년 11월 11일 0시를 기해 중지하기로 합의했다. 한편, 북한의 일련의 정책 변경 요구에 대해서는 상호 체제 부정을 지양하고 상대방의 체제 내부문제에 대해 비난, 간섭하지 말 것을 요구했다(국토통일원 1988a, 66~68; 송종환 1976, 17~19).

7·4 공동성명을 체제 간 대화를 위한 이정표가 아니라 남북 간 합작을 위한 구체적 실천계획으로 인식했다는 사실은 제2차 공동위원장 회의 시 남측 대표단이 김일성을 면담한 내용을 정리한 『김일성 저작집』 제27권 「조국통일의 3대원칙에 대하여: 북과 남 사이의 고위급 정상회담에 참가한 남조선 측 대표들과 한 담화」의 두 번째 부분인 「2. 북과 남 사이의 합작을 실현할 데 대하여」에 잘 나타나 있다[18](김일성 1972.5.3/11.3, 182~193). 김일성은 7·4 공동성명 직후 남측이 당시 남북관계 성격을 "대화 있는 대결"로 규정한 데 대해, 남과 북은 대결하고 경쟁할 것이 아니라 "합작"하여야 한다고 주장하면서 남북 간 경제, 문화, 정치 분야에서 합작을 실현할 것을 역설하고 분야별로 구체적 합작 사업들을 열거했다.[19] 특히 북한은 정치적 합작에 최고의 가치를 두었다. 이산가족 문제도, 긴장완화와 군비축소 문

18_이 부분은 사실상 김일성의 남측 대표단 접견 시 발언 내용이 그대로 수록 되어 있다기보다는 김일성의 발언과 이어서 진행된 공동위원장 회의에서 한 박성철의 기조발언을 종합, 재정리한 것으로 보인다.

19_이때 김일성은 경제합작 사업으로 남북 간 지하자원 공동개발, 어업협력을, 문화합작 사업으로 언어학 분야 협력, 과학 분야 교류협력, 국제경기 단일팀 구성 등 체육협력을 열거했다(김일성 1972.5.3; 11.3, 184~188).

제도 정치적 합작이 이루어져야 풀릴 수 있다고 보았다. 김일성은 군축 문제는 정치적 신뢰와 연관된다며 남북 간 군사적 부담을 줄일 것을 강조했다. 그리고 김일성은 이 정치적 합작을 실현하는 방법으로 연방제를 주장했다(강인덕 1990, 52~53; 김일성 1972.5.3/11.3, 182~193).

여기서 우리는 북한이 남북대화를 시작한 동기와 추진 방식, 그리고 목표를 찾을 수 있겠다. 북한은 미중 화해로 이루어진 국제적 긴장완화를 이용하며 주한미군 철수로 이루어지고 있는 남한의 국군 현대화 등 군사력 증강, 남한의 상대적인 힘의 상승을 저지해야 했다. 1960년대 급격히 군사력 증강을 추진해 온 북한으로서는 더 이상 경제적 여력이 없었다. 특히, 노동력 부족에 시달리고 있는 북한으로서는 남북 간 군사적 긴장완화를 통해 남북 간 군대의 감축을 유도하여 경제건설에 필요한 인적·물적 자원을 투입해야 하는 상황이었다(Koh 1973, 84). 그리고 이러한 군사적 긴장완화를 추진하는 가운데 합작의 방식으로 남북 간 연방제를 실현하고자 했다. 남북 간 연방을 통한 공존의 방식을 통해 북한의 힘을 증대시키기 위한 시간을 벌 필요가 있었다. 이러한 김일성의 언급에 대해 당시 회담에 참여했던 강인덕 전 장관은 "김일성이 말하고자 했던 요점은 군사문제 우선 토의와 정치합작을 통한 남북 연방제 제의에 대한 우리 측의 태도를 타진하는 것이었다"고 평가하고 있다(강인덕 1990, 52). 그러나 김일성의 언급은 남북조절위 본회의 등 그 이후 북한의 태도를 볼 때 단순히 남측의 태도를 타진하는 것을 너머 그러한 북한의 구도 하에 남측이 순응해 나오도록 하는 데 목표를 두었던 것으로 보인다.

2) 남북조절위원회 본회의

남북조절위원회는 3차례 개최되었다. 제1차 회의는 1972년 11월 30일부터 12월 1일까지 서울에서, 제2차 회의는 1973년 3월 15일 평양에서, 제3차 회의는 6월 12일과 13일 서울에서 열렸다.

남북조절위회의는 공동위원장 회의의 연장선상에서 남북 각 측의 입장이 강화된 행태로, 북측이 더욱 공세적인 행태로 진행되었다. 특히, 북한은 남한의 상대적인 힘의 상승을 저지하는 데 주력했다. 이에 따라 북한은 군사문제를 우선 토의할 것을 주장했다. 제1차 회의에서 북한은 남북 간 상호 신뢰의 표시로서 군비경쟁·무력증강 중지, 병력 축소를 제의하는 데서 나아가, 제2차 회의에서는 남북 간 긴장완화와 대치상태 해소를 위한 대책으로 5개항의 협의 의제를 제시했다. (1) 무력증강과 군비경쟁 중지, (2) 쌍방 군대의 각기 10만 또는 그 이하로 축소 및 군비 대폭 축소, (3) 외국으로부터의 일체의 무기, 작전장비, 군수물자 반입 중지, (4) 미군을 포함한 일체의 외국 군대 철거, (5) 이상 문제의 해결과 상호 무력 불행사를 보장하는 남북 간 평화협정 체결 등을 제시했다.[20] 이와 함께 북측은 이 5개항

20_북한은 남한에 대해 이러한 제의를 함과 아울러 1973년 4월 6일 미국 의회에 최고인민회의 명의로 편지를 보내 주한미군 철수, 남한에 대한 군사원조 중지, 무기와 군사장비 공급 중지, 남한에서의 군비확장과 전쟁연습 중지, 유엔 한국통일부흥위원단(UNCURK) 해체 등을 요구했다(북한 최고인민회의 1973.4.6). 이 당시 북한이 주장한 평화협정은 1962년 6월 최고인민회의 제2기 제11차 회의에서부터 제기한 남북 간의 평화협정으로 주한미군 철수가 전제된 남북 간 불가침 협정과 내용상 차이가 없다. 그러나 북한은 남북대화를 통해서는 주한미군 철수 문제를 해결할 수 없다고 판단하고, 1974년 3월 25일 북한 최고인민회의는 미국 의회에 편지를 보내 미국과의 평화협정을 정식 제의했다. 북한이 주장하는 평화협정의 주목표가 남북 간에 체결하든 북미 간에 체결하든 주한미군 철수에 있다는 것은 박 대통령

에 대한 집행 대책을 협의하기 위해 쌍방 참모총장을 포함한 군사인원을 남북조절위에 포함시키든가 군사분과위를 설치할 것을 주장했다. 그리고 북한은 이 5개항이 남북관계 개선의 선결조건이라고 강조했다. 그러나 남한 측은 정치·군사 문제 해결 사업은 해결이 용이한 경제, 사회, 문화 분야의 구체적 사업 실현으로 상호 신뢰 분위기가 조성된 후 착수할 문제라는 입장이었다(국토통일원 1988a, 70~73; 박성철 1973.3.15; 송종환 1976, 29~35).

남북 합작 실현 문제와 관련, 북한은 제1차 조절위에서 문화 분야 합작 사업으로 민족어와 역사 공동연구, 영화 공동제작과 필름 교환, 공동전시회 개최, 단일 민족예술단·단일 체육팀의 구성과 해외 공동 진출 등을, 경제 분야 합작 사업으로 지하자원 공동 개발·이용, 남북한 어로 개방 및 자유로운 어로 활동 보장, 남한지역 관개공사 등을 제시하고, 이러한 사업들을 구체화하기 위해 문화합작위원회와 경제합작위원회를 각각 구성·운영할 것을 제의했다. 이와 함께 최고위급 회담도 조속히 개최하자고 제의했다. 이에 대해 남한은 조절위 구성·운영 합의서에 따른 공동사무국 설치, 간사회의 구성, 운영세칙 마련에 우선 노력을 집중할 것을 제의했다. 아울러 경제·문화 분야 협력을 위한 실무자 회의 구성 문제는 간사회의에 일임하자는 입장이었다. 그러나 북측이 이 실무자 회의체를 「합작위원회」로 표기할 것을 고집함에 따라, 제1차 조절위에서는 간사회의 구성, 공동사무국 설치, 운영세칙 작성에만 합의하였다. 조절위 제2차 회의에서는 남측이 경

이 1974년 1월 18일 연두 기자회견을 통해 주한미군 철수가 빠진 남북 간 상호 불가침 협정 체결을 제의하자, 이에 반대하면서 "군사통수권을 갖지 못한 남조선 당국자들이 남조선에 미국 군대를 그냥 남겨둔 채 '불가침 조약'을 맺자고 하는 것은 … 논의할 가치조차 없는 것"이라며 북미 평화협정으로 선회한 데서 충분히 알 수 있다(북한 최고인민회의 1974.3.25).

제분과위원회와 사회문화분과위원회를 우선 구성하고, 이 분과위 구성의 실무 작업을 간사회의에 위임하자고 제의한 데 대해, 북측은 정치, 군사, 외교, 경제, 문화 분과위 동시 일괄 설치와 남북 정당·사회단체 대표 연석회의 개최를 주장하였다. 따라서 남과 북은 아무런 합의도 볼 수 없었다(국토통일원 1988a, 70~73; 송종환 1976, 29~35).

이러한 남과 북의 입장은 제3차 조절위 회의에서도 좁혀지지 않았다. 남측은 경제, 사회문화 분야 분과위 우선 설치 입장에서 각 분과위 사업들을 더욱 구체적으로 제시했다.[21] 그러나 북측은 군사 5개항 우선 토의, 조절위와 별도의 남북 정당·사회단체 대표 연석회의 개최, 5개 분과위 동시 일괄 설치 등의 주장을 계속했다. 이와 함께 간사회의에서는 조절위 운영 세칙에 관한 합의도 이루지 못했다. 북측은 조절위 회의에 "정당·사회단체 대표와 개별인사를 방청으로 초청할 수 있다"는 조항을 포함시킬 것을 고집했다(국토통일원 1988a, 74~75; 송종환 1976, 35~38). 이후의 남북관계 진행 과정에서도 알 수 있듯이, 북한이 남북 당국 간 회담 과정에서 정당·사회단체 연석회의 방식을 도입하겠다는 것은 남북대화가 그 추동력을 상실해 가고 있다는 것을 의미한다. 이것은 북한이 회담 초기 제시한 그들의 요구를 들어 주도록 통일전선 차원에서 남측을 압박하기 위한 수단인 동시에 회담 결렬 책임을 회피하기 위한 수단이다. 연석회의 방식은 남한이 받아들이지

21_향후 회담에서 남북 간 의제의 발전 과정을 살펴보는 차원에서 이때 제시된 분과위별 사업은 다음과 같다. 경제 분야에서는 경제인 교류, 물자 교류, 과학기술 교류, 자원 공동개발, 상품전시회 상호 교환 개최, 쌍방 지사의 상대방 지역 상주지사 설치 허용 등이며, 사회문화 분야에는, 학술·문화 분야 교류, 체육 분야 교류와 국제체육행사 남북단일팀 출전, 영화·무대예술 교류, 고고학과 민족역사 공동개발과 연구, 고유 언어의 보존 연구, 기자 교류와 상주지사 교환, 서신·전화·전보 등 통신 교류, 관광분야 교류 등이다.

않는다는 것을 북측도 알고 있기 때문이다.

4. 남북적십자 본회담(제1~7차)

남북적십자 본회담은 1971년 8월 12일 한적 총재의 제의에 따라 판문점에서 9월 20일부터 이듬해 8월 11일까지 25차례 개최된 예비회담에 따라 성사되었다.

남북적십자 예비회담은 1970년대 이후 남북대화의 단초를 연 회담으로, 이를 통해 남북대화 일반의 진행 형식과 절차, 남북적십자회담 의제의 준거들이 형성되었다. 우선 남북대화 일반의 진행과 관련한 중요 원형으로는 남북이 각기 판문점에 상설 연락사무소를 설치하고, 상설사무소 간 연락을 위해 직통전화를 가설했다는 것이다. 쌍방은 문서 전달이 필요할 때는 연락사무소 간 직통전화로 연락한 후 쌍방 근무자가 중립국감독위원회 회의실에서 만나서 전달한다(국토통일원 1988a, 41).

아울러 남과 북은 「본회담 기타 진행절차와 본회담 일시에 관한 합의문」(1972.8.11)을 통해 회담 진행절차와 관련하여 세부적인 합의를 함으로써 많은 사항들이 오늘날까지 지켜지고 있다.[22] 특히 본회담 의제와 관련한 합의는 다음 5개항(남북적십자회담 '의제 5개항')으로, 이것은 남북기본합의

22_주요한 합의 항목을 살펴보면 신변보장, 왕래절차, 체류기간 및 회담일정, 표지, 장비 및 소지품, 교통, 통신, 회담장 외의 활동, 회담장 시설, 회담 기록, 회담 공개 여부, 보도진 문제, 회담 운영 형식, 합의문건 작성 및 발표, 편의 제공, 대표단 인원수 등이다(국토통일원 1988a, 47~52).

서의 교류협력부속합의서에서 다시 열거되었을 뿐만 아니라 아직도 남북적십자회담에서 해결해야 하는 과제가 되고 있다. 그것은 "(1) 남북으로 흩어진 가족들과 친척들의 주소와 생사를 알아내며 알리는 문제, (2) 남북으로 흩어진 가족들과 친척들 사이의 자유로운 방문과 자유로운 상봉을 실현하는 문제, (3) 남북으로 흩어진 가족들과 친척들 사이의 자유로운 서신 거래를 실시하는 문제, (4) 남북으로 흩어진 가족들의 자유의사에 의한 재결합 문제, (5) 기타 인도적으로 해결할 문제" 등이다(국토통일원 1988a, 45; 남북회담사무국 1995, 285~286). 이 의제 문제 토의는 북한이 사업 대상에 이산가족뿐만 아니라 그 친척, 친우까지 포함시킴으로써 예비회담의 대부분을 소진한 것으로 제20차 예비회담에서 확정되기까지 13차례에 걸친 별도의 의제 실무 협의를 거치며 확정되어 제1차 남북적십자 본회담(1972.8.29.~9.2, 평양)에서 재확인되었다.

남북적십자 예비회담을 통해 7·4 공동성명과 남북조절위원회회의를 탄생시킨 적십자회담은 예비회담 이후 본회담 형태로 1972년 8월부터 북한의 1973년 8월 28일 남북조절위원회 회의 중단 선언의 여파로 중단되기까지 7차례에 걸쳐 진행되었다.

남과 북은 제1·2차 회담을 축하회담 형식으로 진행하면서[23] 제1차 회담에서 예비회담에서 합의한 의제 5개항을 확인·채택하고, 제2차 회담에서 의제 해결 5원칙(민주주의 원칙, 자유로운 원칙, 남북공동성명 정신, 동포애,

23_회담이 축하회담 형식으로 진행됨으로써 쌍방 수석대표의 기조연설 외에 제1차 회담에서는 북측에서 8명의 적십자회담 자문위원 및 정당·사회단체 대표와 남측의 적십자회담 자문위원 1명이, 제2차 회담에서는 남측에서 한적 총재, 이산가족 대표, 적십자회담 자문위원 등 3명과 북측의 자문위원 2명이 축하연설을 했다(송종환 1976, 89, 92).

적십자 인도주의 정신)에 합의한 후 제3차 회담부터 의제에 대한 본격 토의를 진행하려 했으나 제7차 회담까지 의제에 대한 실질적인 토의가 이루어지지 못했다. 북한이 적십자 본회담도 사실상 남북조절위원회 회의에서와 마찬가지로 남북합작의 원칙에 따라 운영하려했기 때문이었다.

북한은 제1차 회담 합의문에 7·4 공동성명의 통일 3원칙을 포함시킨 후, 제2차 회담에서는 의제 해결 5원칙 채택을 주도했다. 특히, 북적 단장 김태희는 적십자 인도주의 정신이 "철저히 구현되기 위해서는 매개 의제 토의에서 자유로운 원칙, 민주주의 원칙이 관찰되어야 한다"고 주장했다. 자유로운 원칙은 이산가족들의 왕래, 상봉 서신 교환, 재결합 등에 있어서 어떠한 조건이나 제한이 없이 최대한 자유롭게 이루어져야 한다는 것이며, 민주주의 원칙은 이산가족, 친척들이 자신의 문제를 스스로 판단, 처리할 수 있도록 충분한 의사표시의 자유가 주어져야 한다는 것이다.[24] 그리고 북측은 "민족문제를 떠난 인도주의는 있을 수 없[다]"고 주장하면서 7·4 공동성명의 통일 3원칙에 따라 "우리 민족의 이익을 첫 자리에 놓는 애국애족의 입장"에서 적십자 사업에 "그 어떤 이념과 제도상의 문제를 개입"시켜서는 안 될 것이라고 주장했다(남북회담사무국 1995, 32~34, 287; 동아일보 1972. 9.13; 송종환 1976, 87~93).

제3차 회담부터는 의제 제1항, '남북으로 흩어진 가족들과 친척들의 주소와 생사를 알아내며 알리는 문제'에 대한 토의가 진행되었으나, 이와 관련하여 북측은 의제 해결 5원칙에 입각하여 의제 제1항의 해결을 위해서는 남한에서 모든 법률적·사회적 장애가 제거되어야 하며, 당사자들과 협조

24_그러나 북한의 국력이 하락함에 따라, 그 이후 실제 이산가족 상봉 과정에서 북한은 남북 주민 간 접촉 확대를 두려워함으로써 이러한 원칙을 스스로 파괴할 수밖에 없었다.

자들이 민주주의적으로 자유롭게 의사표시를 할 수 있고 활동할 수 있는 조건과 환경이 조성되어야 한다고 주장했다. 북측은 이러한 조건·환경론을 제7차 본회담까지 계속 주장하면서 제7차 회담에서는 '자유로운 환경과 조건을 보장할 데 대한 공동성명'을 발표하자고 제의했다. 즉 반공법 철폐, 반공활동 금지와 반공단체 해체, 적십자 사업 참가자에 대한 인신·소지품의 불가침, 언론·출판·집회·행동 등 활동의 자유와 편의 보장, 현 군사적 대치 및 긴장 상태 해소를 위한 적극적 조치 등을 당국이 법적·행정적으로 조치하고 이를 내외에 선포하자는 것이다(남북회담사무국 1995, 35~40, 283~284; 송종환 1976, 93~111).

이와 함께 북측은 남북 간 상호 이해와 민족적 대단결의 분위기 조성을 위하여 상대측 지역 매개 리(동) 단위로 '적십자 요해 해설위원'을 파견하자고 제의했다. 이들은 이산가족들의 실태 요해, 인도적 사업의 원만한 보장을 위한 해설사업 진행, 통일을 위한 효과적 방도 연구·제기 등의 활동을 하는 것으로 상정했다. 심지어 북측은 가족·친척의 범위를 "본인의 호소에 따라" 정하며 주소와 생사는 본인 스스로가 알아내야 하며 가족·친척의 확인 또한 본인이 상대방 지역을 나서서 하자고 주장했다(국토통일원 1988a, 75~102; 남북회담사무국 1995, 35~42, 291; 송종환 1976, 93~111).

남한 측은 가족·친척의 범위는 관습에 따라 정하는 것을 원칙으로 하고, 그 확인은 본인의 호소뿐 아니라 상대방의 확인이 필요하며 쌍방 적십자가 매개체가 되어야 한다는 입장이었다. 따라서 이제 제1항의 사업의 진행은 가족·친척의 생사·주소 조회 의뢰 접수, 의뢰서 작성 → 상대방에 수교 → 조회사항 조사, 회보서 작성 → 의뢰 측 적십자에 수교의 절차로 진행하며, 이를 위한 서식도 통일하여 사용할 것을 제의했다. 이와 함께 사업 실천 기구로 「남북적십자 판문점 사무소」의 설치를 제의했다. 북측은 이때 실천기구로 「남북적십자 공동위원회」를 구성하고 필요한 곳에 「적십자 대표부」를 설치하자고 제의하여, 의제 제1항의 실천을 위한 남북 간 구체적 합의는 제4차 회담에서 「남북적십자 공동위원회」와 「남북적십자 판문점 공동사무소」를 설치하기로 합의한 것뿐이었다.[25] 남측은 의제 제1항의 합의가 지연됨에 따라 제7차 회담에서 당면사업으로 추석 성묘 방문단 상호 방문을 제의했으나, 북측은 받아들이지 않았다(국토통일원 1988a, 75~102; 남북회담사무국 1995, 35~42, 283, 290~291; 송종환 1976, 93~111).

요컨대 남한 측은 적십자회담을 경제·사회 교류협력 대화, 정치·군사 대화로 나아가는 단계의 일부로 운영한 반면, 북한 측은 남북조절위 회의에서 본바와 같이 다방면의 합작을 위한 대화의 일부로서 적십자회담을 운영하려 했다. 따라서 북한은 자기들의 체제와 통일국가 비전을 선전하며 하층 통일전선을 확대하겠다는 목적 아래 적십자회담 의제 토의 원칙으로 자유로운 원칙, 민주주의 원칙을 내걸고 상대측 지역의 리(동) 단위로 적십자 요해 해설위원을 파견할 것을 주장하는 한편, 인도적 문제를 해결하기 위해서도 정치·군사적 문제의 해결이 우선되어야 한다는 주장을 내놓았다.

5. 남북대화의 중단과 재개

이 절에서는 1973년 8월 28일 북한 측의 남북조절위 회의 중단 선언으로 남북대화가 일시적으로 전면 중단된 이후 7·4 공동성명 체제가 다시 이

25_그러나 이 기구들은 아직도 설치되지 못했다.

어져 70년대 말까지 지속되는 과정을 살펴보고자 한다. 8·28 성명 이후 남북 간 7·4 공동성명 체제의 안정적 작동을 위한 동력은 현저히 저하되었다. 그러나 적십자회담 진행 과정을 보게 되면, 당시의 적십자회담을 당국 간 대화의 일부로 간주하지 않은 채, 8·28 성명으로 7·4 공동성명 이후의 남북관계가 완전히 막을 내린 것으로 해석(정해구 1998; 임혁백 2005)할 수는 없다는 것을 알 수 있다. 회담의 중단과 재개 과정 자체가 남과 북 모두 각기 추구하는 남북관계 형성을 위한 노력의 일부였다.

1) 6·23 선언과 8·28 성명

북한은 1973년 8·28 성명을 통해 "이후락을 비롯한 중앙정보부의 깡패들을 더는 대화에 참가시킬 수 없다"고 선언하고 남북조절위에서 이후락 제거, 7·4 공동성명 원칙 존중, 두 개 조선 노선(6·23 선언) 취소, 통일운동가 탄압 중지, 인민들의 민주주의적 자유 및 정당·단체들의 활동 자유 보장, 김대중을 비롯한 체포·투옥 인사 석방, 남북조절위에 당국을 포함 남한의 각 정당·단체, 각계 인사 대표들의 참가 등을 요구했다(김영주 1973.8.28).

이 성명은 이후락 중앙정보부장에 대한 직접적이고 노골적인 인신공격의 형식으로 남측을 비난하고 있다. 북측은 이후락을 다음과 같이 비난했다.

> 이후락을 두목으로 하는 남조선 '중앙정보부' 특무들은 지난 8월 8일 일본 도쿄에서 망명 중에 있는 남조선의 민주인사 김대중을 납치하여 서울로 끌어가는 야만적 행위를 감행하였다. …
>
> 이후락은 우리와 마주앉아 조국통일의 3대원칙에 합의하고 남북공동성명에 서

명하고서도 돌아앉아서는 쌍방이 합의한 원칙과는 배치되게 행동하였으며 남과 북사이의 단결과 합작과 통일 대신에 대결과 경쟁과 분열을 끊임없이 추구하여 왔다.

이후락은 우리와의 대화에서 공동성명의 합의사항을 구체화하기 위한 우리의 모든 합리적이고 현실적인 제안들을 덮어놓고 반대하였다.

그는 '평화'와 '통일'을 운운하면서도 남북 사이의 군사적 대치상태를 해소하기를 거부하였다. 말로만 '완전개방'을 떠들고 북과 남 사이의 다방면적인 합작과 교류를 실현하기 위한 실제적 대책을 취하는 것을 회피하였으며 '국민의 여망'을 내세우면서도 남북조절위원회 사업에 각 정당, 사회단체들과 각계각층 인민의 대표를 참가시키는 것을 극력 반대하였다.(김영주 1973.8.28)

이와 함께 북측은 남측 당국자들이 7·4 공동성명 3원칙을 "유린하고 … '반공' 파쇼정책을 어느 때보다도 강화"하여 왔으며, 6·23 선언(평화통일 외교 특별선언, 1973.6.23)을 통해 "'두 개의 조선' 노선을 공개적으로 선포하는 데 이르렀다"고 비난했다.

이러한 북한의 8·28 성명은 합작 방식으로 남한을 묶어 두려 했던 북한의 시도가 먹혀 들어가지 않는 데 대한 불만의 표출이었다. 무엇보다 북한은 정치·군사적 합작을 통해 주한미군 철수, 군사적 경쟁 완화 등을 통해 남한의 상대적 힘의 상승을 저지하면서 침체되고 있는 경제를 활성화하여 북한의 힘의 증강을 도모해야 했다. 이미 북한의 경제는 남한의 추격을 받고 있었으며 성장이 하락하고 있었다. 이에 따라 남북조절위 제2차 공동위원장 회의(1972.11.2~11.4, 평양) 시 김일성은 남한 대표단을 면담하는 자리에서 정치합작을 하여 군비를 축소하자고 제의하며, 남북 간 군비경쟁으로 경제적 부담이 크다는 점을 시사했다. 심지어 "당신들은 2억 5,000만 달러의 원조나 받지만, 우리는 원조도 없습니다"라고 어려움을 고백했다[26](강인덕 1990, 52~53).

그리고 북측은 남북 간 다방면적인 합작 실현을 위해서는 남북조절위원회를 발판으로 남북정상회담을 개최하길 희망했다. 그러나 박 대통령은 7·4 공동성명 이전인 1972년 5월에 박성철이 서울을 방문하여 면담했을 때 이미 정상회담의 분위기와 여건이 아직 마련되지 않았다고 밝혔다. 그리고 그해 12월 제1차 남북조절위 북측 대표단을 접견하는 자리에서 박 대통령은 병력 축소 문제 협의도 시기상조임을 밝혔다(강인덕 1990, 42~47). 따라서 북측이 정치합작을 통한 군비경쟁 해소, 남북정상회담 등이 불가능하다고 판단한 이상, 북측으로서는 남북조절위의 유용성이 점점 크지 않게 되었다. 그리고 7·4 공동성명의 3원칙에 합의하던 당시의 이후락의 태도가 그 이후 달라졌다고 느낀 북측으로서는 심한 배신감을 가지게 된 것으로 판단된다.

북측이 남북합작이 더 이상 가능하지 않을 것으로 판단한 결정적인 계기는 박 대통령이 1973년 6월 23일 천명한 「평화통일 외교정책 특별선언」(6·23 선언)일 것이다. 박 대통령은 이 선언이 "우리가 그동안 추진해 온 남북대화의 경험과 국제정세에 비추어" 만든 남한의 "평화통일 정책"임을 밝혔다. 이어서 그는 해방과 분단, 6·25전쟁으로 이어지는 현대사를 언급하

26_1966년 10월 북한은 1961년 제4차 당대회를 통해 발표한 「인민경제발전 7개년 계획」을 당초 목표연도인 1967년에서 1970년까지 3년 연장하기로 발표하면서 과도한 국방비 지출로 인해 목표달성에 실패했음을 인정했다(로동신문 1966.10.11). 여기에는 흐루쇼프와 관계 악화로 1962~64년간 대북 군사원조가 완전히 중단되고 경제·기술 원조도 거의 중단되었다는 점, 이 시기 중국의 원조도 이 소련의 감소분을 충당하기에는 충분하지 못했다는 점, 흐루쇼프 실각 후 소련의 원조도 크게 증가하지 않았다는 점도 일조했다(정진위 1985, 132~134).

고 1970년 8·15 선언 이후 시작된 남북대화에서 남한의 입장과 북한 태도에 대한 비판, 국제정세의 흐름을 언급한 다음 7가지 정책을 선언했다. (1) 평화통일 노력 경주, (2) 한반도 평화 유지, 남북 상호간 내정간섭 및 침략 중지, (3) 남북공동성명 정신에 입각한 남북대화의 구체적 성과 거양 노력 지속, (4) 북한의 국제기구 참여 불반대, (5) 남북한 유엔 동시 가입 불반대 및 유엔 가입 전 남한 대표가 참석하여 한반도 문제를 토의하는 국제회의에 북한 측 초청 불반대, (6) 호혜평등 원칙하에 모든 국가에 문호 개방, 남한과 이념·체제를 달리하는 국가들도 남한에게 문호를 개방할 것을 촉구, (7) 남한 우방들과 기존 유대관계 공고화 등이다(박정희 1973.6.23, 453~457).

특히 이 선언을 통해 박 대통령은 북측이 남북대화에서 남한의 안전을 위태롭게 할 군사·정치 문제의 일괄 해결을 주장하는 한편, 대외적으로는 남북분단을 고정화시키는 행동을 계속해 왔다고 비판했다. 이와 함께 남북대화가 결실을 얻기까지 많은 난관과 긴 시간이 소요될 것이라고 밝혔다(박정희 1973.6.23, 455).

북측은 남측이 이 선언을 통해 남북대화에도 불구하고 국제무대에서 남북 간 경쟁을 계속하겠다는 정책을 공식화한 것으로 해석했다. 사실 남북대화가 시작되었지만 당시는 국제무대를 통한 남북 간 경쟁은 계속되고 있었다. 그러면서도 남측은 북측에 대하여 "남북분단을 고정화시키는 행동을 계속해 왔다"고, 북측은 남측에 대하여 "'두 개 조선' 노선을 공개적으로 선포하는 데까지 이르렀다"고 비난했다(김영주 1973.8.28, 1417; 박정희 1973.6.23, 455).

남한 정부는 1960년대 아프리카 신생국의 대거 유엔 가입에 따라 1968년부터는 한반도 문제가 연례적으로 자동 상정되어 토의되는 것을 지양하는 방안을 강구하기 시작했다. 특히, 1971년 중국이 유엔에 들어오고 유엔 내 비동맹 회원국의 비율이 40%를 넘어서는 상황에 대응하기 위해 남한 정부는 유엔 전략을 근본적으로 재검토하게 되었다. 그 결과 남한은 미국 등 우방과의 긴밀히 협조하여 1971년과 이듬해 제26~27차 유엔에서 한반도 문제에 대해 토의하는 것을 연기하는 안을 통과시켰다(외교통상부 1999, 212~213).

북한은 유엔에서 미국의 주도에 의해 한반도 문제가 토의되는 것을 계속 반대해 오면서 1962년 제17차 유엔 총회에 처음으로 공산권의 협조를 통해 '남조선으로부터 외국 군대를 철거시킬 데 대한 문제'를 총회의 토의 안건으로 상정시켰다. 이후 공산 측은 한반도 문제 토의 반대와 함께 주한 미군 철수, UNCURK 해체 등을 안건으로 계속 상정했다(외무부 1976; 박태호 1987, 56~60). 1970년대에 들어와 북한은 더욱 공세적이었다. 1971~73년 사이에 덴마크, 노르웨이, 스웨덴, 핀란드 등 20여 개국과 외교관계를 수립한 북한은 1973년에 들어와 4월에 IPU에 가입하는 한편, 5월에는 WHO에, 8월에는 UNCTAD에 가입하게 된다(박태호 1987, 109, 124~131; Koh 1974, 40). 북한의 WHO 가입으로 옵서버 자격을 얻은 것이 6·23 선언이 나오게 하는 가장 직접적인 요인이 되었을 것이다(이규열 1981, 69~72).

남한은 미국, 영국, 일본 등과 함께 당시 진행되고 있던 "남북대화를 저해하지 않기 위해 북한의 WHO 가입 여부 심의를 1년 연기하자"고 제안했으나, 이것은 부결되고 소련 등 공산권의 즉시 가입 안이 표결을 통과했다. 남한이 북한 가입 연기를 주장한 것은 일본 오히라 외상의 언급과 같이 한반도 문제 토의 시 북한의 유엔 초청 문제에 미치는 영향 때문이었다(동아일보 1973.5.18). 남한과 서방측은 당장 그해 가을 제28차 유엔 총회 대책이 필요했다(이규열 1981, 69~70). 그동안 서방측은 공산 측의 한반도 문제 토의 시 남북한 동시 초청 주장에 대해, 우선 북한이 한반도 문제 처리와 관련한 유엔의 권위와 권능을 인정해야 한다는 소위 '스티븐슨 방식'으로 대처해 왔다(외교통상부 1999, 212). 이제 북한은 유엔 전문기구인 WHO에 가입함으로써 북한의 국제기구 상설대표부를 제네바에 설치할 수 있는 자격뿐만 아니라 유엔본부에 북한의 상임 옵서버 대표부를 설치할 수 있는 권리를 갖게 되었다(박태호 1987, 127). 이로써 이제 남한 정부는 유엔의 결의에 의한 한반도에서의 유일 합법정부임을 주장하는 토대가 흔들리고 유엔에서 두 개의 한국이 인정되는 분위기가 성숙되고 있었다(북한당국 1973. 9.26, 1479; 이규열 1981, 31).

총괄적으로 보면, 6·23 선언의 (1)~(3)항 및 (7)항은 1970년 8·15 선언 이후 7·4 공동성명까지 남북대화 과정에서 이미 내외에 천명한 입장을 다시 제시한 데 불과하며, 새로운 내용은 (4)~(6)항이다. 이것도 남북한 유엔 동시 가입 불반대를 제외하고는 이미 부분적으로 시행되고 있는 정책들을 "선언이라는 형태를 묶어 공식화"한 것이라고 평가할 수 있겠다(이규열 1981, 10~22). 그러나 북한에게는 힘의 하락 국면에서 특히 (5)항의 유엔 동시 가입 불반대와 (6)항의 남북한 교차승인 문제가 남북 간 정통성 경쟁에서의 우위 확보에 큰 걸림돌로 인식되었다. 따라서 북한은 '두 개의 조선' 반대라는 담론으로 이를 극력 저지하고자 했다.

남북한 유엔 동시 가입 불반대는 '두 개의 한국'론을 공식화한 것으로 북한에게 좋은, 격렬한 공격 소재가 되었다. 6·23 선언 당일 한반도에서는 남북 간에 통일의 담론이 격렬하게 부딪힌다. 김일성 주석은[27] 한국이 오전

27_북한도 남한의 유신헌법이 공포된 날인 1972년 12월 27일 최고인민회의 제5기 제1차 회의를 통해 '조선민주주의인민공화국 사회주의 헌법'을 채택하여 국가 주권의 최고지도기관

에 6·23 선언을 발표하자, 그날 오후 8시 체코슬로바키아 후사크 당 총서기 등 체코 당·정부 대표단을 환영하는 평양시 군중대회를 통해 소위 「조국통일 5대 방침」을 내놓았다. 이것은 그동안 북측이 남북조절위 등을 통해 주장해 온 것을 재정리한 것으로 (1) 남북 간 군사적 대치상태의 해소와 긴장완화, (2) 남북 간 다방면적인 합작과 교류 실현, (3) 남북 각계각층 인사와 각 정당·사회단체 대표로 구성되는 대민족회의 소집, (4) 단일 국호(고려연방공화국)에 의한 남북 연방제 실시, (5) 단일 국호에 의한 유엔 가입 등을 그 내용으로 하고 있다(김일성 1973.6.23). 특히, 김일성은 그 이튿날 당 중앙위 정치위원회 확대회의를 통해 8·28 성명과 마찬가지로 6·23 선언의 유엔 동시 가입 안을 민족분열 조치의 표상으로 강하게 비난했다. 김일성은 "남조선 당국자들이 이른바 '특별성명'에서 내세운 주장은 한 마디로 말하여 우리나라가 분열된 상태에서 북과 남이 따로따로 유엔에 들어가자는 것입니다. 이것은 도저히 용납할 수 없는 반민족적인 주장입니다. 만일 남조선 당국자들의 주장대로 한다면 우리 민족은 영원히 둘로 갈라지게 될 것이며 남조선 인민들은 영원히 미 제국주의자들의 식민지 노예로 남아 있게 될 것"이라고 비난했다(김일성 1973.6.25).

요컨대 북한은 남북대화를 통해 주한미군을 철수시키고 군축 등을 통해 경제회생을 도모하려는 정치·군사적 합작과 함께 남북조절위를 '전민족회의' 방식으로의 개편을 시도했다. 그러나 이러한 시도가 여의치 않자, 북한은 김대중 납치 사건과 6·23 선언을 계기로 8·28 성명을 통해 남북조절위 개편을 요구하고 "'두 개의 조선' 노선을 공개적으로 선포하는"(김영주

으로 중앙인민위원회를 신설하고 내각을 정무원으로 변경하였다. 이에 따라 김일성은 내각 수상에서 중앙인민위원회 주석으로 올라앉았다.

1973.8.28, 1417) 6·23 선언의 철회를 요구하며 당국 간 대화의 중단을 선언했다. 이에 따른 여파로 남북적십자회담도 중단되었다.

이와 함께 북한은 1973년 10월 말부터 북방한계선(NLL)에 대한 영해권을 주장하고 군함을 파견하여 남측 선박을 위협하면서 서해상에 긴장을 조성하기 시작했다. 북한은 10월 말부터 12월 말까지 43회에 걸쳐 NLL을 침범하고, 12월 1일 제346차 군사정전위원회에서 정전협정 제13항 ㄴ목에 적시된 경기도와 황해도 간의 경계선을 마치 정전협정에 의한 군사분계선인 것처럼 정전협정 내용을 왜곡하면서,[28] 서해 5도가 북한의 통제 하에 있는 해역에 위치하고 있으므로 남측 선박이 이 해역을 통과할 때에는 북한의 통제를 받아야 하며 5개 도서 출입 시에는 사전에 북한의 승인을 받아야 한다고 주장했다(국토통일원 1977, 11; 남북대화 제4호, 4; 이양호 1981, 232).

이로써 북한은 남북대화의 의제를 새롭게 추가했으며, 이후 박정희 시대의 남북관계는 대화와 대결이 더욱 뚜렷이 공존하게 된다.

2) 남북대화의 재개, 대화 있는 대결의 지속

북한의 8·28 성명이 나온 지 두 달 반이 지난 1973년 11월 15일 남한

28_정전협정 제13항 ㄴ목에는 단서조항("주 1")이 다음과 같이 붙어 있다. 경기도-황해도 사이의 도 경계선인 "가-나선의 목적은 다만 한국 서부 연해섬들의 통제를 표시하는 것이다. 이 선은 아무른 다른 의의가 없으며 또한 이에 다른 의의를 첨부하지 못한다." 이러한 정전협정의 단서조항에도 불구하고, 북한이 정전협정 13항 ㄴ목에 적시된 경기도-황해도 도 경계선을 마치 정전협정에 의한 군사분계선으로 왜곡하려는 시도는 남북고위급회담 등 그 이후에도 계속된다.

이 남북조절위 라인과 적십자 라인을 통해 남북대화 재개를 제의함으로써 북한의 대화 중단 선언 석 달 만에 대화가 재개된다. 제8차 남북적십자 본회담을 위한 대표회의가 11월 28일 개최되고, 제1차 남북조절위원회 부위원장회의가 12월 5일 개최된다.

북한은 남한이 키신저의 중국 방문(1973.11.10~14)이 끝난 다음 날인 1973년 11월 15일 대화 재개를 제의하자, 그 이튿날 즉각적인 반응을 보였다. 우선 남측은 북한이 8·28 성명을 통해 요구한 바를 의식하여, "남북조절위 정상화를 위해 조절위의 개편이 필요하다면 개편안을 포함해서 제4차 남북조절위 개최에 필요한 여러 가지 방안에 대해" 협의하기 위한 쌍방 간사회담을 제의했다. 이에 대해 북측은 그 이튿날 6·23 선언 철회, 반공법, 국가보안법 위반자 석방 등을 요구하며, 남북조절위원회를 남북의 각 정당·사회단체들로 구성할 것을 남측이 동의한다면 조절위 개편과 운영 문제를 협의할 용의가 있다고 회답했다. 이에 대해 남측이 11월 22일 조절위 개편 문제를 토의하기 위해 조절위 부위원장회의를 개최하자고 제의함으로써 제1차 조절위 부위원장 회의가 12월 5일에 열리게 되었다(동아일보 1973.6.15, 6.17; 송종환 1976, 40).

적십자회담에 대한 반응은 더욱 분명했다. 1973년 11월 15일 남측이 제8차 적십자 본회담 세부일정 협의를 위한 연락책임자 회의를 제의한 데 대해, 북측은 11월 17일자로 동의하고, 21일 열린 연락 책임자회의에서 차기 회의부터는 본회담 대표 1명을 포함시키자고 제의함으로써, 이 회담이 「제8차 본회담을 위한 대표회의」 형식으로 7차례 개최되었다(남북회담사무국 1995, 43).

8·28 성명이 나온 지 두 달 반 만에 남북이 대화 재개를 모색하게 된 것은 남북 각기 대화에 대한 수요가 있었던 것으로 보인다. 우선 박 대통령

의 입장에서는 유신체제의 지속, 안정화를 위해서는 남북대화가 계속되어야 했다. 그는 유신체제 수립 구실의 하나로 남북대화를 내세웠다. 박 대통령은 1972년 10월 17일 특별선언을 통해 다음과 같이 말한다.

> 우리는 지금 국제정세의 거센 도전을 이겨내고 또한 남북대화를 더욱 적극적으로 과감하게 추진해 나가야 할 중대한 시점에 처해 있습니다. … 우리 헌법과 각종 법령 그리고 현 체제는 동서 양극체제 하의 냉전시대에 만들어졌고 하물며 남북의 대화 같은 것은 전연 예상치도 못했던 시기에 제정된 것이기 때문에 오늘과 같은 국면에 처해서는 마땅히 이에 적응할 수 있는 새로운 체제로의 일대 유신적 개혁이 있어야 하겠습니다.[29] (박정희 1972.10.17)

따라서 박 대통령은 제1차 남북조절위 부위원장 회의가 개최되기 이틀 전인 1973년 12월 3일 개각을 단행하면서 이후락을 정보부장직에서 경질함으로써 조절위 위원장직도 사임시키고 이를 북측에 통보했다.[30]

남한과의 정치·군사적 합작이 의도한 대로 되지 않음에 따라 김일성은 담담타타(談談打打) 전술의 구사 차원에서 대화가 필요했던 것으로 보인다.[31] 이미 남북대화를 하고 있는 동안인 1972년 후반에 남침용 땅굴을 팔

29_강대국들 간 데탕트라는 국제정세 변화에 따른 박 대통령의 유신체제 수립 필요성 논리에 대해서는 제2장 각주 39 참조

30_유신체제 수립 후 첫 개각인 이번 개각에는 10부 장관과 중정 부장이 포함되었는 데, 근본 이유는 김대중 사건, 학원 파동, 유류 사태, 언론계의 움직임 등에 대한 인책이었다. 특히, 김대중 사건에 대해 신민당은 줄기차게 김종필 총리 등의 인책을 요구해 왔었다(동아일보 1973.10.3). 오버도퍼는 이후락의 경질 배경에는 1973년 10월 서울법대 최종길 교수가 유럽 간첩단 사건으로 중앙정보부의 조사를 받던 중 사망(중정은 투신자살로 발표)한 데 대해 그레그(Donald Gregg) 주한 미대사가 청와대에 더 이상 개인적으로 이후락과 협조할 수 없다고 통보한 데 있는 것으로 보고 있다(Oberdorfer 2001, 44).

것을 명령한 김일성은 이제 정치·군사적 문제는 미국과 풀기로 결심하고, 미국과의 대화를 제의하며 남한과 대화하는 모양새를 가지는 가운데 남측을 물리적으로 타격을 가하기로 했다. 그래서 북한은 그동안의 남북 간 평화협정 요구에서 선회하여 1974년 3월 25일 미국에 대해 평화협정 체결을 제의하고, 병력을 급격히 늘려가면서 땅굴을 계속 파가는 가운데 1974년 8·15에는 박 대통령 저격을 기도하고 1976년 8월에는 판문점에서 초소 부근의 미루나무 가지치기를 감독하는 미군을 도끼로 살해한다(북한 최고인민회의 1974.3.25; 함택영 1998, 234; 허담 1974.3.25; Oberdorfer 2001, 56~59).

당면적으로 김일성은 유엔에서의 유화적 이미지가 필요했다. 60년대 말부터 유엔에서 표 대결을 회피하고자 했던 한국 측과 달리 북한은 제3세계의 유엔 가입 확대에 따라 공세적인 유엔 정책을 취해왔다. 1973년 5월 WHO에 가입하여 옵서버 자격을 얻은 북한은 제28차 유엔 총회에 적극적으로 참가하여 그동안 서방 주도의 한반도 문제 결의를 저지하고 주한미군 철수, UNCURK 해체 등 그들의 주장을 담은 결의안 통과시키고자 했다. 남측이 대화를 제의한 때는 유엔 정치위원회를 앞둔 시점이었으므로 북한으로서는 대화를 재개할 충분한 이유가 되었다고 볼 수 있겠다.[32]

31_공격을 가하면서도 화평을 열망하는 체하고, 화평을 내걸면서도 공격을 가하는 「打打談談, 談談打打」 전술은 마오쩌둥의 것이다. 이에 대해서는 김상협(1976, 176~183) 참조.

32_미국과 중국을 중심으로 한 서방측과 공산측 양 진영은 남북 간 표 대결을 하지 않고 정치위원회에서 합의한 성명을 총회에서 표결 없이 만장일치로 통과시켰다. 사전에 결의안 내용을 조정한 미국과 중국은 키신저의 중국방문 시(1973.11.10~11.14) 결의안을 제1정치위원회에 제출하는 시점도 조정했다(동아일보 1973.11.19; FRUS 1969~1976b, 354~357). 그런데 이 성명의 주요 내용은 통일 3원칙이 담긴 7·4 공동성명에 주목(성명서 본문에 3원칙이 열거), 통일 3원칙의 정신 아래 자주적 평화통일을 촉진하기 위해 대화의 지속과 다방면적 교류와 협력의 확대를 촉구, UNCURK 즉각 해체 등이 포함된 것(외무부 1976, 455)으로 사

① 남북조절위원회 부위원장 회의

1973년 12월 5일부로 재개된 남북조절위 부위원장 회의는 1975년 3월 14일까지 10차례 개최되었다. 여기서는 대개 조절위원회 개편 문제와 남북 간 현안, 이 두 문제를 협의했다. 조절위 개편과 관련하여, 남측은 북측의 요구를 반영하여 정당·사회단체 대표를 참여시키되, 조절위원 수를 10명 내외로 확대 개편하자는 입장이었다. 반면, 북한은 조절위와 별도로 남북의 정당·사회단체 대표들이 쌍무적·다무적 접촉을 실현하는 정치협상을 병행하자고 주장했다[33](국토통일원 1988a, 105~108; 송종환 1976, 41~62).

현안과 관련하여, 남한 측은 서해 해상에서의 새로운 긴장 조성 중지, 대남 비방·중상 격화 등 조절위 정상화 장애요인 시정, 1974년 2월 15일에 일어난 수원 32호 격침 및 33호 납치에 대한 북한 측 사과 및 어부·어선 즉각 송환, 1974년 8·15 저격 사건에 대한 북측의 죄과 시인·사과, 책임자 처벌, 6·23 선언 및 남북 불가침 협정 체결 수락,[34] 대남 적화통일 노선 포

실상 북한의 주장이 대부분 담겼다고 평가할 수 있겠다.

33_제3차 부위원장 회의 시 북한은 조절위를 쌍방 각기 5명 이상의 당국 대표, 각기 60~70개의 정당·사회단체에서 각기 5~20명의 대표, 그 밖의 각계각층의 "인민의 대표"들로 구성하자는 안을 제시하기도 했다. 이 안에 따르면 한쪽에서 최소 350명, 최대 1,500명의 위원으로 구성되는 기구가 된다. 북한은 또 통일에 반대하는 정당·사회단체·개인은 위원회 참여를 배제시켜야 한다는 주장을 펴기도 했다. 그러나 북한은 제4차 회의에서 이 안을 스스로 철회했다(국토통일원 1988a, 107). 이것은 마치 미소공동위원회에서 반탁을 주장하는 정당·사회단체는 통일정부 수립 협의에서 배제시키자는 소련 측의 주장을 연상시킨다.

34_남북 불가침 협정 체결은 박 대통령이 1974년 1월 18일 연두 기자회견을 통해 제의했다. 이 협정에는 남북한이 절대로 무력 침략을 하지 않겠다는 것을 만천하에 약속할 것, 상호 내정간섭을 하지 말 것, 여하한 경우라도 현 정전협정의 효력은 존속시킬 것 등이 포함되어야 한다고 밝히고, 이 협정을 체결한 다음 대화, 교류, 협력 등으로 통일의 기반을 다지면서 평화공존을 해나가자고 제의했다(남북대화 제4호, 59~61; 동아일보 1974.1.18).

기 및 폭력·무력 도발 완전 중지,[35] 불법적 전파질서 교란 중지[36] 등을 요구했다(송종환 1976, 41~62).

한편, 북한은 6·23 선언 철회, 대미·대일 예속화 정책 중지, 반공정책 중지, 전쟁 준비 중지, 파쇼 폭압정책 중지, 민주주의적 권리 보장, 8·15 사건과 관련한 모략 책동 및 일본을 통한 조총련 탄압 중지 등을 요구했다. 1974년 9월 제8차 회의에서 남측은 조절위 부위원장 회의의 종결, 조절위 정상적 운영을 촉구한 반면, 북측은 조절위와 남북 정치협상회의 병행 안 수락을 고집했다(국토통일원 1988a, 105~108; 송종환 1976, 41~62).

북한은 제9차 회담을 앞두고 북한은 회담의 성과를 위해 제9차 회담을 연기하고 조절위 대변인 접촉을 계속 가질 것을 요구함에 따라, 남한은 회담을 이듬해 1975년 1월 8일로 연기하는 데는 동의하되 조절위 구성·운영 합의서에 따라 간사회의를 가질 것을 제안했다. 그러나 북측은 서울 측 간사가 중앙정보부 출신이라는 이유로 교체를 요구했다. 남측이 이러한 북측의 요구에 응하지 않자, 북측은 1975년 1월 초에는 북측 대변인 교체와 관련한 대변인 접촉을 제의해 왔다. 이에 남측은 이 문제는 1월 8일 개최될 부위원장 회의에서 논의하자는 입장을 전달하자, 북측은 일방적으로 적십

35_1974년 11월에는 휴선전 내에서 남침용 땅굴이 발견되었으며, 1975년 2월 15일에는 동해안에 침범한 북한 무장선박이 격침되었다. 2월 26일에는 서해에서 NLL을 침범한 북한 선박이 도주하다 남한 경비정에 포격당하여 격침되었다. 남한 해군 함정이 도주하는 북한 선박을 계속 추격하자 북한 공군기가 출동, 남북의 공군기가 17마일까지 근접하는 적대비행이 그 다음날 오후까지 지속되었다(동아일보 1974.11.15, 1975.2.17, 2.27).

36_북한은 남측 라디오 인접 주파수대로 방송 송출, 대남 라디오 방송 출력 강화, KBS TV에 대한 전파 방해 등을 했으며, '통일혁명당 목소리 방송'도 계속했다. 1975년 1월 23일 저녁 8시부터는 1972년 11월 11일부로 남북 합의로 중단했던 휴전선 일대의 확성기 방송도 재개했다(송종환 1976, 59~60).

자회담 대표 겸 대변인인 조명일로 북측 부위원장을 교체하였다고 통보하였다. 이로써 북측은 제9차 회담부터 조절위 부위원장의 격을 실질적으로 낮춰버리는 한편, 1975년 5월 30일 개최키로 한 제11차 회의를 하루 앞두고 남북 직통전화로 부위원장 회의를 당분간 연기할 것을 제의함으로써 남북조절위는 사실상 막을 내리게 되었다(국토통일원 1988a, 107~109; 송종환 1976, 54~62).

이때는 김일성으로서는 정세에 대한 자신감을 가지게 되는 때였다. 베트남은 1975년 4월 30일 베트콩에게 무조건 항복했다. 그 직전 4월 18일부터 26일까지 중국을 방문한 김일성은 "중국 수뇌부에 현 국제정세가 우리에게 매우 유리하게 발전하고 있으므로 통일을 위해 독자적으로 행동하겠다"고 밝혔다(동아일보 1975.5.16). 방중 첫날 중국이 열어 준 연회에서의 연설에서 김일성은 다음과 같이 말한다.[37]

> 이제 남조선 통치배들이 남조선 사회 밑바닥에 깔린 인민들의 불만과 울분을 더 이상 총칼로 내려누른다면 그것은 보다 큰 혁명적 폭발을 가져올 것이다. 남조선에서 혁명이 일어나면, 우리는 하나의 민족으로서 그것을 보고만 있을 수 없을 것이며 남조선 인민들을 적극 지원할 것이다. 만일 적들이 무모하게 전쟁을 일으킨다면 우리는 전쟁으로 단호히 대답할 것이며 침략자들을 철저히 소멸할 것이다. 이 전쟁에서 우리가 잃을 것은 군사분계선이고 얻을 것은 조국통일일 것이다.(김일성 1975.4.18)

물론 중국 지도부는 여기에 대해 전혀 동의하지 않았으며, 한반도의 안

37_이 김일성 연설은 1975년 4월 19일자 로동신문에도 게재되었다.

정을 강조했다고 한다(Oberdorfer 2001, 63~64).

② 제8차 적십자 본회담을 위한 대표회의 및 실무회의

남북조절위는 1975년 5월로 중단되었지만, 7·4 공동성명 체제 형성 노력은 남북적십자회담을 통해 1977년 12월까지 이어진다. 새로 재개된 적십자회담은 1973년 11월 28일부터 1974년 5월 29일까지 7차례 개최된 「제8차 본회담을 위한 대표회의」와 1974년 7월 10일부터 1977년 12월 9일까지 25차례 개최된 「제8차 본회담을 위한 실무회의」 두 단계로 진행되었다.

제8차 적십자 본회담을 위한 대표회의는 남한 측이 제8차 적십자 본회담 세부일정 협의를 위해 적십자 연락책임자 회의를 갖자고 제의함(1973.11.5)에 따라 열린 연락 책임자 회의(11.21)에서, 북측이 차기 회의부터는 본회담 대표 1명을 포함시키자고 제의함으로써 성립되었다. 대표회의에서는 제8차 본회담 재개 문제와 서해 어선 사건이 주로 논의되었다. 남측은 제8차 본회담을 조속히 개최할 것을 촉구했으나, 북측은 본회담 재개를 위한 3개 요구사항을 제시하는 한편,[38] 본회담 재개를 위한 예비적 토의를 위한 '부단장'을 책임자로 하는 실무회의 개최를 주장했다. 그 결과 1974년 5월 제6~7차 대표회의를 통해 남과 북은 책임자인 교체 수석대표(부단장) 포함 각기 대표 3명, 수행원 4명으로 하는 남북적십자 실무회의 개최, 실무회의는 본회담 재개 시까지 진행하며, 여기서는 본회담 의제에 대해 예비적 토의 실시, 실무회의는 1974년 7월 10일 판문점 중립국감독위

38_북측이 제시한 3개 요구사항은 적십자회담에서 비적십자 인원 제거, 반공법 및 국가보안법 위반자 탄압 중지, 서울 분위기는 회담에 부적합하므로 평양에서 회담 개최 등이었다(남북회담사무국 1995, 45).

원회 회의실에서 개최 등에 합의했다(국토통일원 1988a, 109~111; 남북회담사무국 1995, 45~50; 송종환 1976, 111~115).

대표회의에서 서해 어선(수원 32호 및 33호)의 격침 및 어부 납북 사건과 관련하여, 남측은 납북 어부의 생사 및 건강에 대한 통보, 납북 어부의 조속한 송환, 사망자 있을시 유해 송환, 납북 어부에 대한 인도적 대우 보장, 억류 어선 반환 등 5개 사항을 촉구했다. 이에 대해 북측은 서해 어선 사건은 간첩 사건이므로 적십자회담에서 토의할 사안이 아니라고 주장하면서, 남측 당국자들의 회담 파탄 책동 즉시 중지, 남측의 반공 책동 즉시 중지, 간첩선 사건을 일으킨 자들의 처벌 등을 요구했다. 이로써 서해 사건과 관련해서는 쌍방 간에 실질적 토의가 이루어지지 못했다(국토통일원 1988a, 109~111; 남북회담사무국 1995, 45~50; 송종환 1976, 111~115).

제8차 적십자 본회담을 위한 실무회의는 제6~7차 적십자 대표회의에서의 합의에 따라 1974년 7월 10일부터 1977년 12월 9일까지 25차례에 걸쳐 진행되었다. 이 회담에서 남측은 제20차 남북적십자 예비회담(1972.6.16)에서 합의하고 제1차 남북적십자회담(1972.8.29~9.2)에서 확인·채택한 의제 5개항 중 제1항, 이산가족 생사·주소 확인·통보 문제와 관련한 구체적인 제안들을 제시했다.

제1~2차 실무회의(1974.7.10, 7.24)에서는 의제 제1항의 시범사업으로서 우선 노부모의 주소와 생사를 알리는 사업과 판문점에서의 면회 및 방문 주선 사업을 실시할 것을 북측에 촉구했다. 제6차 회의(1974.11.29)에서 남측은 노부모 사업에 대한 구체적인 안을 제시했다. 노부모의 범위를 남북으로 자녀·친척들과 헤어진 60세 이상, 생사 주소의 확인·통보는 심인의뢰서 교환 방식으로 해결, 상봉·방문·서신교환을 당사자들의 희망에 따라 실시 등을 제안했다. 그리고 제8차 회의(1975.2.28)에서는 최소한 노부모와 이산 자녀들 간의 사진 교환만이라도 우선 실시할 것을 촉구했다. 제13차 회의(1975.10.23.)에서는 북한 측 사정으로 의제 제1항 사업이 곤란하다면, 추석과 설을 계기로 성묘 방문단을 상호 교류하며 1차 사업을 1976년 설을 기하여 실시, 이산가족 중 노부모와 그 가족들 대상 심인 사업 우선 실시, 이들의 편의 도모를 위해 판문점에 면회소와 우편물 교환소 공동 설치·운영 등을 제의하고, 제17차 회의(1976.6.9)에서는 그해 추석을 기해 쌍방 각기 500명이 1주일 정도 체류하는 성묘 방문단 상호 교류를 실시하자고 제의했다. 그러나 북측은 서울의 분위기가 본회담 개최를 보장할 수 없다, 노부모의 생사·주소 확인·통보를 위해서는 법률적·사회적 조건이 먼저 개선되어야 한다, 남한 내 반공 궐기대회, 안보 단합대회 등 반공활동이 중지되어야 한다는 등의 이유를 내걸며 실질적인 토의를 거부했다(국토통일원 1988a, 111~116; 남북대화 제6~16호; 남북회담사무국 1995, 51~73).

결국 북한은 제26차 실무회의 하루 전인 1978년 3월 19일 평양방송을 통해 팀 스피리트 훈련을 구실로 회담을 무기 연기한다고 통보했다.[39] 남측이 회담 상대방에 대한 전면 공격을 가상한 대규모의 한미 연합작전을 벌임으로써 남북관계를 극도로 첨예화시키는 것은 인도주의 회담 사명에 부합되지 않으므로, 회담을 연기하지 않을 수 없다는 것이다(남북대화 제17호, 39~44; 남북회담사무국 1995, 74). 이로써 7·4 공동성명 이후 대화 있는 대결의 남북관계를 하나의 체제로서 작동시키기 위한 노력은 서서히 막을 내리게 된다.

39_북한이 방송을 통해 통보한 이유는 북한이 1976년 8월 30일 무렵부터 남북 직통전화를 단절시켰기 때문이다. 북한에 의한 1976년 8·18 도끼만행 사건 직후인 8월 30일 북한이 동해에서 어로 중인 남한의 제3 신진호를 납치한 데 대해 협의하기 위해 남측이 대북 전화통지문을 발송하려 하였으나, 북측은 전화를 받지 않았다. 1980년 2월 남북총리회담을 위한 제2차 실무대표 접촉 이후에야 다시 개통되었다(국토통일원 1988a, 117~118; 143).

6. 7·4 남북공동성명 체제 형성을 위한 마지막 노력

1) 변칙 대좌

1978년 3월 제8차 적십자 본회담을 위한 제26차 실무회의가 무산된 이후 남과 북은 약 1년 동안 대화 테이블에 마주 앉지 않았다. 여기에는 북한이 주한미군 철수 등 그들이 바라는 한반도 문제 해결에 있어서 남북대화의 유용성에 한계를 느끼면서 북미 직접협상을 모색하는 데에도 원인이 있었던 것으로 보인다.

이미 1973년에 미국과의 직접 접촉을 시도한(S/S 7315548, 1973.8.23; Ambassador Habib Seoul 818, 날짜 미상[40]) 북한은 1974년 3월 25일 외교부장 허담의 최고인민회의 보고를 통해 평화협정 체결을 위한 북미 간의 직접대화를 제의했다(허담 1974.3.25). 특히, 김일성은 1974년 8월 문세광의 육영수 여사 저격 사건 직후에는 루마니아를 통해 북미 간 비밀접촉을 제의했다[41](이완범 2017, 46~47; FRUS 1969~1976c). 북한은 1976년 12월 파키

40_필자는 이 전문의 작성 시점을 1973.8.23 직후로 추정하고 있다.

41_이 제의는 챠세스쿠 루마니아 대통령 고문 푼간(Pungan)이 포드 대통령을 방문하여 했다. 이에 대해 포드 대통령은 "그런 접촉에 앞서 선행되어야만 하는 것들이 있다. … 우리는 확고한 양해(understandings)가 없으면 [접촉에 - 필자] 들어가지 않을 것"이라는 입장을 밝혔다(FRUS 1969~1976c). 여기서의 "양해"는 한국 정부의 양해를 말하는 것으로 판단된다. 북한이 1973년 북미 직접접촉을 제의했을 때도, 박 대통령과 미국 측은 중국 측이 한국 측과 접촉하는 데 준비가 되어 있지 않은 한, 이때의 북미 간 접촉은 한 번에 그친다는 데 양해했다. 아울러 박 대통령은 당시 진행되고 있던 남북대화 위에서 미국이 북미 접촉을 진행한다는 인상을 주지 않도록, 이 접촉은 공개되지 않아야 한다는 점을 강조했다(Ambassador Habib Seoul 818, 날짜 미상).

스탄 부토 수상을 통해 당시 카터 미 대통령 당선자에게, 1977년에 들어와 가봉의 봉고 대통령, 유고슬라비아의 티토 대통령 등을 통해 북미 직접 대화의 희망을 미국에 전달하고, 이듬해 5월 화궈펑(華國鋒) 당 주석의 평양 방문 환영 연설을 통해 북미 직접협상을 재차 요구했다(김일성 1978.5.7; 동아일보 1977.9.28.; 1978. 4.3; 1978.5.8; 이완범 2017, 56~93). 9월 말 비동맹회의에 참석하기 위해 미국에 온 허담은 미국과 "현재의 비정상적이며 적대적인 관계에서 벗어나야 할 것"이라고 대미 관계 개선 희망을 밝혔다(동아일보 1977.9.29). 그러나 이 당시 미국은 남·북·미 3자회담 방식은 긍정적으로 검토하였으나 북미 직접접촉은 반대한다는 입장을 여러 차례에 걸쳐 분명히 했다[42](동아일보 1977.5.26, 9.28, 1978.1.13, 4.3, 4.8; 이완범 2017,

42_이완범에 의하면, 남·북·미 3자회담 구상은 원래 북한이 루마니아, 파키스탄, 가봉 등을 통해 북미 직접접촉을 시도하는 데 대해, 카터 행정부가 이를 "우회적으로 거부하는 카드로" 시작되어, 재선을 노리는 카터 대통령이 '한국판 캠프 데이비드 협정'을 성취하려는 정치적 야욕에서 3자 정상회담으로 발전되어 나갔다. 카터 대통령은 자신의 선거공약인 주한미군 철수를 원활히 할 수 있는 방편으로 남·북·미 3자(정상)회담을 적극적으로 추진했다. 그러나 카터의 구상은 한국 정부와 김일성이 모두 부정적인 반응을 보였다. 한국은 3자회담이 이루어지면 결국 월남 같이 북미 직접대화의 장에서 미국에 끌려 다니는 하위 파트너로서 역할밖에 하지 못할 것으로 예견했기 때문이다. 당시 한국은 키신저 미 국무장관이 1975년 9월 유엔 총회 연설을 통해 제의한, 중국이 참가하는 4자회담은 고려할 수 있다는 입장이었다. 북한은 당시 기본적으로 북미 간 직접대화를 원했고, 3자회담이 이루어지더라도 그것은 박 대통령이 물러난 이후에나 가능하다는 입장이었다. 결국 1979년 6월 30일~7월 1일 간 한미정상회담 당시 「남·북·미 고위 당국 대표회의」(남·북·미 3당국회의)를 북한에 제의하는 것으로 결론을 내고 이를 정상회담 공동성명에 포함시켰다. 박 대통령이 이러한 안을 받아들인 것은 북한이 어차피 거부할 것이며, 카터의 심기를 건드리지 않고 주한미군 철수를 막을 수 있다고 판단했기 때문이라는 것이다(이완범 2017, 53~245). 그리고 당시 남한 정부는 한미가 제의한 3당국 회의는 "한반도 문제는 남북한의 당사자가 해결해야 한다는 기본원칙이 관철되고 있는 것"이므로 그동안 거론되었던 3자회담 구상과는 다른 성격이라는 입장이었다(남북대화 제22호, 26~27, 37~46).

33~152).

이러한 상황에서 박 대통령은 1979년 1월 19일 연두 기자회견에서 "어떠한 시기, 어떠한 장소, 어떠한 수준에서든 남북한 당국이 서로 만나서 전제조건도 없이 허심탄회하게 … 그동안 남북한이 제시해 온 모든 분야의 문제들을 직접 논의하기 위해서 대화를 가지질 것을 촉구"함으로써 남북 간 정상회담을 개최할 용의도 있음을 표명했다(박정희 1979.1.19). 박 대통령은 이미 1974년 연두 기자회견을 통해 남북한 불가침 협정 체결을 제의하였으며, 1975년 연두 회견에서 휴전협정 존속을 전제로 유엔사령부 해체를 반대하지 않는다는 입장을, 1977년 연두 회견에서는 남북 불가침 협정이 가능하다면 주한미군 철수에 반대하지 않는다는 입장을 천명했다. 따라서 이번 제의는 당시 남북 간·국제적인 상황 변화에 적극 대처하기 위한 방안, 즉 남한의 남북관계 주도 역할이 훼손당하는 것을 방지하기 위한 방안인 동시에 남북대화를 지속하면서 유신체제를 안정적으로 유지하려는 박 대통령의 정치적 이익과 결합된 것으로 평가할 수 있겠다. 박 대통령의 1·19 제의에 영향을 준 남북 간·국제적 상황의 변화는 남측이 정치·군사

한편, 북한은 1979년 7월 10일 외교부 대변인 성명을 통해 한반도 문제를 해결하려면 남북 간에 풀어야 할 문제와 북미 간에 풀어야 할 문제가 따로 있는 바, 주한미군 철수, 평화협정 체결 문제는 북·미 간 회담을 통해서 해결해야 할 문제로서 "원래 남조선은 정전협정의 조인 일방이 아니기 때문에 참가할 자격이 없다"는 것이다. 따라서 평화협정 체결 문제는 먼저 미국과 북한 사이에 회담이 이루어져야 하며, "미국 측이 정 원한다면 … 남조선 당국자들을 옵서버로 참가시키는 것을 허용할 것"이라며 남·북·미 3당국회의를 사실상 거부했다. 나아가 북한은 3당국회의 제의를 미·일·중·소의 남북한 교차승인의 일환으로 보고, "이것은 곧 아무런 자주권도 없는 예속정권인 현 남조선 당국을 어떻게 하나 국제적으로 인정하는 방법으로 분열을 고정화하고 두 개 조선 조작 음모를 실현해 나가려는 음흉한 술책"이라고 주장했다(북한 외교부 1979.7.10).

문제의 우선적 해결, 특히 주한미군 철수에 소극적인 데 대한 북한의 불만, 이에 따라 1974년부터 남북 간 평화협정에서 북미 간 평화협정으로 선회한 북한의 전략, 1975년 제30차 유엔 총회에서 유엔군 사령부 해체, 주한 외국군 철수, 정전협정의 평화협정으로의 대체 등을 내용으로 하는 북한 측 결의안이 이에 상반된 남한 측 결의안과 함께 채택된 사건, 1977년에 들어선 미 카터 행정부의 주한미군 철수 입장, 남·북·미 3자회담 가능성, 미중수교(1979.1.1) 등을 꼽을 수 있겠다.

이러한 남측의 제의에 대해 북한은 「조국통일민주주의전선」 중앙위원회 명의의 성명으로 반응을 보였다. 조국전선은 북한의 제 정당·사회단체 연석회의(1979.1.23)가 그해 박 대통령의 1·19 제의에 대해 "조국통일 문제를 평화적으로 해결하기 위하여 미국과의 대화의 문도 열어놓고 있고 남조선의 당국자들, 각 정당들과의 대화의 문도 열어 놓고 있다"는 김일성의 정권 창건 30주년 연설(1978.9.9)에 대한 "긍정적 반응으로 간주하였다"고 밝혔다. 이와 함께 조국전선은 "남조선 당국자의 의사표시를 두 개 조선으로 분열하려는 과거 입장을 포기하고 새롭게 출발하려는 것으로 믿으려 한다"고 하면서 4가지를 제안했다. 즉 (1) 7·4 성명 본래의 이념과 원칙에 되돌아가는 입장에서 2월 1일 10시를 기하여 쌍방 당국이 7·4 성명의 이념과 원칙을 재확인하며 엄숙히 준수한다는 것을 공식 표명할 것, (2) 관영·민영을 막론하고 온갖 수단과 방법에 의한 비방·중상을 그만둘 것, (3) 쌍방 군사당국은 3월 1일 0시를 기하여 군사분계선 일대에서 무력증강, 군사작전, 군사시설물 구축 등 모든 적대적 군사행동을 중지하며 어떠한 군사연습도 무조건 중지할 것, (4) 남북의 각 정당·사회단체가 그해 9월 초에 평양이나 서울에서 '전민족대회'를 개최하기 위해 6월 초에 예비회담을 가지질 것 등을 제의했다(조국전선 1979.1.23).

남한 정부는 이러한 북한의 제의를 북한이 7·4 성명을 준수하겠다는 의사표시로 평가하고 예비회담을 1979년 6월 이전에 개최할 것을 제의했다. 이와 함께 남북대화는 책임 있는 당국 간에 이루어질 때 소기의 목적을 달성할 수 있다는 것을 강조하면서 남한의 입장에 대해 북한 당국이 직접 회답할 것을 요구했다(문공부장관 1979.1.26). 그러나 북한은 여전히 조국전선 성명을 통해 전민족대회를 위한 실무급 예비회담을 4월 초로 앞당길 것을 제의하면서, 여기에는 북한·해외의 정당·사회단체 대표들과 개별인사는 물론 남한 당국의 참가도 예견하고 있다고 하면서 적절한 시기에 이 인사들과 쌍방 당국에 초청장을 발송하겠다고 언급했다(조국전선 1979.1.27).

이에 남측은 북한 당국의 직접적인 답변을 다시 촉구하는 한편, 민관식 남북조절위 서울 측 공동위원장 대리 명의의 성명을 통해 최근 북측이 재확인한 7·4 공동성명 이행을 보장하는 "가장 효과적이고 정당한 길은 그것을 주관하는 남북조절위원회를 재개하여 운영하는 것"임을 지적하고 남북조절위의 조속한 재개와 남북 직통전화 즉각 재개를 촉구했다(민관식 1979. 1.31).

이에 대해 북한은 1979년 2월 5일 조국전선 성명을 통해 남북조절위원회를 대신하는 "전민족적 대화와 협상을 마련하기 위한 예비적 협의기구"로서 남북한 당국자들을 포함하는 국내외 정당·단체 대표들이 참가하는 「민족통일준비위원회」를 발족시킬 것을 주장하면서, 이를 위해 2월 20일 남북 연락대표가 판문점에서 만날 것을 제의하는 한편, 2월 12일에는 북측 연락대표 명단을 일방적으로 발표했다(조국전선 1979.2.5.; 1979.2. 12). 북한은 남북조절위가 남북 사이에 대화의 문이 처음 열렸던 당시에는 일정한 역할을 하였으나, "온 민족의 총의에 의하여 통일문제를 풀어나가야 할 역사적 과제들이 일정하게 나서고 … 있는 오늘에 와서는 조절위와 같은 극히 제한된 기구를 가지고는 민족 앞에 나선 거족적 위업을 온 겨레의 의사에 맞게 실현할 수 없으며 그것은 이미 불합리한 것으로 되었다"는 논리를 내놓았다(조국전선 1979.2.5).

이에 대해 남한 측은 이동복 조절위 남측 대변인 성명을 통해 북한 측의 조절위 무용론을 반박하면서 제4차 조절위 본회의를 무조건 재개하기 위해 1979년 2월 17일 10시에 판문점 자유의 집에서 쌍방 부위원장 접촉을 갖자고 제의했다(이동복 1979.2.12). 이튿날 북측은 이러한 남측의 제의를 그들의 2월 5일자 민족통일준비위원회 설치 제의에 호응한 것으로 일방적으로 해석하면서 2월 17일 10시에 북측 연락대표를 중립국감독위 회의실로 내보내겠다고 발표했다(조국전선 1979.2.13). 남측도 이와 같은 북측의 발표를 제4차 조절위 본회의에 북측이 호응해 오는 것으로 일방적으로 해석하면서 중감위 회의실이 "판문점 지역이니 만큼 접촉 장소에 구애하지 않을 것"임을 밝히고 그날 접촉에 나갈 남측 대표 명단을 발표했다(이동복 1979.2.15).

이로써 제4차 '남북조절위 개최 문제'를 협의하러 나온 남측 대표와 '민족통일준비위원회 설치 문제'를 협의하러 나온 북측 대표 간의 변칙적인 대좌가 1979년 2월 17일, 3월 7일, 3월 14일 3차례에 걸쳐 판문점 중감위 회의실에서 이루어졌다. 쌍방은 협의의 목적이 다른 만큼 대표단 구성부터 달랐다. 남측은 남북조절위 위원으로 구성한 반면, 북측은 로동당, 정무원, 조선민주당, 조국전선의 인사로 구성했다.[43] 협의 의제도 남측은 통일문제는 책임 있는 당국 간 대화를 통해 풀어 나가야 한다는 입장에서 조절위 제4차

43_쌍방 대표단 명단은 다음과 같다. 조절위 남측은 민관식 부위원장, 함병춘 위원, 정홍진 간사, 이동복 대변인으로, 북측 연락대표들은 권민준 로동당 중앙위 부위원장, 이창선 정무원 부장, 김석준 조선민주당 중앙위 부위원장, 백준혁 조국전선 서기국 부국장으로 구성했다(국토통일원 1988a, 125~126, 이동복 1979.2.15; 조국전선 1979.2.12).

본회의 재개 문제 협의에 역점을 두었다. 그리고 사회단체 이름으로 참여하는 북한 대표단을 조절위의 대화 상대방으로 인정할 수 없다는 입장을 분명히 했다. 그러나 북측은 당시는 남북 간 "대화가 처음 시작된 때와 같이 남북관계를 단순히 조절할 때가 아니고 통일문제를 실질적으로 해결하기 위하여 … 실무적인 조치를 취해야 한다"고 주장하면서 민족통일준비위원회 발족을 위한 실무 절차를 협의하자고 고집하였다(국토통일원 1988a, 126~130).

1979년 3월 14일 제3차 접촉에서 남측은 남북 간 정상적인 대화를 위해 상호 신뢰할 수 있는 실무대표 간 접촉을 3월 28일 판문점에서 가질 것을 제의하고 26일 통일부 차관을 수석대표로 3명의 정부 당국자로 하는 대표단을 발표했다. 그러나 북측은 27일 소위 '정당·사회단체 및 당국 연락대표단' 성명을 통해 제4차 연락대표 접촉을 4월 2일 판문점에서 갖자고 제의하면서, 남측에서 누가 어떤 이름으로 나오든 북측은 지금까지 조국전선을 대표하여 접촉에 나온 대표단을 정당·사회단체 및 당국 연락대표단 명의로 참가할 것 밝히고, 남측이 제의한 3월 28일 접촉에는 나오지 않음으로써 남북 당국 간 실무대표 접촉은 무산되었다(국토통일원 1988a, 130~131; 북한 연락대표단 1979.3.27).

2) 남북 탁구협회 회의

남북 간 변칙 대좌가 진행되고 있는 가운데, 1979년 2월 20일 북한의 체육지도위원회 위원장 김유순과 탁구협회 회장 김득준은 대한체육회 박종규 회장과 대한탁구협회 채영철 회장 앞으로 서한을 발송했다. 서한에서 북측은 4월 25일부터 5월 6일까지 평양에서 개최되는 제35회 세계탁구선수권대회에서의 남북 단일팀 구성·출전 문제를 협의하기 위해 남북의 탁구협회 대표들이 2월 27일 판문점에서 만날 것을 제의했다. 그 결과 남북탁구협회 회의는 2월 27일부터 3월 12일까지 총 4차례 진행되었다(국토통일원 1988a, 131~136).

북측이 제의할 당시는 이미 대회 대진표 추첨 일정이 1979년 3월 14일과 15일로 결정되어 있었고 단일팀 선수 선발, 훈련 등 필수적으로 수반될 제반 문제를 고려할 때 3월 12일까지는 단일팀 구성 문제가 합의되어야 했다. 그렇지 않을 경우 북측은 남측의 단독 참가를 보장해 주어야 했다. 그러나 북측은 단일팀 구성에 관한 원칙적인 합의를 요구하고 절차 문제에 대한 제안을 내놓음으로써 단일팀 구성에 적극적인 자세를 과시하려고 노력했으나, 단일팀이 구성되지 못할 경우 남측의 대회 참가는 보장하지 않으려 함으로써, 단일팀 구성 제의 자체가 남측의 참가 봉쇄를 위한 것임을 노골적으로 드러냈다. 북한 지도부로서는 남한의 단독 참가 시 태극기가 평양에서 휘날리는 것을 허용할 수 없었을 뿐만 아니라, 남한의 참가로 인해 향후 북한과 수교를 맺고 있는 사회주의 국가들의 남한 접근을 우려했기 때문이다(국토통일원 1988a, 131~136; Kim 1980, 55). 남북탁구협회 회의는 7·4 공동성명 이후 처음 열린 체육 분야 회담이지만, 국제사회에서의 남북 간 경쟁 과정에서 북한이 체육 분야에서 남북대화를 정치적으로 이용한 최초의 사례로 기록될 것으로 평가된다.

7. 요약 및 재정리

남과 북은 미국과 중국의 종용으로 1971년 9월부터 민간급 회담인 적십자 부문의 회담부터 시작하여 탐색에 들어갔다. 남과 북이 이산가족 문제의 실질적 해결보다는 체제 선전과 통일전선 차원에 더 비중을 둠에 따라 회담의 진전이 없는 가운데 미중 화해는 가속화되고 있었다. 9월 들어 미국은 한국도 미중 화해의 흐름을 함께해야 한다는 강력한 메시지를 전달하고 있었다. 북한도 중국으로부터 어떠한 언질을 받았는지는 알 수 없지만, 남측에 회담 지연의 책임을 전가하면서 남한의 정당·사회단체와의 접촉을 확대하겠다며 남한 정부를 압박했다. 이러한 상황에서 남한 정부는 1971년 11월에 들어와 적십자 예비접촉을 진행하는 가운데 비밀접촉을 제의한다.

남과 북은 1971년 11월 20일부터 남과 북의 두 실무자인 정홍진-김덕현 간에 11차례의 비밀접촉을 추진하면서 정치회담에 대한 쌍방의 의지를 확인하고 최고위급이 신임하는 인사, 즉 남측의 이후락 중앙정보부장과 북측의 김영주 로동당 조직지도부장 간 회담을 평양과 서울을 오가면서 개최하기로 합의한다. 이에 따라 1972년 5월에 이후락과 김영주를 대신한 박성철이 서울과 평양을 방문하여 각기 김일성·김영주와 박정희·이후락과 회담하고, 남과 북은 이 비밀방문을 통해 토의·합의한 사항을 공동성명 형태로 정리하여 7월 4일 오전 10시 서울과 평양에서 동시에 발표하였다. 이에 따라 쌍방 당국은 7·4 공동성명의 실천 방안 토의를 위하여 1972년 10월부터 1973년 6월까지 3차례의 남북조절위원회 공동위원장 회의와 3차례의 조절위 본회의를 개최하였다.

이와 병행하여 적십자회담도 계속 진행되었다. 남과 북의 적십자단체는 25차에 걸친 예비회담을 통해 이산가족 문제 해결의 기준이 되는 의제 5개항에 합의하고, 이를 이행하는 방도를 모색하기 위해 1972년 8월부터 1973년 8월 북한의 8·28 성명으로 회담 중단을 선언할 때까지 7차에 걸쳐 본회담을 진행하였다.

북한은 7·4 공동성명 이후 남북 간 상대적인 힘의 관점에서 정치·군사

문제를 우선으로 하는 다방면의 합작을 실현하려는 의도를 가지고 있었다. 그러나 남측이 신뢰 회복, 이질화 극복 등을 우선시하며 점진주의적, 기능주의적으로 접근하면서 남북정상회담도 거부하는 등 북측의 합작 기도에 호응하지 않자 남북대화 중단 조치로 반발했다. 여기에는 남한 당국의 6·23 선언을 결적정인 빌미로 삼았다.

그러나 남북대화는 곧 재개된다. 북한의 8·28 성명이 나온 지 두 달 반이 지나고 키신저가 중국을 방문하고(1973.11.10~14) 돌아간 다음 날인 1973년 11월 15일 남측이 중단된 조절위 회의와 적십자회담 재개를 제의한 데 대해 북측이 호응해 나왔다. 북한은 유엔 정치위원회를 앞둔 시점에서 주한미군 철수, UNCURK 해체 등 그들이 주장하는 유엔 결의안 통과를 위해 유화적 이미지 구축이 필요했다.

이제 남북대화는 당국 간 회담으로 조절위 부위원장 회의가 베트남이 공산화되는 직후인 1975년 5월까지 10차에 걸쳐 진행된다. 민간급 대화인 적십자 분야 회담은 제8차 본회담 재개를 위한 대표회의(7차례), 실무회의(25차례) 형태로 1977년 12월까지 진행되었다. 이 실무회의 중단은 북한이 한미 합동 군사훈련(팀 스피리트 78)을 구실로 회담을 중단시킨 첫 사례이다.

그러나 1973년부터 북미 직접대화를 모색하고 있던 북한은 1979년 1월 박 대통령이 남북정상회담 개최 용의를 표명하자 다시 대화의 테이블로 돌아왔다. 비록 남측 당국과 조국전선이라는 북측 사회단체 간에 개최된, 남측은 제4차 남북조절위 개최 문제 협의, 북측은 민족통일준비위원회 설치 문제라는 다른 의제를 가지고 마주 앉은 변칙적인 대좌이긴 했으나, 이 대좌는 3차례 진행되었다.

이와 함께 국제사회에서 남북 간 경쟁의 산물로서 남북체육회담도 개최되었다. 1979년 4월 평양에서 개최된 세계탁구선수권대회에 사실상 남측 선수단 참가를 봉쇄하기 위해 남북 단일팀 구성을 명분으로 개최된 회담이었다.

이렇게 진행된 7·4 남북공동성명 이후 남북관계를 총괄적으로 평가하면 이후락 당시 중정 부장이 말했듯이 "대화 있는 남북 대결"을 특징으로 한다. 7·4 공동성명이 나오기 전 박 대통령은 1970년 8·15 경축사를 통해 남북 어느 체제가 국민을 더 잘살게 하는지 '경쟁'을 하자고 제의하였으나, 7·4 공동성명 체제 형성 과정에서는 사실상 남북 간 대화와 군사적 대결이 병존하는 가운데, 북한의 정치·군사적 '합작' 요구가 수용되지 않음으로써 그 체제의 작동은 결국 중지된다.

이러한 1970년대 남북대화에서 우선 지적할 수 있는 것은 미중 화해라는 국제질서의 변화가 박정희와 김일성의 전략적 선택을 압박하였다는 점이다. 남측으로서는 1960년대 말 북한으로부터 청와대 습격 등 극심한 대남 군사적 교란에 시달렸기 때문에 북한과의 대화는 사실상 생각하기 어려웠다. 4·19 전후로 사회적으로 혁신 계열에서 남북 교류·협상론이 제기되었으나, 정부에서는 여전히 이승만식 대북관을 견지하고 있었다.[44] 1970~71년으로 넘어와 박 대통령은 닉슨 독트린과 미중 화해의 정세 변화라는 우발성 속에서 대결·동맹·화해의 3가지 대안 중 결국 화해의 방안을 선택했다. 여기에는 미국의 강력한 종용이 있었다. 김일성도 중국으로부터 강력한 압력과 함께 군사·경제적 지원을 받았다. 그 결과 남북한은 1971년 일단 남북적십자회담으로 탐색을 시작한다.[45]

44_이승만 대통령은 1949년 2월 18일 성명에서 "북한 괴뢰정권과의 협상은 공산정권의 묵시적인 승인을 뜻하는 것이므로 여하한 모욕적인 협상은 결코 있을 수 없다"고 밝혔다(외교통상부 1999, 90~91; 이규열 1981, 15).

그림 4-1 | 1970년대 초 남북 간 게임: 사슴사냥 게임

* CC〉DC〉DD〉CD		북 한	
		대 화 (협력, C)	대 결 (배반, D)
남 한	대 화 (협력, C)	*4, 4*	1, 3
	대 결 (배반, D)	3, 1	*2, 2*

제3장에서 만약 미국과 중국이 미중 화해의 걸림돌 제거에 강력한 의지를 보여 남북 간 긴장완화 정책을 종용하는 경우, 남북 대결 지속 정책을 동맹 파기로 위협하는 대신 남북 간 협력에 대해 충분한 경제·군사적 지원을 약속하는 경우를 상정해도, 이것은 사슴사냥 게임(Stag Hunt game)의 상황으로 남북 간 협력이 유일한 균형은 되지 않는다는 점을 밝혔다. 이 게임에서는 전략적 불확실성 때문에 〈그림 4-1〉에서 보듯이 쌍방 대화·협력 전략과 쌍방 대결·배반 전략 모두 내쉬 균형이 된다. 따라서 남북 쌍방의

45_사실 박 대통령의 관점에서 바라봤을 때, 이 당시 한반도 상황은 아래의 게임 메트릭스(미국의 미중 화해 독주, 북중협력의 경우 게임)와 가까웠다고 볼 수 있다. 미국은 물론 주한미군 철수에 따라 한국군 현대화에 원조를 했지만, 닉슨의 중국 방문 전 박정희의 만남 요구도 거부했을 뿐만 아니라, 박정희의 편지에 대해서도 3개월이나 지난 뒤에서야 답장을 했다. 반면, 중국은 미중 화해 과정에서 중국과 긴밀히 협의하며 북한의 입장을 미국에 충실히 전달했을 뿐만 아니라 경제적·군사적 원조도 한다. 그렇지만, 미국이 미중 화해의 흐름에 함께할 것을 종용하고, 이를 거스르는 경우 미국이 선도적으로 북한에 접근할 가능성 등으로 박정희의 선호와 게임은 〈그림 4-1〉과 같이 변경될 수밖에 없었을 것이다.

* 남: DC〉DD〉CC〉CD * 북: CC〉DC〉DD〉CD		북 한	
		대 화(협력, C)	대 결 (배반, D)
남 한	대 화 (협력, C)	2, 4	1, 3
	대 결 (배반, D)	4, 1	*3, 2*

협력전략, (대화, 대화)를 확실히 이끌어 내기 위해서는 남북 간에 별도의 노력이 필요한 것이다. 이것이 남북 간 비밀접촉을 통한 당국 간 회담의 유도이다. 〈그림 4-2〉와 같이 남측이 말 해놓기(cheap talk)를[46] 함에 따라 남

46_ 앞에서 살펴본 바와 같이 각 행위자가 가진 사적 정보(private information)가 공유되지 않는 불균형적인 정보(asymetric information)하에서 다른 행위자가 어떤 전략을 선택하는지 모른 채 독자적으로 결정하기 때문에, 죄수의 딜레마 게임이나 사슴사냥 게임에서 최적미달(suboptimal)의 결과가 도출되는 것이다. 이러한 문제를 해결하고 보다 나은 결과를 유도하는 방안이 말 해놓기(cheap talk) 게임으로 불리는 직접적인 의사소통 방법이다.

필자가 "말 해놓기"라고 번역한 것을 게임 이론가들이 "cheap talk"라고 하는 이유는 게임 이론에서 그냥 말만하는 것은 비용이 들지 않는다고 보기 때문이다. 즉 "말하는 것은 싸다는 것이다(Talk is cheap)." 반면, 신호 게임(signal game)에서 행동은 비용을 수반하는 것으로 본다 (Morrow 1994, 250~251).

딕서트(Avinash Dixit)와 스키스(Susan Skeath)의 설명 방식을 채용하여 사슴사냥 게임을 말 해놓기로 설명하면 다음과 같다 (Dixit & Skeath 2009, 317~319). 남한은 이후락-김영주 접촉에 나서기 전에 어떤 전략(대회 또는 대결)으로 나갈 것인지에 대해 북한에게 말하고, 북한은 이를 믿는다고 가정하자. 그리고 이 게임은 〈그림 4-2〉와 같이 2단계로 진행된다고 하자. 제1단계, 실무자 정홍진-김덕현 간 비밀접촉 초기에 남한이 북한에게 대화와 대결 중 어떻게 나올 것인지에 대한 메시지를 준다. 제2단계에서는 〈그림 4-1〉에서와 같은 원래의 동시 게임이 진행된다. 그러면 제2단계에서 각 행위자의 전략은 다음과 같다. (1) 남한의 제1단계 메시지가 "우리 측은 대화전략으로 나가겠다"라는 것이면, 제2단계에서 남과 북은 대화전략을 선택한다. (2) 남한의 제1단계 메시지가 "우리 측은 대결전략으로 나가겠다"라는 것이면, 제2단계에서 남과 북은 대결전략을 선택한다. 따라서 이 때의 균형은 {(대화), (대화, 대화)}로 대화를 하는 것이 되므로 보상값이 상승하게 된다. 이 균형은 말 해놓기(cheap talk)가 작동한 것으로 말 해놓기 균형(cheap talk equilibrium)이라고 한다. 이것은 메시지 전달자가 상대 행위자로부터 무시당하지 않은 결과로 더 많은 보상값을 얻게 되는 경우이다. 이 균형은 역진 귀납법(backward induction)에 의해 구해진 부분게임 완전균형(SPE, subgame perfect equilibrium)이다. SPE는 내쉬 균형중 실제 게임에서 선택되지 않을 열등전략을 제거한 것이다.

그런데 제2단계 전략이 제1단계에서 남한이 무슨 메시지를 전달하든 상관없이 남북 모두의 전략이 대결을 하는 것으로 정해졌다면, 남과 북 중 어느 한쪽이 대결을 선택하는 경우 다른 쪽도 대결을 선택하는 것이 최적(optimal)이다. 따라서 제2단계 부분게임(subgame)

그림 4-2 | 1970년대 초 남북 간 게임: 말 해놓기 게임

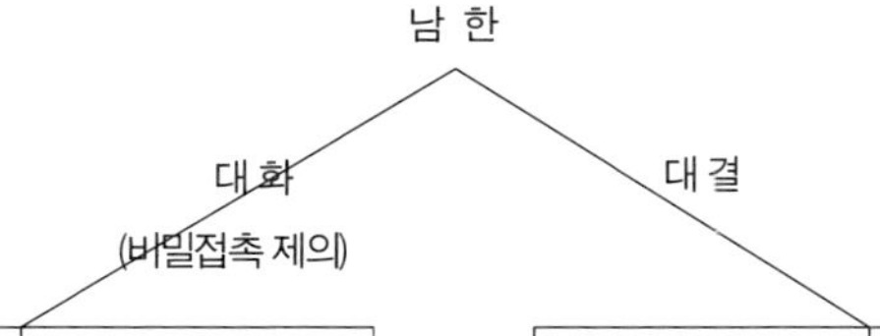

* CC〉DC〉DD〉CD		북 한	
		대화 (C)	대결 (D)
남 한	대화 (C)	*4, 4*	1, 3
	대결 (D)	3, 1	2, 2

* CC〉DC〉DD〉CD		북 한	
		대화 (C)	대결 (D)
남한	대화 (C)	4, 4	1, 3
	대결 (D)	3, 1	*2, 2*

과 북은 확실하게 협력전략으로 돌아설 수 있게 되었다.

그리고 이렇게 새로운 국면에 들어선 남북대화는 중간에 중단되는 사태를 겪으면서도 거의 박정희 정부 말까지 지속된다. 그렇지만, 7·4 공동성명 체제는 당초 남북 주민 모두가 기대했던 대로 원활하게 작동되지는 않는다. 남북대화의 중단에는 북한의 회담에 대한 기대(정치군사 문제 우선의 다방면적인 합작 실현) 미충족에 따른 실망, 남한의 군사훈련(팀 스피리트 78), 북한에 유리한 국제정세 변화(월남 공산화) 등이, 회담의 재개에는 북한의 위장 평화공세 전략에 입각한 국제무대에서의 유화적 이미지 구축 의

에서의 내쉬균형은 대결을 하는 것이 된다. 딕서트와 스키스는 이러한 현상이 나타나는 이유로 역사적·문화적 요인 때문일 수 있다고 한다 (Dixit & Skeath 2009, 319). 남한이 기본적으로 북한으로부터 신뢰를 받지 못하고 있다면, 이런 현상은 충분히 나타날 수 있다. 행위자의 메시지가 무시당하는 결과로 나온 이러한 균형을 헛소리 균형(babbling equlibrium)이라고 한다.

도, 안정적인 유신체제를 지속하기 위해 남북대화를 견인해 나가야하는 박 대통령의 정치적 이익과 결부된 대북 제의(박 대통령의 1974년 남북 불가침 협정 체결 제의, 1975년 휴전협정 존속 전제 하 유엔사 해체 불반대, 1979년 정상회담 개최 용의 표명), 김일성의 남한정세(반 유신세력 확대) 활용 필요성 등이 영향을 미쳤다고 판단된다.

박 대통령의 입장에서 보면, 유신체제가 순조롭게 지속되기 위해서는 남북대화에 북한이 협력해 나오는 것이 매우 필요하였을 뿐만 아니라, 북한이 추후에 대화를 거부하더라도 대화의 끈이 필요했다(CC 〉 CD). 이 후자의 상황보다는 남한이 비협조적이더라도 북한이 스스로 대화에 나오면 더 좋은 것이다(DC 〉 CD). 박 대통령에게 가장 나쁜 상황은 남북 간 대결이 지속되는 것이다(DD). 이제 이것은 유신체제의 지속 명분이 약화되는 것이다. 따라서 박 대통령은 북한의 8·18 성명 이후 이후락을 경질하면서 남북조절위를 가동해 나가고자 하였으며, 70년대 말에는 김일성이 원하는 남북 정상회담까지도 가능하다는 것을 시사한다. 이를 종합해 볼 때, 70년대 중·후반 박 대통령의 선호는 CC 〉 DC 〉 CD 〉 DD가 될 것이다.

이 당시 김일성은 박 대통령이 남북대화를 필요로 하고 있다는 것을 간파할 수 있으므로, 당분간은 남한을 더 압박할 필요가 있다고 보고 있으나 (DC), 비록 남북대화보다는 미국과의 대화에 중점을 두는 방향으로 전환했지만, 경제 하락으로 대결 전략을 계속 추진할 수는 없으므로 대화도 필요한 상황이었다(CC 〉 DD). 그리고 김일성에게 가장 나쁜 상황은 북한이 손을 내미는데 남측이 비협조적인 것(CD)일 것이다.

이러한 남북한의 상황을 게임 메트릭스로 표현하면 〈그림 4-3〉이 되고, 여기서 내쉬 균형은 남한은 대화를 원하지만, 북한이 비협조적인 상황, 즉 (대화, 대결)이 된다.

그림 4-3 | 1970년대 중·후반 남북 간 게임

* 남 : CC〉DC〉CD〉DD 북 : DC〉CC〉DD〉CD		북 한	
		대 화(협력, C)	대 결(배반, D)
남 한	대 화(협력, C)	4, 3	*2, 4*
	대 결(배반, D)	3, 1	1, 2

둘째로, 남과 북 각기의 자기정체성, 상대방에 대한 인식, 정책 정향 등의 문제이다. 정체성 측면에서 남한은 북한에 비해 더 방어적이었다. 남한은 1970년을 전후하여 경제력이 북한에 비해 상대적 우위를 보여 주기 시작했을 뿐이었으며 유신체제에 대한 국내적 저항으로 내부가 안정되지 못했기 때문에 대북 자신감이 약했다. 남북은 모두 상대방을 대화의 상대 동시에 적으로 규정하면서 대화를 통한 정책의 조정·완화를 시도하면서 상호주의 입장을 견지하고 상대에 대한 폭력, 비방·중상도 불사하는 경쟁정책 정향을 보였다. 방어적·수세적 입장에서 대화를 추진하는 한국으로서는 대외적 담론도 매우 신중했다. 사회적 규범의 토대도 진보적 언술을 허용하지 않았다. 따라서 8·15 평화통일 구상 선언 초안 검토회의에서도 법무부와 검찰의 반대에 부딪혀 북한을 비난하는 문구와 전제조건을 붙임으로써 대북 제의의 성격을 희석시켰다.

이에 따라 7·4 공동성명에 따른 통일국가의 비전 제시에도 남측은 북측에 비해 상대적으로 소극적이었다. 남한은 이미 8·15 선언을 통해 북한에게 "누가 잘 사는지 체제 경쟁을 하자"고 하고서도, 수세적인 자기정체성 아래 7·4 성명 이후의 남북관계를 "대화 있는 남북 대결"의 시대로 규정할 수밖에 없었다. 아직은 남북 화해는 고사하고 남북 경쟁보다는 대결이 더 강조되었다. 대화는 하되 여전히 대결도 계속되는 시대로서, 남한 정부는

“지나친 비약적인 생각이나 또 지나친 상상이나 남북대화에 대한 환상적인 그러한 생각은 아주 금물”이라고 국민들의 주의를 환기했다. 공동성명을 발표했다고 해서 공산주의자들의 본질은 변하지 않았다고 강조했다. 공동성명의 통일 3원칙은 남북의 해석이 다를 수밖에 없으며, 그것으로 인해 남측의 정책이 변해야 할 것은 없다는 것이다(김종필 1972.7.5). 따라서 남측은 공동성명 이행에 있어서도 우선 남북 간 오해와 불신 제거, 이해와 신뢰 증진, 남북 간 사회적 이질화 극복 등을 점진적으로 추진해 나가자는 입장을 견지했다. 이산가족 문제도 풀리지 않는 데 정치·군사 문제 제기는 시기상조라는 입장이었다(강인덕 1990, 35~58; 박정희 1972.8.15).

여기에는 박 대통령의 정치적 이해도 결부되어 있었다고 판단된다. 박정희 정부는 전 한반도적으로는 ‘대화와 대결의 병존,’ ‘점진적·기능주의적 통일’의 관념과 함께, 대내적으로는 ‘대동단결’의 담론을 내세우며 유신체제 수립의 길로 나아갔다. 박 대통령은 1972년 제헌절 경축사를 통해 “앞으로 전개될 남북 간 마지막 대결”에서 남한이 승리하기 위해서는 “지금까지 헌정제도를 운용해 오는 과정에서 과연 대의제도의 이름으로 비효율을 감수했던 것은 없는지, 자유만을 방종스럽게 주장한 나머지 사회기강 확립마저 독재라고 모함하지 않았는지, 민주주의가 마치 분열과 파쟁을 뜻하는 것으로 본의 아니게 착각한 일은 없었는지, 깊이 반성해 보아야 할 것”임을 지적했다. 그리고는 “헌정체제의 내실을 거두기 위해 실질적인 노력을 배가”할 것을 국민들에게 요구했다(박정희 1972.7.17). 8·15 경축사를 통해서는 국력의 뒷받침 없는 통일 염원은 환상에 불과한 한 것으로, 국력배양을 가속화하여 이를 평화통일에 효과적으로 활용하기 위해서는 “성실과 능률과 애국심을 바탕으로 국민적 대동단결”을 촉구했다(박정희 1972.8.15). 이어서 10월 17일 비상조치 특별선언(‘10월 유신’)을 통해서는 남북대화를 뒷받침하기 위해 유신이 필요하다고 주장했다. 즉 당시는 "국제정세의 거센 도전을 이겨 내면서, 또한 남북대화를 더욱 적극적으로 과감하게 추진해 나가야 할 중대한 시점"임에도 불구하고, 남한의 "헌법과 각종 법령, 그리고 현 체제는 동서 양극체제 하의 냉전시대에 만들어졌고, 하물며 남북의 대화 같은 것은 전연 예상치도 못했던 시기에 제정된 것이기 때문에 오늘과 같은 국면에 처해서는 마땅히 이에 적응할 수 있는 새로운 체제로의 일대 유신적 개혁"이 필요하다는 것이다(박정희 1972.10.17).

여기서 주목해야 하는 점은 남북관계 바깥에서 생성된 박 대통령의 정치적 이익이 7·4 남북공동성명 체제라는 하나의 제도 안으로 들어옴으로써 남한의 역할 인식도 강화된다는 점이다. 남북대화의 시작도 박 대통령의 이해관계에 의해 자발적으로 이루진 것이 아니었을 뿐 아니라, 3선 개헌을 정당화하는 박 대통령의 담론은 조국근대화 완성과 북한 위협에 대한 대처였다. 그러나 유신을 위한 담론에는 긴장완화라는 국제정세 변동 하에서 약소국의 강대국에 의한 희생 가능성, 남북대화에 대한 대처 등을 불러들였다. 따라서 박 대통령에게는 유신체제의 유지를 위해서도 남북대화가 필요했다. 그렇기에 그는 북한의 1973년 8·28 성명에 따라 남북조절위 부위원장 회의 개최 직전 이후락 중정 부장을 경질하고(1973.12), 북한의 정치·군사적 문제 우선 해결이라는 강력한 요구에 따라, 남북 불가침 협정 체결 제의(1974), 휴전협정 존속을 전제로 한 유엔 사령부 해체 불반대(1975), 남북 불가침 협정 체결 시 주한미군 철수 불반대(1977)를 제의한 데 이어 1979년 1월에는 7·4 공동성명 당시에는 시기상조라고 반대했던 남북정상회담도 전제조건 없이 개최할 것을 제의하기에 이른다. 물론 이러한 제의는 남한의 국력 상승에 따른 자기정체성의 강화가 뒷받침될 수 있으므로 북한 개혁·개방 추진 전략의 시동이 가능하다는 박 대통령의 판단이 있었기 때문에 가능했다고 본다. 남북대화는 박 대통령에게 통일의 주도권이라는 역할 인식에 의미를 강화하여 유신체제를 더욱 정당화할 수 있게 하고, 유신체제는 남북대화를 더 필요하게 하는 방식으로, 남북관계에서의 역할 인식 — 박 대통령의 정치적 이익 — 남북대화라는 제도가 "상호 구성적(mutually constitutive)"으로 작동하게 된 것이다(Wendt 1992, 399).

한편, 북한은 통일 한반도의 비전 제시에 있어서도 공세적이었다. 북한은 통일 3원칙을 통해 의제를 선점했다. 대외적으로 자주·평화·민족대단결에 대한 명확한 논리를 제시하면서 남북 간 다방면적인 합작을 통해 한반도의 평화와 통일을 이룩해 나갈 수 있도록 구체적 실천적 조치를 취하라고 남측을 압박했다. 그들은 자주·평화·민족대단결의 담론으로 김종필, 이후락 등 남측 당국자들의 주장과 자세를 공격·비난했다. 북한은 남한에게 반공정책 포기 및 공산주의 허용, 유엔의 한반도 문제 개입 저지, 주한미군 철수, 국군의 전력 증강 및 군사훈련 중지 등을 요구했다. 그러나 남북조절위를 통한 정치·군사적 합작이 의도대로 되지 않는다고 판단한 북한은 대화와 군사적 대결을 병행하는 조치를 구체적으로 취하게 된다. 조절위 부위원장 회의도 중단하고 남북 직통전화도 단절시키면서도 적십자회담은 지속하는 가운데, 유엔 등 국제무대에서 제3세계와의 유대 하에 외교적 공세를 강화하는 한편, 서해 NLL 불인정과 어선 납북 등 긴장 고조, 문세광 사건, 비무장지대 땅굴 건설, 판문점 도끼 만행 등 남한과 미국에 대해 군사적 도발을 재개했다.

마지막으로 지적할 것은 남북대화 의제의 문제이다. 이는 남북 상호간 인식과 정책 정향의 문제와 더불어 체제(regime)로서 7·4 공동성명 이후의 남북관계의 성격을 검토하는 데도 중요하다. 남과 북의 당국이 이후 남북관계를 이끌어 나갈 원칙과 방향을 제시한 7·4 남북공동성명을 채택한 자체가 쌍방이 남북관계를 제도화해 나가겠다는 의지를 표명했다는 측면에서 중요하다. 자주·평화·민족대단결의 통일 3원칙은 향후 남북관계를 유지·발전시켜 나가는 원칙, 남북관계와 통일 담론의 핵심 요소로서 역할을 한다.[47] 이와 함께 남북 간 비방·중상 중지, 무장도발 금지 등 남북 간의 규범도 제시했다. 조절위 협의 과정에서는 이 규범 문제와 관련하여 상대방 내부문제 불간섭, 상대방에 대한 자기 체제 강요 금지 등의 제의도 있었다. 또한 남북조절위원회 구성·운영, 남북 간 상설 직통전화 가설 등 남북문제 해결을 위한 의사결정 체계도 마련하고자 했다. 이와 관련하여 남북조절위를 통해서는 남북정상회담 → 남북조절위원회 → 5개 분과위(정치·군사·외교·경제·문화 등)로 이어지는 체계를 구축하는 제의도 있었다. 이와 별도로 북한은 정당·사회단체 연석회의 설치도 주장했다. 남북 간 해결과제로 남북 간 다방면적인 제반 교류를 실시하기로 합의하였다. 이와 관련하여 조절위 협의 과정에서 남측은 경제 및 사회문화 분야에서 교류를 우선 실시하면서 군사문제 등 타 분야로 확산해 나가자는 입장에서 경제인 교류, 물자 교류, 자원 공동 개발, 관광 교류 등을 제의하였으며, 북한은 10만 명 이하 감군, 대폭적 군비 축소, 남북 간 무력행사 중지를 보증하는 남북 간 평화협정 등 군사문제 중심의 제의를 하였다. 남북적십자회담에서도 이산가족 문제 해결을 위한 의제 5개항에 합의하였다. 이러한 원칙, 규범, 의사결정 체계, 남북 간 협의·해결 과제들은 향후 남북관계에서의 준거가 되면서 이후 남북기본합의서 체제 형성 과정에서 계속 논의 발전되었다.

47_그러나 통일 3원칙은 제도(institution)로는 발전하지 못하고 있다. 남북 간 자주·평화·민족대단결의 해석이 달라 간주관적 '지식의 공유'가 이루어지지 않고 있기 때문이다.

5장

힘의 변화, 전두환의 공세와 김일성의 선택

이 장에서는 1980년대 남북 간 힘의 변화와 이에 따른 전두환 대통령과 김일성 주석의 선택을 살펴보기로 한다. 여기서 우리는 전두환의 정치적 이익에 바탕을 둔 공세적인 대북 자세에 대하여 김일성의 거부, 수용, 반격 등의 선택, 그 결과로 나타난 남북대화의 갈래와 폭의 확장을 볼 수 있을 것이다. 아울러 1980년대는 남북 간 정통성 경쟁 구도의 축에서 남한은 북한의 체제 변경 전략으로서 북한 개혁·개방을 추진하려고 했던 반면, 북한은 점차 체제 수호에 더 자주 눈을 돌려야 했음을 알 수 있을 것이다. 남북 사이의 이러한 상호작용은 1980년대 후반 세계적인 정세 변화와 맞물려 1990년대 남북기본합의서 체제 형성의 길로 나아가는 바탕이 된다.

1. 1980년대 한반도 환경

1980년대 초반은 신냉전의 시기였다. 1979년 소련의 아프가니스탄 침공으로 미·소 데탕트에 조종이 울린다(McMahon 2003, 141). 미국과 중국 사이에는 1972년 상하이 공동성명 이후 부진했던 관계가 카터 대통령과 덩샤오핑 주석에 의한 새로운 지도부가 형성되어 소련의 팽창정책에 대처해야 하는 공동전략에 따라 1979년 1월 1일부로 국교정상화를 선언하게 된다(서진영 2006, 165~171). 레이건(Ronald Reagan) 대통령은 1980년 대통령 선거 운동 기간에서부터 미국의 군사력과 경제력의 회복을 통해 소련의 침략 행위를 저지해야 한다고 역설한 후 3년 뒤인 1983년 3월에는 소련을 "악의 제국"으로 지칭했다. 레이건은 소련에서 당 서기장으로 등장한(1985) 고르바초프(Mikhail Gorbachev)와 INF 협정 등을 타결하는(1987.12) 등 미소관계가 개선되기까지, SDI 등 군사력 증강과 제3세계에서 공산정권을 군사력과 여타 수단을 통해 적극적으로 파괴시키고자 하는 레이건 독트린을 추진하면서 소련과 대립해 왔다(Kort 1998, 69~80). 이에 따라 레이건 정부에서의 미중관계는 1982년 8월 미중 공동성명 이후 "그야 말로 밀월의 황금 시기를 구가"하면서, 경제적으로 비약적인 발전을 이루는 것은 물론, 군사적으로 중국의 군 현대화 계획을 위한 군사장비 판매와 정보 협력으로까지 확대되었다(서진영 2006, 173) 이러한 정세 아래 소련이 1983년 9월 KAL 747기를 미국의 스파이 비행기로 오인하고 소련 영공을 침입하였다는 이유로 격추시켜 미소관계는 최악으로 치닫게 된다(McMahon 2003, 147~148) 한편, 소련은 1984년부터 북한과의 군사적·경제적 협력을 강화해 나간다.

전두환 정부 기간(1980.9~1988.2) 동안 남북 간에는 1970년대 이후 시작된 남북 간 군비경쟁이 지속되고 있었다. 힘을 통한 평화, 반공노선을 전면에 내세우는 레이건 정부의 등장으로, 한미관계는 전두환 정부의 군부독재적 성격에도 불구하고 매우 돈독해진다. 미국은 전두환 대통령의 미국 방문(1981.2)을 계기로 한국에게 주한미군을 철수하지 않는다는 약속과 함께 대한 방위 공약을 재확인한다. 그해 5월 제13차 한미 연례 안보협의회(SCM)를 통해 미국은 "한국의 안전보장이 동북아시아의 평화와 안정에 주축(pivotal)임은 물론, 미국의 안전보장에도 사활적(vital)이라는 점에 합의"한다.[1] 아울러 남한에 대한 무력 침략은 한미 양국에 대한 "공동의 위해로서, 이를 격퇴하기 위하여 신속하고도 효과적인 지원을 제공"할 것임을 재천명하고, "미국의 핵우산이 한국에 대한 안보를 보강한다는 것을 재확인"했다. 이에 따라 미국은 주한 미2사단의 전투능력 향상 계획을 밝히는 한편, F-16 36대 판매, 스팅거(stinger) 방공체계 구축 등 5년에 걸쳐 7억 2,900만 달러 상당으로 한국군의 전력증강 계획('율곡사업')을 지원하기로 약속한다(조선일보 1981.2.3, 5.1; Korea Times 1981.5.1; Suh 1982, 110~111). 이러한 미국의 대한 방위공약과 군사지원은 전두환 정부 내내 지속된다. 한미는 "전쟁 지속 능력 강화를 위한 제반 제도 및 절차에 합의하여 유사시 미국의 신속한 군수지원이 가능케 하였고, 미 공격 헬기 대대 및 랜스 부대가 한국에 전개되도록 하여 연합방위 전력을 실질적으로 강화"했다(국방부 1988, 125). 팀 스피리트 연습, 독수리 연습 등 한미 합동 군사훈련은 1981~

1_미국은 1968년부터 매년 개최해 오던 한미안보협의회(SCM)를 1980년에는 전두환 장군이 대통령이 되겠다는 정치적 야망에 따른 움직임에 반대한다는 의사의 표시로 "무기한 연기"했다. 이때는 전두환이 1979년 12·12 이후 1980년 4월 중앙정보부장 서리로 갔을 때이다(Oberdorfer 2001, 124).

82년 당시 사상 최대의 훈련이었으며 독수리 연습의 경우 비정규전 훈련도 병행했다.[2] 그리고 1983년 10월 아웅 산 묘지 폭파 테러 사건[3] 한 달 후, 일부의 우려에도 불구하고 한국을 방문한 레이건 대통령은 미국 대통령으로는 처음으로 DMZ를 시찰하고 미군 장병들을 격려했다(국방부 1988, 110~111; Cha 1999, 172~175, 316).

박 대통령 사후 국내의 민주화 요구를 억압하고 등장한 남한의 신군부 정권은 내부의 정통성 기반이 매우 취약했다. 따라서 전두환은 국내외적으로 대통령으로서 권위와 위엄을 상징적으로 보여 줄 수 있는 구체적 정책 프로그램의 개발이 절실했다. 이를 위한 가장 좋은 자원이 통일문제였다. 민족문제는 대통령이 담당해야 할 가장 적합한 의제이기도 했다.[4] 따라서 전 대통령은 취임한지 넉 달 만인 1981년 1월의 남북 당국 최고책임자 상호 방문 제의, 그 1년 뒤의 민족화합 민주통일방안 천명 및 20개 시범 실천

2_한미동맹 차원에서 한·미 방위조약에 의거한 미국과의 합동 군사훈련은 1969년 포커스 레티나(Focus Retina)를 시작으로, 1971년부터 프리덤 볼터(Freedom Volt), 1976년부터 팀 스피리트(Tean Sprit)로 이어지고 있었다. 1961년부터 한국 단독으로 실시했던 비정규전 부대 훈련인 독수리 연습은 월남 패망 이후 1976년부터 한미 합동 군사훈련으로 발전했다(국방부 1988, 110~112; 2002, 329~337; 최창규 1976, 438).

3_아웅 산 묘지 폭파 테러 사건은 전 대통령이 1983년 10월 8일부터 25일까지 버마(현 미얀마), 인도, 스리랑카, 호주, 뉴질랜드, 브루네이 등 6개국 순방 일정으로 버마에 도착, 10월 9일 아웅 산 국립묘지 참배를 위해 각료들이 도열해 있고 전 대통령은 아직 도착하지 않은 상황에서, 북한 공작원 2명이 설치한 폭발물을 터트려 서석준 부총리를 비롯한 남한 정부 각료 등 17명이 순직한 사건이다(동아일보 1983.10.8~10.13). 북한은 1982년 가을 전 대통령의 아프리카 방문 시 가봉에서 암살하기로 계획했다가 마지막 순간에 김정일의 지시에 의해 철회되었다고 한다(Oberdorfer 2001, 142).

4_일반적으로 제3세계 군부정권들은 정통성 보완의 방법으로 유럽의 파시즘과 달리 민족주의보다는 국가안보, 반공, 전통주의 복구, 경제 현대화 등의 이데올로기를 불러 들였으나(Petras 1981), 한국의 군부정권은 한국의 역사적 특수성으로 민족주의도 함께 불러 들였다.

사업 제시, 그 이듬해 2월 북한의 정당·사회단체 연석회의에 대응한 남북한 당국 및 정당·사회단체 대표회의 제의, 1984년 8월의 남북 간 물자교역 및 경제협력 제의 및 대북 기술·물자 제공 용의 표명 등 연속적으로 공세적인 대북 제의를 해 나간다. 이러한 가운데 1984년 여름에 발생한 서울의 수해 피해에 대한 북한의 대남 수재물자 제공 제의를 수락함으로써 남북관계의 물꼬를 트게 된다.

1980년대 중반까지, 북한과 중국·소련과의 유착관계는 변화를 거듭했지만, 북한의 동맹관계는 큰 흔들림이 없었다. 북한과 중·소와의 동맹이 기본적으로 "소련(러시아) 혹은 중국으로 완전히 유착하거나 또는 양국 간에 완전 중립을 유지하지 않은 채 마치 추의 운동이 한 회전을 하지 않고 반 회전을 그리는 듯한 준 유착(semi-aligned tilt)"의 성격을 띠고 있었기 때문이다(김용호 1996, 19). 물론 북한은 중국과 소련의 남한 접근 움직임을 극도로 경계하고 저지하고자 했다. 남한 경제력의 성장과 더불어 86 아세안 게임과 88 서울올림픽은 북한을 더욱 조바심 나게 했다. 1980년대 중반으로 갈수록 미중관계가 급속히 진전되는 데 따른 여파에 대한 걱정도 많았다. 이러한 상황에서 북한은 1984년부터 소련에 대한 접근을 강화한다.

김일성은 1961년 10월 소련 공산당 제23차 당대회 참석 이후 23년 만인 1984년 5월 군사, 경제, 외교 분야 각료급 당정 대표를 포함하여 300명에 이르는 대규모 방문단을 이끌고 소련을 방문하여 체르넨코에게서 군사·경제적 지원을 약속받는다.[5] 이를 계기로 북·소 간에는 1985년 3월 체르넨코의 사망으로 집권한 고르바초프의 아시아 중시 정책에 따라 북·소

5_이때는 레이건 대통령과 나카소네 수상이 중국을 방문하고, 이어서 후야오방(胡耀邦) 당 총서기가 북한을 방문한 직후이다.

간 군사·경제협력이 강화된다. 1985년 말까지 소련은 MiG-23 전폭기 약 60기, SA-3 지대공 미사일 30기를 제공하는 등 1981년부터 1985년까지 군사장비 이전만 약 9.9억 달러에 달했다. 이에 대한 대가로 북한은 소련 전투기가 북한 영공을 지나 베트남으로 가는 것, 나진, 청진항 등에 소련 군함이 정박하는 것, 소련의 정찰기, 폭격기, 해상첩보기가 원산에서 남포를 거쳐 서해로 나가는 것 등을 허용함으로써 소련이 중국에 대해 전략적 우위를 점할 수 있는 조건을 제공했다.[6] 아울러 고르바초프의 초청에 따른 김일성의 1986년 방소 때 소련은 MiG-29 전투기, SU-25 전투기, SA-5 방공 미사일, 조기경보 레이더 등을 주기로 약속했다. 1986년부터 양국은 동해상에서 비공개 합동 해상 기동 훈련을 실시한다(오진용 2004, 132~138, 155~158; Ahn 1991, 822~823; Lho 1989, 1156~1157). 소련은 북한에 대한 경제적 지원도 강화한다. 1985년 12월 강성산 총리의 방소에 따라 양국 간 1986~1990년간 무역 및 경제 협조 발전에 관한 의정서가 교환되고, 경제·기술 협조 협정, 원자력 발전소 건설 기술 협정 등을 체결함으로써 제2차 7개년 계획(1978~1984)의 수행 문제를 '조정'하여 제3차 7개년 계획(1987~1993)으로 나아갈 수 있는 기반을 마련했다(오진용 2004, 158~164).

6_오진용에 의하면 북한이 소련에 제공하는 군사협력은 소련 외무차관 카피차(Mikhail Kapitsa)가 1984년 11월 12일부터 27일까지 평양을 방문함으로써 구체화된다. 이때 카피차와 합의하기 전에 김일성은 중국의 지도부와 상의하기 위해 11월 26일부터 28일까지 긴급히 베이징을 방문하여 덩샤오핑, 후야오방, 자오쯔양(趙紫陽) 등과 회담한다. 중국 측은 소련에 해군기지 제공 등을 반대했으나, 김일성은 미중 군사협력, 한중 경제교류 등을 언급하며 중국을 공박하고 돌아와 일부는 중국 측 요구를 수용하고, 특히 소련 공군기의 북한 영공 통과를 그대로 밀고 나간다(오진용 2004, 149~154).

한편, 북한에 제공된 무기의 양에 대해서는 학자들마다 차이가 있다. 여기서는 로동신문(1986.10.26)을 인용한 안병준 교수의 계산에 따른다.

그런데 고르바초프는 김일성이 소련을 방문하기 이전인 1986년 5월경에 정치국 회의를 통해 소련의 남한 접근을 강화하기로 결정했다. 그러나 이 당시만 해도 고르바초프의 대북 정책은 이전의 북소관계의 틀과 노선을 크게 벗어나지는 않았다.[7] 물론 김일성은 고르바초프를 만난 이후 그를 신뢰할 수 없다고 생각했을 뿐만 아니라 북소관계의 장래에 대해 더욱 걱정하게 된다. 김일성이 고르바초프를 만난 주요 이유 중의 하나도 1984년 체르넨코를 만났던 이유와 마찬가지로 군사·경제적 원조를 얻는 것 외에 소련의 남한 접근에 대한 걱정 때문이었다.[8] 김일성은 고르바초프에게 남한에 배치된 핵무기와 미군을 철수하도록 미국을 압박해 달라는 부탁도 하고자 했다(E. Bazhanov 1992; N Bazhanov 1992; Oberdorfer 2001, 158~160).

7_오버도퍼에 의하면, 고르바초프는 김일성을 만날 때만 해도 집권한지 19개월밖에 지나지 않아 새로운 소련의 정책노선을 발전시킬 정도로 멀리 나가지는 못했다고 한다. 한편으로, 고르바초프는 김일성 정권을 과거부터 내려온 부담으로 생각하고 또 그의 주체사상과 개인숭배에 대한 의구심도 있었지만, 여전히 북한을 사회주의권의 한 나라로서, 상호 원조의 조약국으로서 소련과 긴밀한 "특별한 동맹"으로 생각해서 군사적·경제적 지원을 했다는 것이다. 다른 한편으로는, 고르바초프가 김일성을 만나기 직전인 1986년 10월에 개최된 레이건과의 레이캬비크(Reykjvik) 정상회담에서 레이건으로 하여금 SDI를 포기시키지 못하고 돌아와 보수파와 군부 일부로 부터 서방에 너무 양보한다는 강력한 비판을 처음으로 받은 것도 김일성과의 연대를 선언한 원인이었을 것으로 보고 있다는 것이다(Oberdorfer 2001, 159~160).

8_이미 소련은 1983년 9월 소련의 KAL기 격추 이전에 북한의 강력한 반대에도 불구하고, 한국 기업과 소련 무역회사 간의 제3국을 통한 거래를 허용했을 뿐만 아니라, 1983년 10월 초에 개최되는 국제의원연맹총회(IPU)에 소련 국회대표단 파견을 허용했으나 KAL기 격추에 따른 소련에 대한 국제적 비난으로 이를 취소했다. 재미있는 사실 중의 하나는 이때 김일성을 만난 고르바초프가 먼저 중국이 남한과 경제관계를 맺고 있는 것을 맹비난하면서 소련은 남한과 관계를 맺지 않을 것이라고 말했다는 점이다(Oberdorfer 2001, 140, 159). 이 당시 김일성은 중국이 사회주의를 포기할 수도 있다는 걱정도 했다(Person 2010, 370).

북한이 1984년부터 소련에 대한 접근을 강화하자 중국도 북한에 대한 관계에 더 신경을 쓰게 된다. 이 전에도 중국은 1970년대 말 미중관계의 진전 등에 따라 소련으로 기울어진 김일성이 1982년 9월 중국을 방문한 것을 계기로 20~40대에 이르는 A-5 전투기를 제공한다(김용호 1996, 217). 아울러 중국은 1982년 8월 이후 미중관계의 급속한 진전, 1983년 10월 아웅 산 묘지 폭파 테러 사건에 대한 중국의 대북 비판적 태도 등으로 북중관계가 냉각되었음에도 불구하고, 북한과 1982년 10월에 장기 무역협정(1982~1986)을 체결한 데 이어 1986년 9월에 새로운 장기 무역협정(1987~1991)을 체결하여 북한이 제3차 7개년 계획을 수행하는 데 필요한 경제적·기술적 지원을 했다(Kim 1998, 106). 한편, 중국은 북한이 소련과 군사·경제적 협력을 강화하는 1984년부터 김일성에게 "강요하다시피" 남북대화를 추진할 것을 요구하는 한편, 소련과의 군사협력 관계를 축소할 것을 요구했다. 북한이 한·미·일 3각 협력체제 구축과 미중 군사협력에 대응하여 북·소 간 군사협력을 강화할 것이 아니라 남북 간 대화와 협력을 통해 심각한 북한의 경제난도 해결하라는 것이었다[9](오진용 2004, 178~200).

9_이러한 중국의 남북대화 압박은 1984년 11월 김일성이 중국을 방문했을 때 후야오방 당 총서기로 부터 시작되었다(오진용 2004, 178).

한편, 북한은 남측에 보내는 수재물자 제공이 끝나는 시점인 1984년 10월 3일 적십자회담을 비롯하여 경제·체육·문화 분야의 회담을 제의했다. 이후 북한은 1985년 김일성 신년사를 통해 남·북·미 3자회담과 남북 사이의 "폭넓은 협상과 다방면적인 합작과 교류를 실현"하기 위해 매진하겠다고 천명한 후, 4월에 남북국회회담을 제의하고 7월부터 남북 간 정상회담을 위한 비밀접촉도 시작한다. 따라서 1984년부터 시작된 남북대화가 중국의 압박만은 아니라는 것을 알 수 있다. 더구나 북한은 1986년 1월 남한의 팀 스피리트 훈련을 구실로 남북 간 비밀접촉을 제외하고 경제·적십자·국회회담을 중단한다. 특히 경제회담은 합의가 거의 다 된 상황에서 중단되었다. 물론 김일성은 1985년 5월 그의 요청에 따라 신의주를 방문한 후야오방과 회담을 하면서, 남북회담만으로 통일문제가 해결될 수 없기 때문에 "남북회

김일성은 1980년 10월 6차 당대회를 통해 새 통일방안, 북한이 그리고 있는 미래의 한반도 청사진으로 고려민주연방공화국 창립 방안을 천명했다. 김일성으로서는 남한의 정통성 없는 군부정권을 상대할 이유는 없었으며, 통일문제는 남한의 민주정권이 들어섰을 때 협의하면 되는 것이었다(김일성 1981.7.3, 211~212). 따라서 1980년대 초 북한은 남한의 신군부 정권을 대화상대로 인정하지 않고 원색적으로 비난하는 가운데 남한 내부에서의 반정부 투쟁을 조장해 나간다. 한편, 김일성에게는 6차 당대회를 계기로 후계자로 전면에 부상한 김정일이 권력 기반을 확고히 다질 수 있도록 제2차 7개년 계획(1978~1984)을 차질 없이 수행하는 것이 중요했다.[10] 다른 한편, 혁명원로들로부터 혁명가극 제작 등으로 문화예술 분야에서 능력을 인정받은 김정일은 세습에 의한 권력의 기반을 다지는 과정에서 내부적으로, 특히 군부세력에게 담대한 지도자로서의 자질을 검증받을 필요가 있었던 것 같다. 김정일은 이러한 면모를 과시하기 위해 그의 주도 아래 1983년 10월 9일 버마에서 아웅 산 묘지를 참배하려는 남한 대통령 살해를 기도하여 정부 각료 등 남측 인사 17명을 살해했다.

그러나 북한은 제2차 7개년 계획(1978~1984)도 목표달성에 차질을 빚기 시작한다. 이러한 조짐은 과거와 달리 초과목표 달성을 선전하지 않는 데서부터 나타났으며, 중앙통계국이 김정일 생일날인 1985년 2월 16일에 이 계획이 완료되었다고 슬그머니 발표한 데서 알 수 있다(통일부 2003 230;

담을 전 세계에 대한 정치선전의 목적으로 회담을 '하다-말다'하는 식으로 임할 생각이다"라고 말했다고 한다(오진용 2004, 185).

10_그동안 '당 중앙'으로만 불려오던 김정일은 1980년 제6차 당대회에서 주석단에 등장하고 정치국 상무위원, 비서국 비서, 군사위원회 위원으로 선출됨으로써 후계자로 공식화되었다(통일부 2003, 85).

Kihl 1984, 74). 결국 북한은 앞의 경제계획들과 마찬가지로, 제3차 7개년 계획에 앞서 1985~86년을 '조정기'로 설정했다.[11] 따라서 김일성으로서는 대외 전략의 수정이 불가피했다. 더구나 당면하게는 1983년 10월의 아웅산 묘지 폭파 테러 사건에 따른 국제적 비난과 외교적 고립에서 우선 탈출해야 했으며, 심각해진 외채 지불 불능 문제와 서방으로 부터의 신규 차관 도입 부진 등 경제난 해소를 위해 추진 중인 합영법(1984.9)을 통해 해외자본을 유치하기 위해서는 한반도에서의 평화 분위기 조성도 어느 정도 필요했다고 본다. 이러한 상황에서 김일성은 1984년 5월 17일부터 7월 1일까지 소련과 동유럽 7개국을[12] 순방하며 경제적 지원을 확보하는 한편, 그해 9월 서울에서의 홍수를 계기로 한 수재물자 제공 제의를 남측이 수락하자, 이를 적극 이용하여 북한이 선도적으로 남북회담의 개최 의지와 필요성을 제기하면서 적십자회담, 경제회담, 국회회담 등을 성사시킨다.

그러나 북한은 그동안 남북 간 군사적 대결로 초래된 경제적 자원 배분의 비효율성을 극복하기 위해서는 그들이 당면한 모순의 핵심 고리부터 풀어야 했다.[13] 이를 위해 북한은 1983년 10월부터 남한도 미국과 함께 "오늘 조선에서의 긴장 상태 격화에 책임이 있는 다른 일방"이라는 이유를 내

11_북한은 제1차 7개년 계획(1961~70)을 중간에(1966.10) 3년 연장했으며, 그 다음 6개년 계획(1971~76)도 2년간의 완충기를 설정하여 부진한 부문을 조정했다(통일부 2003, 228~230).

12_동유럽 7개국은 폴란드, 동독, 체코슬로바키아, 헝가리, 유고슬라비아, 불가리아, 루마니아이다.

13_이러한 사정은 남한은 고도성장의 경제력으로 전력증강 사업인 제1차 율곡사업(1974~81)에 이어 제2차(1982~86), 제3차(1987~92) 사업을 통한 군비증강을 무리 없이 추진할 수 있었으나, 북한의 경우 "1980년대에 실질적인 성장이 정지"되어 "주로 병력 위주의 지상군 증강으로 국한"될 수밖에 없었다는 데서 잘 알 수 있겠다(함택영 1998, 185~191).

세우며, 남한도 북한·미국과 "동등한 자격을 가지고 참가"하는 '3자회담' 형식을 통한 대미접촉을 추진했다(북한 중앙인민위원회·최고인민회의 상설회의 연합회의 1984.1.10a; 1984.1.10b). 3자회담, 특히 남한이 북한·미국과 동등한 자격으로 참가하는 회담은 그동안 북한이 거부해 왔던 것이다. 그러나 남한과 미국이 이번 북한의 3자회담 제의를 수용하지 않음에 따라, 김일성은 1985년 신년사를 통해 남·북·미 3자회담과 남북 사이의 "폭넓은 협상과 다방면적인 합작과 교류를 실현"하기 위해 매진하겠다고 천명한 후, 1986년 이후부터는 정치·군사 중심의 다방면적 합작 노선으로 전환해 나간다.

한편, 북한은 1986년 아시아 경기대회에 이어 1988년 서울올림픽을 통한 남한의 대내외적 힘의 상승을 저지하기 위해 초기에는 남한에서 올림픽을 개최하는 것을 저지하는 운동을 벌이다가 쿠바 카스트로의 조언에 따라 IOC 중재를 통한 남북한 올림픽 공동 개최라는 무임승차 전략을 추진했다. 그러나 이것도 뜻대로 되지 않자 남한 당국에 대한 보복과 남한 정세 전환의 차원에서[14] 남한의 대통령 선거를 보름 앞둔 1987년 11월 28일에 중동에서 귀환하는 남한 노동자가 대거 탑승한 KAL기를 폭파하는 테러를 감행하게 된다.

14_북한은 1985년 10월부터 1987년 7월까지 4차에 걸친 IOC 중재 하의 로잔느 체육회담에서 서울올림픽 공동 개최 문제와 관련하여 그들의 요구사항이 관철되지 않자, 1987년 8월 김유순 북한올림픽위원장 명의의 담화를 통해 남한의 대통령 선거에서 "민주세력이 집권하게 되고 남한사회의 민주화가 실현되면 북한이 단일팀을 구성하여 올림픽 경기에 참가할 수도 있을 것이고 또는 남북 공동개최 문제도 무난히 해결할 수 있을 것"으로 기대를 표명하였다(국토통일원 1988a, 325).

2. 북한의 대남 인식과 남북관계·통일 담론

북한은 1980년 10월 제6차 당대회를 통해 통일방식과 통일된 한국의 정체성으로서 기존의 「고려연방공화국」 안을 보다 구체화한 「고려민주연방공화국」 안을 제시했다. 김일성은 남북의 사상과 제도를 그대로 두면서 남과 북에 두 개의 지역자치 정부를 수립하고 그 위에 통일연방정부로서 「최고민족연방회의」를 구성하고, 그 상임기구로 「연방상설위원회」를 조직하여, 이 기구들을 통해 정치, 군사, 외교 문제를 비롯한 "나라와 민족의 전반적 이익과 관계되는 공동의 문제들을 토의 결정하며 나라와 민족의 통일적 발전을 위한 사업을 추진하고 모든 분야에서 북과 남 사이의 단결과 합작을 실현"하자고 제안하였다. 연방국가의 대외 정책 노선과 관련해서는 "어떠한 정치군사적 동맹이나 블록에도 가담하지 않는 중립국가로 되어야 한다"고 주장하였다. 이와 함께 고려민주연방공화국 정책방침으로 10가지의 시정방침을 제시하였다[15](김일성 1980.10.10, 345~348). 이렇게 수정 제시된 북한의 연방안은 종래의 "과도적 대책"으로서 연방이 아니라 최종적인 통일국가 형태로서 연방제를 제시했다는 특징이 있다.[16]

15_북한은 10대 시정방침으로 ① 모든 분야에서 자주성 견지와 자주적 정책 실시, ② 모든 분야에서 민주주의 실시 및 민족적 대단결 도모, ③ 경제적 합작 교류 실시 및 민족경제의 자립적 발전 보장, ④ 과학, 문화, 교육 분야에서 교류협조 실현과 민족문화예술, 민족교육의 발전, ⑤ 교통·체신 연결과 자유로운 이용 보장, ⑥ 근로대중과 전체 인민들의 생활안정 도모 및 복리의 계통적 증진, ⑦ 군사적 대치상태 해소와 민족연합군 조직 및 외래 침략으로부터 민족 보위, ⑧ 해외동포들의 민족적 권리와 이익의 옹호 및 보호, ⑨ 통일 이전의 대외관계의 처리 및 두 지역정부의 대외활동 조절, ⑩ 통일국가로서 모든 나라들과 우호관계 발전 및 평화 애호적 대외 정책 실시 등을 제시하였다(김일성 1980.10.10, 348~356).

16_북한의 연방 제안 변천 및 내용에 대한 체계적인 분석은 김학준 1987, 233~257, 통일부

김일성은 북한의 연방제 안은 그들이 "조국통일 3대 원칙으로 제시하여 남북이 공동으로 확인하고 내외에 엄숙히 선포한" 자주, 평화, 민족대단결의 3대원칙에 따른 것임을 주장하며, 자주적 평화통일을 실현하기 위해서는 (1) 남한에서의 군사파쇼 통치 청산 및 사회 민주화 실현, (2) 한반도 긴장 상태 완화 및 전쟁 위험 제거(대미 평화협정 체결), (3) 미국의 '두 개의 조선' 책동 저지 및 대남 내정간섭 종식 등이 필요하다고 주장했다(김일성 1980.10.10, 343~345).

전두환 정부에 대해 김일성은 "남조선의 현 군사파쑈 분자들이 감행하고 있는 폭압만행은 그 야수성과 잔인성에 있어서 세계의 모든 파쑈 독재자들을 훨씬 뛰어넘고 있[다]"면서, 현 대통령과는 마주 앉을 수 없으며 "앞으로 남조선에서 군사파쑈 분자들이 '정권'의 자리에서 물러나고 민주인사가 정권의 자리에 올라앉으면 그와 회담할 수 있을 것"이라고 주장했다(김일성 1980.10.10, 341; 김일성 1981.7.3, 212~213).

이와 같이 김일성은 7·4 성명의 통일 3원칙을 내세우고, 고려민주연방공화국 안에 따른 한반도의 미래상을 새롭게 제시하면서, 남한 현 집권세력에 대해서는 군사파쇼 폭압 정권으로 규정하여 통일협상의 대상에서 제외하고, 통일문제는 남한의 정당·사회단체, 개별인사 등과 협상하면 된다는 입장이었다(김일성 1981.7.3, 211~212).

2003, 468~476 참조.

3. 전두환 정부의 대북 인식과 남북관계·통일 담론

남한의 북한에 대한 인식과 통일국가의 미래상, 남북관계 및 통일에 대한 담론은 전두환 정부에 들어와 더욱 체계화되어 제시되었다. 전두환 정부는 우선 북한을 한반도에 존재하는 정치적 실체로서 인정하는 박정희 정부의 대북 인식을 바탕으로 북을 대화의 상대로 적극 인정했다. 이는 남한의 국력이 북한에 비해 빠르게 상승하고 있으며, 국민들의 대북 자신감 또한 증대하고 있다는 자기정체성을 바탕으로 하고 있다.[17] 박 대통령이 통치 말년에 와서야 1979년의 1·19 제의를 통해 남북정상회담도 가능하다는 것을 시사했지만, 전 대통령은 취임 초기인 1981년 1월 12일 국정연설을 통해 남북 당국 최고책임자 상호 방문을 제의했다. 물론, 북한이 대남 무력 노선을 추구하고 있고, 심각한 경제난을 겪고 있으며, 북한 주민을 억압하고 있는 정권이라는 인식에는 변함이 없었다. 통일국가의 미래상과 남북관계의 담론은 「민족화합 민주통일방안」과 이에 뒤따르는 「남북한 기본관계에 관한 잠정협정」, 「20개 시범 실천사업」 등으로 정리되었다.

민족화합 민주통일방안은 남한이 처음으로 체계적으로 제시한 통일국가의 미래상이다. 이 통일방안은 제네바 정치회담 이래 통일의 방법으로 인구비례에 의한 남북 총선거론, 비정치 군사문제 해결에서 정치군사 문제 해결로의 기능주의적, 점진적·단계적 접근법 등의 기본전략을 바탕으로,

17_남한의 경제는 1979년 오일 쇼크, 중화학공업 투자 조정, 정치적 격변 등으로 GNP 성장률이 1985년 경상가격 기준으로 1980년에 마이너스 3.7%의 성장을 기록한 후, 1981년 5.9%의 성장을 기록하고 1980년대 말까지 6% 이상의 성장을 지속하고 있었다. 특히, 1983년과 1986~88년은 12% 이상의 성장을 기록했다(Lee 1996, 162).

7·4 공동성명의 통일 3원칙과 6·23 선언, 남북조절위 회의의 파행 이후 남한 측이 제안한 상호 불가침 체결, 남북경제 협력, 시기·장소·수준을 불문한 무조건적 당국 대화 등의 인식까지 포함하여 통일의 과정과 방법, 통일의 미래상을 처음으로 체계화한 것이다.[18]

1982년 1월 22일, 제109회 국회 본회의에서 행한 전 대통령의 1982년도 국정연설을 통하여 밝힌 민족화합 민주통일방안은 대체로 다음과 같은 골격으로 구성되어 있다(국토통일원 1988a, 481~485; 동아일보 1982.1.22).

우선 통일의 원칙으로 통일은 "민족자결의 원칙에 의거하여 겨레 전체의 자유의사가 반영되는 민주적 절차와 평화적 방법"으로 이룩되어야 한다고 밝혔다.

통일의 방법에 있어서는 기본적으로 통일은 "민족 전체의 통일 의지를 한데 모아 통일헌법을 채택하고 그 헌법에 따라 통일국가를 완성시키는 것"임을 밝히고, 이 통일헌법은 남과 북의 대표로 구성되는 가칭 「민족통일협의회의」가 기초하여 남북한 전역에 걸쳐 민주 방식에 의한 자유로운 국민투표를 통해 통일헌법을 확정, 공포하고, 그 헌법이 정하는 바에 따라 총선거를 실시하여 통일국회와 통일정부를 구성함으로써 통일국가를 완성한다는 것이다. 이 통일국가의 미래상은 "민족·민주·자유·복지의 이상을

18_이 이전 남북관계에 대한 체계적인 정리는 박 대통령의 1974년도 광복절 제29주년 경축사에서 밝힌 「평화통일 3원칙」이라고 할 수 있겠다. 그것은 ① 한반도 평화 정착, 이를 위해 남북은 상호 불가침 협정 체결, ② 남북 간 상호 문호 개방 및 신뢰 회복, 이를 위해 남북대화의 성실한 진행과 다각적인 교류협력 실시, ③ 이러한 바탕 위에서 공정한 선거관리와 감시 하의 「토착 인구비례에 의한」[강조 -필자] 남북한 자유 총선거를 통한 통일 달성 등이다. 그러나 통일국가의 미래상은 '자유민주주의 국가'가 내재되어 있을 뿐 구체적으로 제시되지 않았다(국토통일원 1988a, 463~472).

추구하는 통일민주공화국”으로 제시하고 있다.

그리고 남과 북이 이러한 통일을 이루어 나가기까지 민족화합과 정상적인 남북관계 운영을 위한 실천 조치로서 남북한 기본관계에 관한 잠정협정 체결을 제의했다.[19] 이와 함께 전 대통령은 남북정상회담의 절차 문제를 협의하기 위한 장관급 예비회담 개최를 제의했다.[20] 한편, 국토통일원은 이러한 통일방안을 뒷받침하는 후속 조치 차원에서 1982년 2월 1일 북한과 함께 추진할 20개 시범 실천사업을 제시했다[21](국토통일원 1988a, 171~173).

19_이 협정에 포함되어야 할 사항들로 다음 7가지를 제시하고 있다. ① 통일까지 호혜평등 원칙에 입각한 상호관계 유지, ② 분쟁문제는 무력과 폭력을 지양하고 대화로서 평화적으로 해결, ③ 서로 상대방의 정치질서와 사회제도를 인정하고 내정문제 불간섭, ④ 휴전체제를 유지하고 군비경쟁 지양과 군사적 대치상태 해소 문제 협의, ⑤ 상호 교류와 협력을 통한 사회적 개방을 추진하여 분단 고통과 불편 해소 및 민족적 신뢰와 화합 분위기를 조성. 이산가족 재회를 포함한 남북 간 자유로운 인적 왕래와 다각적인 교류 촉진을 위해 제 분야(교역, 교통, 우편, 통신, 체육, 학술, 교육, 문화, 보도, 보건, 기술, 환경보존 등)에서 협력, 민족 이익 증진, ⑥ 통일까지 전 세계 모든 나라들과 각기 체결한 쌍무적 다자간 국제조약과 협정을 존중하고 민족이익에 관한 문제 서로 협의, ⑦ 서울과 평양에 각기 상주 연락대표부 설치 등이다(국토통일원 1988a, 483~484).

20_전 대통령은, 이 통일방안은 당초 남북정상회담이 실현되면 거기서 북측에 제시하려고 구상했던 것이라고 밝혔다(국토통일원1988a, 482). 그리고 이 통일방안을 제시하기에 앞서 전 대통령은 남한 외교의 궁극적 목표는 “세계무대에서 북한과 부질없는 경쟁을 하려는 것도 아니고 또 세계 속에서 북한을 외교적으로 고립시키는 것도” 아니며, “한반도의 긴장을 완화하고 항구적인 평화를 확보함으로써 나라와 민족의 평화통일을 위한 탄탄대로를 닦자는 데”있다고 밝힘으로써 북한에게 유화적인 메시지를 주려고 노력했다(동아일보 1982.1.22).

21_20개 시범 실천사업은 ① 서울·평양 간 도로 연결·개통, ② 이산가족 우편 교류 및 상봉, ③ 설악산 이북과 금강산 이남지역을 자유관광 공동지역으로 개방, ④ 해외동포들의 조국방문 공동 주관 및 판문점을 통과 쌍방지역 자유방문 허용, ⑤ 남북 간 자유교역 실시를 위해 인천항과 진남포항을 우선적으로 개방, ⑥ 남북 간 모략방송 장치와 방송 청취 통제 장치 제거 및 정규방송 자유 청취, ⑦ 1986년 아시안경기대회 및 1988년 올림픽대회에 북한 측

남북관계 및 통일에 대한 담론과 통일국가의 미래상의 관점에서 보면 이 통일방안은 기본적으로 북한의 연방제 안에 대한 대응으로 평가된다.

우선, 7·4 공동성명의 통일 3원칙과 관련하여 '자주'는 '민족자결'로, '민족대단결'은 '민주적 절차'로 대체된다.

둘째로 남북관계 운영과 통일의 성취에 있어서 "통일과 평화라는 목표의 이중성을 인정"하고 이에 따른 추진 구도를 제시하였다. 통일의 목표는 민족통일협의회의의 통일헌법 마련을 통해, 평화의 목표는 남북한 기본관계 잠정협정의 체결을 통해 달성하고자 하는 구도이다(이홍구 1987, 169). 이렇게 남북관계에서는 통일의 목표뿐만 아니라 평화의 목표도 있음을 드러냄으로써, 남측으로서는 소위 '통일 지상주의'를 극복하고 점진적·단계적 통일의 논리를 더욱 확고히 내세울 수 있게 되었다.

셋째로 지적할 수 있는 것은 통일방안의 명칭에서 볼 수 있듯이 민족과 민주 개념을 특화한 담론의 전개이다. '민족'의 특화와 관련하여, 특정 계층이나 집단에 의한 계급적 통일이 아니라, 민족 전체를 대상으로 하는 민족 전체의 통일이 강조된다(이상우 1987, 115). 이와 함께 국토통일이 아니라 민족통일의 관점이 제시된다. 따라서 통일헌법 마련의 단계 이전에 남북

선수단이 판문점을 통과하여 참가, ⑧ 모든 외국인들에게 판문점 통과, 쌍방지역 자유 왕래 보장 ⑨ 자유 공동어로 구역 인정, ⑩ 정치인, 경제인, 청년학생, 근로자, 문예인, 체육인 등 각계 인사 간의 상호 친선방문 실시, ⑪ 쌍방기자들의 상대방 지역 내에서의 자유로운 취재활동 보장, ⑫ 민족사의 공동연구, ⑬ 각 종목별 체육 친선 교환경기 개최 및 각종 국제경기대회 단일팀 구성·참가, ⑭ 쌍방 일용 생산품 교역, ⑮ 남북 자연자원 공동개발 및 공동이용, ⑯ 동일 제조업체 간의 기술자 교류 및 생산품 전시회 교환·개최, ⑰ 비무장지대 내에 공동경기장 시설을 마련, 남북 간 친선경기에 이용, ⑱ 비무장지대 내 공동 학술조사 ⑲ 비무장지대 내의 군사시설 완전히 철거, ⑳ 남북 간 군비통제 조치 협의 및 쌍방 군사책임자 간 직통전화 설치·운용 등이다(국토통일원 1988a, 172~173).

간 신뢰 조성과 함께 "민족생활의 모든 영역에서 통일을 저해하는 요인들을 착실하게 해소시켜야 할 필요성"을 지적하고 있다(국토통일원 1988a, 483). 국토통일이 아닌 민족통일이 되어야 하는 이유는 "분단의 대상이 된 것은 한반도라는 국토와 더불어 한민족이라는 것, 그리고 그 분단을 인식하고 경험하는 것은 바로 한민족을 구성하는 한국인이라는 것" 때문이다(이홍구 1987, 163).

그리고 근대적 민족국가의 특징이 민족을 구성하는 개개인의 국민 또는 시민으로서 국가 참여가 제도화된다는 것이다. 따라서 민족화합 민주통일방안은 "민족·민주·자유·복지의 이상을 추구하는" 나라로 통일국가의 미래상을 그리면서 민족을 앞세우고 있다(국토통일원 1988a, 482). 이것은 지난 100년의 민족사에서 새 통일방안을 내놓은 그 당시까지 "현실적 차원에서 일관성 있게 그 중추적 위치를 차지해 온 개념이 민족"이기 때문이다(이홍구 1987, 165). 그리고 이 민족은 "민족공동체에 참여하는 시민"을 지칭한다는 의미에서 민주와 직결된다는 것이다(이홍구 1987, 167). 그래서 "통일은 어느 특정 계층이나 집단에 의하여 독점적·배타적으로 주도되어서는 안 되고", "겨레 전체의 자유의사가 반영되는 민주적 절차"에 의한 통일이 강조된다(국토통일원 1988a, 481).

마지막으로 통일논의에 대한 대북 심리적 열세의 극복을 지적할 수 있겠다.[22] 이에 따라 민족통일협의회의를 설치하여 통일헌법 초안 작업을 하

22_이와 관련하여 이홍구 교수(전 통일부 장관·국무총리)는 그동안 체계적인 통일방안이 나올 수 없었던 이유로 30여 년 동안 남한사회가 가지고 있던 5가지의 대북 심리적 위축을 들고 있다. ① 남북분단의 책임이 남측이 더 있는 듯한 인상을 완전히 극복하지 못한 점, ② 공산당 및 북한의 침략성과 기만성에 대한 증오와 두려움, ③ 북한에 대한 남한의 대처능력에 대한 신뢰도 저하, ④ 유럽에서의 미군 주둔을 잘 알면서도 주한미군으로 인한 자주성 결여

자는 구도를 제시함으로써, 최고민족위원회(김일성 1960.8.14), 대민족회의(김일성 1973.6.23), 최고민족연방회의(김일성 1980.10.10) 등 북한의 통일전선적 통일논의 방식을 수용했다.[23] 그리고 북한의 고려민주연방공화국 안도 통일헌법의 수립 과정에서 협의의 대상에 포함시킴으로써 이를 상대화했다. 즉 통일국가의 "정치이념과 국호, 대내외 정책의 기본방향, 정부 형태와 국회 구성을 위한 총선거의 방법과 시기 및 절차 등은 민족통일협의회의가 구성되어 쌍방이 통일헌법을 기초하는 과정에서 토의, 합의할 문제들"임을 밝히면서 북한이 구상하는 통일헌법 초안을 이 민족통일협의회의에 "정정당당하게 내어 놓고 우리 측의 초안과 비교·검토하는 가운데 하나의 단일안을 만드는 절차에 동의하여야 할 것"이라고 밝히고 있다(국토통일원 1988a, 482~483).

이 당시 이러한 제의가 가능했던 것은 통일문제의 주도로 대내적 정통성을 보완하고자 했던 전두환 정권의 의지가 반영되었다고 볼 수 있으며, 이를 가능한 사회·경제적 조건은 남북 간 경제적 격차와 남한 주민들의 반공의식이라고 할 수 있겠다. 또 하나 중요하게 지적되어야 할 것은 6·23 선언이 한반도에 사실상의 정부가 공존하고 있다는 것을 공식 시인한 것이라면, 새 통일방안은 한국 정부가 한반도에서의 유일 합법정부라는 입장이 수정될 수 있다는 것을 "헌법적 차원에서 시인"했다는 점이다. 통일국가는 새 헌법을 통해 수립된다는 것을 밝힘으로써 당시 한국의 헌법이 서독의

의 심리, ⑤ 통일과 같은 비중으로의 평화유지 목표 설정이 통일 열의 부족 또는 분단 영구화 인정으로 인식되는 부담 등이 그것이다(이홍구 1987, 176~177).

23_통일헌법을 「민족통일협의회의」가 기초하는 방안은 노태우 정부의 한민족 공동체 통일방안의 남북연합 단계에서 남과 북 쌍방을 대표하는 동수의 국회의원이 100명 내외로 구성되는 「남북평의회」에서 기초하는 것으로 수정된다(국토통일원 1989c).

기본법과 같은 잠정적 성격임을 인정한 것이다(이홍구 1987, 179).

4. 새로운 담론과 정체성에 따른 남한 사회 조직화

전두환 정부의 남북관계 및 통일에 대한 새로운 담론, 남한의 정체성, 대북 인식 등은 시민사회에 대한 코프라티즘(corporatism)적 조직화로 뒷받침되었다.[24] 우선 전두환 정부는 새 헌법을 통해 「평화통일정책자문회의(평통자문회의)」를 헌법기관으로 설치한다는 것을 명문화했다.[25] 평통자문회의는 박 대통령의 유신헌법에 따라 대통령 간접선거 기구로 1972년 설치되었던 「통일주체국민회의」가 전두환 정부 수립으로 해체된 후, 이 조직의 상당 부분을 계승하여 설립되었다. 1981년 6월 5일 설립된 이 기구는 "초당적, 범국민적 기반 위에서 통일의 주도세력을 형성한다"는 취지에서 전국 각 지역의 지도급 인사, 각 정당의 지도급 인사, 주요 사회단체와 직능단체 대표, 이북 5도 및 해외동포의 대표 등 각계 인사로 구성되었다(남북대화 제26호, 18; 민주평통 사무처 2001, 77~94).

이와 함께 민간 통일운동 단체의 새로운 조직화의 실례는 「민족통일협의회」의 결성이다. 이 단체는 1979년에 결성된 「통일꾼 협의회」를 개편·

24_코포라티즘적 사회 조직화에 대해서는 Schmitter 1977, Stephan 1978 참조

25_이와 관련된 당시 헌법 규정은 다음과 같다. "제68조 ① 평화통일 정책의 수립에 관한 대통령의 자문에 응하기 위하여 평화통일정책자문회의를 둘 수 있다. ② 평화통일정책자문회의의 조직·직무범위 기타 필요한 사항은 법률로 정한다."

평통자문회의는 1987년 개정된 헌법에 따라 1988년 2월 25일 「민주평화통일자문회의(민주평통)」로 개칭되어 지금까지 존속되고 있다.

발전시킨 것으로, 초기에는 북한의 조국평화통일위원회에 대응하는 단체로 인식되기도 하였다. 민족통일협의회의 뿌리는 1977년 국토통일원 소속 기관인 통일연수원의 '유도' 아래 일어난 통일꾼 운동이다. 당시 통일연수원은 통일교육 이수자 중 우수 활동가 50명을 추출하여 "자발적으로 민간 통일촉진 운동을 전개하도록 유도"함에 따라, 1977년 12월에는 450명의 통일교육 이수자를 중심으로 통일꾼 운동을 전개하기 시작하였다. 특히 통일꾼 협의회는 박 대통령이 시기·장소·수준을 불문한 무조건적 대화를 북에 제의한 것(1979년 1·19 제의)을 뒷받침하는 차원에서 1979년 3월 1일을 기해 남북한 당국 간 대화 촉구 1천만인 서명운동을 전개하기도 하였다(통일연수원 1987, 152~155). 민족통일협의회도 1981년 5월 결성된 이래 남북 당국 최고책임자 회의 제의 등 각종 정부의 대북 제의를 북한 측이 수락할 것을 촉구하는 활동을 하거나, 자료 발간 등을 통해 통일 홍보활동을 전개하는 등 정부의 통일정책을 측면 지원하는 역할을 해왔다(통일노력60년 발간위원회 2005, 123~124).

이러한 조직화는 북한의 조국통일민주주의전선(조국전선), 조국평화통일위원회(조평통)의 활동에 직접 대응하기 위한 것, 즉 북한이 연방제 실현, 남한 당국의 고립·압박 등을 위해 남북 정당·사회단체 연석회의, 대민족회의, 전민족대회, 남북 정치인 100인 연합회의 등 통일전선적 통일논의를 제안하는 데 적극 대처하기 위한 것이었다.[26]

26_남북 제 정당·사회단체 연석회의는 북한이 1948년 3월에 제의하여 김구, 김규식 선생 등의 참석 하에 4월 19일부터 26일까지 개최된 남북 제 정당·사회단체 연석회의 이후, 한국전쟁 이후에도 기회가 있을 때마다 제의를 해오던 것이다. 대민족회의는 1973년 박 대통령의 6·23 선언에 대항하여 그날 저녁 김일성이 후사크 체코공산당 제1서기 환영대회에서 조국통일 5대 방침을 제시하면서 함께 제의한 것이다. 전민족대회는 1979년 박 대통령의 1·19

5. 북한의 남북총리회담 제의를 통한 탐색

북한은 박 대통령이 서거하고 1979년 12월 21일 최규하 정부가 출범하자 1980년 1월 12일자로 북한 정무원 총리 이종옥 명의로 "대한민국 국무총리 신현확" 앞 서한을 통해 직접 만나 대화할 것을 제의했다.[27] 특히 이 편지는 대한민국 국호를 처음 사용했다. 정부는 이 점에 유의하면서 북한의 제의를 긍정적으로 수용하여 1월 24일 신현확 총리 명의로 남북총리회담을 위해 차관급을 수석대표로 하는 실무대표 접촉을 2월 6일 판문점 또는 쌍방이 합의하는 장소에서 가질 것을 제의했다[28](국토통일원 1988a,

---

제의 직후인 1월 23일 제의한 것이다. 남북 정치인 100인 연합회의는 1982년 1월 22일 전두환 대통령이 민족화합 민주통일방안을 제시하면서 민족통일협의회의를 구성하여 통일헌법을 기초하자는 것을 염두에 두고, 북한이 2월 10일자로 제안했다. 이에 대해 남한 측은 2월 25일자로 남북한 고위대표회담을 제의한다.

여기서 주목을 끄는 사실은 북한이 한국전쟁 이후에도 기회가 있을 때마다 제의를 해오던 이러한 회의를 1983년 1월에 남북 정당·사회단체 연석회의로 제의한 이후 중단하다가 1987년 6·29 선언으로 남한이 민주화에 진입하게 되자 1988년 1월 1일 김일성이 신년사를 통해 다시 제의했다는 것이다.

27_이 편지는 북한 부주석 겸 당 중앙위 비서이며 조국평화통일위원회 위원장인 김일이 남측 각계인사 11명에게 보내는 편지와 함께 왔다. 김일이 편지를 보낸 각계 인사는 이희성 육군참모총장, 김종필 민주공화당 총재, 정일권 민주공화당 총재 상임고문, 김영삼 신민당 총재, 양일동 민주통일당 총재, 김철 통일사회당 고문, 안필수 통일사회당 위원장, 김수환 한국천주교 중앙협의회 회장, 윤보선·함석헌·김대중 민주주의와 민족통일을 위한 국민연합 공동의장 등이다(남북대화 제23호, 14~18).

28_이 서한에서 남한도 북한에 대해 「조선민주주의인민공화국」으로 명기했다. 이와 관련, 이동복 남북조절위 남측 대변인은 "북한 당국의 정식 호칭 사용이 뜻하는 것은 북한 측이 신총리에게 보낸 1월 11자 「정무원 총리」 편지에서 대한민국 국호를 사용한 데 대한 오직 상호주의 원칙에 입각한 조치일 뿐 그 이상의 다른 법적·정치적 의미를 갖는 것은 아니다"라고 부연했다(남북대화 제23호, 19).

137~138).

남측 당국으로서는 이미 박 대통령의 1979년 1·19 제의를 통해 아무런 조건 없이 어떤 수준에서의 대화도 가능하다는 입장을 내놓은 바 있으며, 북한이 10·26 박 대통령 시해 사건 이후의 남한 정세를 이용하여 혼란을 조성하는 것을 방지하기 위해서도 북측 당국과 대화 채널을 유지할 필요가 있다고 판단한 것 같다.

한편, 북한으로서는 1979년 10·26 사건 이후 남한 정세가 유동적인 점을 감안, 다방면적인 합작의 실현 차원에서 각계 인사뿐만 아니라 남한 당국과의 대화 채널도 열어 둘 필요가 있었다고 판단된다. 아울러 남북 간 대화 채널을 열어 놓음으로써 남한의 군부가 북한의 위협을 빌미로 정권을 유지하면서 민주화의 진전을 가로막는 행위를 저지할 필요가 있다고 판단했을 것이다. 따라서 1·19 제의에 대해서는 변칙 대좌로 맞섰던 북한은 남한의 국호를 정식으로 사용하면서 남북 간 "그 모든 차이점과 과거를 논하지 말고 하루빨리" 남북대화를 재개할 것을 제의하고, 그 대화는 이미 북한이 주장하고 있는 "폭넓은 정치협상 회의와 함께" 남북 당국 간 대화, "더 나아가서 고위 당국자 회담도 성숙시켜 나갈 용의"가 있다고 밝혔다(남북대화 제23호, 12; Kim 1981, 114~115).

「남북총리회담을 위한 실무대표 접촉」으로 진행된 이 대화는 1980년 2월 6일부터 8월 20일까지 10차례 진행되었으나, 기본적으로 북한이 10·26 사건 이후 남측의 유동적인 정세 하에서 새로운 정치세력과의 새 합작의 가능성을 파악하기 위한 차원에서 시작되었기 때문에, 전두환 군부세력으로 정권의 향배가 정해지는 단계에서 회담이 계속 진행될 수가 없었다. 따라서 쌍방이 총리 간 대화의 명칭 문제, 회담 의제 문제 등으로 논란을 벌이는 가운데, 1980년 6월 제9차 회담부터 실질 문제 토의를 외면해 오던 북한 측이 결국 제11차 실무대표 접촉을 이틀 앞둔 1980년 9월 24일 방송을 통해 일방적으로 회담 중단을 선언하고 남북 직통전화도 다시 받지 않음으로써 대화는 더 이상 진행될 수 없었다(국토통일원 1988a, 136~150). 10월 10일부터 진행될 제6차 당대회를 앞둔 북측으로서는 원칙적인 입장에서 군부를 상대하는 대남 정책을 추진할 수는 없었던 것으로 볼 수 있겠다.

6. 전두환 정부에서의 남북대화 전개

1) 남북 간 회담 제의·거부·수용의 공방

북한은 전두환 정부의 남북한 당국 최고책임자 상호 방문(1981. 1.12), 남북 당국 최고책임자 회담(1981.6.5), 이 회담의 절차 문제를 협의하기 위한 장관급 예비회담(1982.1.22) 제의 등 일련의 남북대화 제의에 대해 "앞으로 남조선에서 군사파쑈 분자들이 '정권'의 자리에서 물러나고 민주인사가 정권의 자리에 올라앉으면 그와 회담할 수 있을 것"이라는 입장이었다(김일성 1981.7.3, 211~212). 그러나 이러한 입장은 적어도 1984년부터는 유지될 수가 없었다. 1975년부터 외채문제가 심각해 진 북한은 제2차 7개년 경제계획(1978~1984) 초기부터 경제적 침체에 들어서기 시작했다. 북한은 제2차 7개년 계획 기간 동안 계획의 추진 결과도 발표하지 못했다. 결과는 계획 종료 이듬해인 1985년 2월 16일, 김정일 생일을 기해 국가계획위원회를 통해 뒤늦게 동 계획이 1984년 말에 완료되었다고 발표됐다(통일부 2003, 229~230). 이러한 상황에서 북한은 1983년 10월 9일 그들이 일으킨 아웅 산 묘지 폭파 테러 사건에 따른 국제적 비난과 고립에서 우선 탈출해야 했다. 따라서 이러한 대남 도발 이후 분위기 반전을 위해 남북대화를 제의한다.

김일성은 1984년 신년사를 통해 "미제와 남조선 괴뢰도당의 악랄한 '두 개 조선' 조작 책동과 새 전쟁 도발 책동으로 말미암아 조국통일의 앞길에는 커다란 난관이 조성"되고 있다고 평가하고, 1월 10일 중앙인민위원회·최고인민회의 상설회의 연합회의를 통해 남한 당국도 "동등한 자격을 가지고 참가"하는 남북한 및 미국 간 3자회담을 제의했다[29](북한 중앙인민위원회·최고인민회의 상설회의 연합회의 1984.1.10a; 1984.1.10b). 그러나 남측은

29_한국과 미국이 1979년 7월 1일 한미정상회담 공동성명을 통하여 「남·북·미 고위 당국 대표회의」(남·북·미 3당국회의)를 제의했을 때, 북한은 7월 10일 외교부 대변인 성명을 통해 주한미군 철수, 평화협정 체결 문제는 북·미 간 회담을 통해서 해결해야 할 문제로서, 북한과 미국의 단독회담이 먼저 이루어져야 하며, 이 회담을 진행하면서 한국과 관련된 문제가 제기될 때에만 미국이 요청하면 남한 당국을 "옵서버로 참가시키는 것을 허용할 것"이라며 사실상 거부했다. 이에 대한 상세 설명은 제4장 각주 42 참조.

오버도퍼에 의하면, 레이건 행정부 당시 헤이그 국무장관은 3자회담 안에 대해 반대했으나, 국무부 주중 대사관 관리들은 여전히 이 안을 가지고 중국 측과 북측에 접촉했다고 한다. 특히, 1983년 9월 주중 미대사관 측이 북측과 접촉하며 북미관계 개선사항의 하나로 이 안을 제시했다고 한다. 북한은 아웅 산 묘지 폭파 테러 사건 하루 전날인 1983년 10월 8일 중국을 통해 미국 측에 3자회담 제의를 수락한다는 메시지를 전함으로써, 그 신빙성을 의심받았으며 덩샤오핑(鄧小平)도 한동안 북한 인사를 접견하지 않을 만큼 매우 화가 났다고 한다. 그런데 한 달 뒤 한국을 방문한 레이건 대통령은 한국 국회 연설(1983.11.12)에서 "남북간 직접대화가 필수적"이라면서도 "행정부의 실제적인 사고를 반영하지 않은, 상투적인 언사"로 "우리[미국 -필자]는, 종종 강조해 왔듯이, 한국이 동등하게 참가하면 어떠한 협의의 장에서든 북한 측과 회담할 의사가 있다"고 발언했다. 북한은 이 발언을 액면 그대로 받아들여 이듬해인 1984년 1월에 중국의 자오쯔양 수상을 통해 레이건 대통령과 슐츠 국무장관에게 제의문을 보냄과 동시에 남측에도 제의했다. 그러나 미국도 남한과 마찬가지로 남북 직접대화를 촉구하며 이를 거부하면서 필요하면 중국을 포함하여 4자회담을 하자고 중국 측에 제의했다(조선일보 1983.11.13; Oberdorfer 2001, 146~147).

통일원 장관 성명, 총리 대북 서한, 대북 성명 등을 통해 남북한 직접대화를 촉구하며 이를 거부했다[30](남북대화 제34호).

한편, 북한은 1984년 3월 30일 남북체육회담을 제의한다. 1984년 로스앤젤레스 올림픽 등 국제경기 단일팀 구성 및 남북체육회담 실시 문제를 의제로 진행된 이 회담은 올림픽 대회 참가 선수 명단 제출 마감일인 6월 2일까지 겨우 2개월 남겨 놓고 협의를 하는 것은 무리였다. 결국 4월 9일부터 5월 25일까지 3차례의 접촉으로 단일팀 구성에 대한 아무런 합의도 보지 못하고 회담은 중단되었다. 북한의 자세는 LA올림픽에 다른 공산권 국가들과 함께 불참하기로 미리 방침을 정해 놓고 대화 불참 명분도 얻고 국제적 이미지도 개선하기 위해 회담을 제의한 것으로 의심받았다[31](국토통일원 1988a, 190~203).

전 대통령도 남북 간 직접 대화의 의지를 강하게 가지고 1984년 8월 20일 하계 기자회견을 통해 당시의 비정상적인 남북관계를 지양하고 경제협력을 통한 남북 공동번영의 차원에서 "남북 간의 교역과 경제협력을 실시할 용의가 있으며, 북한 측이 동의한다면 북한 동포의 생활향상에 실질

30_그 이유는 북한이 이미 아웅 산 묘소 폭파 테러 하루 전날(1983.10.8) 미국에 제의함으로써, 남한 정부로부터 그 신빙성을 의심받았을 뿐만 아니라, 비록 남한 당국을 '동등한 자격으로' 참가시킨다는 형식을 취했지만, 그 일차적 목적이 북미 간 평화협정과 남북 간 불가침협정을 통해 주한미군을 철수시키는 데 목적이 있다는 것이 분명했기 때문이다. 오버도퍼에 의하면, 김일성은 1984년 소련과 동유럽을 순방하는 길에 5월 31일 동독의 호네커와의 대화를 통해 3자회담을 제의한 그의 솔직한 속내를 드러냈다. 김일성은 3자회담 제의 목적이 주한미군 증강을 저지하고 미군의 남한 주둔 이유가 없다는 것과 미국이 한반도 통일을 원하고 있지 않다는 것을 만천하에 공개하는 데 있다는 것이다(Oberdorfer 2001, 147).

31_북한은 이 체육회담이 진행되고 있는 동안에 체코 프라하에서 다른 공산권 국가들과 함께 LA 올림픽 참가 거부 서명을 마쳤다. 그러고도 남한 측에 단일팀이 아니면 남한이 단독 출전을 해서는 안 된다고 주장했다(남북대화 제35호, 55).

적으로 기여할 수 있는 기술과 물자를 무상으로 제공할 용의"가 있음을 밝혔다(8·20 제의)[32](남북대화 제36호, 7~12; 동아일보 1984.8.21).

이에 대해 북한은 이러한 남측의 대북 우위적 제안에 대해 8월 25일자 로동신문 논평을 통해 원색적으로 비난했다[33](로동신문 1984.8.25). 그러나 그 후 북한은 남한에 수해가 발생하자, 9월 8일 수재물자 제공을 제의하고, 남한이 이 제의를 북한의 예상을 뒤엎고 수락함으로써 남북대화는 새로운 차원으로 진행되었다.[34] 이후 남과 북은 경제회담(제1~5차, 1984.11.15~

32_당시 북한은 경제난을 해결 노력의 하나로 외국자본과 기술을 유치하는「합영법」제정(1984.9), 청진항과 원산항 개방 등을 검토하고 있다는 것으로 알려지고 있었다. 따라서 남측으로서는 남북 간 경제교류를 촉구하는 것은 당연한 것으로 생각했다.

33_북한의 비난 내용의 일부를 인용하면 다음과 같다(로동신문 1984.8.25). "근 500억 딸라의 외국빚을 짊어지고 있어 인구 1인당 대외부채에서 세계 첫자리를 차지하고 있으며 해마다 수백만톤의 식량을 수입하지 않고서는 살아갈 수 없는 국제거지가 무상제공이요, 뭐요하는 것은 도대체 어울리지도 않는다. … 만신창이 된 식민지 경제를 붙안고 쩔쩔매고 있는 자들이 제코도 씻지 못하는 주제에 도대체 누구를 돕겠다는 것인가. 오늘 우리나라에서 중공업과 경공업, 농업 생산력은 자본주의 세계가 겪고 있는 경제파동에도 끄떡하지 않고 해마다 높은 속도로 장성하고 있다. … 남조선 괴뢰들에게 진짜 남에게 그 무엇을 제공할 밑천이 있다면 기아와 빈궁의 나락에서 헤매는 남조선의 가난한 주민들부터 구제하며 수백억 딸라에 이른 외국빚을 갚아 민족의 이름이나 더럽히지 말라, 이것이 우리의 대답이다. 북과 남의 경제협력이 진정한 의미에서의 협력으로 되자면 그것은 나라의 통일을 전제로 하고 그에 철저히 복무하는 것으로 되여야 한다."

34_당초 이 제안에 대해 남측의 실무진은 북한의 제안을 거부하는 것으로 방침을 정했다. 북측이 남측의 거부를 예상하고 아웅 산 묘지 폭탄 테러 사건 이후 대외적 평화 공세의 선전전의 일환으로 제안한 것으로 보았기 때문이었다. 그러나 청와대 보고 과정에서 전 대통령의 지시에 의해 북한 제의를 수락하는 것으로 방침이 변경되었다(박철언 2005a, 157~158).

그리고 북측이 1984.9.29~10.4 간 제공한 수재 물자량은 다음과 같다. ① 판문점(자동차 370대): 쌀 5만석, 천 50만m, 의약품 14종 759상자, ② 인천항(배 9척): 시멘트 65,000t, ③ 북평항(배 4척): 시멘트 35,000t(남북회담사무국 1995, 82~83).

오진용에 의하면, 북한은 남한이 예상을 뒤엎고 북한의 수재물자 제의를 수락하자 제공할

1985.11.20), 적십자 본회담(제8~10차, 1985.5.27~12.5), 국회회담 예비접촉(제1~2차, 1985.7.23~9.25), 이산가족 고향방문단 및 예술단 교환(1985.9.20~9.23) 등을 개최함으로써 1970년대보다 남북 간 협의 의제가 확대되었다.

이러한 일련의 회담이 진행될 수 있었던 것은 우선 북측으로서는 아웅산 묘지 폭파 사건 이후 국제적 고립 탈피와 경제난 해소를 위해 추진 중인 합영법을 통한 해외자본 유치를 위해서는 한반도에서의 평화 분위기 조성이 필요했기 때문이다.[35] 한편, 이 시점에서 북한 측이 회담에 나설 수 있었던 계기적 요인은 남측이 북측의 수재물자 제공 제의를 수락함으로써 북측의 체면을 세워 준 것, 북한이 남북관계를 주도하는 모양새를 갖추도록 해 준 것 등이라 평가된다. 남측의 1984년 8·20 제의에 대해 원색적으로 비난했던 북측은 수재물자 제공이 끝나가는 시점인 10월 3일 완전히 태도를 바꾸어 북한적십자 위원장의 담화를 통해 적십자회담뿐만 아니라 경제회담, 체육회담, 문화 분야 회담 개최의 의지와 필요성을 제기한다[36](손성필 1984).

물자가 없어 크게 당황했다고 한다. 북한은 비밀리에 김환 부총리와 현준극 당 국제부 부부장을 중국에 파견하여 자오쯔양 총리에게 지원을 요청했다. 북한은 남한에 지원하겠다고 발표한 전량을 중국이 지원해 줄 것을 요청했으나, 중국은 북한 요구의 반만 지원했다(오진용 2004, 145).

35_이와 관련, 전두환 대통령은 북한이 "버마 사태가 실패하자 우회하여 포위하는 전법으로 바꾼 것 같다. 북한은 바람으로 옷을 벗기는 전략으로부터 햇빛으로 웃으면서 옷을 벗기는 전략으로 바꾸었다. 1984년 허담이 등장할 때부터는 무장공비도 안 들어오고 폭력을 쓰지 않아 오히려 우리를 해이하게 만들고 적개심과 경각심이 풀리도록 하고 있다"라고 평가했다(박철언 2005a, 180).

36_북한적십자회 중앙위원회 위원장 손성필은 1984년 10월 3일 담화를 통해 다음과 같이 주장했다(손성필 1984). "우리의 이번 인도주의적 발기는 빈말로 하는 '선전'도 아니며 딴 속심에서 나온 '평화공세'도 아니다. … 우리는 지금이야말로 모든 편견을 털어 버리고 북과 남의 적십자 단체들이 내디딘 귀중한 첫걸음을 통일을 향한 거족적인 대행진에로 나아갈 좋은 기회라고 생각한다. 나는 이와 같은 견지에서 이번의 역사적인 사변이 북과 남사이의 다방면

2) 남북경제회담

남북경제회담은 북한의 수재물자 인도·인수 직후인 1984년 10월 14일 남측의 제의로 성사되었으며,[37] 회담 진행 과정에서 제시된 제안사항들은 1970년대의 한정된 영역에서 제안된 경제합작보다 훨씬 폭넓고 체계적으로 제시되었다. 1972년 제1차 남북조절위(1972.11.3~12.2)에서는 북한측이 적극적으로 경제 분야 합작을 주장하면서 지하자원 공동 개발·이용, 남북한 어로 개방 및 자유로운 어로 활동 보장, 남한지역 관개공사 등과 이러한 사업들을 구체화하기 위한 경제합작위원회 구성·운영 방안을 제시하였다. 1982년 2월 남측이 제시한 20개 시범 실천사업에서도 경제교류 분야는 서울·평양 도로 연결·개통, 설악산·금강산 자유관광 공동지역 설정·개방, 인천·남포항 개방, 공동어로구역 설정, 일용생산품 교역, 자연자원 공동 개발·이용, 기술자 교류, 상품전시회 교환 개최 등으로 나열되어 있었다. 이 경제회담에서 쌍방은 제1차 회담(1984.11.5)에서부터 남북 간 교역과 경제협력에 대해 구체적인 안을 제시함으로써 제4차 회담(1985.9.18)에

적인 합작과 교류를 실현하며 험난한 조국통일의 길을 개척하는 전환적 계기로 되기를 바라마지 않는다. 이와 같은 염원으로부터 출발하여 조선민주주의인민공화국 적십자회 중앙위원회는 우선 쌍방 적십자들 사이의 직통전화를 이번 구호물자 기간뿐 아니라 앞으로도 계속 운영해 나갈 예정이다. 우리는 직통전화를 통하여 서로 연계를 유지하면서 앞으로 쌍방 적십자 단체들의 회담을 마련하기 위하여 남조선 측과 협의를 진행해 나갈 것이다. 북과 남 사이에는 인도주의적 문제뿐 아니라 다른 분야에서도 시급히 풀어야 할 문제들이 많다. 우리는 우리의 노력에 발맞추어 경제 분야에서도 자원을 공동개발하고 호상협조와 교류를 실현하기 위한 쌍방 간의 접촉과 대화가 이루어져야 할 것이며, 체육회담도 재개하고 문화 분야에서의 합작과 교류도 조속히 실현되어야 한다고 인정한다."

37_남북경제회담 제의 안은 전 대통령의 8·20 제의의 후속조치로 북한의 수재물자 제공 제의 이전부터 준비되고 있었던 안이었다.

서는 각기 남북 간 물자교류 및 경제협력, 남북경제협력기구 설치에 관한 종합적인 합의서 안을 제시했다. 쌍방은 이 합의서 안에서 물자교류 및 경제협력사업 추진 방법에 관해서만도 20개항에 걸쳐 구체적으로 제시했다[38](국토통일원 1988a, 264~293). 이때 제시된 합의서 안은 최종 합의는 보지 못했지만, 추후 남북기본합의서의 토대가 되었다.

3) 남북적십자회담

적십자회담은 북측이 남측의 경제회담 제의(1984.10.14)를 수락한 후, 1984년 10월 29일 적십자 본회담 개최를 위한 예비접촉을 제의함으로써 성사되었다. 1985년 5월 27일부터 30일까지 서울에서 개최된 제8차 적십자 본회담에서는 「남북 이산가족 고향방문단 및 예술단 교환 방문」을 실시하는 데 합의함으로써, 9월 21일부터 2일까지 평양에서 남측 이산가족 35명이 평양에서 재북 가족 35가구 41명을, 북측 이산가족 30명이 서울에서 재남 가족 30가구 51명을 상봉했다(남북회담사무국 1995, 100~108).

이외 1985년 5월 27일부터 12월 5일까지 3차례 진행된 제8~10차 적십자 본회담에서는 적십자회담 의제 5개항의 실천에 대한 토의가 진행되었다.[39] 남측은 「의제 5개항 사업 실시에 관한 기본합의서(안)」, 「'남북적십

38_남북경제회담에서 쌍방이 제시한 합의서는 크게 (1) 물자교류 및 경제협력 사업 추진 방법, (2) 남북경제협력공동위원회 설치, 두 개의 구조로 되어 있으며, 공동위 설치에 관해서도 9개항으로 상세히 열거되어 있다. 물자교류 및 경제협력 사업 추진 방법의 20개 항목에 대한 남과 북의 입장에 대해서는 통일원 1993a, 404~419를 참조하라. 자세히 보면 남북 간 입장 차이가 큰 것은 많지 않다는 것을 알 수 있을 것이다.

39_의제 5개항은 제20차 남북적십자 예비회담(1972.6.6.) 시 남북이 합의, 제1차 적십자 본회

자 공동위원회' 및 '남북적십자 판문점 공동사업소'의 구성과 운영에 관한 합의서(안)」, 「남북으로 흩어진 가족들과 친척들의 자유왕래에 관한 합의서(안)」 등 3가지 합의서 안을 제시했다. 반면 북측은 이산가족들의 자유내왕이 "중핵적, 포괄적 방도"임을 주장하며, 「북과 남으로 갈라진 가족, 친척들의 자유내왕에 관한 합의서」 초안과 「자유내왕 이외 기타 방도들에 대한 제안」을 제시했다(국토통일원 1988a, 211~247).

이로써 남북 양측은 이산가족 문제 해결의 방안은 모두 제시했다고 볼 수 있다. 남측이 북측이 강조하는 자유내왕의 방안도 북측과 큰 차이 없이 제시했으므로 북측이 남측의 안을 수용하는 데는 큰 어려움이 있었다고 보기는 어렵다. 다만, 회담이 계속 진행되었을 경우 북측이 자유내왕 이외 남측이 제시한 3가지 합의서 채택 방식을 수용했을 지는 미지수다.[40] 이러한 논의를 바탕으로 남북기본합의서 및 교류·협력부속합의서에서는 의제 5개항의 실천 문제가 간략히 재정리되었다. 이때는 이산가족 문제 대책 마련 주체가 당국이냐, 적십자단체이냐가 주요 쟁점이었다. 사실 이산가족 문제는 합의서 내용의 문제보다는 실천의 문제였음에도 불구하고 고향방문단 교환 이외에는 의제 5개항의 실천은 2000년 6·15 남북정상회담 이후 이산가족 상봉 차원에서 일부 가능했다.

담(1972.8.29~9.2)에서 확인 채택한 이산가족들의 생사·주소 확인, 방문 및 상봉, 서신 거래, 재결합, 기타 인도적 문제 등 5개 항목의 남북적십자 본회담 의제를 말한다(남북회담사무국 1995, 285~286).

40_당시 남측은 북한 적십자 측이 "자유왕래 및 자유왕래 이외의 기타 방도들에 대한 그들 제안의 정당성과 합리성만 강조함으로써" 회담의 진전을 가져오지 못했다고 평가했다(국토통일원 1988a, 247). 회담 당시 북한 측 제안의 불합리성에 대한 남측의 논박은 국토통일원 1988a, 245~246 참조.

4) IOC 중재 로잔느 남북체육회담

국제올림픽위원회(IOC) 중재 하에 로잔느에서 개최된 남북체육회담은 북한이 남북 간 체제 경쟁의 차원에서 제24회 올림픽의 서울 개최를 저지하려다 실패하자 무임승차를 시도하다가 포기한 사례이다.

1981년 9월 30일 독일 바덴바덴에서 열린 제84차 IOC 총회는 제24회 올림픽을 서울에서 개최하기로 결정했다. 이에 충격을 받은 북한은 두 달이 훨씬 지난 뒤에야 로동신문 논평을 통해 북한 주민에게 알리면서 서울에서의 올림픽 개최를 비난하며 이를 저지하고자 했다. 1981년 12월 3일자 로동신문 논평은 남한 당국이 "서울올림픽 경기대회를 핑계로" 유엔 단독 가입을 기도하는 등 올림픽을 "두 개 조선 정책, 민족 영구분렬 흉계의 이용물"로, "불순한 정치적 음모의 이용물로 삼으려 하고 있다"고 주장하는 한편, 남한의 경제 형편상, "민주주의적 자유가 보장되며 평화가 담보"되지 않는 남한의 정세상, 서울에서 올림픽이 개최되는 것은 부적절하다고 주장했다.

그러나 북한의 이러한 입장은 1984년 말부터 시작하여 1985년 7월에 와서 남북 공동개최로 완전히 선회한다. 당시의 사정에 밝은 관계자에 의하면, 사마란치 위원장을 비롯한 IOC 관계자들은 1984년 5월부터 그해 말까지 IOC 중재 하에 로잔느에서 남북체육회담을 개최하는 것을 남과 북에 제의했으며, 결국 북한 측이 IOC의 제안에 동의하면서 토의 의제로 서울올림픽 경기종목 일부를 북한에서 개최하는 문제와 남북 단일팀을 구성하는 문제로 제시했다고 한다. 1984년 12월 10일자 로동신문에 실린 북한 정무원 총리의 담화는 쿠바의 카스트로가 IOC 위원장에게 "위기에 직면하고 있는 올림픽 운동과 관련하여 중대한 편지를 보내 … 제24차 국제 올림픽 경기대회 장소를 서울로 정한 사실의 부당성을 지적하고 국제 올림픽 운동을 위기에서 구원하기 위한 조치를 시급히 취할 것을 요구하였다"고 소개하고 있다.[41] 이 같은 사실을 종합해 볼 때, 카스트로의 서울올림픽 남북 공동개최 안은 적어도 1984년 10~11월 중에는 북한에도 제시된 것으로 추정할 수 있겠다.

이러한 상황에서 사마란치 IOC 위원장은 1985년 2월 1일 'IOC 집행위원회 결정사항'으로 IOC 주재 하의 남북체육회담을 스위스 로잔느에서 개최하자고 남북한 올림픽위원회에 제의했다. 대한올림픽위원회(KOC)는 1985년 3월 31일자로 "서울올림픽에 대한 IOC 총회 결정사항이 존중되어야 한다는 전제 하"에 IOC의 제의를 수락하고, 북한 측 올림픽위원회(NOC)는 그해 7월 6일자로 수락했다(국토통일원 1988a, 305~306; 로동신문 1984.12.10). 이에 따라 로잔느 체육회담은 1985년 10월부터 1987년 7월 사이에 4차례 개최되어 북한의 올림픽 남북 공동개최 주장과 북한에 배정할 종목 문제를 중심으로 논의된다.

남한 측은 제24회 올림픽 개최권은 "IOC가 KOC와 서울시에 공식적으로 위임"한 것임을 분명히 하면서 남한 측의 "올림픽 주최권을 존중하는 바탕 위에서 북한 측 참가 문제가 협의"되어야 한다는 입장이었다. 그러나 북한 측은 제24회 올림픽을 남과 북이 공동으로 주최할 것을 주장하면서, 경기종목도 남북이 각기 절반씩 나누어 개최하고 대회 명칭도 '조선올림픽

41_이 담화에서 북한은 서울에서 올림픽을 개최하면 남북 대결과 "두 개 조선을 조장시키는 결과를 가져다 줄 뿐"이기 때문에 올림픽을 "남에서 하는 것도 반대하며, 북에서 하는 것도 바라지 않는다"고 하면서도, "국제체육경기들에 북과 남이 유일팀으로 출전하는 문제는 변함 없이 해결하려는 입장을 견지하고 있다"고 여운을 남겼다(로동신문 1984.12.10).

경기대회' 또는 '조선 평양-서울 올림픽경기대회'로 하자는 입장이었다. IOC는 제24회 올림픽 개최 장소는 서울시로 1981년 IOC 총회에서 이미 확정되었을 뿐만 아니라 "그동안 서울과 IOC 간에 제반 협약이 이루어졌으므로" 더 이상 공동개최 문제를 재론할 여지가 없다는 점을 북한 측에 분명히 했다.[42] 이러한 입장에 따라 IOC 측은 남한 측과 협의하여 최종적인 중재안으로서 북한의 NOC가 조직하는 경기종목으로 남여 탁구와 양궁, 여자배구, 축구 예선 1개조, 사이클 남자 개인 도로 경기를 부여했다. 그러나 북한 측은 기존의 남북 공동개최와 대회 명칭 변경 입장을 견지하면서 평양에 별도의 조직위 구성, 개·폐회식 서울·평양 균등 실시를 주장했다. 경기 배분과 관련해서는 5개의 완전 경기 종목과[43] 1개의 불완전 경기 북한지역 개최를 요구했다. 북한 측은 남북 공동개최와 북한지역 경기와 관련한 IOC의 최종적인 중재안을 넘어선 그들의 요구, 남북 간 직접접촉 시도 등을 남한 측과 IOC가 받아들이지 않자, 결국 1987년 8월 23일 NOC 김유순 위원장 담화를 통해 회담 중단을 선언했다(국토통일원 1988a, 307~326; 남북대화 제40호, 100~118; 남북대화 제41호, 79~90; 남북대화 제43호, 65~76).

북한은 이 담화에서 1987년 12월 16일 실시되는 대통령 선거에서 민

42_따라서 IOC는 제24회 올림픽 대회 조직 권한을 서울시에 부여한 IOC 총회 결정에 배치되는 사항을 회담 의제로 할 수는 없다는 입장에서, 회담 의제를 ① 제24회 올림픽 폐회식에서의 남북 선수단 공동입장 문제, ② 북한지역에서 개최될 수 있는 자유 종목, ③ 양측의 관할지역을 사용하여 개최할 수 있는 종목, ④ 문화행사에 북한이 참가하는 문제로 한정했다(국토통일원 1988a, 311).

43_완전 경기는 예선부터 결선까지 모두 치루는 것을 말한다. 북한 측이 요구한 5개 완전 종목은 남여 탁구와 양궁, 여자 배구, 축구 외 사이클 도로경기를 대신하는 다른 종목이었다(남북대화 제43호, 75~76).

주세력이 정권을 잡게 되면 공동개최 문제도 무난히 해결될 것이라고 기대를 걸었다(국토통일원 1988a, 325). 그러나 북한은 대통령 선거가 실시되기 전인 11월 29일 중동에서 돌아오는 남한의 노동자들이 대거 탑승한 KAL기를 폭파시켰다. 북한의 이러한 행동은 남한 '노동자들'의 죽음이 당시 남한 정부에 대한 일반 '민중'의 분노를 가져와 '민주세력'의 집권에 유리한 환경을 조성할 것이라는 북한 집권세력의 착각에서 나온 것인지, 아니면 남한 정부에 대한 단순한 보복이었는지는 아직 확실하지 않다. 아마 이 두 가지를 모두 의도한 것일 수도 있겠다.

5) 남북국회회담 예비접촉

남북국회회담 예비접촉은 북한 측이 1985년 4월 9일 남북 간 「불가침에 관한 공동선언」 채택 문제를 협의하자고 제의함으로써 성사되었다. 북측 제의에 대해, 남측은 6월 3일자로[44] 불가침 문제는 쌍방 당국 간 협의 과제이며, 당시 시점에서 남과 북의 입법기관이 해야 할 중요한 일은 통일헌법을 제정하는 일임을 지적하고, 이를 위한 남북 간 협의기구 구성에 따른 제반 문제와 기타 통일기반 조성에 필요한 사항을 토의하기 위한 국회회담 개최를 환영한다는 입장을 밝히면서, 이를 위한 예비접촉을 7월 중에 열자고 제의했다. 7월 23일과 9월 25일 2차례 개최된 예비접촉에서 쌍방은 절차 문제에는 거의 대부분 의견일치를 보았으나, 국회회담 의제 문제인 실질 문제에 있어서는 의견 접근을 보지 못했다. 남측이 민족화합 민주

44_남측의 답신이 늦은 이유는 제12대 국회가 5월 13일 개원되었기 때문이었다.

통일방안에 따라 국회회담 의제로 통일헌법을 기초하기 위한 민족통일협의 기구를 구성하는 문제와 이에 따른 통일기반 조성에 필요한 사항으로 하자는 입장을 보인 반면, 북측은 통일헌법 제정 문제 협의에 반대하지 않는다는 입장을 취하면서도 불가침 공동선언 채택 문제를 우선적으로 협의·해결해야 한다는 입장을 고수했기 때문이었다(국토통일원 1988a, 293~304).

국회회담 관련 접촉은 남북 간 처음으로 일어났다는 데 그 의의가 있겠으며, 무엇보다 이 제의가 북한의 자기정체성, 대남 이익과 대남 인식, 한반도에서의 역할 인식을 선명하게 드러냈다는 데 주목해야 할 것이다. 이 제의는 당시 남한 정부의 평가와 달리 돌연한 제의가 아니었다(국토통일원 1988a, 293). 남측이 북측의 수재물자 제공 제의를 수용함으로써 대외적 위신을 제고했다고 판단한 북한은 경제, 적십자 분야에서 남북대화를 개시하여 남북관계의 분위기를 우호적으로 조성한 후 정치·군사 문제 해결이라는 그들의 실질적인 목표를 추진하기 시작했다.

김일성은 제2차 7개년 계획(1978~1984)도 차질을 빚기 시작하여 상대적인 국력의 하락을 느끼게 됨으로써 남측과 정치·군사적 문제부터 해결해야 했다. 이 문제의 해결을 통해 실질적으로는 상대적인 국력의 평형을 도모하면서, 이 문제의 제기를 통해 한반도 평화 증진에 있어서 대외적으로 북한의 역할에 대한 인식을 고양시키는 전략을 추진할 필요가 있었다. 이에 따라 1985년도 신년사를 통해 정전협정의 평화협정으로의 대체와 남북 간 불가침 협정을 목표로 하는 남·북·미 3자회담과 남북 사이의 "폭넓은 협상과 다방면적인 합작과 교류를 실현"하기 위해 매진하겠다고 천명했다. 그렇게 되면, 남북대화는 "점차 보다 높은 급의 회담으로 발전할 수 있을 것이며, 나아가서는 북과 남의 고위급 정치회담도 실현될 수 있을 것"임을 밝혔다(김일성 1985.1.1, 4~5).

따라서 북한이 1985년 4월 국회회담을 제의한 것은 1985년도 김일성 신년사의 후속조치 사항이었다. 이를 위해 북한은 그해 4월 9일 조평통 위원장 허담이 최고인민회의 제7기 제4차 회의에서 한 보고를 통해 남북국회회담을 제의하고, 그 날짜로 최고인민회의도 허담의 보고 논리를 그대로 담아 남측 국회에 제의한다. 북측으로서는 3자회담을 제의했으나 1년이 지나도록 실현되지 않고 있고, 정세는 오히려 팀 스피리트 훈련 등 '긴장 격화'의 방향으로 나아가고 있는데, 그들이 제기한 "당국 사이의 부총리회담도 성사되지 못하고 적십자회담이나 경제회담으로써는 긴장완화와 같은 근본 문제를 해결할 수 없는 현실 조건에서" "조성된 전쟁 위험을 제거"하고 "긴장을 완화하는 실천적 대책"으로 국회회담을 제기한다는 것이다[45](북

45_오버도퍼는 1984년 12월 26일 재미교포 임창영 교수가 전두환 정부의 부탁을 받고 김일성을 면담하여 남북정상회담을 위한 남북 접촉에 대해 김일성의 동의를 이끌어 냄으로써 남북간 고위급정치회담도 가능하다는 김일성의 신년사가 나왔다고 한다. 그런데 다음 날 북측에서는 남북 화해 흐름에 반대하는 세력들의 입장이 로동신문에 실렸다고 소개하고 하고 있다. 즉 "'희생'과 '투쟁'은 혁명을 승리로 이끄는 열쇠이다, 희생을 두려워하여 이 길에서 후퇴하는 자는 '투항'을 하거나 '배신자'가 되는 것을 피할 수 없을 것이다"라는 기사가 실렸다고 주장한다(Oberdorfer 2001, 149). 이것이 사실이라면, 당시 북한 권력 내부에서는 경제·적십자 위주의 남북대화의 흐름에 반대하는 정치·군사 문제 우선 해결을 주창하는 세력이 목소리가 높아졌으며, 그 결과 남·북·미 3자회담 개최, 남북 사이의 "폭넓은 협상과 다방면적인 합작과 교류" 실현을 밝히는 김일성의 1985년 신년사, 남북 간 불가침 선언 문제를 협의하는 국회회담 제의 등이 있었던 것으로 해석이 가능하다.

그러나 오버도퍼가 지적하는 기사는 그러한 맥락의 논설이 아닌 것 같다. 1984년 12월 27자 로동신문에 "백전백승의 길"이라는 개인 필명(오규태)의 「정론」에 오버도퍼 교수가 언급하는 가장 비슷한 문장들이 있다. "백전백승은 오직 간고한 투쟁을 통해서만 이룩될 수 있으며 이러한 투쟁의 길은 결코 희생이 없이는 열어나갈 수 없다. … 이러한 투쟁, 이러한 희생을 통해서만 백전백승 할 수 있다는 것이 움직일 수 없는 혁명의 원리이다. … 희생이 두려

한 최고인민회의 1985.4.9, 1104~1109; 허담 1985.4.9, 1087~1102). 북측은 이미 1985년 1월 9일자로 팀 스피리트 훈련을 이유로 8차 적십자 본회담과 2차 경제회담을 연기하고, 난국 타개를 위한 남북 부총리 접촉을 제의한 바 있으며, 3월 25일자 남측의 경제회담 및 적십자회담 재개 제의에 따라 각각 5월 17일과 28일 재개하기로 합의해 놓은 상태였다(남북대화 第37호, 81~89; 남북대화 第38호, 43~45; 74~76).

이렇게 북한은 1985년으로 넘어 오면서 3자회담 실현을 통한 주한미군 철수 등 정치·군사 문제 해결에 최고의 목표를 두고 이미 시작된 경제·적십자 분야 대화를 정치·군사 분야 대화가 이끌어 가면서 남측을 전방위적으로 압박해 나가겠다는 전략에서 대남 인식의 변화를 보인다. 그 이전까지 전 대통령을 원색적으로 비난하며 "만일 우리가 그와 마주앉아 회담을 한다면 그것은 남조선의 애국자들과 민주인사들을 배신하는 행위로 될 것"이라고 하던 김일성은 신년사를 통해 남북정상회담의 가능성을 언급하고, 허담은 "우리는 남조선의 전두환 대통령도 국정연설에서 … 남북 최고책임자 회담을 제의한 사실을 알고 있다"며 국회회담이 성과적으로 진척되어 남북정상회담으로 이어지기를 기대한다고 밝힌다(김일성 1980.10.10, 341; 김일성 1981.7.3, 212~213; 김일성 1985.1.1; 허담 1985.4.9, 1098). 특히, 북

위 투쟁의 길에서 물러서는 자들은 불피코 투항과 변절, 패배의 심연 속에 굴러 떨어지고 만다"(로동신문 1984.12.27). 그런데 이 논설은 12월 25일자 로동신문 1면의 「혁명의 영도자에 대한 끝없는 충실성은 우리 인민의 기본 품성」 제하의 무기명 논설이 게재된 뒤에 오규태라는 개인 필명으로 27일자와 30일자에 각각 「백전백승의 길」, 「만고풍상」 제하의 「정론」이 실렸다. 이것은 김일성, 김정일에 대한 충성을 강조하는 것으로 1980년 10월 제6차 당대회를 통해 정치국 상무위원, 비서국 비서, 군사위원회 위원으로 선출, 권력 전면에 부상한 김정일의 권력 안정을 위해 기획한 논설들로 보는 것이 타당할 것이다. 김일성-임창영 면담 바로 다음 날 게재된다는 것도 설득력이 없다고 할 것이다.

한이 전 대통령을 대화의 상대로 인정할 뿐만 아니라 대통령의 실명과 직책, 연설의 명칭을 제대로 밝히고 있는 것이 주목된다.

국회회담의 진행이 어려웠던 남한 측 사정은 전두환 대통령의 정치적 이익과 관련이 있다. 국회회담이 진행되던 동안 남과 북은 남북정상회담을 위한 비밀접촉을 진행하고 있었다. 북측이 국회회담 차원에서 협의하길 원하는 남북 간 불가침 협정 체결 문제는 정상회담을 준비하고 있던 전 대통령으로서는 받아들일 수 없는 사안이었다. 이 문제는 당연히 정상회담에서 다루어야 할 문제이기 때문이었다. 따라서 제2차 국회회담 예비접촉(1985.9.25)을 앞둔 9월 12일 청와대에서 박동진 통일원 장관이 국회회담에 대한 보고를 하자, 전 대통령은 국회회담을 지연시킬 것을 지시했다. "불가침 선언은 정상들 간에 선언을 해도 구속력이 없는데, 국회에서 하는 것은 전략적 명분을 위한 것일 뿐"이라는 것이다. 그리고 회담 대표의 비중도 양형섭 등 몇몇을 제외하고는 보잘 것 없다며 "적절한 시기에 국회회담을 끊어버리는 것이 좋겠다"는 입장이었다(박철언 2005a, 179).

한편, 7·4 공동성명 이후 남북조절위 협의 과정에서도 보았듯이 북측이 정치·군사 문제를 강조함으로써 남북 간 대화는 추동력을 상실하기 시작한다. 결국 1986년 1월 20일 북한은 경제·적십자·국회회담 대표단 공동성명을 통해 팀 스피리트 훈련을 이유로 모든 남북대화의 중단을 선언한다. 그러나 북한은 남북대화의 문을 완전히 닫지는 않았다. 성명에서 북한은 미국과 남한이 "끝끝내 대규모적인 군사연습을 강행하려는 현 실정에서 부득이 지금까지 진행하여 오던 북남회담들을 팀 스피리트 86 합동군사연습이 끝난 후 회담 분위기가 좋게 마련되는 때에 가서 계속할 것이라는 입장"을 표명했다(로동신문 1986.1.20).

6) 남북정상회담을 위한 비밀접촉

남북 간 국회회담 예비접촉 문제가 논의되고 있는 상황에서 1985년 김일성 신년사를 시발로 7월 11일부터 남북 간에는 남북정상회담을 위한 비밀접촉이 시작되었다. 이 접촉은 「한반도에서의 평화와 통일을 위한 정상회담 준비를 위한 차관급 비밀회담」으로 박철언 안기부장 특보와 김정일 측근으로 알려진 한시해 사이에 1985년 7월부터 1991년 12월까지 총 42차례 진행되었으며, 이 중 전두환 정부 기간 동안 33차례 진행되었다.[46]

박철언 전 장관은 회고록을 통해, 이 접촉은 민족자결주의와 당사자 주의 원칙에 입각하여 진행되었으며, "① 남과 북 사이의 화해·불가침과 교류협력 방안과 ② 평화통일에 관한 방안 등 두 가지 문건을 상호 교환하고"[47] 토의를 진행해 나갔던 노력들이 추후 남북기본합의서의 모태가 되었다고 평가한다. 아울러 이 당시 남북정상회담이 성사되지 못한 이유는 주변 강대국과 국내 '극우 보수세력'의 집요한 견제 때문이었다고 주장한다[48]

46_이 비밀접촉은 남북정상회담 추진을 위한 것으로, 제2공화국 당시 주 유엔대사를 지냈던 임창영이 주선했다. 미국 뉴욕 주립대(SUNY) 교수를 하고 있던 임창영 전 대사는 전두환 대통령의 심부름꾼으로 1984년 12월 말 평양을 방문, 김일성과 4시간에 걸친 오찬을 하는 자리를 통해 남북정상회담을 위한 남북 간 접촉에 대해 김일성의 동의를 얻어 냈다(Oberdorfer 2001, 149).

47_문건 ①을 남측이, 문건 ②를 북측이 만들어 교환했는지, 남북이 각각 두 문건들을 만들어 교환했는지 분명하지 않다. 1985년 제2차 국회회담 예비접촉(9.25) 직후인 10월 16일부터 18일까지 평양을 방문한 박 특보는 김일성이 서울에 돌아가 연구해 달라며 건네 준 「북과 남 사이에 불가침에 관한 선언」과 「평화통일에 관한 북남 공동강령」을 가지고 왔다. 북측은 두 번째 문건에 남북정상회담 시기를 1985년으로 적어 놓았다고 한다(박철언 2005a, 198~199). 이런 정황으로 볼 때, 문건 ①, ②는 김일성이 건네 준 문건에 대한 남측의 안을 담아 북측에 준 문건인 것으로 보인다.

(박철언 2005b, 77; 2005a, 202~210).

이 비밀접촉은 이산가족 고향방문단 협의를 촉진하는 역할을 했으며, 팀 스피리트 훈련으로 당시 진행되던 공개회담이 중단되는 가운데서도 1986년 3월 20일에는 남북 간 비밀 직통 핫라인이 설치되어 가동되기 시작했다(박철언 2005a, 216; 2005b, 77). 따라서 1985년 10월 방북 직후인 10월 20일 부산 청사포 앞바다에서의 북한 간첩선 격침을 계기로 "극우세력의 영향을 받은" 전 대통령으로부터 "정상회담을 성사시키려고 노력하지 마라"는 지시를 받았지만, 남북 간 비밀접촉은 계속 진행되어 평화공존, 평화통일방안과 남북 간 현안이 계속 토의되었다고 한다(박철언 2005a, 202~204, 206). 그렇지만 이 비밀접촉이 진행되고 있는 가운데서도 1987년 11월 29일 중동에서 돌아오는 남한 노동자들이 대거 탑승한 KAL기가 북한 공작원에 의해 폭파되는 사건은 일어난다.

7) 남북 간 고위급 회담을 위한 모색

경제회담 등 3개 회담 중단 이후 남북 사이에는 전두환 정부 말까지 기존 회담의 재개나 신규 회담의 성사는 이루어지 않는 가운데 정치·군사 문제를 중심으로 일련의 제의와 역제의만 계속된다. 이 과정은 수재물자 제공을 계기로 남북이 모두 서로를 대화의 상대로 인정하기는 했으나, 서로

48_박 전 장관은 "남북 간에도 '상호주의의 큰 원칙'은 지켜야 한다는 소신"이지만, "외교적으로나 경제적으로 압도적 우위에 있는 남측에서 대승적인 포용정책을 쓰면서 한반도의 평화와 통일문제를 우리가 앞장서 풀어가야 할 때"에, "지나치게 미국 눈치를 살피는 것이 체질화된 친미 일변도의 고위 관료들과 무조건적인 극우 보수주의자들 때문에" 남북관계 매듭을 풀어나가는 데 엄청난 벽에 부닥치고 좌절을 겪어야 했다고 회고한다(박철언 2005a, 205).

상대방을 한반도 평화의 위협세력으로 다시 인식해 나가는 과정이기도 하다. 이것은 역설적으로 한반도 평화의 중요성이 부각됨으로써 남북고위급회담 성사의 밑거름이 된다.

국회회담 예비접촉부터 정치·군사 문제 우선 해결 입장으로 선회한 북한은 1986년 6월 17일 남·북·미 「3자 군사회담」을 7월 중에 개최하여 "긴장완화와 전쟁 위험의 직접적인 원인으로 되고 있는 군사연습과 무력증강을 중지하는 문제, 병력과 군비를 축소하는 문제, 조선 정전협정을 원안의 요구대로 준수하는 문제 등"을 협의하자고 제의했다. 그러나 남측은 진행 중인 대화를 중단시켜 놓고 새 회담을 하자는 것은 사리에 맞지 않는다며 북측의 제의를 거부했다(국토통일원 1988a, 347~352). 남측은 북한의 제의가 「3자 군사회담」을 「3자회담」으로 발전시키고, 1986년 8월 말부터 짐바브웨에서 개최되는 「비동맹 정상회의」와 9월 초 평양에서 개최되는 「한반도 평화 비핵지대화 국제회의」를 겨냥하여, 팀 스피리트 훈련 중지, 주한미군 철수 등에 대한 국제적 지지를 확보하고자 하는 등의 저의가 있는 것으로 보았다(국토통일원 1988a, 350).

남측이 기존 남북대화 재개를 촉구하고 있는 가운데, 북한은 1986년 10월 21일 '대자연 개조'라는 이름하에 금강산 발전소 건설을 착수했다고 발표했다. 남측은 북측이 이 댐에 저수된 물로 남측을 공격할 수 있다는 이유로, 이 댐 건설의 중지를 촉구하는 한편, 11월 28일에는 「남북 수자원 당국회담」을 개최하여 남북 간 공유하천의 합리적 개발·이용 문제를 협의하자고 제의했다(국토통일원 1988a, 331~337). 이와 같이 남과 북은 상대방을 한반도 평화를 위협하는 세력이라는 인식을 굳혀 나가고 있었다. 남측은 팀 스피리트 훈련으로, 북측은 수공(水攻)으로 한반도를 위협한다는 것이다.

북측은 남측의 수자원 당국 회담에 대해서는 아무런 직접적인 입장 표명을 하지 않는 가운데, 1986년 12월 30일 최고인민회의 제8기 제1차 회의에서의 김일성 시정연설을 통해 「남북 고위급 정치군사회담」을 제의했다.[49] "오늘 조성된 정세에서 조국통일을 위한 새로운 돌파구를 여는 열쇠는 하루빨리 첨예한 정치적 대결 상태와 군사적 긴장 상태를 완화하여 민족 내부에 진정한 신뢰의 분위기를 조성"하는 데 있기 때문이라는 것이다. 북측은 이 회담에는 쌍방 군사 실권자가 고위 당국자와 함께 참가해야 한다고 하면서, 이 회담이 결실을 맺어야 중단된 회담이 재개될 수 있고 최고위급 회담도 열 수 있다고 주장했다(국토통일원 1988a, 352~353). 이 제의에 대해 남측도 1987년 1월 12일 전 대통령의 국정연설을 통해 기존 3개 회담(경제회담, 적십자회담, 국회회담 예비접촉) 재개를 촉구하는 한편, "남북한 당국 최고책임자 회담이 열리게 되면 정치·군사 회담 문제에 대해서도 협의할 용의"가 있다고 대응했다(국토통일원 1988a, 355).

쌍방이 성명, 서한 등을 통해 자기 측 수뇌의 제의를 수용할 것을 촉구하는 가운데, 1987년 3월 12일 박철언·한시해의 제24차 비밀접촉에서 남측은 남북총리회담을 제의하고(박철언 2005a, 250), 3월 17일자 국무총리, 국방장관 대북 서한을 통해 남북수자원회담과 기존 3개 회담 재개의 바탕 위에서 총리회담 개최를 정식 제의했다(국토통일원 1988a, 337~340).

이에 대해 북측은 고위급 정치군사회담 제의의 맥락에서, 3월 30일 남측의 제안 중 총리회담 개최에 동의하면서 예비회담을 4월 23일 판문점에서 갖자고 제의했다.[50] 그러나 남측이 국무총리 명의 대북 서한을 통해 기

49_이 제의는 1987년 1월 11자로 정무원 총리, 인민무력부장 명의로 남측 국무총리, 국방장관 앞 대남 편지로 정식 제의한다.

50_북측은 이근모 정무원 총리의 3월 30일 대남 서한에서 "귀측이 이번 회답편지[3.17 총리·

존 회담의 개최일자를 제시하고, 이들 회담의 진전이 있으면 총리회담 개최도 가능할 것이라는 입장을 밝힘에 따라, 북측은 1987년 4월 24자 정무원 대변인 성명을 통해 총리회담을 포함하여 남북대화를 전면 거부했다[51] (국토통일원 1988a, 340~343).

이로써 비록 합의는 되지 않았지만 쌍방은 총리회담의 개최 필요성에 대해서는 서로 공감대를 가지면서 전두환 정부의 마감을 맞이하게 된다. 이것이 1989년 1월 남북고위당국자회담 제1차 예비회담의 토대가 되었다.

7. 요약 및 재정리

전두환 정부 당시는 남북 대결이 격화되는 가운데서도 대화가 진행되

국방장관 대북 서한 -필재에서 고위급회담을 제기한 것도 바로 고위급정치회담을 열어야 긴장완화 문제를 해결할 수 있다는 인식으로부터 출발한 것이라고 간주"한다는 것을 밝히고 "총리회담이 열리면 북과 남은 긴장완화에 필요한 제반 문제를 폭넓게 협의할 수 있게 될 것이며, 그렇게 되면 대결과 불신을 해소하고 화해와 단합의 좋은 분위기 속에서 여러 갈래의 회담들도 성과적으로 추진시켜 나갈 수 있게 될 것"이라고 남측을 설득하면서 "귀측이 총리회담과 같은 고위급 정치회담의 필요성을 인정하고 있고 우리 측이 또한 총리회담의 개최도 무방하다는 의사를 표시하고 있는 이상 우리 쌍방은 하루빨리 이 회담을 마련하여야 한다"며 총리회담 개최에 강한 열의를 보였다(국토통일원 1987a, 84~85).

51_이후 북한은 1987년 7월 23일 3자회담, 3자 군사회담의 맥락에서 남·북·미 3자회담에 판문점 중립국 감독위원회 국가 대표들이 참가하는 「다국적 군축협상」을 이듬해 새 정부가 출범한 이후인 3월에 제네바에서 개최하자고 제의하고, 이에 남한 정부는 8월 3일 「남북외무장관회담」을 제의했으나, 북측은 「남·북·미 3자 외무장관회담」을 제의한다. 이러한 제의들도 합의는 되지 않았지만, 향후 남북이 협의·해결해야 할 정치·군사 문제를 제기했다는 데 의의가 있다고 할 것이다(국토통일원 1988a, 343~346; 356~359).

어 기존 적십자회담, 체육회담뿐 아니라, 경제회담, 국회회담 관련 접촉도 이루어짐으로써 그 대화의 폭이 확장되었다. 여기에는 전두환 정부의 공세적인 대북 자세와 상대적 국력 약화에 따른 김일성의 불가피한 수용이 있었기 때문이다.

전두환 정부는 남북대화에 매우 적극적이었다. 이는 우선 전두환 정부의 성격에서 연유되었다. 전 대통령은 남한 내부에서의 정치적 정통성 확립을 위해서는 민족문제 해결에 대한 뚜렷한 상징이 필요했다. 전두환은 대통령 취임 이전 군 복무를 마무리하는 전역사에서부터 새 정부의 국정목표인 민주복지국가 건설의 종착점이 평화통일 국가임을 강조하면서 북한과의 대화 재개를 위해 끈기 있게 노력할 것을 다짐했다. 이러한 입장에서 전두환 정부는 남북관계와 통일에 대한 새로운 비전과 담론을 제시한다. 전 대통령은 북한이 1980년 10월 제6차 당대회를 통해 새롭게 제시한 연방제, 고려민주연방공화국 안과 7·4 공동성명의 통일 3원칙에 대응하여, 민족화합 민주통일방안으로 통일국가의 비전을 처음으로 체계화하며 남북관계 및 통일의 담론을 이끌어 가고자 하였다. 남한의 새 통일방안은 민족통일협의회의에서 통일헌법의 초안 작업을 하자는 구도를 제시함으로써 북한의 통일전선적 논의 방식을 수용할 뿐만 아니라 북한의 연방제도 논의의 대상에 포함시켜 이를 상대화했다. 아울러 통일 3원칙과 관련하여, 자주는 민족자결로, 민족대단결은 민주적 절차로 대치하여, 통일은 특정 계층이나 집단에 의한 통일이 아니라 민족 전체의 민주적 절차에 의한 통일이 되어야 한다는 점을 분명히 한다. 이에 따라, 평화통일정책자문회의 설치, 민족통일협의회 결성 등 새로운 사회 조직화도 이루면서 적극적인 대북 정책을 추구한다.

한편, 전두환 정부 초기 '군사파쇼 분자들'과는 대화할 수 없다는 입장을 보인 북한은 종래의 '과도적 대책'으로서의 연방제가 아니라 최종적 통일국가 형태로 고려민주연방공화국 안을 천명하고, 이것의 정책 방침으로 10대 시정 방침을 제시한다. 아울러 '자주적 평화통일'을 실현하기 위해서는 남한에서의 군사파쇼 통치 청산 및 사회 민주화 실현, 한반도 긴장 상태 완화 및 전쟁 위험 제거(대미 평화협정 체결), 미국의 '두 개의 조선' 책동 저지 및 대남 내정간섭 종식 등이 필요하다고 주장했다. 그러나 1983년 말부터 북한은 미국과의 접촉을 위해, 그동안 거부했던, 남한이 동등한 자격으로 참가하는 남·북·미 3자회담을 제의하는 한편, 남한과의 대화를 추진하려는 전략으로 돌아선다. 그 결과 북한은 1980년도의 남한 정세의 탐색을 위한 대화(총리회담 실무대표 접촉) 이후, 대남 도발에 따른 분위기 반전(경제회담, 적십자회담) 차원의 대화와 함께 상호 불확실성 감소를 위한 대화(국회회담 예비접촉)도 진행하였으며, 전두환 정권 말기에는 추후 남북고위급회담의 뿌리가 되는 고위급 정치군사회담도 제의한다.

그리고 이러한 대화의 일부는 비밀접촉의 뒷받침을 받으면서 진행되었다. 박철언 안기부장 특보와 북한의 한시해 사이에 1985년 7월부터 1991년 12월까지 6년여 동안 42차례, 이 가운데 전두환 정부 기간 동안 33차례의 비밀접촉이 이루어졌다. 이러한 남북 간의 상호작용으로 남북관계는 새로운 체제를 형성해 나가려는 토양을 마련하게 된다.

이러한 1980년대의 남북관계에서 전 대통령과 김일성의 전략적 선택을 살펴보면, 남북한 모두 국제적 요인보다는 내부적 요인이 주요 변수였다. 전 대통령에게 있어서는 내부적 정통성 확보가 주요 요인이었다. 따라서 1980년대 초반 전 대통령의 입장에서는, 내부적으로 통치의 정통성을 확보해 나가고 대내외적 위상을 제고하기 위해서는 남북대화에 북한이 협력해 주는 것(CC)이 최고의 이득이 될 것이다. 또한 북한이 회담에 나오다가 나중에 비협조적으로 나오더라도 일단은 대화가 필요한 상황이며(CD), 이것보다는 북한이 대화에 협력해 나오는 상황에서 대화 지속 여부를 남한이 결정할 수 있는 상황(DC)이 더 좋을 것이다. 전두환에게 제일 나쁜 상황은 남북 간 대결이 지속되는 상황(DD)일 것이다. 따라서 전 대통령의 남북관계 상황에 대한 선호의 순서는 CC 〉 DC 〉 CD 〉 DD가 될 것이다.

한편, 김일성의 입장에서는 남한에서 정통성 기반이 취약한 전두환 정부를 인정하지 않고 대결을 지속하면서 남한 내부를 흔드는 것(DD)이 최고의 이익이 될 것이다. 그럼에도 전 대통령이 협조적으로 나오는 것(DC)은 나쁘지 않으며, 북한이 협조적일 때 남한이 협조적인 것(CC)은 남한이 비협조적인 것(CD)보다는 나을 것이다. 따라서 이 당시 김일성의 선호는 DD 〉 DC 〉 CC 〉 CD가 될 것이다.

이러한 전 대통령과 김일성의 1980년대 초반 전략적 선택을 종합하여 게임 메트릭스로 표현하면 〈그림 5-1〉과 같이 될 것이며, 여기서 내쉬 균형은 남한의 협조적 자세에 북한이 거부하는 (대화, 대결)이 될 것이다.

그림 5-1 | 1980년대 초반 남북 간 게임

* 남 : CC〉DC〉CD〉DD 북 : DD〉DC〉CC〉CD		북 한	
		대 화 (협력, C)	대 결 (배반, D)
남 한	대 화 (협력, C)	4, 2	*2, 3*
	대 결 (배반, D)	3, 1	1, 4

1984년에 들어와 남북관계는 새로운 선택의 국면에 들어선다. 여기에는 서울의 홍수라는 자연재해가 기여했다. 수재물자를 제공하겠다는 북한의 허풍적인 제의를 수락하는 전 대통령의 결단은 아웅 산 묘지 폭파 테러

(1983.10)로 국제적 비난을 받고 있고 경제적 침체에 들어선 북한의 김일성에게 내외적으로 그의 체면을 살려 주는 것이었다. 이를 계기로 남과 북은 경제회담, 적십자회담과 이산가족의 고향 방문, 국회회담이 실현되었다. 이 과정에서 1985년 7월부터 시작된 박철언·한시해 비밀접촉은 남북관계의 새로운 추동력으로 작용하였다. 그러나 여기서 북한은 다시 7·4 공동성명 이후의 남북조절위 입장으로 돌아가 정치·군사 문제 우선의 다방면적 합작 노선을 추구함으로써 1986년부터 남북관계는 악화되기 시작하여 1987년 11월에는 KAL기 폭파라는 또 하나의 북한 도발로 이어졌다. 그럼에도 남과 북은 전두환 정부 말기에 박철언·한시해 접촉 등을 통해 남측의 정치·군사 문제 협의 용의 표명과 남북총리회담의 제의가 오가게 되었다.

이와 같은 상황에서 1980년대 후반에 와서도 남북관계와 관련하여 전 대통령의 이익과 선호에는 1980년대 초반과 변화가 없다. 즉 전 대통령의 선호는 CC 〉 DC 〉 CD 〉 DD이다. 그러나 북한을 둘러싼 전략적 환경의 변화에 따라 김일성의 선호는 변화한다. 즉 CC 〉 DC 〉 DD 〉 CD가 된다. 김일성의 입장에서는 북한 경제가 하락하고 있는 상황에서 남측과 대결을 지속할 수는 없는 것이다. 일단은 남한의 협조를 이끌어 내면서 필요에 따라 남한을 압박하기 위해 대결 전략을 쓰는 것이 필요할 것이다(CC 〉 DC). 한편, 김일성은 북한이 손을 내미는 데 남한이 비협조적인 것은 받아들일 수 없으며, 이것 보다는 대결을 지속하는 것이 나은 것이다(DD 〉 CD).

이러한 전 대통령과 김일성의 전략적 선택을 종합하면 〈그림 5-2〉와 같이 될 것이며, 여기서 내쉬 균형은 남과 북이 모두 협조적으로 나오는 것, (대화, 대화)이다.

그림 5-2 | 1980년대 중·후반 남북 간 게임

* 남 : CC〉DC〉CD〉DD 북 : CC〉DC〉DD〉CD		북 한	
		대 화(협력, C)	대 결(배반, D)
남 한	대 화(협력, C)	*4, 4*	2, 3
	대 결(배반, D)	3, 1	1, 2

한편, 남과 북 각기의 국력 평가, 상대방에 대한 인식, 정책 정향 등의 문제와 관련하여 남한에서는 전 대통령의 정치적 이익이, 북한에서는 남한의 정세와 북한 경제의 하락이 주요한 영향을 미쳤다.

전 대통령은 북한을 남북대화에 적극 끌어들여 남북정상회담까지 생각하며, 남북관계에 주도적으로 역할 함으로써 국내의 정통성 위기를 극복하고자 했다. 따라서 북한의 원색적인 비난에도 불구하고, 북한을 대화 상대로 지속적으로 인정하면서 각종 대북 제의를 통해 남북대화로 유인하려는 노력을 전개해 나갔다. 이러한 전 대통령의 적극적인 자세는 남한 경제의 성장과 북한 경제의 침체에 따른 남북한의 경제적 격차와 남한 주민들의 반공의식도 뒷받침해 주었다.

이와 같이 1980년 서울의 봄부터 남한은 일관되게 상대에 대한 비방·중상도 불사하면서도 대화를 통해 정책을 조정·완화하고자 하는 경쟁정책 정향을 공세적으로 추진하였다. 반면, 북한은 전두환 정부 초기 "군사파쇼 분자들"과는 대화할 수 없다는 입장을 보이다가 1984년에 와서는 남측과 대화의 길로 들어서는 등 침투정책 정향(1980~1984; 1986~1987)과 경쟁정책 정향(1984~1985)을 번갈아 시현하면서 복잡하게 대남 전략을 구사하고 대남 인식도 적과 대화 상대를 오갔다. 김일성이 1980년대 초 대남 침투 정향에서 경쟁 정향으로 변경시킬 수 있었던 것은 전두환 정부의 일관된 대북 인식의 시현(북한=대화 상대)과 남북 간 협력의사 천명 때문이었을 것이다. 김일성에게는 전 대통령의 꾸준한 대북 제의, 북한 내부 경제 상황의 변화, 김일성 독재체제 특성에 따른 낮은 정책변경의 비용 등으로 쉽게 대남 인식과 전략의 변경이 가능했을 것이다. 전두환 정부의 일관된 대북 제의는 비록 직접접촉이 아니더라도 국력의 하락을 경험하고 있는 김일성의 기대를 형성하고, 이것은 그의 대남 인식과 이익 형성에 영향을 주었을 것이다(Wendt 1992, 417; 419).

6장

정세·힘·상호 인식의 변화, 노태우와 김일성의 선택

이 장에서는 탈냉전이라는 국제정세의 변화, 북방정책이라는 남한의 정책적 선택, 이에 대한 북한의 대응 과정을 서술한다. 아울러 남한의 민주화로 시민사회라는 행위자가 새롭게 등장하여 남과 북 당국 간 상호 접촉과 선택에 어떠한 영향을 미치는지도 살펴본다. 그리고 이러한 과정에서 남북관계를 규율하는 기본 장전인 기본합의서 채택 과정과 함께 북한 핵 문제로 남북기본합의서 체제 형성의 노력이 정지되는 과정도 서술한다. 이 장을 통해 국제정세 변화와 남북 간 힘의 변화, 이에 따른 남북 간 상호인식의 변화가 노태우 정부 시기 남북관계에 어떠한 영향을 주는지 파악할 수 있을 것이다.

1. 1990년대 전후 한반도 환경

노태우 정부가 들어선 시점(1988.2)의 동서 양 진영은 1970년대보다 훨씬 내실화된 신 데탕트 시대로 접어 들었다. 이러한 동서 화해의 촉매는 1985년 출범한 고르바초프 정권의 페레스트로이카와 글라스노스트 정책이다. 레이건의 대소 우위의 군비경쟁이 서유럽 동맹국들과 미국 국내로부터 강력한 저항에 부딪히자, 재선을 노리는 레이건은 1984년부터 소련과의 군축 협상으로 돌아서게 된다. 1985년 시작된 미소 군축 협상은 곧바로 교착에 빠지게 되었지만, 이때 체르넨코 사망으로 고르바초프가 당 서기장이 됨으로써 미소관계는 획기적으로 개선되기 시작한다. 미국과 소련은 1985년 11월 제네바 정상회담 이후 1988년까지 5차례의 정상회담을 개최하였으며, 이 과정에서 1987년에는 주 의제인 군축 문제와 관련하여 중거리 핵전력 폐기 협정(INF)을 체결한다. 그리고 1989년 몰타 미소 정상회담에서 부시(George H. W. Bush)와 고르바초프는 냉전의 종식을 선언한다. 아시아와 관련하여 고르바초프는 1986년 7월 28일 블라디보스토크 선언을 통해 중소관계 개선, 극동지역 개발, 일본 등 아시아태평양 국가들과의 경제협력 등의 의지를 밝혔다. 서울올림픽 개최 전날인 1988년 9월 16일에는 크라스노야르스크에서의 연설에서 아시아·태평양 지역 7개 평화안을 제의하는 한편, 이 지역에서의 경제협력 방안을 마련하고 있음을 밝히면서 "앞으로 남한과도 경제교류를 가질 가능성이 열려 있다"고 선언했다(국토통일원 1988a, 372~375; 국토통일원 1988b, 41~55; Kort 1998, 81~90; McMahon 2003, 143~168).

고르바초프의 등장으로 그동안 악화되었던 중소관계도 개선된다. 중소분쟁은 스탈린 비판과 동서 평화공존 노선을 밝힌 흐루쇼프(Khrushchev)의

1956년 소련 공산당 제20차 당대회 비밀연설에서 비롯되었다. 그것은 1960년대에 들어와 공개적인 이데올로기 논쟁으로 확대되고, 마침내 1969년에서 국경에서 무력 충돌로까지 비화되어 중소관계는 "동지에서 적으로 전환"되었다. 마오쩌둥 사망(1976) 후 1978년에 등장한 덩샤오핑 개혁정권 아래 중소 화해가 탐색·추진되었으나 양국 지도부의 상대측에 대한 불신과 각국 지도부 내부에서의 경제개발, 미국과의 관계 등과 관련한 전략적 계산의 상이, 중국의 대소 경계심 완화에 대한 소련의 소극적인 자세 등으로 진전이 없었다. 그러나 고르바초프는 그동안 중국이 요구해 온 관계개선을 위한 3가지 전제조건을 모두 실천한다.[1] 그 결과 고르바초프가 1989년 5월 중국을 방문하여 덩샤오핑과 정상회담을 하는 것을 계기로 중국과 소련 사이에는 국교정상화가 이루어지게 된다(서진영 2006, 193~213).

한편, 1988년 12월 고르바초프가 유엔 총회에서 소련군 50만 명을 일방적으로 감축하겠다는 선언한 것은 동 유럽에서의 소련군 감축과 바르샤바 조약국에 대해 필요하면 소련이 무력을 통해서라도 자기의 통제 하에 두겠다는 '제한 주권론'('브레즈네프 독트린')의 포기를 가져왔다. 이러한 동유럽에 대한 소련 통제의 포기는 1989년 여름 폴란드에서의 민주개혁을 시작으로 베를린 장벽의 붕괴, 그해 말 루마니아 초세스쿠 정권의 몰락에

1_중국이 관계개선을 위해 소련에 요구한 3가지는 ① 중소 국경선에 배치된 소련군 철수, ② 아프가니스탄에서의 소련군 철수, ③ 캄보디아에서 베트남군 철수 등이다. 고르바초프는 이러한 중국 요구사항 모두를 단계적으로 실천한다. 1987년부터 중국과 국경선 확정 협상과 함께 국경분쟁 완화에 노력하였고, 1988년 4월부터 1989년 2월까지 아프가니스탄에서 단계적으로 소련군 철수를 완료했다. 고르바초프는 1988년 12월 유엔 총회 연설을 통해 중소 국경 등 아시아에서 소련 병력 20만 명을 일방적으로 철수하겠다고 선언하고 실천했다. 그리고 베트남을 설득하여 캄보디아에서 베트남군 철수를 실현했다(서진영 2006, 212~213).

이르기까지 동 유럽 공산정권의 붕괴를 가져온다. 그리고 고르바초프의 협조로 독일은 1990년 10월 3일 드디어 통일을 성취하게 된다(CVCE 2015, 23~28; Gaddis 2005, 237~252; McMahon 2003, 165~166).

이러한 동서 화해의 분위기 속에서 남한에서는 한반도에서의 긴장완화, 평화 구축은 당연히 대통령에게 요구되는 책무가 되었다. 노태우 대통령은 1988년 4·26 총선 결과로서 여소야대 국회와 5공청산 문제로 약화된 정치적 기반을 북방정책과 통일정책 등 대외 정책의 성공으로 보완할 필요가 있었다. 특히 민주화를 막 시작한 단계에서 쏟아져 나오는 남북관계 개선 요구를 적절히 수용하기 위해서도 정부가 앞서 나가지 않을 수 없었다. 1980년대 후반부터 강화된 미국의 통상 압력, 노동자 힘의 상승으로 인한 생산원가 상승을 돌파하기 위한 새로운 시장 개척을 요구하는 자본가들의 이익에도 부응해야 했다(전재성 2003). 탈냉전의 국제정세 호기를 활용하여 대통령으로서의 대내외적 위상을 제고하는 것은 노 대통령의 정치적 이익이었다. 탈냉전이라는 국제적 환경의 변화는 노태우 정부로 하여금 상대적으로 우월한 국력을 가진 남한이 남북관계에서의 역할 강화를 도모하면서 북방정책과 남북고위급회담을 적극 추진할 수 있는 토양을 제공했다.

한편, 김일성은 경제적 실패, 남한의 1988년 서울올림픽 개최와 러시아·중국·동유럽 국가들과의 국교 수립 등으로 상당한 정치적 타격을 받게 되었다.[2] 북한은 남한과 소련이 1990년 9월 30일(한국시간 10월 1일)자로

2_냉전의 해체로 한국과 동유럽 국가들의 관계는 헝가리를 시작으로 빠르게 개선되었다. 1987년 12월 대한무역진흥공사(KOTRA)의 헝가리 부다페스트 사무소가 개설에 이어 1988년 3월에 헝가리의 서울 무역사무소가 개설되었다. 양국은 1988년 9월 서울올림픽 4일 전

수교함에 따라 중국과의 관계를 강화하는 노력을 하였으나, 소련은 물론 중국으로부터도 남한의 유엔 단독가입 저지에 대한 지지를 얻지도 못하였을 뿐만 아니라 한중수교도 막지 못했다.[3] 무역결제에 있었어도 소련과는 1991년부터, 중국과는 1992년부터 종전의 우호가격이나 청산거래가 아닌 국제시장 가격에 의한 경화결제 방식을 적용받게 되었다.[4] 이제 북한에게

에 대사급 상주 대표부 개설에 합의한 다음, 1989년 2월 1일에 공식 수교를 한다. 한국은 폴란드와 1989년 11월 1일에, 유고슬라비아와는 1989년 12월 28일에, 체코슬로바키아와는 1990년 3월 22일에, 불가리아와는 그 다음날에, 루마니아와는 3월 30일에 국교를 수립한다.

소련은 1988년 10월 서울에 소련 무역사무소를 개설하겠다고 발표한 후, 한국과 소련은 1989년 4월 KOTRA와 소련 상공회의소가 각각 무역사무소를 개설하고 12월에 영사관계 개설에 합의하여 1990년 3월 영사관을 서울과 모스크바에 교환 설치했다. 그리고 1990년 6월 4일 한소 정상회담을 거쳐 9월 30일(한국시간 10월 1일)자로 국교를 수립한다.

한중 간에는 1989년 3월 KOTRA와 중국 국제무역촉진회 간에 서울과 베이징에 무역사무소 개설에 합의하고 1990년 9월 비자 등 영사 기능을 일부 갖춘 무역대표부를 개설하기로 합의한 후, 1991년 1월에 베이징에 한국의 무역대표부가, 6월에 중국의 서울대표처가 개설되었다. 그리고 한국과 중국은 1992년 8월 24일 국교를 수립한다.

3_1990년 6월 노태우-고르바초프 샌프란시스코 정상회담 후, 세바르드나제 소련 외무장관은 이듬해 1월 1일자로 한·소가 수교한다는 것을 통보하기 위해 평양을 방문했다. 세바르드나제는 김영남으로부터 북한이 이제 핵 개발의 길로 나아갈 수밖에 없다는 협박과 엄청난 냉대를 받은 후 화를 참지 못하고 예정시간을 앞당겨 귀국하고, 유엔 총회장에서 수교 일자를 앞당기자는 최호중 외무장관의 권유를 그대로 받아들여 수교 발표 문서에 1991년 1월 1일로 기재된 날짜를 즉석에서 1990년 9월 30일로 고쳐서 서명한다(Oberdorfer 2001, 213~217). 한편, 김일성은 세바르드나제가 평양을 떠나고(1990.9.3) 제1차 남북고위급회담(1991.9.4~9.7)이 끝난 직후, 비밀리에 중국을 방문하여 장쩌민(江澤民) 당 총서기와 덩샤오핑을 만난다. 그는 덩샤오핑에게 한국과 수교를 하지 않든지 시기를 늦춰 달라고 간청했지만, 한국과 중국은 한 달도 안 돼 영사 기능을 일부 갖춘 무역대표부를 개설하기로 합의한다(Oberdorfer 2001, 219~220).

4_1991년 5월 리펑(李鵬) 총리는 북한을 방문하여 남한의 유엔 단독가입 시에도 비토를 하지 않는다는 입장 전달과 함께 무역 거래도 앞으로 경화결제를 적용하겠다고 통보했다. 북한은 소련과는 1990년 11월에, 중국과는 1992년 1월에 이와 관련한 무역협정을 체결했다(오진

는 한반도에서의 정통성을 내세울 정치적 자원이 고갈되고 있었다. 따라서 김일성도 한반도에서 정통성을 내세울 자원을 보충해야 했다. 이에 따라 김일성은 미국·일본과의 외교관계 수립에 노력하는 한편, 남한에 대해서는 상하층 통일전선을 총 가동하려고 기도한다.

북일관계에서는 1988년 노태우 대통령의 7·7 선언 이후 9월 일본 사회당 서기장 야마구치가 방북하여 관계개선 의향을 타진한 바 있었다. 그 후 1990년 9월 가네마루 신 전 자민당 부총재를 단장으로 44명의 자민당·사회당 의원들이 외무성 관료, 기자 등을 대동하고 방북하는 계기에, 북한은 일본의 식민지 지배와 2차 대전 후 45년 동안의 비정상적인 관계에 대한 사죄와 보상, 조속한 시일 내 국교 관계 수립 등의 내용이 담긴 조선로동당과의 「3당 공동선언」을 발표하는 성과를 거뒀다. 그러나 이 공동선언은 곧바로 일본 국내와 한국, 미국의 반발을 가져옴으로써 북일관계 진전에 제동이 걸린다. 이것은 한국·미국 정부와 사전협의가 되지 않았을 뿐만 아니라 1965년 한일 국교정상화 합의 수준을 뛰어 넘고 있었고, 일본이 제공할 자금이 북한의 재래식 무기와 핵무기 개발에 사용될 수 있다는 우려 때문이었다. 이에 따라 가네마루는 한국을 방문하여 유감을 표명하고 주일 미대사에게 사과했다.[5] 북일 국교정상화 협상이 일본 외무성으로 넘어 간

용 2004, 386; 통일연구원 2009, 292; Oberdorfer 2001, 231, 243~244).

5_미국은 이러한 북일협상과 관련하여 ① 전후 45년을 배상 대상에 포함시키지 말 것, ② 경제원조 혹은 배상의 경우, 북한이 이를 군사력 강화에 사용하지 않는다는 보증을 얻을 것, ③ 협상 과정에서 북한이 IAEA 사찰을 받도록 요구할 것, ④ 남북대화를 후퇴시키지 않도록 할 것 등 4개 요구사항을 일본 측에 전달했다(조선일보 1990.10.6). 한국도 미국의 4개 요구사항에 더하여 북한의 대남 적화노선 포기 촉구를 포함한 5개항의 일본의 대북 접근 조건을 전달했다(조선일보 1990.10.8).

후, 1990년 11~12월의 예비회담을 거쳐 1991년 1월부터 1992년 11월까지 8차례의 협상이 개최되었으나, 식민지 지배와 비정상적 관계 관련 보상 문제, 납치자 이은혜 문제,[6] 핵 문제 등으로 결국 결렬되고 만다(김계동 2012, 349~351; Oberdorfer 2001, 220~222).

북한은 1970년대부터 미국과의 직접접촉을 요구해 왔다. 1979년 카터의 발의에 의한 3당국회의 제의, 1983년 김일성의 3자회담 제의 등이 있었으나 북미 간 접촉은 이루어지지 않았다. 여기에는 한국의 반대도 한 요인이 되었다. 1988년 노태우 대통령의 7·7 선언에 따라 미국은 서울올림픽 이후 한반도 상황 개선을 위해 10월 31일 대북 제재 완화 조치를 발표했다.[7] 그것은 (1) 북한의 학자, 체육인, 문화인들의 방미 권장, (2) 미국 시민의 방북 편의를 위한 금융 규제 완화, (3) 식품, 의복, 의약 등 인도적 물자의 대북 상업거래 허용, (4) 중립적 상황에서 미국-북한 외교관 사이의 실질적 토의 허용 등이다. 아울러 미국은 이 조치가 비록 미국의 일방적인 조치이지만 남북대화 진전, 미군 유해 송환, 반미 선전 중지, DMZ에서의 신뢰 구축 조치 이행, 테러 포기에 대한 확실한 보증 등 북한의 긍정적인 반

6_1987년 11월 KAL기를 폭파한 김현희가 1991년 5월 기자회견에서 "북한에서 자신의 일본인화 교육을 담당했던 이은혜가 일본에서 납치된 다구치 야에코(田口 八中子)라는 여성이며, 끌려왔다는 말을 들었다"고 증언했다. 이에 일본은 1991년 5월 제3차 북일수교 협상에서부터 이 문제를 제기하였으나 북한 측은 "날조"라며 부정함으로써 결국 협상 결렬의 원인이 되었다. 북한은 2002년 9월 고이즈미 총리 방북 시 이은혜의 납치와 사망 사실을 인정했다(외교부 2015, 80).

7_미국은 이 조치에 대해 사전에 한국 측과 협의했다. 레이건 대통령, 슐츠 국무장관이 1988년 10월 20일 유엔 총회 참석차 미국을 방문한 노태우 대통령을 백악관에서 만나 그의 동의를 받아 내었다. 미국은 노 대통령이 그의 귀국 후에 발표하기를 요청함에 따라 10월 31일에 발표했다(Oberdorfer 2001, 195).

응을 기대했다. 이러한 미국의 조치에 따라, 북한의 제의에 의해 1988년 12월 5일 중국 외교부 국제클럽에서 처음으로 북미 외교관 사이의 참사관급 접촉이 시작되었다. 이 접촉은 양국 메시지 전달 채널로서 1993년 12월까지 34차례 이루어졌으나, 관계개선에는 실질적인 진전이 없었다. 한편, 미국은 한반도 문제에 대한 어떠한 협의도 남한 당국이 포함되어야 한다는 입장을 견지하면서, 처음부터 이 접촉이 의사소통을 위한 것이지 협상을 위한 것이 아니라는 점을 북한에 분명히 알렸다(조선일보 1988.11.2; Korea Times 1988.11.2; Oberdorfer 2001, 194~196). 그러한 가운데 미국은 북한이 IAEA의 핵 사찰을 받도록 유도하기 위해, 그동안 북한이 끈질기게 요구해 온 북미 고위급 접촉을 수용하는 차원에서 1992년 1월 뉴욕에서 김용순 당 국제부장과 캔터(Anold Kanter) 국무부 정무차관과의 접촉을 허용했다. 그러나 이 접촉은 남한 당국의 요구에 따라 단 1회로 끝낸다는 방침으로 실시되었고, 여기서 미국은 관계 정상화의 '관'자도 꺼내지 않는다는 입장이었다(Oberdorfer 2001, 265~266).

남한과의 관계에 있어서 북한은 남한 당국과 고위당국자회담 예비회담, 국회회담 준비접촉 등의 대화를 하면서도 정당·사회단체 연석회의 방식을 통해 남한 당국을 고립·압박하면서 상하층 통일전선 형성을 위한 전략을 추진한다. 이와 함께 공산권 붕괴 등으로 인한 북한 주민들의 심리적 열세 극복, 남한 주민들의 친북화 등을 위한 남북교류 행사 개최에도 적극적이었다. 다른 한편, 북한은 경제적 쇠락으로 재래식 무기에 의한 물리력 증대가 불가능한 상황을 보완하기 위해 핵무기 개발에도 발을 들여 놓게 된다.

2. 노태우 정부의 대북 인식의 전환과 남북관계·통일 담론

동서 신 데탕트, 국내 민주화, 9월 서울올림픽 등 국내외 환경을 물려받은 노태우 정부는 집권 초기부터 남북관계 개선에 적극적으로 나섰다. 박정희·전두환 정부는 북한의 정치적 실체를 인정하는 데까지 머물렀다면, 이제 노태우 정부는 북한을 민족공동체의 일원으로 인식하고 접근했다. 이제 남한 정부는 한반도의 남과 북에 두 정치적 실체가 존재하고 서로 공존하며 경쟁하고 있다는 인식에서 한반도를 앞으로 발전시켜 나가야 할 하나의 공동체로 인식하고 북한도 그 일부로서 공동체 발전에 동참시켜야 할 존재로 인정했다. 이러한 맥락에서 남측은 1988년 「민족자존과 통일을 위한 특별선언(7·7 선언)」을 통해 대북 인식, 남북관계에서 남한의 역할, 통일국가의 미래상 등을 새롭게 시현한다.[8] 남측은 7·7 선언을 통해 북한과 앞으로의 남북관계를 다음과 같이 바라보고 있다.

> 우리가 아직 비극적인 분단현실을 극복하지 못하고 있는 근본적인 이유는 남과 북이 민족공동체라는 의식을 등진 채 서로를 대결의 상대로 여겨 적대관계를 격

8_노대우 대통령은 7·7 선언 이전부터 취임사(1988.2.25), 3·1절 기념사, 취임 후 첫 기자회견(4.21), 13대 국회 개원식 연설(5.30), 6·29 선언 1주년 기자간담회(6.28) 등을 통해 당시를 "민족자존의 시대"로 규정하고, 북한과 "대화하며 공존하고, 공존하며 협력"할 것이며, 북한을 "동포애적 차원에서 함께 번영을 누려야 할 민족공동체라는 입장에서 … 통일정책을 추진해 나갈" 것임을 밝혔다. 물론 북한을 아직도 대남 적화통일 노선을 포기하지 않고 있고, 북한 주민의 자유와 인권을 억압하는 정권으로 보고 있다. 한편 심각한 경제난을 겪고 있는 북한은 불가피하게 내부적 변화도 시도할 것으로 보고 있다(노태우 1989.9.11; 통일원 1991, 11~25).

화시켜 온 데 있습니다. 우리 민족은 하나의 공동체로서 그 속에서 삶을 영위하며 … 빛나는 역사와 문화전통을 창조해 왔습니다. 따라서 남과 북이 함께 번영을 이룩하는 민족공동체로서 관계를 발전시켜 나가는 것이야 말로 통일조국을 실현하는 지름길일 것입니다. 이 길이 곧 민족자존의 길이며 민족통합의 길입니다.

이제 남과 북은 분단의 벽을 헐고 모든 부문에 걸쳐 교류를 실현해 나가야 합니다. 상호 신뢰를 회복하고 민족적 유대를 강화해 나갈 적극적 조처를 취해 나가야 합니다. 또한 대외적으로도 하나의 공동체라는 인식을 바탕으로 대결의 관계를 지양해야 합니다. 북한이 책임 있는 성원으로 국제사회에 기여하고, 그것이 북한 사회의 개방과 발전을 촉진하게 되기를 희망합니다. 국제사회에서 남북은 상호간에 서로의 위치를 인정하고 민족전체의 이익을 위해 협력해야 합니다. (노태우 1988.7.7, 496~497)

이와 같이 노태우 정부에서의 남북관계 담론의 주요 요소는 분단장벽 철폐, 모든 부문에서의 남북교류 실현, 국제사회의 책임 있는 성원으로서의 북한, 북한 개혁·개방, 남북 상호 인정, 민족 이익을 위한 협력, 민족공동체 회복·발전, 민족자존 확립, 민족통합 등으로 정리할 수 있겠다.

이러한 새로운 남북관계 방향 하에 남한 정부는 (1) 남북 동포 간의 적극적인 상호 교류 추진, (2) 이산가족들의 생사·주소 확인, 서신 왕래, 상호 방문 적극 주선, (3) 남북 간 교역 문호 개방 및 남북 간 교역을 민족 내부교역으로 간주, (4) 남한 우방과 북한 간 비군사적 물자교역 불반대, (5) 국제사회에서의 남북 간 자유 접촉과 협력 희망, (6) 북한의 미·일 등과의 관계개선에 협조 용의 및 남한은 중·소 등 사회주의권과 관계개선 추구 등 6가지의 구체적 정책 변화를 천명한다(노태우 1988. 7.7).

남한이 추구하는 통일국가의 미래상은 「한민족공동체 통일방안」으로 체계화되었다. 이 통일방안은 "남북이 자주·평화·민주의 3원칙을 바탕으로 남북연합의 중간과정을 거쳐 통일민주공화국을 실현"하자는 것이다(노태우 1989.9.11).

이 「남북연합」에는 남북각료회의, 남북평의회, 남북정상회의를 설정하고 있다. 「남북각료회의」는 남북의 총리를 공동의장으로 하여 각각 10명 내외의 각료급 위원으로 구성하고, 그 안에 인도, 정치·외교, 경제, 군사, 사회·문화 분야 등의 상임위원회를 두며, 「남북평의회」는 100명 내외로 쌍방을 대표하는 동수의 남북 국회의원으로 구성한다. 통일국가의 실현 방법에 있어서도 남북은 각기 구상하는 통일헌법 초안을 남북평의회에 제출하여 단일안을 만들게 되면, 민주적 방법과 절차를 거쳐 확정·공포하고, 이 헌법이 정하는 바에 따라 총선거를 실시하여 통일국회와 통일정부를 구성한다는 것이다(노태우 1989.9.11).

통일국가의 정치이념·국호·국가형태, 대내외 정책의 기본방향이나 정부 형태, 국회 구성을 위한 총선거의 방법·시기·절차 등은 모두 남북평의회에서 통일헌법을 기초하는 과정에서 토의하여 합의하자는 것이다. 그리고 통일된 국가상은 "하나의 민족공동체로서 각자의 자유와 인권과 행복이 보장되는 민주국가"로 설정하면서, 분단의 장벽을 허물고 민족공동체 회복을 위해서는 북한 당국이 주민에게 자유와 인권을 보장하고 대남 적화통일 노선을 포기해야 할 것임을 강조했다. 아울러 남북정상회담을 조속히 개최하여 「민족공동체 헌장」을 마련할 것을 제의했다. 여기에는 평화와 통일의 기본 방안, 상호 불가침 사항, 남북 연합기구 설치 및 운영에 관한 포괄적 합의 등이 포함될 수 있음을 밝혔다(노태우 1989.9.11).

이 방안은 기본적으로 민족통일을 통해 국가통일을 이룩한다는 전두환 정부의 민족화합 민주통일방안의 기본인식에서 출발하여 이를 수정, 발전시킨 방안이다(이홍구 1990, 15). 이 방안의 가장 두드러진 특징은 이전 통일

방안에서 결여된 남북연합이라는 통일의 중간과정을 설정했다는 점이다. 둘째로, 통일헌법 초안 작업과 관련, 이전 통일방안에서는 북한의 최고민족위원회, 대민족 회의, 최고민족연방회의 등 북한의 통일전선적 통일논의 방식을 일정 정도 수용하여 민족통일협의회의를 설치하자는 구도를 제시했으나, 이번 방안에는 남북 평의회를 통한 협의라는 의회적 방식을 채택했다. 아울러 통일국가의 형태를 '민주공화체제'로 명시함으로써 이전 통일방안에서 통일국가의 정치 이념, 정부 형태를 통일헌법 기초과정에서 협의하자는 입장에서 통일국가가 어느 특정 집단·계급에 의해 좌우되는 것을 용인할 수 없다는 점을 더욱 분명히 했다. 한편, 통일의 원칙에 있어서도 자주, 평화의 원칙과 함께 '민주'의 원칙이 강조되고 있다. 민족대단결을 부정하는 것이 아니라, 이것이 민주적으로 이루어져야 한다는 것이다. 이전 통일방안에서 7·4 공동성명의 통일 3원칙과 관련하여 자주는 민족자결로, 민족대단결은 민주적 절차로 대체된 것을 약간 수정했다.[9]

노태우 대통령의 취임사에서 7·7 선언, 한민족공동체 통일방안 발표에 이르기까지 남한의 대북 인식, 남북관계 개선 과정에서의 역할, 통일국가의 미래상, 그리고 남북관계 및 통일에 대한 담론의 발전은 남북관계의 규범의 정비로 이어진다. 1988년 출범 초기 북한에 대한 인식의 변화를 보인 노태우 정부는 6월에 들어 규범적인 측면에서도 통일논의의 기본 틀을 제시했다. 노 정부는 국내 민주화의 흐름에 따라 통일논의를 적극 개방하고 이를 뒷받침하기 위한 북한 및 공산권 자료 개방 확대를 약속하면서, 통일논의는 실정법 테두리 내에서 이루어져야 할 뿐만 아니라 "통일정책 수행

9_그 외 한민족공동체 통일방안의 세부 내용, 특징 등에 대해서는 국토통일원 1989c, 국토통일원 1990, 남북대화 제48호, 이홍구 1990 등 참조.

과는 명확히 구별되어야" 한다는 점을 분명히 했다. 즉 대북 제의 및 접촉 창구는 "국가적 차원에서 정부로 일원화되어야" 한다는 것이다(국토통일원 1988a, 494~495). 7·7 선언 직후에는 이를 뒷받침하기 위한 대북 방송, 북한 및 공산권 자료 분야에서의 전향적 조치들로 대북 인식의 변화를 가속화하는 한편, 외교, 경제 분야에서의 조치들을 시작으로 「남북교류협력추진협의회」 설치(1989.3) 및 「남북교류협력에 관한 기본지침」 마련(1989.6), 「남북교류협력에 관한 법률」 제정(1990.8) 등 규범 체계를 확립해 나가게 된다.[10] 이것은 당시의 국가보안법이 7·7 선언의 이행을 불가능하게 하는 부분을 해결하자는 것이다.

7·7 선언 직후의 대북 전향적 조치 중 외교적 조치(1988.7.16)로 미국·일본 등 남한 우방들의 자국 법령과 정책에 따른 북한과의 비군사적 물자교역, 교역을 위한 상담 등의 목적으로 한 민간인 왕래 및 북한에 민간 상사의 지사·지점 설치 등에 불반대, 북한과 소모적 경쟁 대결외교 지양, 북한의 유엔 산하기구와 전문기구, 정부 간 지역협력 및 개발기구 등 가입에 협력, 남북 외교관 간 접촉과 대화 추진, 미국·일본 외교관과 북한 외교관 사이의 제3국이나 중립적 환경에서의 접촉과 대화 불반대, 해외 영주권소지자·영주권에 준하는 장기 체류자의 북한 방문 허용 등을 취했다(남북대화 제45호, 66~68). 대북 경제개방 조치(1988.10.7)로는 민간상사의 간접교역 형태의 북한물자 교역, 민간상사 북한물자 중계, 북한 원산지 표시·상표 부착, 남북 경제인 상호 접촉·방문, 북한선적 상용 선박 입항 등을 허용하고 직·간접 남북 교역물자에 대해 관세를 부과하지 않으며, 남북 경제교류 관

10_남북교류협력법 제정 등 7·7 선언 이후 남북관계 규범의 정비 과정에 대해서는 김천식 2014 참조.

련 법적·제도적 장치 마련까지 남북한 간접교역에 대하여는 대외무역법상의 특수지역 교역에 관한 제 규정 등에 준하여 처리하기로 했다(남북대화 제46호, 100~101). 대북 방송, 북한 및 공산권 자료 분야에서는 1988년 7월 19일 0시 이후 휴전선 지역에서의 대북 비난 방송 전면 중단, 대북 방송 시 김일성, 김정일 부자 등 북한 측 특정인에 대한 인신공격 지양 등의 조치를 취했으며, 납북·월북 작가의 해방 전 문학작품 출판, 음악·미술 작품 음반 제작, 전시 등 허용, 로동신문, 영상자료의 제한적 공개, 연구자들에 대한 일반 공개에서 제외된 자료의 열람·대출 간소화 등의 조치를 취했다(남북대화 제45호, 71~73; 남북대화 제46호, 109).

이러한 임시적 조치에 이어 남북관계의 체계적인 규범화는 「남북교류협력추진협의회」의 설치로 시작된다. 이 남북교류협력추진협의회는 남북간 교류·협력에 관한 주요 정책을 심의·조정하기 위하여 국토통일원 장관을 위원장으로 하고 관계부처 차관급을 위원으로 1989년 3월 31일 구성하여 현재까지 운영해 오고 있다(남북대화 제48호, 109). 남북교류협력추진협의회는 6월 12일 당시 국회에 상정된 남북교류협력에 관한 특별법이 확정되고 관계법령이 정비되기 전까지 남북 간의 교류협력 추진에 관한 제반사항을 규정하기 위해 「남북 교류협력에 관한 기본지침」을 마련하였다. 여기에는 남북 주민 간 접촉, 남북 간 인적 왕래, 물자교역, 협력사업 등에 따른 정부 승인과 관련된 제반 절차와 규정을 담았으며, 이것은 1990년 7월 14일 국회 본회의에서 의결되고 8월 1일자로 공포된 「남북교류협력에 관한 법률」로 체계화된다(남북대화 제48호, 110~111, 통일부 1999, 233~239).

이러한 정부 주도의 대북 인식, 담론, 규범 등의 변화는 정부의 정세인식에 따른 측면과 함께 민주화 이후 이에 대한 남한 시민사회의 요구에 추동된 측면도 상당히 크다.

3. 남한 시민사회의 요구와 도전

노태우 정부 하에서의 민주화의 진행은 박정희 정부 이후 정부 독점의 통일논의로부터 탈피하여 통일운동의 분출을 가져왔다. 노태우 정부 출범 이후 시민사회 영역에서 대북 인식을 재확립하는 강력한 계기는 남북학생회담 개최 운동이라고 하겠다. 1988년 3월 서울대 총학생회 후보 유세에서 나온 남북학생회담 제의는 북한 측의 6월 10일 개최 동의로 남한사회 내에 큰 파장을 불러일으켰다. 이 회담을 추진하고자 하는 학생·재야 측과 이를 저지하고자 하는 정부 측과의 충돌은 불가피했다. 학생들은 정부 측의 제지로 6·10 회담 추진이 불가능해지자 다시 8·15 회담을 추진했으나, 결국 당국의 제지로 무산되었다. 이러한 학생회담 개최 운동은 사회적으로 통일논쟁을 촉발시켰으며, 정부의 적극적인 대북 정책을 추동하여 7·7 선언의 탄생에도 강력한 영향을 미쳤다(김천식 2014; 통일노력60년 발간위원회 2005, 182~184). 7·7 선언은 탈냉전의 국제정세 변화 속에 시민사회, 특히 학생운동권이 남북관계의 역할을 정부가 주도하는 것을 거부하는 상황에 직면한 노태우 정부가 이에 대한 선제적인 대응책으로서 내놓은 일종의 '수동 혁명(passive revolution)'이었다.[11]

7·7 선언 이후 시민사회 영역 내에서의 대북 인식 재확립은 1988년 중·후반기 학생운동권의 주사파를 중심으로 시작된 '북한 바로알기 운동'으로 가속화되었다. 이 운동은 그동안 '냉전논리에 의해 왜곡된' 북한의 실

11_집권세력이 사회관계의 근본적인 변화를 가져오지 않으면서 선제적으로 개혁 조치를 취하는, "보존과 혁신의 변증법(the dialectic of conservation and innovation)"으로서 그람씨(Antonio Gramsci)의 수동혁명 개념에 대해서는 Forgacs 1988, 246~274, 428 참조.

상(분단과정, 북한 현대사 등 포함)을 바로잡자는 목적과 함께 "반미 민족대단결 의식의 고취를 목적으로 한 것"으로, 교지, 학보, 사회과학출판물 등을 통해 공개적으로 이루어졌다. 따라서 이 운동은 당시 공안당국에 의해 국가보안법상 고무찬양죄, 이적표현물 제작 유포 등의 제재를 받기도 했다 (데일리안 2005.1.5; 동아일보 1988.8.2; 성공회대학교 1989).

남북관계 규범의 영역에서는 일부 사회단체·개인은 정부의 대북 창구 일원화 정책에 정면 도전하였다. 이것은 북측의 대남 통일전선전술과도 연계되어 있었다. 문익환 목사의 방북이 첫 번째의 대표적인 사례라고 볼 수 있겠다. 김일성은 1989년 신년사를 통해 연방제 통일방안 협의를 위한 남북정치협상회의를 제의하면서 민주정의당, 평화민주당, 통일민주당, 신민주공화당의 총재들과 김수환 추기경, 문익환 목사, 백기완 씨를 초청했다. 이에 따라 문 목사는 1989년 3월 25일 평양을 방문하여 김일성을 만나고 조평통 위원장 허담과 공동성명을 발표했다[12](김일성 1989.1.1; 남북대화 제47호, 87~96).

12_1989년 4월 2일 발표된 9개항의 공동성명 요지는 다음과 같다(통일원 1993b, 115). ① 7·4 공동성명의 통일 3원칙에 기초하여 통일문제 해결 재확인, ② 두 개 조선정책 반대, 하나의 민족, 통일된 나라 지향 확인, ③ 정치·군사회담 추진을 통한 정치·군사적 대결 상태 해소 및 이산가족 문제와 다방면에 걸친 교류·접촉 실현에 적극 노력, ④공존의 원칙에서 연방제 방식 통일이 필연적이고 합리적인 통일 방도가 된다는 점에 견해 일치, ⑤ 팀 스피리트 훈련은 남북회담과 평화, 통일 성취와 양립 불가 확인, ⑥ 문익환 목사는 교차접촉·교차승인에 대한 북의 부정적 입장과 통일 의지 확인, 조평통은 문 목사가 주장하는 남북교류와 점진적 연방제 통일방안이 두 개 조선 지향이 아님을 확인하고 이를 긍정적으로 평가, ⑦ 우리 민족의 단결 필요성과 절박성 통감, 통일 위업 실천에 적극 이바지하고자 하는 공동 염원 표시, ⑧ 조평통은 전민련의 범민족 대회 제안을 지지, 문 목사는 평양축전에 참가하려는 남한 학생을 지지, ⑨ 상기 합의의 실천 대책을 남북 당국과 제 정당·단체에 건의. 문 목사 방북 시 소설가 황석영 씨도 함께 갔다.

한편, 외국어대 학생 임수경은 「전국대학생대표자협의회(전대협)」 대표로 평양에서 개최되는 제13차 세계청년학생축전에 참가하기 위해 1989년 6월 30일 정부의 허가 없이 방북하여 7월 7일 북한의 조선학생위원회 측과 「조국의 자주적 평화통일에 관한 남북청년학생 공동선언문」을 발표했다.[13] 이때는 문 목사 사건을 계기로 평민당 서경원 의원이 1988년 8월 19일부터 21일까지 밀입북하여 김일성, 허담 등과 회담을 하고 돌아왔다는 것이 안기부 발표에 따라 1989년 6월 28일자 국내 신문에 보도되고 있던 상황이었다(남북대화 제48호, 82~84; 통일노력60년 발간위원회, 185~186).

범민족대회 개최 노력도 남한 정부의 창구 일원화 정책에 대한 주요한 도전이었다. 범민족대회는 1988년 8월 1일 「민주·통일 민중운동연합(민통련)」[14] 등 재야단체 인사 1,014명이 「한반도 평화통일을 위한 세계대회와 범민족대회에 대한 발기 취지문」을 발표한데서 비롯되었다. 8월 28일에는 범민족대회 추진본부가 범민족대회 개최를 정식으로 발표하고 9월 22일 내외에 대회 개최를 촉구하였다. 당초 범민족대회는 서울올림픽 기간(1988.9.17~10.2)에 맞춰 서울과 판문점 등에서 남북공동예술제 등을 개최하려 하였으나, 내부 의견 상충과 대학 운동권의 소극적 태도 등으로 무산되었다. 북한도 대회 개최를 촉구한 지 한참 지난 12월 9일 조평통 명의로

13_임수경의 방북은 1988년 남북학생회담 무산 후 북한 조선학생위원회가 12월 26일 「제13차 세계청년학생축전」에 전대협 대표를 공식 초청한 데 따른 것으로 볼 수 있다. 정부는 평양축전의 참가를 불허하고 언론사의 보도나 참관도 허용하지 않았다. 그러나 전대협 측은 반드시 대표단을 평양축전에 참가시킨다는 입장이었다(통일노력60년 발간위원회, 185~186).

14_민통련은 1985년 「민주통일민중운동연합」과 「민주통일국민회의」를 통합하여 발족한 단체이다(통일노력60년 발간위원회, 180).

예비접촉을 제안했다(남북대화 제47호, 97~100; 통일원 1993b, 58, 75; 한총련 2005). 이에 「전국민족민주운동연합(전민련)」은 1989년 1월 결성대회를 통해 범민족대회 사업 추진을 결의하고 3월 예비실무회담 대표단을 판문점에 파견하였으나 당국의 저지로 무산되었다. 그럼에도 불구하고 8월 3일 66개 정당·사회단체가 범민족대회 남측추진본부를 결성하고 8월 15일 판문점에 대표단을 파견하였으나 당국의 저지로 실패하였다. 결국 판문점에서는 북측 지역에서만 대회가 개최되었다. 여기서 「조국통일범민족연합」을 결성하기로 결의되어, 이 결의를 바탕으로 1990년 11월 20일 베를린에서 남·북·해외 대표가 3자회담을 갖고 범민련 결성에 정식 합의하여 3자가 각각 조직을 결성해 대회를 개최해 왔다(강호제 2007; 통일노력60년 발간위원회 2005, 181~182; 한총련 2005).

4. 북한의 자기정체성과 대남 인식, 남북관계·통일 담론

1980년대 말부터 1990년대 초 동안 북한 당국자에게는 국력의 재평가와 남북관계에서의 역할에 대한 재검토 기간이었을 것으로 보인다. 심화되는 경제난, 동구 사회주의권 붕괴와 외교적 고립 등은 남북관계에서의 역할 조정이 불가피했다.

남한은 1986년 아세안게임과 1988년 서울올림픽을 성공적으로 개최하고, 1984년에 1인당 GNP가 2,000달러를 상회하여 1986년~88년간 연평균 12.1%의 경제성장률을 실현하면서 1987년부터 후진국에 대한 공적개발원조(ODA)를 시작하는 경제를 운용하고 있었다(경제기획원 1994, 24~27; 전국경제인연합회 1987, 703). 반면 북한은 제2차 7개년 계획(1978~1984)

후 2년간의 조정기를 거쳐 1987년부터 시작되는 제3차 7개년 계획의 몇 개 분야를 제외하고는 이전의 계획에 비해 목표를 하향 설정하는 상황이었다(통일부 2003, 230~231). 고르바초프에 의한 소련 개혁의 지속, INF 협정 체결 등 미소 데탕트의 가속화, 노태우 정부의 공세적 대북 자세, 서울올림픽 등에 직면한 북한은 당국 간 대화와 함께 정당·사회단체 정치협상회의, 민간차원의 대화 등 3방면에서 대남 공세를 취하게 된다.

김일성은 1988년 신년사를 통해 남한에서는 주민들의 민주화 요구에도 불구하고 "미국의 식민지적 지배가 계속"됨으로써 여전히 "군사파쇼독재가 군림"하게 되었다고 주장했다. 한편, 그는 "자주적 평화 통일을 위하여 … 북과 남이 서로 화해하고 단합하려는 자세와 입장을 가지는 것"이 필요하다고 역설하고 "통일을 위하여 절실히 요구되는 것은 또한 북과 남 사이의 군사적 대결 상태를 해소하고 긴장 상태를 완화"하는 것이라고 주장하면서 남북 간 불가침 선언 채택을 지속적으로 요구했다(김일성 1988.1.1).

김일성에게는 남북 간 군사적 대결이 지속되는 한 경제난에서 탈출하기란 지극히 어려운 상황이었다. 이 당시 북한의 자기정체성과 대남 인식을 동시에 보여 주는 것이 다음과 같은 김일성의 언급이다.

> 현 시기 나라의 자주적 평화통일을 위하여 절실히 요구되는 것은 무엇보다도 북과 남이 서로 화해하고 단합하려는 자세와 입장을 가지는 것입니다. 원래 조국통일문제는 누가 누구를 먹거나 누구에게 먹히우는 문제도 아니고 일방이 타방을 압도하고 우세를 차지하는 문제도 아니며 북과 남이 다 같이 한 핏줄을 나눈 겨레로서 민족적 단합을 실현하는 문제입니다. 역사적 경험이 보여주는 바와 같이 … 서로 힘으로 승부를 겨루려고 한다면 통일문제는 어느 때 가도 해결할 수 없습니다. (김일성 1988.1.1)

김일성은 1962년에도 같은 취지의 언급을 하였으나, 지금의 이러한 언급은 한반도에서 남과 북의 경제력 등 국력이 완전히 역전된 상태에서 나온 것이다.[15] 이제 북한은 한반도 정통성 경쟁에서 매우 위험한 상황에 있는 자신의 위치를 정확히 알고 있었다. 이러한 상황에서 북한이 한반도에서 정통성 경쟁을 지속해 나가기 위한 자원을 보충하기 위해서는 남한의 민주화 흐름을 활용하는 것밖에는 없었다. 따라서 이 당시 북한의 대남 정책은 상하층 통일전선을 전방위적으로 활용하는 것이었다.

김일성은 남한의 새 정부 출범을 앞둔 1988년도 신년사를 통해서는 작년까지 주장했던 남북고위급 정치군사회담은 언급하지 않은 채, 여기서 다루자고 했던 의제들을 협의하기 위해 쌍방의 당국자들을 포함한 제 정당·사회단체 대표자들과 각계 인사들이 참가하는 남북연석회의 소집을 제안했다[16](김일성 1988.1.1). 서울올림픽 참가 문제, 불가침 선언 채택 문제 등을 협의하기 위한 국회회담 준비접촉이 서울올림픽 개최 이후에도 진행되고 있는 가운데, 김일성은 이듬해인 1989년 신년사를 통해서는 연방제 통

15_1962년 10월 최고인민회의에서 김일성은 다음과 같이 언급했다(김일성 1962.10.23). "남조선의 일부 사람들은 우리나라의 자주적 평화통일이 실현되면 남조선이 '공산화'될 것이라고 하면서 그것을 한사코 반대하고 있습니다. … 우리나라 통일은 누가 먹고 누가 먹히는 문제인 것이 아니라 본래 통일되고 단일한 민족이 제국주의 기반으로부터 완전히 벗어나 민족적 통일을 회복하는 문제입니다. '멸공'이니 '승공'이니 하는 허황한 생각은 실현될 가망이 없을 뿐만 아니라 나라의 통일을 방해하며 우리 민족을 영원히 분열시키려는 극히 유해로운 생각입니다." 이 당시 이러한 김일성의 언급은 박정희 정부의 반공노선에 기반을 둔 방어적 통일 자세를 비판하는 것이었다.

16_김일성은 남북연석회의에서 시급히 협의·해결해야 할 의제로 "올해[1988년 -필자] 안으로" 팀 스피리트 합동 군사연습을 비롯한 대규모 군사연습 중지 문제, 다국적 군축회담 문제, 제24차 올림픽경기대회 남북 공동주최 문제, 비방·중상 중지 문제 등을 열거했다(김일성 1988.1.1).

일방안을 협의하기 위해 "각당·각파·각계각층의 의사를 대표할 수 있는 지도급 인사들로 '정치협상회의'를 개최"하자고 제의하면서 "민주정의당, 평화민주당, 통일민주당, 신민주공화당의 총재들과 김수환 추기경, 문익환 목사, 백기완 선생을 평양에 초청"했다(김일성 1989.1.1). 그러나 이 제의에 대해 4당 총재는 즉각 거부하고 김수환 추기경은 묵살했다. 이에 북측은 1988년 11월 16일에 제안했던 부총리급을 단장, 군참모총장급을 부단장으로 하는 '고위급 정치군사회담'의 불씨를 살려 정치협상회의와 함께 남북 당국 간 대화도 함께 추진하고자 했다.

북한의 1988년 11월 '고위급 정치군사회담' 제의에 대해 남측은 그해 12월 28일자로 총리를 수석대표로 하는 '고위당국자회담'과 이를 위한 차관급 예비회담을 역제의했다. 이에 대해 북측은 1989년 1월 16일 정무원 총리 연형묵의 대남 서한을 통해 남측의 제의에 "불만족스러운 점들이 있지만" 고위급 정치군사회담 제의에 원칙적으로 동의한 것으로 간주한다면서 총리를 단장으로 하고 군 실권자를 포함하자며 남측의 제의를 수용했다. 이로써 2월 8일부터 「남북고위당국자회담 예비회담」이 판문점에서 개최되기 시작했다[17](남북대화 제47호, 23~28; 통일원 1993b, 69~ 71; 78; 93).

이와 함께 1989년 김일성 신년사를 통해 정치협상회의를 제의한 북한은 3월 말 「북남대화를 다방면적으로 발전시킬 데 대하여」라는 제하의 24개 정당·사회단체 연합성명 형식을 빌려 민간급 대화 추진과 관련한 5개항을 제시한다. (1) 남북회담을 쌍방 당국 사이뿐 아니라 민간급에서도 폭넓게 추진, (2) '두 개 조선'을 위한 대화 배격, (3) 민간급 자율적 대화 제의

17_추후에 「남북고위급회담」으로 합의될 회담의 명칭에 대해 예비회담에서 당초 남측은 「남북고위당국자회담」으로 북측은 「남북고위급 정치군사회담」으로 주장했다.

장려·수용 및 노동자, 농민, 청년학생, 여성, 종교인, 민족자본가와 그 단체들 간의 대화 적극 추진, 민간급 경제합작, 공동의 개발·연구·출연·대외진출 제안을 장려·수용, (4) 남한 및 해외 개별 인사의 민족 관심사 협의를 위한 수시 북한 방문 허용, (5) 신변안전 보장 조치 등 민간급 대화의 원만한 보장을 위한 대책 강구 등이 그것이다(통일원 1993b, 109~111).

그 이후 김일성의 남북정치협상회의 제의에 따라 방북한 문익환 목사와 허담 간의 '두 개 조선' 반대와 연방제 통일을 주창하는 공동성명 발표(1989.4.2), 남한에서의 문익환 목사 사법처리(4.12), 임수경 방북(6.30~8.15), 평민당 서경원 의원 방북(8.19~21) 사건 등으로 남북고위당국자회담 제3차 예비회담이 1989년 10월까지 연기되고 있었다. 이러한 상황에서 북한은 남측이 9월 11일 한민족공동체 통일방안을 정식으로 내외에 천명하자, 남북고위당국자회담 제3차 예비회담 재개를 10일도 채 앞두지 않고 있던 10월 3일 남과 북의 통일방안을 하나의 방안으로 정립하는 문제를 해결하기 위해 남북 당국과 각당·각파·각계각층이 참가하는 '민족통일협상회의'를 소집하자고 제의했다. 특히 북측은 이 회의가 남과 북을 구별하지 않고 각 대표들이 동등한 자격으로 참가하는 원탁회의로서 1990년 2월 20일 평양에서 본 회의를 개최하기 이전에 1989년 11월부터 이듬해 1월까지 남과 북 당국·정당·단체 간의 쌍무적·다무적 접촉을 통한 예비회담을 열자고 제의함으로써 당국 간 대화와 별도의 채널 개설을 추구했다(통일원 1993b, 155~157).

북한은 남북고위당국자회담 예비회담이 진행되던 1989년 한 해 동안 동구 사회주의권 전체의 몰락과 함께 베를린 장벽의 붕괴(11.9), 루마니아 대통령 초세스쿠(Ceausescu) 부부의 처형(12.25), 몰타(Malta) 미소 정상회담에서의 냉전 종식 선언(12.2~3) 등을 목도하게 된다. 한편, 남북 간에는 남북고위당국자회담 예비회담이 5차례 개최되었으며, 국회회담 준비접촉 2차례(제8~9차), 적십자 실무대표 접촉 7차례, 체육회담 3차례 등의 회담이 진행되고 있었다.[18]

이러한 가운데 김일성은 1990년 신년사를 통해 남측의 남북정상회담 개최 요구를 반영하여, 남과 북의 최고위급이 참가하는 '당국·정상 수뇌 협상회의'를 새롭게 제의하는 한편, 진행되어 온 남북 당국 간 회담, 국회회담 등 남북회담과 함께 민족통일협상회의도 계속 추진한다는 의지를 표명했다. 특히, 김일성은 베를린 장벽 붕괴, 몰타 미소 정상회담에서의 동서냉전 종식 선언 등의 여파로 남북 간 개방과 자유왕래·교류 요구를 예상한 듯 남북 간 자유왕래·교류가 안 되고 있는 이유를 제시했다. 남측이 휴전선 일대에 '콘크리트 장벽'을 쳐놓았기 때문이라는 것이다. 김일성은 신년사를 통해 남북 간 자유왕래와 전면 개방을 주장하면서, 이를 위해서는 우선 군사분계선 남측 지역에 쌓아놓은 '콘크리트 장벽'부터 허물어 버려야 한다고 주장했다[19](김일성 1990.1.1). 5월에는 최고인민회의 시정연설을 통해 조국통일 위업 실현을 위한 5가지의 과업(「조국통일 5개 방침」)[20]의 하나로 남북

18_국회회담 준비접촉, 적십자 실무대표 접촉, 체육회담의 세부 진행 과정에 대해서는 제6절 참조.

19_이 콘크리트 장벽이라는 것은 남측이 북측의 기습 침공을 저지하기 위해 설치한 대전차 방어물이다.

20_김일성이 제시한 5가지의 방침은 다음과 같다. ① 한반도 긴장완화와 통일을 위한 평화적 환경 마련. 여기에는 남북 불가침 선언 채택, 북미 평화협정 체결, 남북 군축 및 주한미군 철수(단계적 철수 포함) 등이 해당된다. ② 분단장벽 제거 및 남북 자유 왕래·전면 개방 실현, ③ 통일에 유리한 국제환경 조성, ④ 당국·특정 계층만을 위한 대화가 아닌 모든 정당·사회단체·각계각층의 의사를 반영하는 전민족적 대화 등 평화통일을 위한 남북대화 발전, ⑤ 전민족적 통일전선 형성 등이다(김일성 1990.5.24; 통일원 1993b, 263~265).

사실 이것은 당시 김일성의 연설문을 보면 '방침'이라기 보다는 '과업'이라고 보는 것이 타

자유왕래와 전면 개방을 재천명하고, 7월에는 8·15 계기 판문점 북측 지역 개방을 선언하고 남측의 상응한 조치를 요구하지만, 남측의 공세적인 「8·15 민족 대교류 선언」과 마주치게 된다.[21]

세계정세는 점점 북한에게 유리한 환경을 제공해 주지 않았다. 김일성은 1990년 6월에는 한·소 샌프란시스코 정상회담에서의 '조속한 한소수교 합의' 소식을 듣게 되고, 10월에는 한소수교(10.1), 한중무역대표부 연내 설

당하다고 생각되나, 북한이 『조선백과사전』에서 「조국통일 5개 방침」으로 정리하여 이에 따른다. 그리고 북한은 1973년 6월 23일 김일성 연설에서 나온, '조국통일 5대 강령'으로도 알려진 것을 「조국통일 5대 방침」으로 규정하고 있다.

북한은 5월 31일에는 앞의 ①번 과업의 구체적 방안으로 중앙인민위원회·최고인민회의 상설회의·정무원 연합성명 형식으로 10가지의 '한반도 평화를 위한 군축 제안'을 제시했다. ① 군사훈련과 군사연습 제한, ② 군사분계선 비무장지대의 평화지대화, ③ 우발적 무력 충돌과 그 확대를 막기 위한 안전장치 강구, ④ 무력의 단계적 감축, ⑤ 군사장비의 질적 갱신 중지, ⑥ 군축 정형의 상호 통보 및 검증 실시, ⑦ 한반도의 비핵지대화, ⑧ 외국 군대 철수 공동 노력(주한미군의 단계적 철수 포함), ⑨ 군축과 그 이후 평화보장을 위한 조치 강구, ⑩ 협상을 통한 불가침 선언 채택 및 대폭적 감축 합의 등이 그것이다(통일원 1993b, 265~269).

21_북한의 조평통은 1990년 7월 5일 ① 통일문제 해결과 결부, ② 정당·단체·각계각층 인민들의 동등한 참여, ③ 법률적·사회적 조건에 따른 제한 철폐 등 「남북 간 접촉·왕래 3원칙」 발표하고, 남북 간 접촉·왕래를 성과적으로 보장하기 위한 조치로 8·15를 기해 판문점 북측 지역을 개방한다고 선언하고 남측도 이에 상응한 조치를 취해 줄 것을 희망했다(통일원 1993b, 289~291). 이에 남측은 7월 20일 노태우 대통령 특별발표를 통해 해방 45주년을 맞는 1990년 8·15를 전후한 5일간(8.13~8.17)을 '민족 대교류의 기간'으로 선포하며, 이 기간 동안 판문점을 통로로 열어 놓고 북한 동포들이 원하는 남쪽의 어느 지역도, 원하는 사람 누구도 자유로이 방문하고 만날 수 있도록 할 것임을 천명하고, 강영훈 총리는 북한의 연형묵 총리에게 이를 실현하기 위한 실무절차 협의를 위해 쌍방 당국 간의 실무접촉을 갖자고 제의했다. 북한이 당일 남측은 콘크리트 장벽부터 해체하라며 이 제의를 거부함에 따라 7월 23일 통일원·법무부·국방부 등 3부 장관이 7·20 선언의 구체적 후속조치를 발표하면서 공세를 취한다(남북대화 제50호, 7~21; 통일원 1993b, 294~296).

치 합의(9.26), 독일 통일(10.3) 등을 보게 된다.[22] 이에 김일성은 1991년 신년사를 통해서는 "북과 남에 서로 다른 두 제도가 존재하고 있는 우리나라의 실정에서 … 누가 누구를 먹거나 누구에게 먹히지 않는 원칙에서 하나의 민족, 하나의 국가, 두 개 제도, 두 개 정부에 기초한 연방제 방식"의 통일국가 수립을 역설한다. 아울러 남북이 하나의 제도로 통일하는 '제도 통일'은 후대에 맡겨도 된다고 하면서 "잠정적으로는 연방공화국의 지역자치정부에 더 많은 권한을 부여하며, 장차로는 중앙정부의 기능을 더 높여 가는 방향에서" 연방제 통일 협상의 용의가 있다고 밝혔다[23](김일성 1991.1.1). 이것은 김일성이 1980년에 제창한 고려민주연방공화국 창립 방안을 끝까지 포기하지 않으려는 의지의 일환인 동시에 일시적인 전술적 후퇴인 것이다.[24]

1991년 12월 남북기본합의서가 채택됨에 따라, 김일성은 이제 1992년 신년사를 통해 남북기본합의서 체제의 틀 속에서 남북관계 방향을 언급하게 된다. 남북기본합의서를 "7·4 남북공동성명과 더불어 … 조국을 자주

22_이 당시 남북 당국 간에는 남북고위급회담 제8차 예비회담(7.30), 제1~2차 남북고위급회담 본회담(9.4~9.7, 서울; 10.16~10.19, 평양)이 있었다.

23_김일성의 이 같은 제의는 2000년 「6·15 남북공동선언」에 나오는 소위 '낮은 단계의 연방제' 안으로 발전한다. 이 '낮은 단계의 연방제'라는 용어는 6·15 남북공동선언 작성 과정에서 비로소 등장했다. 1999년 김일성이 제시했던 안이 바로 낮은 단계의 연방제 안이라는 것은 2000년 10월 6일 고려민주연방공화국 창립 방안 제시 20주년 기념 보고대회에서 안경호 조평통 서기국장의 보고와 그해 12월 15일자 로동신문을 통해 확인되었다.

24_김일성의 1991년도 통일방안이나 소위 '낮은 단계의 연방제 안'이 고려민주연방공화국 안으로부터 일시적인 전술적 후퇴라는 사실 또한 2000년 10월 안경호의 보고에서 드러나고 있다. 안경호는 1991년도 김일성 제시 안은 남한 당국자들이 "합리적인" 고려민주연방공화국 안을 "받아들이지 않는 실정에서" 김일성이 "연방공화국 창립 방안에 대한 민족적 합의를 보다 쉽게 이루기 위하여" 제시했다는 것이다(조선중앙방송 2000.10.6).

적으로, 평화적으로 통일하려는 우리 민족의 일치한 요구와 자주, 평화에로 나아가는 현시대의 추세를 옳게 반영한 가장 정당한 조국통일 강령"으로 평가하고, 남북 간 "불가침 합의가 이루어진 조건에서" 이 합의서 정신에 맞게 군축 실현 및 긴장완화, 한반도 비핵지대를 위한 노력 경주의 필요성을 주장하는 한편, 민족대단결을 강조했다(김일성 1992.1.1).

따라서 남북고위급회담 당시 북한의 주요 담론은 7·4 남북공동성명의 통일 3원칙을 기본으로 남북 간 군사적 대결 상태 해소와 한반도 평화 보장의 범주와 연방제 통일의 범주에서 전개된다. 이러한 담론에 따른 정책적 대남 요구사항들은 남북 불가침 협정·북미 평화협정 체결, 팀 스피리트 등 합동 군사훈련 중지, 남한에서의 미군과 핵무기 철수, 연방제 통일, 제도 통일 반대, 두 개 조선 반대 등이었다(김일성 1989.1.1, 1990.1.1, 1991.1.1, 1992.1.1). 이러한 북한의 담론들은 남북고위급회담 과정에서 남측의 담론들과 충돌하면서 재현된다.

5. 남북기본합의서 체제 형성의 노력

이 절에서는 우선 남북기본합의서 체제 성립의 핵심적 회담인 남북고위급회담의 전개과정을 다룬다. 남북고위급회담은 (1) 이 회담의 의제와 진행절차를 협의하는 예비회담(제1~8차, 1989.2~1990.7), (2) 남북기본합의서 채택·발효 회담(제1~6차 본회담, 1990.9~1992.2), (3) 남북기본합의서에 따른 분야별 대책, 즉 부속합의서 협의 회담(분야별 분과위원회, 1992.3~1992.9) (4) 부속합의서 및 합의서 이행·실천 기구인 공동위원회 구성·운영 합의서 채택·발효 회담(제7~8차 본회담, 1992.5~1992.9) 등으로 구성된다.

아울러 고위급회담과 병행하여 진행된 핵 문제 협의 및 여타 남북회담과 7·7 선언, 남북교류협력법 등 남북관계의 새로운 규범에 따른 남북 간 교류협력의 진행 상황도 함께 살펴보기로 한다.

이를 통해 남과 북이 정통성 경쟁 차원과 남북관계 진전과 통일 촉진의 차원에서 제기하는 과제와 이를 정당화하고 해결하기 위한 담론의 대립, 그것의 최종 귀결 과정 등이 파악될 수 있을 것이다.

1) 의제의 설정: 남북고위당국자회담 예비회담

1984년 1월 남·북·미 3자회담을 제의했던 북한은 남한과 미국이 이에 호응해 오지 않자, 1986년 6월 3자 군사당국자 회담을 제의했다. 그 후 김일성은 그해 12월 최고인민회의 제8기 제1차 회의 시정연설을 통해 군사실권자가 참가하는 남북 고위급 정치군사회담 개최 필요성 제기하고, 이근모 정무원 총리와 오진우 인민무력부장의 공동 명의로 노신영 국무총리와 이기백 국방부 장관에게 이를 정식으로 제의한다. 이러한 움직임이 발단이 되어 전두환 정부의 남북총리회담 개최 제의(1987.3.17)와 이에 대한 북측의 예비회담 제의(1987.3.30)가 오갔으나 상호간 입장 차이로 성사되지 못했다(국토통일원 1988a, 337~ 343, 347~359).

노태우 정부에 들어와 1988년 6월 남측은 다시 쌍방의 '각료급'을 수석대표로 하는 「남북고위당국자회담」 개최를 제의하였으나, 북측은 이 제의가 대화와 통일논의를 독점하려는 좋지 못한 발상에서 나온 것으로, 남북연석회의의 준비를 위한 예비회의 형식으로는 고려할 용의는 있다고 폄하했다(국토통일원 1988a, 378~382; 남북대화 제44호, 43). 그러나 북측은 국회회담 준비접촉 과정에서[25] 국회회담 의제는 남북 불가침 공동선언 발표 문제가 되어야 한다고 주장하고 있는 가운데, 1988년 11월 16일 "부총리급을 단장, 군총참모장급을 부단장으로 하는 7~9명 정도의 실권 있는 고위급 정치군사 대표"가 참가하는 「남북고위급정치군사회담」을 제의했다.[26] 그리고 이와는 별도로 12월 20일에는 남·북·미 「3자회담」 개최도 제의했다[27] (남북대화 제47호, 28~31).

남한 측은 1988년 12월 28일 북한의 이러한 두 제의에 대한 입장으로서 쌍방 '총리'를 수석대표로 하는 「남북고위당국자회담」을 제의했다.[28] 이 회담에서는 상호 비방·중상 중지 문제, 상호 존중 및 불간섭 문제, 다각적인 교류·협력 실시 문제, 군사적 신뢰 구축 문제, 남북정상회담 개최 문제 등을 의제로 하고, 이와 함께 남북 간 당면한 신뢰 구축과 긴장완화를 위해 북측이 제기하는 "실효성 있는 여타 방안들도 함께 토의될 수 있을 것임"을 밝혔다. 아울러 이와 관련한 절차문제 협의를 위해 차관급 예비회담을 이듬해 2월 초순 판문점 남측 지역인 평화의 집에서 가질 것을 제의했다(남북대화 제47호, 24~27).

이에 대해 북측은 1989년 1월 16일 남측의 전년도 12월 28일자 제의

25_1988년 8월 19일 제1차 접촉을 시작한 남북국회회담 준비접촉은 서울올림픽이 끝난 후인 10월 13일에는 제5차 접촉을 진행했으며, 11월 17일에는 제6차 접촉을 진행할 예정이었다. 이 접촉의 세부 진행 과정에 대해서는 제6절 참조.

26_이근모 북한 정무원 총리는 이 제의를 하는 대남 서한에 11월 7일 북한중앙인민위원회·최고인민회의 상설회의·정무원 연합회의가 채택한 「조선의 자주적 평화통일을 촉진하기 위한 포괄적인 평화 방안」도 함께 보냈다. 포괄적 평화 방안의 구체적 내용은 통일원(1993b, 69~73) 참조.

27_미국 측에는 외교부장 김영남이 12월 6일 슐츠 국무장관 앞 서한(11월 16일자)으로 제의했다.

28_이 제의는 1988년 12월 5일 임명된 노태우 정부 제2기 내각의 강영훈 총리의 주도로 이루어졌다(강영훈 2008, 401~403).

가 북측의 남북 고위급 정치군사회담 개최 제의에 원칙적으로 동의한 것으로 간주한다면서 차관급 예비회담을 2월 8일 판문점 평화의 집에서 갖자고 제의한다. 이로써 남측이 말하는 「남북고위당국자회담」, 북측이 말하는 「남북고위급정치군사회담」의 예비회담이 1989년 2월부터 1990년 7월까지 8차례 열리게 된다(남북대화 제47호, 27~28; 통일원 1993b, 93).

예비회담에서는 본회담의 명칭과 의제, 대표단 구성 및 본회담 진행과 관련된 제반 절차적 문제 협의가 주 임무였다. 그러나 실제에 있어서는 북측이 남측의 팀 스피리트 훈련 문제, 문익환·임수경 등 밀입북자 구속 문제 등을 집중 제기함에 따라 제1차 회담에서 제3차 회담까지는 실질적인 논의가 이루어지지 못했다. 특히 이 당시 북한은 팀 스피리트 훈련에 대해 극렬히 반대하여 제3차 및 제7차 회담이 합의된 날짜에 열리지 못하고 상당기간 연기되었다[29](남북대화 제47호, 33~45; 남북대화 제48호, 81~88). 제5차 회담에 와서야 본회담 명칭, 대표단 구성, 본회담 의제 등이 가닥을 잡게 되었다.

본회담 명칭과 관련해서는 남측의 '남북고위당국자회담', 북측의 '남북고위급정치군사회담' 주장은 제5차 회담에서 북측의 수정 제의에 따라 「남북고위급회담」으로 합의되었다. 아울러 대표단 구성에 있어서도 군사회담 대표로 남측은 참모총장급 1명을, 북측은 2명의 대표를 주장하였으나, 제5차 회담에서 상호 편리한 대로 하자는 북측의 수정 제의에 합의를 보았다.

본회담 의제와 관련해서는 당초 남측은 상호 중상·비방 중지 등 6개항을 제시한 반면,[30] 북측은 「북과 남 사이의 당면한 정치·군사적 대결 상태

29_제3차 예비회담은 합의된 1989년 4월 12일에서 10월 12일로, 제7차 예비회담은 1990년 3월 7일에서 7월 3일로 연기되어 재개되었다.

를 해소할 데 대하여」라는 단일 의제 안을 제시했다. 제4차 회담에서 남측이 「남북 간 다각적인 교류·협력과 정치·군사적 대결 상태 해소 문제」로 수정안을 제시하고, 제5차 회담에서 북측이 「북남 간의 정치·군사적 대결 상태를 해소하며 다방면적인 협력과 교류를 실현할 데 대하여」로 절충해 왔다. 남측이 '교류·협력'과 '정치·군사적 대결 상태를 해소'가 병행 토의되어야 한다는 입장에서 상호 편리한 대로 표기하자고 제의하였으나, 북측이 수용하지 않음에 따라 제7차 회담에서 남측이 의제 표기 순서가 토의 순서를 의미하지 않는다는 전제 하에 '정치·군사적 대결 상태 해소 문제'를 '교류·협력 실시 문제' 앞에 표기하자는 북한 측 주장을 수용함으로써 타결의 접점을 찾게 되었다. 북측이 합의서 문안 정리 실무접촉에서 '교류·협력'의 표기 순서 문제를 들고 나와 '협력'을 '교류'에 앞세워 표기할 것을 주장함으로써, 결국 상호 편리한 대로 표기하기로 합의함에 따라 「남북 간의 정치·군사적 대결 상태 해소와 다각적인 교류협력 실시 문제」로 최종 확정하게 되었다(남북대화 제49호, 23~37; 남북대화 제51호, 7~32).

예비회담에서 특히 주목되는 점은 남북고위급회담 의제가 여러 항목의 병렬적 표현이 아닌 종합적 단일 문장으로 표기하기로 한 합의이다. 의제가 이렇게 종합적 단일 문장으로 표기됨으로써, 이후 남북고위급 본회담을 통해 「남북기본합의서」라는 종합적인 남북관계의 장전 탄생이 가능하였다고 본다.

30_남측이 제시한 6개 의제 안은 ① 상호 비방·중상 중지 문제, ② 상호 존중 및 불간섭 문제, ③ 다각적인 교류와 협력 실시 문제, ④ 군사적 신뢰 구축 문제(남북 고위군사당국자 간의 직통전화 가설, 비무장지대의 비무장화 및 평화적 이용, 군인사의 상호교류, 대규모 훈련의 사전 통보 및 참관 초청), ⑤ 남북정상회담 개최 문제, ⑥ 기타 쌍방이 제기하는 문제 등이다.

남측은 당초 고위급회담 의제로 상호 비방·중상 중지 등 6개항을 정치·군사 분야에서 병렬적으로 제시했다. 이렇게 제시하게 된 배경은 북측이 1988년 11월 16일 남북 고위급 정치군사회담 제의 당시 동봉한 「포괄적 평화 방안」을 강하게 의식했기 때문이었다고 판단된다.

이 방안은 1988년 11월 7일 북한 중앙인민위원회·최고인민회의 상설회의·정무원 연합회의가 채택한 것으로 (1) 단계적 미군 무력 철수와 남북 군축 방안으로 ① 미군 무력의 단계적 철수, ② 남북 무력의 단계적 감축, ③ 미군 철수와 남북 무력 감축에 대한 통보와 검증, ④ 단계적 미군 무력 철수와 남북 무력 감축 문제 협의·해결을 위한 3자회담 진행을, (2) 남북 간 당면한 정치·군사적 대결 상태 완화 방안으로 〈표 6-1〉에서 보는 바와 같이 ① 3가지의 정치적 대결 상태 완화 방안과 ② 4가지의 군사적 대결 상태 완화 방안을 제시하고 (3) 당면한 정치·군사적 대결 상태 완화를 위한 남북 고위급 정치군사회담 진행을 제의하는 구도로 구성되어 있다(통일원 1993b, 65~69).

이렇게 볼 때, 당초 남측은 남북고위급회담을 남북정상회담 실현을 위한 징검다리로서 남북관계 개선 여건 조성의 기능으로 인식했을 뿐 남북관계의 종합구도 형성으로 까지는 생각하지 않은 것 같다. '남북기본합의서'라는 틀을 생각하게 된 것은 역설적으로 북한의 주장에 의해 의제가 종합적 단일 문장으로 표기된 후에 가능했던 것으로 보인다. 남북 간 상호 접촉과정에서 남한의 역할 인식과 이익이 조정된 것이다. 그 결과 남과 북은 1990년 7월 26일 제8차 예비회담에서 의제를 포함하여 남북고위급회담 진행의 제반사항을 「남북고위급회담 개최에 관한 합의서」로 타결을 보았다(남북대화 제51호, 25~32).[31]

표 6-1 | 북한의 포괄적 평화 방안과 남북고위급 예비회담 시 남측 제시 의제 안

북측의 「포괄적 평화 방안」	남측 제시 의제 안
〈정치적 대결 상태 완화〉 ① 상호 비방·중상 중지 (정치 1항) ② 상대방 비난·대결 고취 정치 행사 중지 및 상대방 체제 부정 법규 철폐 (정치 2항) ③ 다방면적 합작·교류 (정치 3항) 〈군사적 대결 상태 완화〉 ④ 비무장지대의 평화지대화 및 중립국 감시군 배치 (군사1항) ⑤ 대규모 군사연습 중지 (군사 2항) ⑥ 군사분계선 일대 육·해·공에서의 일체 군사행동 중지 (군사 3항) ⑦ 고위 군사당국자간의 직통 전화 가설 (군사4항) 〈당면 정치·군사적 대결 상태 완화를 위한 남북 고위급 정치군사회담 진행〉	① 상호 비방·중상 중지 문제 ② 상호 존중 및 불간섭 문제 ③ 다각적인 교류·협력 실시 문제 ④ 군사적 신뢰 구축 문제 · 남북 고위 군사당국자 간의 직통전화 가설 · 비무장지대의 비무장화 및 평화적 이용 · 군인사 상호 교류 · 대규모 훈련 사전 통보 및 참관 초청 ⑤ 남북정상회담 개최 문제 ⑥ 기타 쌍방이 제기하는 문제

31_이 합의서에는 회담 명칭, 날짜, 장소, 의제, 대표단 구성, 회담 형식, 합의서 채택 방식, 회담 기록 방식, 회담 보도 방식, 회담장 시설 규정 등 회담 진행과 관련한 제반사항이 19개항에 걸쳐 규정되어 있다(남북대화 제51호, 25~32). 이것은 적십자회담의 합의서, 「본회담 기타 진행절차와 본회담 일시에 관한 합의문」(1972.8.11)과 함께 추후 남북회담 절차 합의의 기본지침이 되고 있다. 1994년 7월의 「남북정상회담 개최를 위한 실무절차 합의서」, 2000년 6월 남북정상회담을 위한 「남북합의서(2000.4.8) 이행을 위한 실무절차 합의서」 등은 모두 「남북고위급회담 개최에 관한 합의서」를 기본 모델로 하고 있다.

2) 남북관계의 새로운 규범 형성: 남북고위급회담과 남북기본합의서 채택

① 남북기본합의서 및 부속합의서 채택 과정

남북고위급회담이 예비회담 단계를 거쳐 본회담 의제와 진행절차를 확정한 후, 남북기본합의서 채택·발효 단계인 제1~6차 본회담 기간은 (1) 합의서 제안·탐색 단계(제1~3차 회담 및 제4차 회담 준비 실무대표 접촉; 1990.9~1991.8), (2) 쌍방 단일 합의서 제시, 협의 단계(제4~5차 회담; 1991.10~1991.12), (3) 남북기본합의서 채택 단계(제5차 회담; 1991.12) (4) 합의서 발효 내부절차 진행 및 발효 단계(제5~6차 회담; 1991.12~1992.2)로 구분할 수 있겠다. 그리고 제7~8차 본회담(1992.5.5~5.8; 9.15~9.18)은 기본합의서에 따른 부속합의서의 채택·발효 단계에 해당한다.

합의서 제안·탐색 단계인 제1~3차 회담 및 제4차 회담 준비 실무대표 접촉 기간 동안 쟁점은 고위급회담 의제인 「남북 간의 정치·군사적 대결상태 해소와 다각적인 교류협력 실시 문제」에 부합하는 합의서를 어떻게 채택할 것인가 하는 것이었다. 어떤 내용의 합의서를 몇 개로 만들 것인가의 문제였다. 남측은 정치·군사 문제 및 교류협력을 포괄하는 하나의 기본합의서 아래 복수의 세부 합의서 채택을, 북측은 남북 불가침 선언 우선 채택에 중점을 두었다.

제1차 회담(1990.9.4~9.7, 서울)에서 남측은 8개항의 「남북관계 개선을 위한 기본합의서」 안[32]과 함께 「다각적인 교류협력 실시 방안」(10개항),

32_남측이 제시한 「남북관계 개선을 위한 기본합의서」 안 8개항은 ① 상대방 체제 인정·존중, ② 상대방 비방·중상 중지 및 내정 불간섭, ③ 분쟁의 평화적 해결, ④ 상대방 파괴·전복 행위 금지, ⑤ 자유 왕래, 다각적 교류·협력 실현, 사회 개방 및 민족적 유대 회복 공동 노

「정치·군사적 신뢰 구축 방안」(8개항), 「남북 간 군비 감축 추진 방안」(5개항) 등 3가지의 세부 방안을 제시했다(남북대화 제51호, 41~86).

북측은 남북 간 분야별 교류는 "쌍방 사이의 불신의 근원이 되고 있는 정치군사적 대결 상태를 해소한 기초" 위에서만 성과를 낼 수 있다고 주장하고, "정치군사적 대결 상태를 해소하는 데 선차적이며 본질적인 의의를 부여"한다면서 6개항의 「정치적 대결 상태 해소 방안」과 신뢰 조성, 무력 감축, 무력 철수, 군축과 그 이후 평화 보장 등의 분야로 나눠 9개항의 「군사적 대결 상태 해소 방안」을 제시했다. 이와 함께 한반도의 긴장완화와 공고한 평화 보장을 위해서는 이러한 군사적 대책과 함께 남북 간 불가침 선언 채택과 북미 간 평화협정 체결이 필요하다고 주장하면서 「남북 간 불가침의 5개 구성요소」를 제시했다. 상대방에 대한 무력 불사용, 분쟁의 평화적 해결, 불가침 경계선 확정, 상대방에 대한 외국의 침략과 무력간섭에 불가담, 남북 무력 감축 및 미군 철수를 비롯한 기본적인 군사적 대책 확인 등이 그것이다(남북대화 제51호, 41~86).

제2차 회담(1990.10.16~10.19, 평양)에서는 남측이 북측의 주장을 반영한 「기본합의서 수정안」과 함께 제1차 회담 시 제시한 「다각적인 교류협력 실시 방안」중 제9항 "통행·통신·통상에 관한 합의서 채택"을 부연한 「통행」·「통신」·「경제교류협력」에 관한 제안들을 각각 제시했다. 반면, 북측은 「남북 불가침에 관한 선언」을 제시하고, 이것은 "북남관계의 새로운

력, ⑥ 군사적 신뢰 구축, 군비 감축, ⑦ 국제무대에서의 협력 및 민족 이익·자존을 위한 공동 노력, ⑧ 휴전체제의 평화체제로의 전환 및 평화통일을 위한 공동 노력 등이다(남북대화 제51호, 54~55). 한편, 이 합의서의 기본 모티브는 전두환 정부의 「남북한 기본관계 잠정협정」 안이다.

규범"이며 "평화로운 북남관계를 확인하는 기초 문건"이라고 주장하며 이것의 채택을 요구했다. 이에 남측은 다시 기본합의서 내용을 바탕으로 「남북 간의 화해협력을 위한 공동선언」으로 수정하여 제시했다(남북대화 제51호, 89~152).

제3차 고위급회담 준비를 위한 실무대표접촉(1990.11.21~12.1 간 3회)에서는 남측이 다시 「기본합의서 수정안」을 제시하며 기본합의서 채택 기초 위에 교류협력 문제와 불가침 문제 협의·해결 입장을 제시한 반면, 북측은 「남북고위급회담 공동성명」, 「남북불가침에 관한 선언」, 「남북협력교류에 관한 선언」 등 3개 문건의 일괄 채택을 제의했다(남북대화 제51호, 164~182).

제3차 고위급회담(1990.12.11~12.14, 서울)에서도 여전히 합의서 문건 형식은 타결되지 못했다. 남측은 「기본합의서 수정안」과 함께 이 합의서 채택 후 열리는 것으로 상정한 정치·군사 분과위원회에서 협의할 사항으로 「불가침에 관한 방안」을 제시했다. 한편, 북측은 남측이 제2차 회담 시 제시했던 「남북 간의 화해협력을 위한 공동선언」과 그들의 「불가침 선언」을 합쳐 「남북 불가침과 화해협력에 관한 선언」이라는 단일 문건 채택을 주장했다. 그러나 남측은 이를 받아들이지 않았다. 남측은 이것이 여전히 남북 간 불가침 선언, 북미 간 평화협정 체결 구도 하에 "우리나라에서 오해와 불신을 가시고 대결 상태를 풀며 평화와 평화통일의 새 국면을 열어 나가는 데서 첫 출발점으로 되는 것은 북과 남 사이에 불가침 선언을 채택하는 것"이라는 북한의 기본 인식에서 나온 것이라고 보았기 때문이었다(남북대화 제52호, 11~62).

남과 북은 제4차 고위급회담 실무대표 접촉(1991.8.5~8.16 간 3회)에서도 타결의 실마리를 찾지 못하게 된다. 이 접촉에서 남측은 「남북관계 개선을 위한 기본합의서」, 「남북 간 불가침에 관한 합의서」, 「남북 간 통행·통신·통상 및 경제협력에 관한 합의서」 등 3개 합의서의 일괄 채택을, 북측은 「북남 불가침에 관한 선언」과 「북남 화해와 협력교류에 관한 선언」의 채택을 주장했다. 이에 남측은 1991년 8월 16일 제3차 실무대표 접촉 후 발표문을 통해 북측이 두 개의 문건을 제시하면서도 "불가침 선언이 중핵적이라고 하며 이것부터 문안 정리에 들어가자고 주장"하고, "본회담에서는 원칙적 방향적 합의서만 채택하고 실천적·구체적 사항은 분과위원회에 넘기자고 주장"한 사실 등 북측의 회담 태도를 소개·비난하는 한편, 제4차 본회담에서는 "실무접촉 결과를 토대로 각기 접근 노력을" 기울이기로 했다고 북측을 압박했다(남북대화 제53호, 14~31).

합의서 문건 형식과 관련한 향후 북한의 태도는 이러한 남측의 압박과 함께 제4차 회담 이전 일어난 1991년 8월 소련의 쿠데타 실패, 김일성의 1991년 10월 방중 시 중국의 남북관계 개선과 핵 문제 해결 등의 권유, 대일 수교 및 대미 관계 개선 필요성 등에 영향을 받게 된다(오진용 2004 334~340; 임동원 1997, 90). 남측으로서도 북측이 1991년 2월에는 남측의 걸프전쟁과 관련한 경계 태세, 팀 스피리트 훈련 등을 문제 삼고, 8월에는 남측의 콜레라 발생을 문제 삼음에 따라 4차 회담이 10개월 이상 교착된 상황을 조속히 타개할 필요가 있었다(남북대화 제52호, 63~66; 남북대화 제53호, 31~ 34; 43~44).

그 결과 남과 북은 제4차 회담(1991.10.22~10.25, 평양)에서 단일 합의서로 각기 「남북 간 화해·불가침과 교류협력에 관한 합의서」(남), 「북남 불가침과 화해 및 협력교류에 관한 합의서」(북)를 제시함으로써 타결의 실마리를 찾게 된다. 이에 따라 쌍방은 단일 합의서 명칭, 내용 등을 합의하기 위해 실무대표 접촉을 개최하여 합의서 명칭을 「남북 사이의 화해와 불가침 및 교류협력에 관한 합의서」로 하고, 내용 구성을 서문, 남북 화해, 남북 불가침, 남북 교류협력, 수정 및 발효조항 순으로 중간제목을 설정하기로 하였다.[33] 이와 함께 합의서 내용 조정과 문안 정리를 위한 대표 접촉을 빠른 시일 안에 판문점에서 개최하기로 했다(남북대화 제53호, 34~101).

이러한 과정을 거쳐 남과 북은 제5차 회담(1991.12.10~12.13)에서 「남북 사이의 화해와 불가침 및 교류협력에 관한 합의서」(남북기본합의서)를 채택하고, 제6차 회담(1992.2.18~2.21)에서 쌍방이 각기 발효에 필요한 내부절차를 완료했다는 통보를 상대측에 문건으로 전달함으로써 정식 발효시켰다.[34]

남북기본합의서는 화해·불가침·교류협력 3개 분야의 별로 각각 정치·군사·교류협력 「분과위원회」를 설치하여, 기본합의서의 각 분야별 합의의 이행과 준수를 위한 구체적 대책을 협의하는 것으로 규정하고 있으며, 제6차 회담에서 합의한 「남북고위급회담 분과위원회 구성·운영에 관한 합의서」는 각 분과위가 해당 부분의 구체적인 이행 대책을 협의한 데 따라 부속합의서를 작성하도록 하고 있다. 그리고 기본합의서는 발효 후 3개월 안에(1992.5.19까지) 남북연락사무소와 군사공동위원회, 경제교류협력공동위원회 등 부문별 「공동위원회」를 구성·운영하는 것으로 규정하고 있다.

따라서 다음 단계인 부속합의서 채택·발효 단계(제7~8차 본회담)에서의

33_이러한 중간제목을 단 내용 구성은 기본적으로 북측의 합의서 초안을 따른 것이다. 북측 초안에는 1. 북남 불가침, 2. 북남 화해, 3. 북남 협력교류, 4. 수정 및 효력 순으로 구성되어 있다(남북대화 제53호, 89~91).

34_이와 같이 남과 북이 합의서 채택 후 쌍방이 각기 필요한 내부절차(국내법에 따른 국가원수 재가, 국회 동의 등)를 완료했다는 통보를 상대측에 전달하는 행위를 "문본 교환"이라고 한다. 통상 남북 간에는 합의서 발효 전에 내부절차를 거쳐야 하는 합의서에는 그 말미에 "이 합의서는 남과 북이 각기 발효에 필요한 절차를 거쳐 그 문본을 교환한 날부터 효력을 발생한다"고 적시한다.

기본 쟁점은 남북기본합의서 아래 화해·불가침·교류협력 3개 분야의 실천을 위한 각각의 부속합의서를 몇 개로 하며, 그 내용을 어느 정도 구체적으로 담을 것인가 하는 문제였다. 남측은 각 분야별 부속합의서는 복수로 하며 그 내용은 실천성이 보장될 수 있도록 매우 구체적, 실천적으로 기술하여야 한다는 입장이었다. 남북 간에 합의만 되면 곧바로 실천에 옮길 수 있는 구체적 절차와 방법을 제시하는 수준이 되어야 한다는 것이다. 그리고 부속합의서를 실천하는 공동위원회는 1992년 5월 19일까지 구성·운영될 수 있도록 하되, 부속합의서는 분야별 특성에 맞게 부속합의서가 작성되는 대로 채택하는 방식(순차적, 축차적 방식)을 취하자는 입장이었다. 반면 북측은 분야별로 포괄적 내용을 담은 각각 1개의 단일 부속합의서를 공동위원회 구성·운영 일자(1992.5.19) 이전에 일괄합의·동시실천 방식을 취하자는 입장이었다(남북대화 제55호, 23~25; 38~41).

이러한 입장에 따라 당초 남측은 화해 분야에서는 상호 체제 인정·존중과 내부 문제 불간섭, 비방·중상 중지, 파괴·전복 행위 금지, 정전 상태의 평화 상태 전환, 국제무대에서의 협력 등 5개, 군사 분야에서는 「군사당국자 간 직통전화 설치·운영 합의서」를 제시한 후 「무력 불사용 및 우발적 무력 충돌 방지 합의서」로 변경 제시하는 한편, 교류협력 분야에서는 이산가족 재회 및 기타 인도적 문제 해결, 통행·통신, 제 분야 교류·협력, 사회문화 분야 교류·협력 등 4개를 제시했다. 그러나 결국 북측이 주장하는 바대로 제8차 회담(1992.9.15~9.18)에서 분야별로 3개 분야별 단일 부속합의서를 채택·발효시켰다[35](남북대화 제56호, 7~117). 이로써 남북관계 개선의

35_남과 북은 제7차 남북고위급회담(1992.5.5~5.8, 서울)에서 「군사공동위 구성·운영 합의서」, 「교류·협력 공동위 구성·운영 합의서」, 「남북연락사무소 설치·운영 합의서」를 채택·발효

기본 틀 마련(남북기본합의서 및 부속합의서 발효, 3개 분과위 설치) → 실천·이행 기구 가동(남북연락사무소 및 4개 공동위 설치) → 이를 통한 구체적 사업 추진이라는 남북기본합의서의 이행 구도가 완성되었다.[36]

이렇게 마련된 남북기본합의서에 대해 남과 북은 "남북관계를 정상적으로 발전시켜 나가기 위한 기본 틀"(남), "나라의 평화와 통일을 지향해 나가는 데서 하나의 이정표"(북) 등으로 평가했다(남북대화 제54호, 189; 남북대화 제56호, 25). 남측의 입장에서 더욱 구체적으로 평가하면, 남북기본합의서는 "평화통일에 이르는 중간과정으로서 … 화해협력과 평화 정착을 이루어 나갈 기본 틀", 즉 한민족공동체 통일방안에서 통일과정의 제1단계인 화해·협력 단계에서 "남북관계를 규율하는 기본규범"이다(남북대화 제54호, 135; 통일원 1992, 26~27).

② 남북기본합의서 채택 과정에서의 남북 간 담론 경쟁

남북기본합의서를 어떤 형태와 내용으로 할 것인가에서부터 조항별 내용이 타결되기까지 남북 간에 일어난 핵심 쟁점은 남과 북의 상호관계 규정 문제, 통일방안 문제, 통일논의 과정에서 당국의 역할 문제, 한반도 안보와 평화에 대한 인식 문제, 7·4 공동성명의 해석 문제 등과 밀접히 관련되어 있었다(임동원 1997, 84~86). 이에 따라 남과 북이 주창하는 논리와 담론들이 격렬한 경쟁을 하게 되었다. 특히, 이러한 현상은 고위급회담 진행 단계에서는 남과 북이 모두 상대방을 적이 아닌 경쟁자로 인식하며, 대화

시키고, 화해 분야 이행을 위해 화해공동위를 설치하기로 합의했다. 그리고 제8차 회담 이전에 분야별 부속합의서를 작성을 완료하기로 합의했다.

36_이하 남북기본합의서라고 할 때는 3개 분야별 부속합의서까지 포함하는 의미로 사용한다.

를 통해 상대방의 정책 변화를 추구하되, 상호주의 원칙을 견지하면서 정책 변화를 위한 보상을 하지 않으며, 상대에 대한 공개적인 비판도 서슴지 않는 참가정책 정향을 시현하고 있었기 때문에 더욱 그러했을 것이다. 그리고 고위급회담 본회담에서 쌍방 기조연설이 공개로 진행되었다는 사실로 일정한 영향을 미쳤을 것으로 본다.

고위급회담 과정에서 남한의 기본 담론 체계는 (1) 남북 간 사상과 제도가 다른 현실을 인정하는 바탕 위에서 상대방 체제를 인정·존중하는 가운데 (2) 대화와 교류·협력을 통해 신뢰를 구축해 나가면서 (3) 남북관계를 정상화하고 공존·공영 관계를 구축해 나감으로써 (4) 민족공동체 회복·발전시켜 (5) 궁극적으로 통일된 민족, 민주국가를 건설해 나가자는 것이다. 한편, 북한은 (1) 자주·평화·민족대단결의 조국통일 3원칙을 재확인하고 철저히 준수하는 것을 기본 담론으로 내세우면서 (2) 주체적 입장 견지, 이 입장에서 우리 실정에 맞는 합리적 통일방안 모색, (3) 통일 지향적 자세 견지, (4) 불신의 근원 제거 등의 논리를 전개하였다.

남북 간 담론의 대립은 기본적으로 남북한이 모두 7·4 공동성명의 통일 3원칙을 인정하면서도 이에 대한 해석을 달리하는 데서 출발한다.[37] 따라서 7·4 공동성명의 통일 3원칙에 대한 해석 문제는 남북관계 주요 국면마다 등장한다.[38] 남과 북은 남북조절위원회 제1차 공동위원장 회의

37_남북기본합의서 발효 후 남측은 이 합의서에는 "7·4 남북공동성명에서 합의한 조국통일 3대원칙의 정신이 그대로 반영"되어 있다고 평가했으며, 북측은 합의서 실천 과정에서 제기될 수 있는 합의문 해석, 실천 방법 등을 "가장 정당하게 해결할 수 있는 척도로 되는 것은 7·4 공동성명에서 천명된 자주, 평화통일, 민족대단결의 조국통일 3대원칙"이라고 주장했다(남북대화 제54호, 135~136, 144).

38_통일 3원칙에 대한 북한 측의 해석은 약소국 민족으로서 가진 한민족의 쇼비니즘을 자극

(1972.10.12)에서부터 이에 대한 해석을 둘러싸고 격돌했다(강인덕 1990, 49).

고위급회담 과정에서도 「자주의 원칙」과 관련하여, 남측은 모든 민족문제를 민족자결 정신에 따라 당사자인 남과 북이 직접 해결하는 것을 말하는 것으로, 이를 위해서는 먼저 상대방의 실체를 인정·존중해야 한다는 입장이다. 이것은 상대측의 법질서 존중에서 출발하는 것으로, 통일 정책·방안 등 중대한 민족문제를 해결함에 있어서 상대측의 일부 정당·단체나 개인을 상대하면서 당국을 외면하는 것은 자주의 원칙에 배치된다는 입장이다. 한편, 북측은 기본합의서의 기본 정신은 바로 자주정신이라고 선언하고, 자주적 입장에서 볼 때 기본합의서가 채택·발효된 조건에서는 미군철수 문제에 대해 결단을 내릴 때가 되었으며, 한미 합동 군사훈련도 완전히 전면적으로 중지할 때가 되었다고 주장한다. 통일 실현 과정에서 당국의 권능 문제, 특히 창구 단일화 문제와 관련하여, 북측은 통일문제는 행정적 문제가 아니라 정치문제, 민족문제이며, 우리 민족 성원 모두가 통일의 주체라는 논리로 남측의 주장을 거부했다. 나아가 북측은 남북기본합의서 정신 중의 하나가 화해와 협력의 정신이며, "법질서의 존중이란 어디까지나 민족적 화해를 도모하는 데 복종되는 하위개념"으로 법질서의 존중을 국가보안법 존속을 위한 방패로 삼아서는 안 된다고 주장했다(남북대화 제54호, 144~146; 남북대화 제55호, 26~27; 남북대화 제56호, 37~38; 통일원 1993d, 284~290).

하면서 남북관계나 한반도 현실을 설명하는 가장 대중적이면서도 고도의 추상성을 확보한 담론이라고 평가된다. 따라서 7·4 공동성명 채택에 관여한 남측의 일부 인사들조차도 당시 이후락 중정 부장이 유신체제 수립을 위해 북측과 성급하게 합의한 조항이 아닌가 하는 의문을 제기한다(강인덕·송종환 2004, 466, 486).

「평화의 원칙」과 관련하여, 남측은 기본합의서와 비핵화 공동선언의 착실한 이행을 통한 신뢰 구축을 강조했다. 북측은 남북 사이 평화문제 해결의 기본은 불가침 합의이며, 이것을 담보하는 것은 군축이라고 주장했다. 따라서 군축 조치를 시급히 취할 것을 제의하고, 선 신뢰를 주장하면서 군축을 지연시키거나, 자주국방을 제창하면서 군축과 반대되는 행동하는 것을 경계하는 한편, 한반도 비핵지대화도 강조했다(남북대화 제54호, 133~134, 147~148).

「민족대단결 원칙」에 대해, 남측은 "남에서나 북에서나 민족 구성원 개개인의 창의가 존중되고 복수 의견이 허용되는 가운데 기본인권과 자유가 보장되어야" 이루어질 수 있는 것으로 규정했다. 따라서 남과 북의 사상·이념·체제가 다른 조건에서는 "우선 대화와 교류를 통해 민족동질성을 회복하고 민족공동체를 형성함으로서 대단결의 공통분모를 넓혀 가야" 한다고 주장한다. 반면, 북측은 민족대단결 실현의 근본원칙은 "민족 공동의 이익을 앞세우고 모든 것을 조국통일 위업에 복종시키는 것"으로 규정하고, 대단결 실현에 저촉되는 모든 정치적·법률적 장애를 시급히 제거해 나갈 것, 문익환 목사 등 방북 인사들의 석방 문제를 조속히 해결해 줄 것을 요구했다[39](남북대화 제54호, 144~149; 남북대화 제55호, 26~27; 남북대화 제56호, 37~38).

「통일방안 문제」와 관련해서는 남측의 '민족공동체 회복·발전'과 북한측의 '주체적 입장에서 우리 실정에 맞는 합리적 통일방안 모색'이라는 논리가 맞섰다. 남측은 한민족공동체 통일방안에 입각하여 남과 북이 "서로

39_북한은 문익환, 임수경 방북 구속자 석방 문제를 제1차 고위급회담에서 3개 긴급과제의 하나로 제기한 이후 제8차 회담까지 기회 있을 때마다 제기했다.

대결·적대하는 상대가 아니라 공동번영을 향해 협력하는 동반자 관계로 발전시켜 나가야 하며, 남북 간의 사회 개방과 교류협력을 넓혀 민족공동체의 사회·문화·경제적 기반 구축을 강화해 나감으로써 정치적 통합 여건을 성숙시켜 나가야" 한다는 입장을 제시했다(남북대화 제51호, 53).

북측은 한민족공동체 통일방안이 단일 제도에 의한 통일방안으로, 이것을 실현하는 방법, 즉 전쟁에 의한 방법과 "평화적으로 상대방의 제도를 없애는 방법" 둘 다 실현 가능성이 없다는 데 본질적 문제가 있다고 주장한다. "평화적으로 상대방을 먹는 방법"은 그것이 "총선의 방식을 취하든, 어떤 다른 방식을 취하든 우리나라 실정에서는 언제 실현될지 예측조차 할 수 없고 실현될 수 없는 것"이라고 주장한다. 통일을 지연시키지 않기 위해서는 "서로 먹거나 먹히우지 않고 통일하는 길," 연방제를 택해야 한다는 논리이다[40](통일원 1993d, 24~25).

북한의 「통일 지향적 자세 견지」는 남측의 「남북관계 현실 인정, 실체 인정」과 맞선다. 남측은 남과 북이 우선 상호 실체를 인정하는 바탕에서 상호 비방·중상하지 않고 상대방 내정에 간섭하지 않으며 파괴·전복 행위를 하지 않는 가운데 다각적인 교류협력과 사회 개방, 군사적 신뢰 구축과 군비 감축 실현 등 통해 정치·군사적 대결 상태를 해소해 나가는 한편, 국제무대에서 협력을 통해 민족자존을 높여 나가는 등의 관계 발전을 이룩해 나가자는 것을 기본합의서로 제시하고자 했다(남북대화 제51호, 52~62).

40_김일성이 1960년 8월 '8·15 해방 15주년 경축대회'에서 제시한 "자유로운 남북 총선거"에 앞서 "과도적 대책"으로 남북 연방제를 제시할 때는 "남조선 당국이 남조선이 다 공산화될까 두려워서 아직은 자유로운 남북 총선거를 받아들일 수 없[는]" 상황을 감안한 공세적인 것이었다(김일성 1960.8.14). 그러나 이미 1980년도에 김일성이 제시한 완성된 형태의 연방제는 점차 체제 보전을 위해 시간을 버는 기제로 변모되고 있음을 알 수 있다.

북측은 남측이 처음 제시한 기본합의서 초안에 대해 "분열주의 안"이며 "'두 개 조선'의 입장에서 출발한 것"이라고 비난했다. 그것은 "다른 나라에서 1970년대 분열을 합법화하기 위해 들고 나왔던 것을 그 이름과 내용까지도 그대로 모방한 것이고, [남]측에서도 이제 1980년대 초에 그러한 것을 만들어 내놓았다가 [남]측 내부에서까지 분열주의 안으로 낙인돼서 휴지화 되어 버린 것에 뿌리를 둔 것"이며, "그 내용을 보더라도 호상 '상대방 체제를 인정한다'든가, '상대방의 내정에 간섭하지 않는다'든가 하는 개념들은 서로 다른 국가들 사이의 호상관계에 관한 규범을 그대로 남북관계에 옮겨놓은 것으로서 '두 개 조선'의 입장에서 출발한 것"이라는 것이다(통일원 1993d, 74, 93; 남북대화 제51호, 126; 남북대화 제56호, 40~44). 북측은 '두 개 조선'을 반대하는 입장에서 우선 남북한의 유엔 동시가입을 강하게 부정했을 뿐 아니라[41] 서울·평양 상주 대표부 제의, 합의서에서의 쌍방 국호 사

41_북한은 '하나의 조선' 논리에 따라 제1차 남북고위급회담 기조연설에서도 유엔은 통일된 후 가입하거나, 그 이전에 가입하려면 남북이 "하나의 의석으로 공동으로" 가입해야 한다는 입장을 밝혔다. 제2차 고위급회담에서는 "고위급회담 본회담과 대표 접촉에서 유엔 가입 문제와 관련된 합의를 이룩할 때까지" 계속 토의하여 "합의하기 전에는 어느 일방도 먼저 유엔에 가입하지 않는다"는 제안을 하기도 했다. 남북 쌍방은 제1차 고위급회담에서 북한의 제의에 따라 북한의 단독의석 가입 방안에 대한 설명을 듣는 차원에서 유엔 가입 문제와 관련한 실무대표 접촉을 1991년 9월 18일부터 11월 9일까지 3차례 가졌다(남북대화 제51호, 35~164). 그러나 남측은 "유엔 공동가입이 동서독의 예에서처럼 오히려 평화통일을 촉진하는 길이 될 것이라는 인식"에서 남한 단독가입이라도 추진하여 북한의 '하나의 조선' 논리의 "허구성을 유엔 가입을 통해 깨트리고"자 했다(임동원 1997, 86~87). 결국 북한은 남한의 유엔 단독가입 저지에 대해 중국, 소련 측으로부터도 지지를 받지 못하게 되자, 1991년 5월 27일 외교부 성명을 통해 남한이 단독가입으로 '유엔에서 전체 민족의 이익과 관련된 중대한 문제들이 편견적으로 논의'될 수 있는 것을 방지하기 위해서는 '현 단계에서 유엔에 가입하는 길을 택할 수밖에 없다'는 입장으로 선회했다(주간 북한동향 제22호).

용, 유엔 헌장에 따른 남북 간 분쟁 해결 제안, '통상'이란 용어 사용 등을 거부했다(통일원 1993d, 37).

북한의 「'두 개 조선' 반대」 논리 뒤에는 그 당시 동구 사회주의권 몰락(1989)과 베를린 장벽 붕괴(1989.11), 독일 통일(1990.10), 소연방 해체(1991.12) 등의 급격한 정세 변화에 따른 흡수통일의 공포도 숨어 있었다. 북한은 이를 극복하기 위해 통일전선 전략에 기반한 논리와 담론을 전개한다. 남측이 상대방 실상을 잘 알 수 있도록 신문, 라디오, TV 및 출판물 상호 개방을 제의한 데 대해, 북측은 이러한 제의는 남측의 다른 의도가 반영된 것이므로 받아들이기 어렵다는 입장과 함께, 상대방 실상을 잘 알려면 물리적 장벽 제거, 정치적 장벽 제거, 자유로운 내왕 전면 실시 등 적극적인 조치가 필요하다고 주장했다(통일원 1993d, 240~253). 이것은 북측의 휴전선 지역 일대의 소위 '콘크리트 장벽' 철거, 국가보안법 폐지 등 주장과 연결된다. 북측은 '각계 인사들의 자유로운 내왕과 접촉을 실현하는 문제'를 남북기본합의서의 '남북 화해' 장에 제시하면서, 이 내왕은 순수 교류 문제가 아니라 "접촉을 통해서 화해하고, 신뢰를 조성하고" 하는 등의 문제를 다루는 것임을 설명하고, 이러한 목적의 자유로운 내왕을 위해서는 법적·제도적 장치 제거 문제, 물리적 장벽 제거 문제가 관련되기 때문에 화해 분야에 포함되어야 한다고 주장했다(통일원 1993d, 240~242, 251~258).

북한은 「불신의 근원 제거」는 한반도 안보와 평화의 문제와 연결시킨다. 북측은 불신의 근원은 정치·군사적 대결 상태에 있다고 주장하면서, 이를 해소하는 문제에 "선차적이며 본질적인 의의를 부여"한다는 입장이었다. 따라서 북측은 고위급회담 초기 제1차부터 제4차 회담 직전까지 남북 간 불가침 선언 채택에 최대의 역점을 두게 된다. 남측은 정치적 신뢰, 군사적 신뢰 구축 작업이 선행된 후 군비 감축으로 나아가자는 입장인 반면,

북측은 군축 우선을 주장했다(남북대화 제51호, 58~61; 남북대화 제54호, 45; 69; 통일원 1993d, 201~204). 북측은 남북 간 폭넓은 교류도 정치·군사적 대결 상태가 해소된 기초 위에서 빛을 발할 수 있는 것이지, 남북이 서로 '남침 위협,' '북침 위협'을 외치는 상황에서는 교류도 안정적으로 이루질 수 없다고 주장했다(남북대화 제51호, 70). 당면하게는 북한은 팀 스피리트 훈련 중지를 제1차 고위급회담부터 3개 긴급과제의 하나로 제기하고 1992년 1월 훈련 중단 발표를 한 제5차 회담까지 그 훈련을 완전히 그만두거나 잠정적으로 중단해 줄 것을 요구했다. 제4차 회담은 팀 스피리트 훈련을 이유로 연기되기도 했다. 북측은 한반도 평화문제에 대한 인식의 전환이 남측에게 절실히 필요하다고 주장한다. 그 무엇보다 나라의 평화문제를 "우선적 지위"에 놓아야 하며, 평화 보장을 위해서는 남북 간 불가침 선언 채택, 북미 간 평화협정 체결을 통해 남과 북의 군사력을 대폭 축소하고 남한에서 핵무기와 미군을 철수시켜야 한다고 주장한다(통일원 1993d, 28).

이와 관련하여 북측은 남한의 평화협정 당사자로서의 권리를 철저히 부인한다. 따라서 북측은 당초 남측이 기본합의서의 '남북 화해' 장에 포함시켰던, "남과 북은 현 휴전체제를 「남북 간의 평화체제」[강조 –필자]로 전환하기 위하여 공동으로 노력하며 이러한 평화체제가 마련될 때까지 현 군사정전협정을 준수한다"는 조문을 '남북 불가침' 장으로 옮겨 "남과 북은 정전을 공고한 평화로 전환시키기 위하여 공동으로 노력한다"는 것으로 하자고 제의했다. 북측은 "정전 상태를 공고한 평화 상태로 전환하는 문제는 북남 사이에서만 해결될 문제가 아니며, 더욱이 정전협정을 평화협정으로 바꾸는 문제는 [북측이 남측과] 합의 해결할 성격의 문제가 아[니다.]"라고 주장했다(통일원 1993d, 167~187). 결국 추가적인 협의를 통해 그 조문은 '남북 화해' 장으로 옮겨가고 "남북 간의 평화체제"라는 문구는 북측이 받아들이

지 않은 상태에서 합의되었다. '남북 화해' 장 제5조는 "남과 북은 현 정전 상태를 남북 사이의 공고한 평화 상태로 전환시키기 위하여 공동으로 노력하며 이러한 평화 상태가 이룩될 때까지 현 군사정전협정을 준수한다"로 타결되었다.[42]

남북고위급 예비회담과 본회담 기간 전후로 남북 간에는 남북기본합의서와 부속합의서 채택을 위한 회담뿐만 아니라 다른 분야에서의 회담과 교류도 함께 진행되었다. 남북고위급회담이 남측의 적극적인 참가정책 정향에 의해 추진되었다면, 타 분야 회담과 교류는 북측의 적극적인 참가정책 정향에 의해 추진되었다. 다음 절에서는 이러한 과정을 살펴보기로 한다.

6. 남북기본합의서 체제 형성 과정에서의 일반 남북 대화 및 교류

이 절에서는 남북고위급회담 예비회담과 본회담 이전과 이 회담들이

42_통일부는 이 합의의 의미를 "남북 사이의 평화 상태를 구축하기 위해서는 '현 정전협정'이 '평화에 관한 합의'로 대체되어야 하며, 이 '평화에 관한 합의'는 남과 북을 당사자로 하여 체결되어야 한다는 뜻"으로 확장 해석하고 있다. "국제법상 휴전협정의 당사자와 그 후 체결되는 평화조약의 당사자는 반드시 일치됨을 요하지 않는다는 것이 통례"이기 때문이라는 것이다(통일원 1992, 49). 그러나 북한은 이러한 남한의 해석을 받아들이지 않을 것 같다. 남북이 합의한 문구는 이미 북미 간 평화협정을 요구하는 1974년의 북한의 문헌에도 나와 있기도 하다. 북한은 평화협정을 남북 간 체결에서 북미 간 체결로 노선을 전환(1974.3)한 후, 1974년 11월 8일 허담이 조국전선 중앙위에서 한 보고에서 "남조선으로부터 미군이 철수한 다음 조선에서 정전을 공고한 평화에로 전환시키기 위한 대책을 취할 수 있다"고 본다는 것이다(허담 1974.11.8, 1771). 즉 북미 간 평화협정으로 미군을 철수시킨 다음 남북 간 불가침 협정을 통해 "정전을 공고한 평화에로 전환"시키겠다는 것이다.

진행되는 동안 전개된 남북 회담과 교류를 설명하고자 한다. 이 회담과 교류는 북한의 상대적 국력이 급격히 하락함에 따라 한반도에서 북한의 역할도 동반 추락하는 경향을 방지하기 위해 북측이 허세적으로 주도하는 성격의 것들이 많았다. 북측의 입장에서 보면 정치·군사 문제 해결의 중요성을 일깨우며 남측을 남북고위급회담으로 유도할 필요가 있었으며(국회회담 준비접촉), 김일성의 남북정치협상회의 소집 결과로 이루어진 문익환·허담 공동성명 후속조치도 취하면서 그들의 역할을 시현할 필요가 있었다(제2차 고향방문단 및 예술단 교환 적십자 실무접촉). '하나의 조선' 슬로건에 따라 남측의 독자적인 국제적인 위상 제고를 받아들일 수 없을 뿐만 아니라(제11회 베이징 아시아경기대회 단일팀 구성·참가 체육회담), 독일 통일, 사회주의권 붕괴 등으로 인한 북한 주민의 심리적 충격을 완충시키기 위해 통일 열기도 고조시켜야 했다[43](제11회 베이징 아시아경기대회 공동응원, 범민족음악회, 통일축구대회, 국제경기 단일팀 구성·참가를 위한 체육회담, 범민족대회 등). 그리고 남북기본합의서 발효 축하를 명분으로 체제 선전도 필요했다(이산가족 노부모 방문단 및 예술단 교환을 위한 적십자 실무접촉). 물론 이러한 회담과 교류에는 남측의 꾸준한 요구와 호응으로 이루어진 결과이기도 한 것이 대부분이다. 그 외 남북관계 발전의 결과로 이루어진 교류의 대표적 사례로는 김우중 대우그룹 회장의 방북(1992.1.16~1.26), 김달현 북한 정무원 부총리의 서울 방문(1992.7.19~7.25), 남포조사단 방북(1992.10.6~10.9),[44] 아시아의 평화

43_남북고위급회담 제1차부터 제8차까지 모두 대표로 참가했던 임동원 전 통일부 장관은 남북고위급회담 초기 북한 당국은 "공산권 붕괴의 충격과 자유화 바람 유입을 막기 위한 일종의 '대중요법'으로 소위 '통일열풍'을 조성하고 있었다"고 회고하면서, 이것이 남측 대표단에게는 "'통일광풍'이라는 표현이 더 적절하게 여겨질 정도"였다고 한다(임동원 2008, 196).

44_김달현 북한 부총리의 서울 방문과 남포조사단 방북은 1992년 5월 제7차 남북고위급회담

와 여성의 역할 제3차 토론회 평양 개최(1992.9.1~9.6) 등을 꼽을 수 있겠다.

1) 남북국회회담 준비접촉

남북국회회담 준비접촉은 남측이 서울올림픽을 성공적으로 개최하기 위해 한반도 정세를 안정시키려는 노력에서 출발했다. 남측 국회는 1988년 7월 9일 「제24회 서울올림픽 북한대표단 참가 촉구 결의안」을 만장일치로 채택하고, 7월 18일 김재순 국회의장 명의로 이 결의안을 담은 서한을 북측 최고인민회의 상설회의 양형섭 의장 앞으로 전달했다. 이 결의문은 (1) 서울올림픽대회에 북한 선수의 참가를 희망하면서 북한 당국이 적극적 자세로 협력해 줄 것을 촉구하고, (2) 남북한이 서울올림픽을 시발로 각계각층, 각 분야에 걸친 교류와 접촉을 전개, 통일 달성을 위해 긍정적·전향적 자세로 노력할 것을 제의했다(남북대화 제 45호, 115~116). 그러나 북한은 이러한 남측의 제의를 정치·군사적 문제 우선 해결의 방침에 따라 북미 평화협정-남북 불가침협정 구도의 실현 계기로 삼고자 했다. 남과 북은 이미 1985년 7월과 9월, 2차례에 걸친 남북국회회담 예비접촉을 통해서도 북한 측의 제의에 따라 남북 불가침 선언 채택 문제를 남북국회회담 의제에 포함시킬 것인가를 논의한 바도 있다.

남측의 제의에 대해 북측은 1988년 7월 21일 최고인민회의 상설회의 양형섭 의장 명의의 편지를 통해 8월 중에 남북불가침 공동선언 발표 문제와 남측이 제기하는 긴장 상태 완화 및 평화 보장에 유익한 문제 등을 토의

전후로 일기 시작한 북한 핵 문제와 남북 경협의 연계 움직임에 따라 동력이 크게 상실된다(임동원 2008, 268~271; Merrill 1993, 48~49).

하는 「남북 국회 연석회의」를 평양에서 개최하자고 제의하면서 「북남 불가침에 관한 공동선언」 초안을[45] 동봉해 왔다. 이어 양협섭은 7월 26일 편지를 통해 남북 국회 연석회의에서 서울올림픽에 북한을 초청하는 문제와 함께 북한의 올림픽 공동주최 안을 동시에 긴급의제로 토의할 것을 제의했다. 이에 남측은 8월 1일 서울올림픽 참가 문제 협의를 위한 남북국회회담 개최와 이를 위한 준비접촉을 제의하여 북측이 동의함으로써, 남북국회회담 제1차 준비접촉이 8월 19일 판문점 북측 지역 통일각에서 개최되었다(남북대화 제45호, 116~120).

1988년 8월 19일부터 1990년 1월 24일까지 10차례에 걸쳐 진행된 준비접촉에서 쌍방은 회담 형식, 의제 등 남북국회회담을 위한 실무절차 문제를 토의했다. 제4차 준비접촉(1988.8.26)까지 쌍방은 회담 형식을 대표회담으로 할 것인가, 연석회의로 할 것인가 하는 문제와 제24회 올림픽대회 문제를 집중적으로 토의하였으나 의견 접근에 실패했다. 서울올림픽이 끝난 후 속개된 준비접촉(제5~7차, 1988.10.13~12.29)에서 쌍방은 회담 진행순서, 회담 개최장소 및 시기, 대표단 구성 등과 함께 본 회담 의제 문제에 대해서도 「남북 간의 다각적인 교류협력 문제」와 「남북 불가침 선언 문제」로 한다는 데 대체적인 의견 접근을 보았다.[46] 그러나 제8차 접촉(1989.

45_북남 불가침에 관한 공동선언 초안의 주요 내용은 다음과 같다. ① 상대방에 대한 무력 불사용 및 불침해, ② 분쟁의 평화적 해결, ③ 상대방에 대한 외국의 침략이나 무장 간섭행위에 불가담 및 비협조, ④ 불가침 경계선은 1953.7.27 정전협정에 규정된 군사분계선으로 설정, ⑤ 상호 무력의 단계적 축소 및 이와 병행한 외군 및 핵무기의 단계적 철거, ⑥ 현 비무장지대의 완충지대화 및 중립군 감시군 배치를 통한 무력분쟁 방지, ⑦ 남북 불가침 선언은 각기 타국과 체결한 조약·협정으로부터 무 제약(남북대화 45, 117~118). 이러한 북한의 불가침 선언 내용은 남북고위급회담 본회담에 와서는 보다 완화된 형태로 제시된다. 구체적 내용은 통일원 1992, 188~189 참조.

10.25)[47]부터 북측은 문익환, 임수경 등 방북인사 사법처리 중지, 민족통일협상회의[48] 개최 등 문제를 중점적으로 거론하고, 제10차 접촉(1990.1.24)에서는 '콘크리트 장벽' 철거를 요구하고 팀 스피리트 훈련 중지 문제를 긴급의제로 상정할 것을 주장하면서 실무절차 문제 토의를 거부했다(남북대화 제45호, 115~153; 남북대화 제46호, 123~139; 남북대화 제47호, 58~71; 남북대화 제48호, 97~105; 남북대화 제49호, 37~45).

이러한 가운데 북측이 1990년 2월 8일 팀 스피리트 훈련 기간 중에는 남북대화를 중단하겠다고 선언함에 따라 2월 22일 개최키로 합의한 제11차 준비접촉도 중단된다[49](남북대화 제49호, 129~132). 팀 스피리트 훈련 이

46_의제와 관련한 쟁점은 남측의 남북정상회담 개최 문제를 의제로 상정하자는 주장과 북측의 팀 스피리트 훈련 중지 문제를 긴급의제로 상정하자는 것이었다(남북대화 제47호, 58~71; 남북대화 제48호, 97~105; 남북대화 제49호, 37~45).

47_북측은 1989년 2월 10일에 개최하기로 한 제8차 준비접촉 이틀 전인 2월 8일, 이 접촉 북측 대표단 대변인 성명을 통해 제8차 준비접촉을 팀 스피리트 훈련이 끝난 이후로 연기할 것을 일방적으로 발표함으로써, 제8차 접촉은 10월 25일에나 개최되게 되었다. 그런데 북측이 국회회담 제8차 준비접촉을 연기하자고 발표한 2월 8일에 남북고위급회담 제1차 예비접촉은 개최되었다.

48_민족통일협상회의 소집 제의는 남한이 1989년 9월 11일 한민족공동체 통일방안을 천명하자, 북한이 10월 3일 쌍방의 통일방안을 하나의 방안으로 정립하는 문제를 해결하기 위해 남한 당국과 정당·단체들에게 보내는 공개서한이었다(통일원 1993b, 155~157). 이 제의는 남북고위당국자회담 제3차 예비회담 재개(1989.10.12)를 채 10일도 앞두지 않은 시점에 나왔다.

49_이 이전까지 북한이 팀 스피리트 훈련을 구실로 예정된 회담을 중단시킨 사례는 1985년도의 제2차 경제회담(1.17 예정)과 제8차 적십자 본회담(1.23 예정), 1986년도의 제6차 경제회담(1.22 예정), 제3차 국회회담 예비접촉(2.18 예정), 제11차 적십자 본회담(2.26 예정), 1989년도의 제8차 국회회담 준비접촉(2.10 예정) 등이다. 그런데 1989년도에는 훈련기간 중에도 고위급회담 예비회담, 체육회담은 개최되었다. 1988년에는 훈련기간 중에 예정된 회담이 없었다.

후 남과 북은 제11차 준비접촉을 7월 19일에 개최키로 합의하였으나, 개최 이틀 전 북측은 남측 국회 내부사정(민자당의 날치기 법안 통과에 항의하는 평민당·민주당·무소속 등 야당의원 76명의 의원직 사퇴)을 구실로 또다시 무기연기하게 된다(통일원 1993b, 288, 293).

2) 적십자회담

① 제11차 적십자 본회담 재개와 제2차 남북 이산가족 고향방문단 및 예술단 교환을 위한 적십자 실무대표 접촉

제2차 이산가족 고향방문단 교환 사업은 제1차 사업(1985.9.2.~9.22) 직후 제10차 남북적십자회담(1985.12.2~12.5) 시 남측이 1986년 구정을 기해 실시하자고 제의했던 사업이었다. 그러나 1986년 1월 북측이 팀 스피리트 훈련을 이유로 모든 남북회담을 중단함에 따라 2월 26일 개최될 예정이었던 제11차 본회담이 열리지 못함으로써, 이에 대한 본격 논의가 이루어지지 못하고 있었다. 1988년에 7월 한적 총재가 적십자회담 재개와 2차 고향방문단 교환 문제 협의를 위한 실무대표 접촉을 제의한 바 있으나, 북적은 그해 김일성이 신년사에서 제의한 남북연석회의가 소집되어 회담 재개를 가로막는 장애요인을 제거하는 것이 우선이므로, 한적 측도 이 연석회의 소집에 공동 노력을 경주해야 한다며 남측의 제의를 거절했다(국토통일원 1988a, 236; 392~393; 남북회담사무국 1995, 109~110).

이러한 상황에서 1989년에 들어와 김일성은 연방제 통일방안 협의를 위한 남북정치협상회의 소집을 제의했고, 이에 따라 방북한 문익환 목사와 허담은 공동성명[50]을 발표한다. 북한 적십자 측은 이 공동성명의 후속조치로 5월 31일 제2차 고향방문단 및 예술단 교환을 위한 실무접촉을 제의했다. 남측은 북측이 기존 남측의 제2차 고향방문단 성사 노력에 대한 언급은 하지 않고 문 목사와 허담 간 공동성명에 기초하여 제의를 한데 대해 부당하다고 평가했으나, 이산가족 고통의 조기 해소 차원에서 이를 수락한다(남북대화 제48호, 62~67).

이 적십자 접촉은 1989년 9월 27일부터 1990년 11월 8일까지 실무대표 접촉 8회, 실무대표 비공식접촉 4회, 수석대표 개별접촉 2회 등을 진행하였으나, 결국 혁명가극 〈꽃파는 처녀〉 공연을 강행하고자 하는 북측과 이를 반대하는 남측 간의 합의가 이루어지지 못함으로써, 제2차 고향방문단 사업과 제11차 적십자 본회담 개최는 무산되었다.[51] 북측은 혁명가극을 서울에서 공연함으로써 사회주의권 붕괴 등으로 위축된 북한 주민들의 심리적 열세를 극복하고자 한 것으로 추론된다. 그러나 남측 당국은 이산가족의 고통을 해소하는 과정에서 지불해야 하는 비용으로서, 이것을 남한사회가 수용할 능력이 있는지 자신하지 못한 결과라고 판단된다. 비록 북측이 고향방문단 교환 자체를 무산시키기 위해 일부러 남측이 수용하기 힘든 안을 제시했다고 하더라도, 남측 당국이 국내 보수세력의 반공 규범을 돌파할 자신이 있었다면, 제2차 고향방문단 교환 사업은 충분히 성사 가능했

50_1989년 4월 2일 발표된 문 목사와 허담 간 공동성명 요지에 대해서는 이 장 각주 12 참조.

51_북한이 혁명가극 공연 문제를 제기하는 제6차 실무접촉(1989.11.21)까지, 남과 북은 ① 제11차 적십자 본회담 12월 15일 개최, ② 제2차 고향방문단 및 예술단 교환 12월 8일 실시(1989.12.4 수석대표 개별 접촉에서 1990년으로 연기 합의), ③ 방문단 규모는 총 571명 범위 내에서 각기 편리한 대로 구성(남측 : 단장 1, 고향방문단 350, 예술단 150, 기자 30, 지원인원 40, 북측 : 단장 1, 고향방문단 300, 예술단 200, 기자 30, 지원인원 40), ④ 공연 내용 3원칙 : 민족적인 것, 건전한 내용, 상대방 비방·중상 금지(남측은 '상대방을 자극하지 않는다'는 내용이 포함된 것으로 이해하는 조건에서 수락) 등에 합의했다(남북대화 제48호, 59~81; 남북대화 제49호, 45~58).

을 것이다.

② 남북 이산가족 노부모 방문단 및 예술단 교환을 위한 적십자 실무대표 접촉

제2차 이산가족 고향방문단 교환 사업이 무산된 후 남측은 제4~7차 남북고위급회담(1991.10~1992.5)을 통해 남북기본합의서의 가시적 실천 사업의 하나로 당면과제인 70세 이상 고령 이산가족 고향 방문을 조속히 실시할 것을 촉구했다. 이에 대해 북측은 제7차 고위급회담(1992.5.5~5.9)에서 남북 간 합의가 실제로 이행되고 있다는 것을 모두 실감할 수 있는 '특례사업'으로서 비전향 장기수 이인모 씨의 송환 문제 해결과 노부모 방문단 및 예술단 교환 사업 추진을 제시했다. 그 결과 제7차 고위급회담에서 남과 북은 "남북기본합의서 이행에 대한 첫 선물을 민족 앞에 내놓으려는 염원에서" 8·15 계기 이산가족 노부모 방문단 및 예술단의 서울·평양 동시 교환 사업(노부모 100명, 예술인 70명, 기자·지원인원 70명)을 쌍방 적십자단체에 위임하기로 합의했다(남북대화 제53호, 67, 98; 남북대화 제54호, 137~138; 남북대화 제55호, 31~32, 53~57, 65~67).

그러나 노부모 방문단 교환을 위한 남북 간 협의는 1992년 6월 5일부터 8월 7일까지 8차례의 적십자 실무대표 접촉과 제8차 남북고위급회담 과정에서의 협의 등을 통해 노력했으나 실패했다. 당시 통일원 차관으로 남북고위급회담 남측 대표였던 임동원 전 통일부 장관은 그 이유가 결국 남과 북 "강경파들의 끈질긴 방해 책동" 때문이었다고 평가한다(임동원 2008, 263~267, 284~296).

북측은 제7차 고위급회담에서 고향방문단 사업을 갑자기 제안하여 남측 대표단을 놀라게 하였으나, 기자회견 등을 통해 이인모 송환 등 다른 사안과 연계하지 않는다고 공언했다. 그러나 북측은 제4차 적십자 실무대표

접촉(1992.7.8)에서 남측이 6월 20일 당정회의에서 핵 문제에 진전이 없으면 노부모 방문단의 교환을 제외한 모든 합의사항의 이행을 유보하겠다고 한 것 등을 거론하면서 남측의 핵 문제 관련 입장 철회, 노부모 방문단 이전 이인모 씨 송환을 노부모 방문단 교환의 전제조건으로 제시했다. 나아가 6차 실무대표 접촉(1992.7.20)에서는 포커스 렌즈 훈련(1992.8.19~8.30) 중지 문제를 전제조건으로 추가했다. 북측은 당초에는 이 사업을 무조건 실시하는 것으로 하려 했으나, 그동안 정세가 변했다고 주장했다(남북대화 제56호, 121~143).

북측에서는 일부 세력들의 표면적인 공언과는 달리 노부모 방문단 사업과 이인모 송환 문제를 연계하려는 의도를 갖고 있었다고 한다. 임동원 전 장관에 의하면, 조평통에서는 노부모 사업을 이인모 송환과 연계하겠다고 상부에 건의했으나, "상부에서 '무조건 실시하라, 그렇게 하면 남측에서도 이인모를 무조건 송환할 것이다'라고 했다면서, 이인모 송환이 이산가족 방문단 문제와 연계되었음을 강력히 시사했다"고 한다(임동원 1997, 105).

북한으로서는 독일 통일, 사회주의권 붕괴 등으로 인한 북한 주민들의 심리적 충격을 완충시키기 위해서는 이인모 송환이 절실히 필요했고, 남한은 노부모 방문단 사업을 강력히 바랬기 때문에, 이 두 사안이 연계될 수밖에 없었을 것이다. 그런데 시계열적 상황을 보면, 북측이 이인모 송환과 노부모 방문단 사업을 노골적으로 연계할 수 있는 빌미는 남측이 먼저 제공한 것 같다. 남측에서는 1992년 5월에 들어와 민자당 대통령 후보로 김영삼 대표가 확정되고 대북 강경세력들이 김 후보 주변으로 몰리기 시작함으로써 북핵 문제 해결 전략이 바뀌기 시작한다. 강경파들은 핵 문제 해결과 남북관계 개선 '병행 전략'에서 핵 문제 해결 없이는 남북관계 개선은 불가하다는 '연계 전략'을 강력히 주장했다. 이에 따라 남측의 국무총리는 제5

차 핵통제공동위원회(5.27)가 끝나고 제1차 적십자 실무대표 접촉(6.5)이 있기 전인 1992년 6월 1일 북측에 전화통지문을 보내 제5차 핵통제공동위에서의 남측의 입장을 다시 한 번 강조했다. 남북 상호 사찰이 이루어지지 않는 한 남북관계의 실질적인 진전은 기대할 수 없다는 것이다. 그 다음날 남북고위급회담 남측 대변인은 대북 성명을 통해 또 다시 이러한 입장을 반복한다. 한 걸음 더 나아가 북한이 당면하고 있는 내외문제 해결도 쉽지 않을 것이라고 경고했다(남북대화 제55호, 154~155; 임동원 2008, 256~267; 통일원 1993c, 156~158).

이에 북한의 연형묵 총리도 대남 전통문을 보내(1992.6.4) 남측이 "핵통제공동위 회의가 결렬되었다고 헛소문을 펴고 북남합의서의 어떠한 진전도 기대할 수 없다고 공언하는 조건에서 8·15 노부모 방문단 교환사업의 전도가 흐리게 될 수 있다"고 경고했다(통일원 1993c, 161). 그리고 북측은 제1차 적십자 실무대표접촉(1992.6.5)에서부터 핵 문제와 이인모 송환 문제를 제기하면서, 이 문제에 대한 남측의 태도 여하에 따라 노부모 방문단 교환 사업이 유산될 수 있다는 것을 거듭 경고한다(남북대화 제56호, 132).

이러한 상황은 제4차 적십자 실무대표 접촉 시점에 오면 더욱 악화된다. 제4차 실무대표 접촉 전날인 1992년 7월 7일 남측은 국무총리 대북 서한을 통해 '고령 이산가족 귀환·정착 사업'을 제의하면서, 남측의 납북인사와 함께 이인모 문제도 이 사업의 대상에 포함시킬 수 있다는 입장을 제시했다. 이것은 북측으로서는 사실상 이인모 송환 불가 입장으로 오해하기에 충분했다. 따라서 북측은 제4차 실무대표 접촉에서 적십자 중앙위원회의 결정사항이라면서 노부모와 이인모의 연계를 분명히 한다(남북대화 제56호, 134~135; 통일원 1993c, 180~182). 이로써 노부모 방문단 교환 사업 협의는 1992년 8월 7일 제8차 접촉까지 진행되었으나 북측의 전제조건만 추가된

채 실패로 끝났다. 남측은 제8차 고위급회담을 통해 노부모 방문단 사업 실현을 다시 한 번 시도했다. 그러나 이것도 남측 대표단의 '훈령조작' 사건으로 실패로 끝나고 만다.

남측에서는 제8차 고위급회담(1992.9.15~9.18, 평양)을 앞두고 가진 전략회의에서 (1) 노부모 방문단 교환 사업을 다시 추진하여 방문일자를 새로 정하기로 한다, (2) 북측이 요구하는 이인모 송환 문제는 노부모 방문단 사업과 판문점 면회소 설치·운영 문제와 연계하여 타결한다는 방침을 정했다. 임동원 전 통일부 장관에 의하면, 노태우 대통령은 이와 같은 당시 통일원의 협상 전략을 재가하면서 "'이산가족 노부모 방문단 교환과 판문점 면회소 설치 문제도 이번 회담에서 반드시 실현하도록 하라'고 특별지시 했다"고 한다(임동원 2008, 279~280).

이에 따라 남측은 제8차 고위급회담 기조연설을 통해 노부모 방문단 교환 일자를 새로 정하여 적십자 실무대표 접촉을 재개시킬 것을 제의했다. 임동원 전 장관에 의하면, 교류협력분과위원장 회의에서 북측은 노부모 방문단 교환 사업은 날짜를 새로 정하여 실시하고, 앞으로는 고향 방문 대신 판문점 면회소를 설치·운영하는 데 동의하는 한편, 앞으로 소위 '핵소동 중지'는 문제 삼지 않는 대신 이인모만 조용히 송환해 줄 것을 요청했다고 한다. 이러한 북측의 제의에 대해 남측 대표단이 서울 본부에 훈령을 요청한 결과, 이인모 송환과 관련하여 노부모 방문단 사업 재추진, 판문점 면회소 설치·운영 외 동진호 선원 송환의 조건이 동시에 충족되지 않으면 협의하지 말라는 답신을 받게 된다. 이러한 상황에서 북측의 김정우 대표는 남측 대표단이 평양을 떠나는 9월 18일 새벽 2시경에 임동원 대표를 찾아와 북측의 공식입장으로 (1) 판문점 면회소 연내 설치·운영, (2) 노부모 방문단 교환 사업을 매듭짓기 위한 적십자 실무접촉 즉각 개최, (3) 이러한 합의 내용을 18일 아침에 공동 발표, (4) 이인모 송환 문제는 공동발표문에 포함시키지 않되 쌍방 대표들 간 별도 합의각서 작성 등의 제안을 전달했다. 그러나 임동원 대표로서는 본부 훈령으로 더 이상 남북 간 협의를 진행시킬 수 없었다. 그러나 이 훈령은 나중에 조작된 것으로 판명된다(남북대화 제56호, 20~55; 임동원 1997, 106; 임동원 2008, 279~296).

3) 체육회담

① 베이징 아시아경기대회 단일팀 구성·참가를 위한 남북체육회담

이 회담은 베이징 아시아경기대회(1990.9.22~10.7)를 1년 반 정도 앞둔 시점인 1988년 12월 21일 북한올림픽위원회 측이 대한올림픽위원회에 제의하여 성사되었다. 1989년 3월 9일부터 1990년 2월 7일까지 9차례의 본회담과 6차례의 실무대표 접촉으로 진행된 이 회담은 제6차 회담(1989.12.22)까지는 남북 간에 어느 정도 합의를 보면서 진행되었다. 그동안 합의사항은 (1) 단가: 1920년대 아리랑, (2) 단기: 흰색 바탕에 하늘색 우리나라 지도, (3) 선수단 호칭: 우리말은 코리아, 영어는 KOREA, 중국어는 可禮亞(단기에 선수단 호칭 미표기), (4) 선수 선발: 합동훈련을 통해 선발, 합동훈련 참가 선수의 수는 남북 각기 베이징 아시아경기대회 조직위가 정하는 경기 참가 정원 수 정도로 하되 종목별 특성에 따라 협의 조정, (5) 공동사무국 설치 장소: 서울·평양, (6) 선수단장: 선수 구성 비율에 따른 단일 단장제 등이었다(남북대화 제47호, 45~58; 남북대화 제48호, 89~97; 남북대화 제49호, 64~87).

그러나 남측이 요구하는 합의서 이행 보장 방안에 대한 토의가 원만히 진행되지 못함으로써 이 회담은 결렬되었다. 남측은 단일팀 참가를 보장하

는 방안의 일환으로 「제11회 베이징 아시아경기대회 단일팀 구성·참가에 관한 합의서」의 부칙에 '단일팀으로의 참가가 불가능할 경우 개별 참가하기로 한다'는 조항을 포함시키는 한편, 이를 아시아경기대회 조직위와 아시아 올림픽평의회에 보낼 서한에도 포함시키자는 입장이었다. 북측은 이에 강력 반대하면서 "합의사항 불이행 시에는 절대로 개별 팀으로 못 간다는 것이 보장 장치"라고 주장함으로써, 북측의 단일팀 참가 체육회담 개최 저의를 분명히 했다. 제9차 회담에서 북측은 남측이 ① 합의사항 이행 보장 방안을 전면 철회하고 ② 절대로 개별 팀으로 참가하지 않는다는 것을 내외에 선포하며 ③ 책임 있는 체육인사의 베이징대회 개별 팀 참가 발언 취소를 회담 진행의 전제조건으로 제시한다(남북대화 제49호, 88~126).

이 당시 동유럽 공산권이 몰락하고 베를린 장벽이 붕괴되는 등의 상황에서 북한은 남한의 대전차 방어물인 콘크리트 장벽 때문에 남북 간 자유로운 교류가 되지 않는다는 선전에 열을 올리고 있을 때였다. 따라서 북한에서는 당시 단일팀 구성에 따른 남북 체육인들의 교류를 받아들이는 것과 같은 정책적 수용 태세가 갖추어지지 않은 상황이었던 것 같다. 아울러 남측이 서울올림픽 개최에 이어 단일팀으로 베이징 아시아경기대회에서 우수한 성적으로 국제적 위상을 높이는 모습은 당시 '두 개 조선 반대'의 슬로건으로 들고 나온 '조선은 하나다'라는 선전 논리를 강화하려 했던 당초의 기본구도에도 배치되는 결과이기도 했다(남북대화 제49호, 120~121).

북한은 또 이 회담이 결렬된 다음날인 1990년 2월 8일 국회회담 준비접촉·고위급회담 예비회담·적십자 실무접촉 북측 대표단 명의의 연합성명을 발표하여 남측의 팀 스피리트 훈련을 구실로 당시 진행 중이던 남북대화를 연기시켰다. 그러나 1990년 5월 김일성의 조국통일 5개 방침이 발표되고 제1차 남북고위급회담(1990.9.4~9.7)이 개최되는 등 정세가 바뀜에 따라 1990년 9월 18일 북한올림픽위원장의 제의에 따라 베이징 아시아경기대회에서 남북이 공동으로 응원하기로 합의(9.22)하게 된다.

② 국제경기 단일팀 참가 등을 위한 남북체육회담

이 남북체육회담은 베이징 아시아경기대회 기간 동안 남북 체육장관 사이의 접촉이 발단이 되었다. 1990년 9월 23일 베이징에서 남측의 정동성 체육부 장관과 북측의 김유순 국가체육위원장은 베이징에서 남북통일축구대회 개최와 남북체육회담 개최에 합의하였다. 그리고 앞으로 개최될 체육회담에서는 바르셀로나 올림픽경기대회 등 주요 경기대회 단일팀 구성·참가, 남북 체육 교류 문제 등을 협의하기로 하였다. 이후 쌍방 체육장관은 통일축구대회 평양 경기(1990.10.9~10.13)와 서울 경기(1990.10.21.~10.25) 기간 중 각각 협의를 갖고 제41회 세계탁구선수권대회 등 주요 국제경기대회에 남북 단일팀 구성·참가 문제, 통일축구대회 정례화 문제, 기타 남북 체육 교류 문제 등을 협의하는 남북체육회담을 1990년 11월 29일 판문점에서 갖기로 합의하였다(남북대화 제52호, 91~93).

1990년 11월 29일부터 1991년 2월 12일까지 총 4차에 걸쳐 개최된 이 회담은 북측이 동구 사회주의권 붕괴 등으로 인한 북한 주민의 심리적 충격을 통일 열기의 고조로 완화하는 일환으로 개최된 통일축구대회, 송년통일전통음악회(1990.12.8~12.12) 등의 시기와 맞물려 개최되었다. 국제정세의 변화에 대응하여 개방과 교류영역에서 대남 허세적 자세를 취해 온 북측은 이번 남북체육회담을 '하나의 조선' 논리를 실천하는 회담으로 운영하고자 한 것 같다. 당시 북측은 유엔에 단일 의석으로 공동 가입하여야 한다는 입장에서 남측의 남북 동시가입 또는 단독가입 노력을 저지하는 데 주력하고 있었다.

이러한 입장에서 북측은 체육회담에서도 남북 단일팀 구성에 주력하는 한편, 남북 간 체육 교류에는 큰 관심을 두지 않았다. 그 결과 의제 토의도 남측의 통일축구대회를 비롯한 남북 체육 교류 실현 문제와 국제경기대회 단일팀 구성·참가 문제를 병행 토의하자는 제안을 물리치고 단일팀 구성 문제 우선 협의를 주장하여 관철시켰다(남북대화 제52호, 94~104). 아울러 북한 측은 세부 합의 과정에서 베이징 아시아경기대회 단일팀 구성 논의 시 합의했던 사항 중 단일팀 구성에서 핵심 문제인 선수 선발, 선수단 구성, 선수 훈련 등 분야의 합의는 부정하고 새로운 합의를 이끌어 내었다.

제4차 회담에서 남과 북은 (1) 제41회 세계탁구선수권대회 남북단일팀 구성·참가에 관한 합의서, (2) 제41회 세계탁구선수권대회 단일팀 실무위원회 구성·운영에 관한 합의서, (3) 제6회 세계청소년축구선수권대회 남북단일팀 구성·참가에 관한 합의서, (4) 제6회 세계청소년축구선수권대회 단일팀 실무위원회 구성·운영에 관한 합의서 등 4개의 합의서에 서명·교환하였다. 이와 함께 국제올림픽위원회, 국제탁구연맹, 국제축구연맹 및 아시아축구연맹에 보낼 편지 문안들에 대해서도 합의를 이루었다(남북대화 제52호, 94~121).

남북단일팀 구성·참가와 관련한 합의사항 중 핵심 부분을 살펴보면, 선수단 호칭(코리아, KOREA), 단기(흰색 바탕 하늘색 우리나라 지도), 단가(아리랑)는 베이징 아시아경기대회 단일팀 구성 논의 시 합의사항과 같다. 그러나 선수 선발은 축구는 평가전을 실시하되 축구·탁구 모두 단일팀 공동추진 기구에서 협의하여 선발하고, 선수 훈련은 탁구는 대회 현지에서, 축구는 남북 왕래 훈련을 실시하기로 했다. 북측은 기본적으로 훈련은 남북이 각기 실시한 후 대회 한 달 전부터 현지에서 강화 훈련을 하자는 입장이었다. 단장도 공동단장제 입장 하에 특례로 축구는 남측이, 탁구는 북측이 맡는 것으로 합의하였다(남북대화 제52호, 94~121).

이러한 합의에 따라 남북단일팀인 「코리아」 선수단은 일본 지바현에서 1991년 4월 24일부터 5월 6일까지 열린 제41회 세계탁구선수권대회와 포르투갈 포르토에서 6월 15일부터 17일까지 열린 제6회 세계청소년축구선수권대회에 참가하여 탁구는 여자단체전 우승, 축구는 세계 8강 진출이라는 성과를 거두었다(남북대화 제53호, 105~106).

제5차 체육회담은 남과 북이 1991년 8월 17일 열기로 하였으나, 7월 스페인 바르셀로나에서 열린 제17차 국제유도선수권대회에 참가했다가 남측으로 귀순한 북한 유도 선수 이창수 씨 문제로 북측에 의해 일방적으로 무기 연기되었다(남북대화 제53호, 109; 동아일보 1991.8.5).

4) 남북 간 분야별 교류

① 경제인 교류

남측 경제인의 첫 북한 방문은 정주영 현대그룹 회장 일행의 1989년 1월 24일부터 2월 1일까지 9일간의 평양 방문이다. 이 방문을 통해 정 회장은 북한의 조선아시아태평양평화위원회 측과 북한의 금강산 공동 개발, 시베리아 개발 등 제3국 공동 진출 등에 합의하였다. 그동안 남북 간 인적·물적 교류에 소극적이었던 북한이 대규모 교류가 불가피한 금강산 개발 사업에 합의했다는 것은 매우 이례적인 것으로 평가되었다(동아일보 1991.1.31, 2.1, 2.2; 통일노력60년 발간위원회 2005, 195). 한편, 이 합의서는 당국 간 합의에 사용하는 「의정서」라는 명칭을 사용함으로써, 당시 일각에서는 북한 측이 남측 당국을 배제하는 태도가 깔려있지 않는지에 대한 의구심도 가졌다. 그런데 정 회장이 고향 방문을 기념하여 기증하기로 약속한 중장비와 승용차 등에 대해 남측 당국이 무상 공여 형식으로 반출을 허가한 데 대해 북한은 매우 불쾌하다는 반응을 보였다. 이것은 남북 간 교류·협력의 초기 단계에 쌍방 당국의 역할에 대한 규범이 제대로 형성되지 않은 상황에서, 남한 당국이 민간의 대북 활동에 개입하는 것을 인정하지 않으려는 북한 측의 기선 제압 차원의 행태로 평가될 수 있겠다. 북한은 "선의와 성의만이 깃들여야 할 선물에 무상 공여라는 명색을 붙여 생색을 내려고 하는 그런 것을 … 받아들일 의사가 전혀 없다"고 하면서 "금강산 공동개발에 관한 경제합작은 남조선 당국자들의 방해 책동에 의하여 이미 무효로 되었다"고 선언·협박했다(통일백서 1990, 205; 통일원 1993b, 261).

남북고위급회담 개최 등 남북관계 진전에 따라 남측 기업의 대북 진출 의욕도 커져 갔으며, 북측도 남측 기업을 이용하여 당면한 경제난을 타결할 수 있으리라는 기대가 높아갔다. 1992년에 들어와 1월 16일부터 25일까지 대우그룹 김우중 회장 일행이 평양·남포 지역을 시찰했다. 9월 22일부터 27일까지 고합그룹 장치혁 회장 일행이 평양·원산·청진 등을 시찰하면서 경협에 대한 대북 협의와 기초조사를 실시했다(통일백서 1992, 281).

그러나 1992년 5월 제7차 남북고위급회담 전후로 일기 시작한 대북 강경론이 결국 핵과 경협의 연계로 발전함에 따라 이러한 기업인들의 노력은 진전을 보지 못하게 된다. 북한 정무원 부총리 김달현 일행 6명은 남측 최각규 부총리의 초청으로 7월 19일부터 25일까지 남측을 방문하여 대우자동차, 포항제철 등을 시찰했다. 그러나 임동원 전 장관에 의하면, 당시는 대통령 선거, 핵 문제로 대북 강경 분위기가 조성되고 있었던 상황이었기 때문에, 북측이 "부총리라는 사람이 산업시찰이나 하고 구경만 하고 갈 수는 없으니 현실적인 사업 문제를 협의하자"고 희망했으나, 남측은 그들의 요구를 들어주지 않았다. 겨우 남포경공업단지 기술조사단 파견과 최각규 부총리의 평양 방문 초청 수락이라는 "궁색한 합의"만 들고 돌아갔다는 것이다. 10월 6일부터 9일까지 방북한 민관 합동의 남포조사단은 남측 내부적으로 "우여곡절 끝에 파견"이 이루어졌으나, 더 이상의 진전이 없었다. 최각규 부총리의 방북도 남조선 노동당 간첩단 사건으로 불발되었다(임동원 2008, 268~271).

② 사회·문화 교류

이 당시 사회·문화 분야의 교류는 통일 열기 고조를 위한 행사들이 많았다. 이러한 대표적인 교류 행사는 통일축구대회, 통일음악회 등을 꼽을 수 있겠다.

통일축구대회는 앞에서 언급했듯이 아시아경기대회 기간 중인 1990년 9월 23일 남북 체육장관 사이의 베이징 접촉 합의에 따른 것이었다. 10월 9일부터 13일까지 개최된 평양 경기에는 선수단 45명, 인솔단 11명, 보도진 20명 등 총 76명의 남측 인원이 참가했다. 10월 21일부터 25일까지 개최된 서울 경기에는 선수단 45명, 인솔단 11명, 보도진 22명 등 총 78명의 북측 인원이 참가했다. 이것은 남북 체육인 모두 처음으로 상대측 지역을 방문하는 행사였다. 앞에서 본 바와 같이, 통일축구대회는 제41회 세계탁구선수권대회(1991.4.24~5.6, 지바)와 제6회 세계청소년축구선수권대회(1991.6.14~6.30, 리스본)의 단일팀 파견으로 발전했다(통일백서 1992, 289~ 290).

문화 분야에서 최초의 민간 차원 방북·방남 행사는 전통 국악인 교환 방문·공연으로 평양 범민족통일음악회(1990.10.14~10.24)와 송년 통일전통음악회(1990.12.8~12.13)가 열렸다(통일백서 1992, 285).

남북관계 발전에 따른 교류 행사로 종교인 방북과 여성 교류를 들 수 있겠다. 1991년 9월 소망교회 곽선희 목사가 조선기독교연맹 고기준 서기장 초청으로, 이듬해 1월에는 권호경 KNCC 총무가 '희년 5년 공동사업' 실무협의를 위해 북한을 다녀왔다(통일백서 1992, 287). 최초의 남북 방문 여성교류 행사는 「아시아의 평화와 여성의 역할」 세미나이다. 서울 세미나(1991.11.25~11.29)에는 여연구 최고인민회의 상설회의 부의장 등 북측 15명이, 평양 세미나(1992.9.1~9.6)에는 남측 인원 30명이 참가했다(통일백서 1992, 283).

5) 실패한 남과 북의 공세적·허세적 교류 제안

① 판문점 개방 대 민족 대교류, 그리고 범민족대회

북한은 냉전 해체, 동구 사회주의권 몰락, 베를린 장벽 붕괴 등의 급격한 정세 변화에 따라 남북 당국 간 대화를 통해서는 불가침 선언 채택 등 정치·군사적 방어선을 확보하는 한편, 북한 주민의 심리적 충격을 완화하고 사회 개방 압력을 사전에 차단하기 위한 별도의 조치가 필요했다. 이에 따라, 1990년 김일성 신년사를 통해서는 군사분계선 일대에 남측이 구축한 대전차 방어물을 '콘크리트 장벽'으로 규정하고 이의 철거를 요구했다(김일성 1990.1.1). 5월에는 최고인민회의 시정연설을 통해 조국통일 5개 방침의 하나로 남북 자유왕래와 전면 개방을 재천명하고(김일성 1990.5.24; 통일원 1993b, 263~265), 7월에는 「남북 간 접촉·왕래 3원칙」을 발표했다. 남북 간 접촉과 왕래는 통일문제 해결과 결부되어야 하며, 정당·단체·각계각층 인민들이 동등하게 참여하여야 하며, 그 어떤 법률적·사회적 조건에 대해서도 제약을 받지 말아야 하고 구속당하지 않아야 한다는 것이다. 그리고 이를 성과적으로 보장하기 위한 조치로 8·15를 기해 판문점 북측 지역을 개방한다고 선언하고, 남측도 이에 상응한 조치를 취해 줄 것을 희망했다(통일원 1993b, 289~291). 이러한 요구에는 남측에서 문익환 목사와 임수경의 방북 후 사법처리, 남측 전민련·전대협의 활발한 통일운동, 범민족대회의 성장 등이 한 요인으로 작용한 것으로 판단된다.

1988년 8월 남측 재야인사들이 발기한 범민족대회는 유럽·미국·일본 등에서 해외 추진본부가 결성되고, 1990년 6월에는 서베를린에서 해외 추진본부와 북측 실무대표들이 범민족대회 제1차 실무회담을 개최하였다(범민련남측본부 2000, 64~75). 한편, 이 당시는 남북고위급회담의 의제와 회담 개최에 따른 실무절차 문제를 마무리 짓는 제8차 남북고위급회담 예비회담(1990.7.26)을 앞두고 있는 시점이었다. 북측은 급격한 대외 정세 변화 하에 남북고위급회담이라는 당국 간 대화를 앞두고 보완적인 사회적 조치가 필요했던 것으로 보인다. 그런데 북한은 이러한 보완적 조치를 북한 내부에 국한하지 않고, 김일성의 조국통일 5개 방침에 따라 하층 통일전선을 강화하는 차원에서 한반도 전체로 확대하고자 했다. 북한은 여전히 한반도 전체의 관리자 입장에서 통일 열풍을 일으키고자 했다.

남측은 이미 7·7 선언을 통해 북한을 동반자로 인정하고 대북 접촉과 교류를 허용한 이상, 북한의 이러한 움직임을 물리적으로 차단할 수는 없었다. 따라서 남측도 민족 대교류라는 공세적 제의를 북한에게 하게 된다. 남측은 1990년 7월 20일 「노태우 대통령 특별발표(7·20 선언)」를 통해 해방 45주년을 맞는 1990년 8·15를 전후한 5일간(8.13~8.17)을 '민족 대교류의 기간'으로 선포했다. 북한이 '전민족적 대화'의 이름 아래 사실상 한정된 목적(전민족적 통일전선 형성)을 위한 접촉과 왕래를 제의한 것임을 간파한 남측은 더욱 과감한 공세로 북측을 압박한다(남북대화 제50호, 8~11).

노 대통령은 이 기간 동안 판문점을 남북 간 통로로 열어 놓고, 북한 동포들이 원하는 남쪽의 어느 지역도, 원하는 사람 누구도 자유로이 방문하고 만날 수 있도록 할 것임을 천명했다. 그리고 남측 국민 누구라도 제한 없이 판문점을 통해 북한을 방문할 수 있도록 조치할 것임을 밝히는 한편, 남한을 방문하는 북한 주민에게 신변안전과 무사귀환을 보장하는 데 상응한 조치를 북측도 남측 주민에게 취해 주도록 요구했다(남북대화 제50호, 8~11; 통일원 1993b, 294). 강영훈 총리는 노 대통령의 선언 당일 북한의 연형묵 총리에게 이 7·20 선언을 실현하기 위한 실무절차 문제 협의를 위해 쌍방 당국 간에 실무접촉을 갖자고 제의했다. 그러나 북한은 당일로 이 제의를 거부했다. 북측은 남측의 제의를 판문점 범민족대회 저지, 콘크리트 장벽 해체와 남북 사이의 자유왕래·전면개방을 요구하는 내외 여론 무마, 거대 여당 민자당의 법안 날치기 통과에 저항한 야당 의원들의 의원직 사퇴서 제출 등 정치적 위기 수습 등을 위한 "기만적 선전광고"로 폄하했다. 그리고 북한은 8월 1일에서 12일 사이에 남측은 콘크리트 장벽을 허물고 북측은 철조망을 제거하며, 이를 실현하기 위한 공동기구로 「분단장벽 해체 남북공동추진위원회」를 구성할 것을 제의했다(남북대화 50, 15~17; 통일원 1993b, 294~297).

이에 1990년 7월 23일 통일원·법무부·국방부 등 3부 장관은 7·20 선언의 구체적 후속조치를 발표하면서 공세를 강화한다. 통일원 장관은 범민족대회가 그 명칭이나 성격에 맞게 특정 단체·개인이 아닌, 각계각층 민족 성원들의 광범한 참가 하에 상호 신뢰와 이해 증진, 남북관계 개선과 통일에 도움이 되는 순수 모임이 되어야 한다는 전제 하에 이 대회를 수용한다는 입장을 밝혔다. 구체적으로 (1) 북한 대표와 해외동포들의 7월 26일 범민족대회 예비회의 참가 허용, (2) 8·15 이전에 남측 인사들의 북한 방문 허용, (3) 8·15 범민족대회에 남측 참가 허용, (4) 범민족대회 참가자들의 백두산-한라산 간 조국통일 촉진 대행진 환영 및 남측 인사들의 행진 참가 허용 등의 입장을 표명하였다. 법무부 장관은 남측의 국가보안법과 구속자 문제, 북측의 안전 관계 형사법과 사상범 문제 등을 함께 협의하는 남북 법무당국자 실무접촉을 7월 27일에 갖자고 제의했다. 국방부 장관은 대전차 방어용 군사시설물을 두고 북한이 남북 간의 자유왕래를 가로막는 장벽이라고 우긴다며 북한 측의 공동조사 제의를 수용하겠다는 입장을 밝혔다(남북대화 제50호, 17~19; 통일원 1993b, 296~300).

그러나 여전히 북측은 1990년 7월 24일 조평통 대변인 성명을 통해 남측의 제의를 거부했다. 남측은 강영훈 총리 대북 전통문(7.30) 등을 통해 민족 대교류 실현을 위한 절차 문제 협의에 응하라고 재차 북측에게 촉구하는 한편, 통일부 장관은 북한 측이 신청자 중 방북 대상자를 선별할 경우에도 방북을 허용하겠다는 입장을 밝히고(8.2) 8월 4일부터 8일까지 민족 대교류 기간(8.13~8.17) 중 북한을 방문할 사람들의 신청을 받아 8월 9일 6만 1,355명의 신청자 명단을 북측에 전달하려 하였다. 북측은 판문점 연락관 접촉 자체를 거부하면서, 남측 당국이 '임수경 위문단'의 임수경 등 구속자 직접면회를 가능하게 하도록 하고, 범민족대회에 전민련·전대협 대표 참가를 공식 허락하며, 국가보안법을 철폐한다면, 방문자 명단 교환을 고려할 용의가 있다고 주장했다(남북대화 제50호, 17~27; 통일원 1993b, 302~304).

북측이 남북 간 '자유 왕래·접촉' 주장을 하면서 지속적인 남측 당국 배제 전략을 통해 그것이 불가능하게 된 책임을 남측에 전가하려고 했음에도 불구하고, 남측은 그 때마다 북측의 요구를 수용하는 형식의 공세를 취한다. 결국 북측의 판문점 개방 등 남북 간 '자유 왕래·접촉' 주장은 당시의 급격한 정세 변화에 대응하기 위해 일으킨 한반도 전체에서의 통일 열풍이 공세적 허풍에 불과했다는 것을 노출하고 말았다.

그 첫 번째 사건은 1990년 7월 26일 서울에서 개최될 예정인 범민족대회 제2차 예비회의에 북한 측 대표 불참 사건으로, 민간 교류 행사에도 남북이 관례적으로 인정해 왔던, 필요한 당국의 역할을 북측이 인정하지 않으려고 했던 대표적인 사례이다. 모든 남북 회담과 행사의 참가자는 상대측의 안내와 질서에 따르며, 편의제공 및 신변보장 문제는 상대측 당국과 협의하도록 하며, 차량에는 상대측 당국 안내관이 동승하는 것 등은 1970년대 초 남북회담이 시작될 때부터 확립된 관례이다. 이번 범민족 제2차 예비회의가 개최되는 7월 26일 당일 남북연락관 실무접촉에서도 북측은 이러한 사항에 합의했다. 그 전날 전화통지문을 통해 전민련 대표들이 판문점에 나와 마중해 줄 것을 요청한 북측은 대회 당일 판문점을 통과하기 전 연락관 접촉을 통해 전민련 측의 안내만 따르겠다고 주장하는 한편, 사전에 인터콘티넨탈 호텔로 남북 연락관 사이에 합의한 숙소도 전민련 측과 합의해야 한다고 주장하고 정부 측 안내관의 차량 동승도 거부했다. 그러나 전민련 측도 예비회의와 관련한 차량·장소 등의 문제는 남측 당국의 요구를 수용한다는 성명을 발표했다. 그럼에도 불구하고 북측은 남측이 연락관 접촉 재개를 요청하는 전통문을 보내려 하자, 전민련이 안내하는지, 전민련이 정한 숙소에 들어가는지 등을 되묻고는 연락관 접촉을 거부하고 곧이어 남북 직통전화마저 끊어 버리고 판문점에서 철수해 버렸다. 그 다음날 북측은 판문점과 서울 사이 안내는 당국이 하고, 숙소 및 회담장 등에서의 안내는 전민련 측이 맡는다는 제안을 해왔다. 이에 대해 남측은 이러한 북측의 제안은 기본적으로 당국 배제 논리가 깔려있다는 판단 하에 북측에게 7월 26일 합의사항을 수용하라는 입장을 견지했다. 그러나 북측은 재차 연락관 접촉만 요구하다가 오후 2시 30분경 북측 단장의 성명을 발표하고 판문점에서 철수하고 말았다. 이로써 범민족대회 제2차 예비회의는 무산되었다(남북대화 제50호, 43~56, 81~93). 그런데 이에 대해 범민련 남측본부

측은 이 예비회담에 북측 대표가 참석하지 못한 것은 남측 당국의 방해 때문이라고 기록하고 있다(범민련남측본부 2000, 75).

두 번째는 범민족대회에 남측의 일반 사회단체를 배제한 사건이다. 앞에서 언급했듯이 남측 당국은 범민족대회를 수용하면서 이 대회가 각계각층 민족 성원들이 광범하게 참가하는 행사가 되어야 한다는 입장을 밝혔고, 전민련 측도 통일원 및 58개 사회단체[52] 대표들과 제2차 예비회의 문제를 협의하는 과정에서 범민족대회를 각계각층에 개방하기로 합의했다. 제2차 예비회의(1990.7.26)에는 시간의 촉박성을 들어 전민련만 참가하고 제3차 평양 예비회의에는 58개 단체 대표들도 함께 참가할 수 있도록 공동 노력하기로 합의했다. 그러나 북측은 제2차 예비회의 당일 "남조선 관제·어용단체의 범민족대회 참가를 거부"한다는 성명을 방송했을 뿐 아니라 제3차 예비회의를 앞둔 1990년 7월 30일 전민련 앞 방송통지문을 통해서도 "남조선 당국이 새삼스럽게 각계각층론을 들고 나와 평양 예비회의에 끼어들려는 데 대하여 절대로 묵인할 수 없다"고 주장했다. 로동신문을 통해서도 남측의 58개 단체의 범민족대회 참가를 허락할 수 없다고 주장했다. 전민련 측도 이 무렵 58개 단체의 「범민족대회 참가단체 협의회」 6인 실행위원과의 접촉을 피했을 뿐 아니라 통일원을 방문하여 전민련 대표만으로 평양 예비회의에 참가하겠다는 입장을 밝혔다. 이에 따라 남측 당국은 전민련 측 대표단 12명의 방북을 불허했다[53](남북대화 제50호, 46~50, 56~58).

52_범민족대회가 그 명칭이나 성격에 맞게 특정 단체·개인이 전유물이 아니라 각계각층의 광범위한 참가가 보장되어야 한다는 취지에서 7월 25일 「민족통일협의회」 등 범민족대회에 참가를 희망하는 당시 통일원 허가법인 및 등록단체 등을 중심으로 58개 사회단체가 「범민족대회 참가단체 협의회」를 구성했다.

53_결국 남측 정부는 8·15 범민족대회를 승인하지 않았다. 그 결과 범민족대회는 판문점 북

세 번째는 북측이 남측 특정 단체 방북을 초청하고도 결국 이를 무산시킨 사건이다. 북측은 남측의 방북 신청자 명단 접수를 거부하면서도 1990년 8월 10일 방송을 통해 남측의 전민련 관계자, 서울지역 총학생회 연합회, 천주교 정의구현사제단의 방북을 각각 초청하고, 이를 위한 실무접촉을 제의했다. 그러나 북측은 그들이 제의한 실무접촉 날짜에 나타나지 않았을 뿐 아니라, 남측 당국이 8월 13일 방북 신청자 명단 중에서 북한이 초청한 천주교사제단 33명, 전민련 관계자 176명, 민중당(가칭) 30명 등의 명단을 전달하기 위해 판문점에 연락관을 파견하였으나[54] 이것도 거부했다(남북대화 제50호, 27~32, 60~62).

네 번째는 1990년도 8·15 범민족대회 시 북측 인원의 남측 미통과 사건이다. 이번 범민족대회에서는 백두산에서 한라산까지의 대행진이 계획되어 있었다. 이에 북측은 1990년 8월 15일 「조국통일촉진 행진대」 대변인 담화를 통해 남측 당국이 행진대에 대한 신변안전 보장 각서를 넘겨 줄 것을 희망했다. 당일 오후 2시경 북측 판문점 연락관이 언제 각서를 넘겨줄 수 있는지 물어와 남측에서 당장 줄 수 있다고 대답하자, 그 각서를 전민련이 주는지, 전민련 대표가 안내하는지 등 동문서답을 늘어놓기 시작하여 사실상 각서 전달 협의를 불가능하게 상황을 만들었다. 그 후 북측은 방

측 지역에서만 개최되고, 남측 단체(전민련, 전대협 등 66개 재야단체) 인사들은 연세대에서 관광버스 10대에 분승하여 정문을 나오다가 경찰의 저지로 판문점으로 가지 못했다. 황석영 씨가 제3국을 통해 밀입국하여 행사에 참석했다. 당시 북측은 황 씨를 범민련 남측본부 대표로 칭했으나, 그때 남측본부 측은 이를 부인했다. 그런데 범민련 남측본부의 『범민련 10년사』는 황 씨가 남측을 대표하여 대회에 참가했다고 기록하고 있다(범민련남측본부 2000, 76~77; 한겨레신문 1990.8.9).

54_그 전에 이 단체들도 자기들의 방북희망자 명단을 별도로 북측에 전달해 줄 것을 남한 정부 측에 요청했다(남북대화 제50호, 30).

송을 통해 남측이 신변안전 보장 각서를 넘겨주지 않아 행진대가 남측으로 넘어가지 못했다고 선전했다(남북대화 제50호, 60~63).

② 통일대행진 대 범민족대회

1990년 8·15 기간 동안 북한 주도로 일으키는 한반도 전체에서의 통일 열풍에 대해 1991년에는 남측이 먼저 공세를 취한다. 노태우 대통령의 지시에 따라[55] 최호중 통일부 장관은 1991년 7월 15일 대북 성명을 통해 「통일대행진」 행사를 남북 공동으로 개최할 것을 제의했다. 구체적으로 이 제안은 남북의 각계 각층과 해외동포들을 망라하여 2,000명 정도의 인원이 8월 15일부터 31일까지 광복절 경축 기념행사를 시작으로 국토 종단 대행진을 하는 가운데, 통일문제 토론회(서울·평양), 통일기원제(백두산·한라산 정상), 통일문화축전(판문점)을 개최하자는 것이다(남북대화 제53호, 127~141; 통일원 1993c, 26~30).

북측은 남측의 제의 다음날인 1991년 7월 16일 윤기복 조평통 부위원장 명의의 담화를 통해 남측의 제의를 일단 "제2차 범민족대회를 위한 베를린 준비회의의 결정을 존중하고 긍정한 것"으로 평가했다. 그러나 19일 발표된 남측의 행사준비위원회 구성에서[56] 범민련 남측본부 인사나 전대협 대표들이 한 명도 없다는 것을 확인한 북한은 22일 조평통 대변인 성명

55_노태우 대통령은 1991년 7월 6일 미국, 캐나다 방문 마지막 기착지인 밴쿠버에서 광복절 제46주년을 계기로 남북한이 다함께 참가하는 행사를 개최하는 방안을 강구하라고 지시했다. 이와 함께 노 대통령은 그동안 북측이 제의했던 남북 국토종단 순례행사나 통일 학술토론회 등도 긍정적으로 수용하여 공동개최하는 방안을 적극 검토할 것을 지시했다(남북대화 제53호, 131~132).

56_통일대행진 행사준비위 명단은 남북대화 제53호, 145 참조.

을 통해 남측 당국자들은 통일대행진 제의가 "서울 범민족대회와 청년학생 통일대축전을 파탄시키기 위한 모략 각본임을 시인"하라고 비난했다. 결국 통일대행진은 북측의 외면으로 준비회의조차 개최하지 못하고 무산되었으며, 북측은 범민족대회를 강행하였다(남북대화 53, 143~152; 통일원 1993c, 27~33).

7. 북한 핵 문제의 등장과 남북기본합의서 체제 형성의 정지

남북기본합의서 체제의 형성은 그 체제의 작동을 방해하는 요소를 배태하면서 결국 정지된다. 북한 핵 문제는 초기에는 기본합의서 체제 밖에서 병행적으로 전개되었지만, 점차 체제의 안으로 들어와 남한 당국에게 민족 공조와 국제 공조 간에 선택을 강요함으로써 그 체제의 작동을 정지시키고, 김영삼 정부 시기 '통미봉남' 전술의 구도에서 중심적 역할을 하게 된다. 그 이후 김대중·노무현 정부의 6·15 남북공동선언 체제에서도 기본적으로 그 체제와 병행하면서 결국 그 체제도 착근하지 못하게 하는 결정적 요소가 된다.

남한 당국은 1991년 10월 제4차 남북고위급회담에서부터 북한 핵 문제를 공식 거론하기 시작했다. 남측은 기조연설을 통해 북한이 NPT에 가입한지 6년이 지나도록 핵 사찰 의무를 이행하지 않고 있으며, "'비밀리에 핵무기를 개발하고 있다'는 비난을 받고 있다"는 것을 지적하면서 핵 개발을 중단하고 국제적인 핵 사찰을 받으라고 촉구했다. 한편, 북한은 이 회담에서 한반도 비핵지대화를 주장하면서 「조선반도의 비핵지대화에 관한 선언」 초안을 제시했다(남북대화 제53호, 48~83).

임동원 전 통일부 장관에 의하면, 북한 핵 문제가 본격적으로 표면화된 것은 1991년 2월 걸프전 발발 직후부터였다. 당시 미국 측이 제공한 정보는 "북한이 1987년 초부터 30MWth급 원자로(나중에 발전용량 5MWe급으로 확인됨)를 가동 중"이며, "이는 군사목적용으로 보이며 연간 핵폭탄 1개를 제조할 수 있는 분량의 플루토늄을 생산할 수 있을 것으로 판단"되며, 또 "플루토늄 추출을 위한 재처리시설도 완공 단계에 임박했다"는 것이다(임동원 2008, 230). 그런데 이것은 미국 측이 남한 정부와 이 문제를 공식적으로 거론한 시점인 것으로 보인다.[57] 미 NSC에 근무했던 레이스(Mitchell Reiss) 교수에 의하면, 이 당시는 핵 문제가 북미 간 최대 현안이었다[58]

57_미국이 한국 정부 인사에게 북한 핵 개발의 심각성을 처음 설명한 것은 1989년 4월 박철언 당시 대통령 정책보좌관의 방미 때인 것으로 알려지고 있다. 미국 CIA는 미국 첩보위성이 찍은 영변 재처리시설에 대한 항공사진을 한국 정부 당국자에게 처음으로 보여 주며, 북한의 핵 개발 의혹에 대해 상세히 브리핑했다고 한다(권영진 1998, 50).

당시 미국은 북한 핵 개발에 대한 발표를 고려하고 있었으나, 북한의 평양축전 시기에 발표하면 오히려 비난을 받을까 우려하고 있었으며, 한국 측과 협의하여 발표하자고 했다는 것이다. 박철언 보좌관의 당시 방미는 미국의 요청에 의한 것으로, 미국 측에서 면담이 예정된 인사들 중 자리를 비운 인사들이 여럿 있었으며 CIA 본부에서는 오찬을 포함하여 8시간가까이 브리핑과 질문하는 등을 통해 미국은 박 보좌관에게 남북관계 진전에 대한 "얼 차례"와 "힘의 과시"를 했다고 한다(박철언 2005b, 62~63).

오버도퍼에 의하면, 부시 행정부는 1989년 1월 집권한 이후 영변지역 위성사진 판독 결과를 2월에 국무부 던롭(Harry Dunlop) 한국과장을 통해 소련, 중국 측에 알려 주었으며, 5월에는 전문가팀 5명이 한국과 일본을 방문하여 정부 당국자들에게 상세한 브리핑을 했다. 미국 측은 북한이 1990년 중반이면 핵무기를 만들 수 있을 지도 모른다는 그들의 브리핑 결론을 보안에 부쳐 주기를 원했으나, 이것은 서울의 언론에 누설되어 전 세계로 타전되었다(Oberdorfer 2001, 255~256).

58_1991년 2월 북한 로동당 국제담당 비서 김용순이 일본을 방문했을 때도 현지 기자들은 그에게 핵무기 개발 의혹을 제기했고, 이에 대해 그는 "북한은 핵을 개발할 의사도 능력도 없다"고 말했다고 보도되었다(조선일보 1991.2.22.). 『월간 조선』 기자 조갑제는 걸프전의 시

(Reiss 1995, 236).

미국의 북한 핵 개발 의혹은 북한이 1982년 4월 영변 구룡강변에 5MWe 원자로를[59] 건설하는 위성사진을 찍은 것부터 시작되어 1986~87년 재처리공장 건설 사진을 확보하는 단계에서 최고조에 이르게 된다(Oberdorfer 2001, 250~251). 1985년 12월 소련은 북한이 NPT에 가입하는 조건으로 체르노빌 발전소에서 운용하던 것과 같은 형의 원자로 4기를 제공하기로 하였으며, 북한은 소련의 요구에 따라 12월 12일 NPT에 가입했다[60](Oberdorfer 2001, 254). 그런데 소련의 붕괴로 소련의 약속은 이행되지 못한 채, 북한은 국제적 의무만 지게 되었다(Mansourov 2002; Sigal 1998, 22). NPT에 의하면 북한은 조약 가입 1년 6개월 안에 핵 사찰을 받는 핵 안전조치 협정을 IAEA와 맺어야 한다. 그런데 IAEA 측이 북한에게 이 협정과 관련한 서류를 잘못 전달하였고, 1987년 6월에야 올바른 서류를 북한에게 전달하는 바람에 협정 체결 시한은 1988년 12월로 연기되었다(Oberdorfer 2001, 254~255; Sigal 1998, 18).

이러한 가운데 서방의 언론들은 1989년 하반기에 들어와 영변에서의

작과 동시에 한·미 양국의 군 당국자들 사이에서는 북한 핵무기 개발의 저지 방안의 하나로 예방적 선제공격(preemptive strike)이 거론되었다고 주장한다(조갑제 1991, 118~121).

59_이 원자로는 1979년에 건설되기 시작해서 1986년 1월부터 운용되기 시작했다. 이 원자로로 인해 국제사회는 북한이 핵무장 의도를 노출하기 시작했다고 보고 있다(Sigal 1998, 21~22). 이 원자로는 가스 냉각, 흑연 감속 장치로 작동하는 것으로 무기급 플루토늄 추출에 이상적이며, 적어도 연간 1개의 핵무기를 만들 정도의 충분한 플루토늄 추출이 가능하다는 것이다(Albright & O'Neill 2000, 15).

60_만수로프(Alexandre Mansourov)는 소련이 제공하기로 했던 것은 635MWe 경수로 3기라고 한다(Mansourov 2002). 소련의 북한에 대한 NPT 가입 압박은 미국 등 서방측의 북한 핵무장 우려에 따른 것이었다(Albright & O'Neill 2000, 16).

플루토늄 분리 공장 건설, 플루토늄 생산을 위한 대규모 가스 흑연감속 원자로 건설, 연변 북쪽의 고폭 실험장 존재 등의 의혹을 제기했다. 그러나 북한은 미국 등 국제사회의 핵 안전조치 협정 체결 압력에 대해 핵 위협을 가하지 않겠다는 미국의 법적 보장,[61] '핵전쟁 연습'이라고 주장하는 팀 스피리트 훈련 중지, 한반도 비핵지대화 등을 협정 체결의 전제조건으로 제시했다[62](임동원 2008, 231; Albright & O'Neill 2000, 16).

미국은 레이건 정부 말기 1988년 12월부터 북한과 베이징에서 참사관급 접촉 채널을 개설했지만, 핵 문제와 관련해서는 이 채널보다는 주로 중국과 러시아를 통한 간접적인 압력을 행사했다. 부시 행정부는 1990년에 와서는 식량, 의약품 중심의 12억 달러치의 대북 수출을 허용함으로써 「적성국 교역법」에 의한 제재를 일정하게 완화하고, 베이징 참사관급 접촉 시 북미관계 진전을 위해 북한이 취해야 할 5개 조건 중 핵 안전조치 협정 서

61_이 법적 보장은 핵 보유 국가가 비핵 국가에게 핵무기를 사용하거나 사용하겠다는 위협을 가하지 않는다는 '소극적 안전보장(NSA, Negative Security Assurance)' 개념의 조치를 말한다(Albright & O'Neill 2000, 16; Beal 2005, 68).

62_북한의 비핵지대화론은 1980년 6차 당대회에서 고려연방제 통일방안의 「10대 시정방침」의 하나로 처음 제기되었다. 구체적 내용은 북측이 1986년 정부 성명으로 「조선반도 비핵·평화 지대 창설」 협상안을 통해 처음 제시한 이후, 제4차 고위급회담 시 제시한 「조선반도의 비핵지대화에 관한 선언」 초안에 잘 나타나 있다. ① 핵무기의 시험·생산·반입·소유·사용 금지, ② 핵무기의 배비 금지 및 핵무기를 적재했거나 적재했을 수 있는 비행기와 함선들의 영공 또는 영해 통과·착륙·기항 금지, ③ 자기 지역에 핵무기의 전개·저장 허용 금지, 다른 나라와 핵우산을 제공받는 협약 체결 금지, ④ 핵무기와 핵장비가 동원되거나 핵전쟁을 가상한 일체 군사연습 금지, ⑤ 미국의 핵무기와 미군 철수, 핵기지 철폐를 위한 공동 노력 등이다. 기본적으로 북한의 한반도 비핵지대화 논리는 한미연합 체제의 해체를 목표로 한 것이므로 북미관계 및 남북관계의 상당한 진전이 없이는 사실상 협의가 불가능한 것이다(남북대화 제53호, 78~79; 통일원 1993c, 451).

명 하나만을 내걸었다[63](Sigal 1998, 25~27). 한편 이때는 노태우·고르바초프 샌프란시스코 회담(1990.6.4) 등으로 한소관계가 급속히 진전되는 것에 대해, 북한도 북일·북미 관계를 진전시켜 나가야 했다.

북한은 1990년 9월 소련의 셰바르드나제 외교장관을 통해 핵 안전조치에 서명하라는 압박을 받았다. 북한은 소련이 남한과의 관계를 지속해 나가면 핵 개발을 할 것이라고 저항했으나 소용이 없었다. 1991년에 들어와 소련과 중국으로부터 남한의 유엔 가입을 반대하지 않을 것이라는 통고도 받았다. 또한 한국과 미국이 일본에게 북일관계 정상화 협의 시 IAEA 사찰, 남북회담 등을 감안해야 한다는 것을 요구함에 따라,[64] 북일회담은 북한 핵 문제, 납치자 문제 등으로 교착에 빠진 상황이었다. 따라서 북한은 1991년 5월 남한과 유엔 동시 가입을 결정하는 한편, 6월에 핵 안전협정 서명 입장을 IAEA 측에 밝히고 7월 15일 협정 문안에 합의하는 등으로 먼저 움직일 수밖에 없었다. 북한은 9월의 IAEA 총회에서 핵 안전협정에 정식 서명할 예정이었다. 그런데 9월 12일 IAEA 이사회는 북한과의 협정 문안을 공식 승인하면서 「핵 안전협정 조기 서명·비준 및 핵 사찰 이행 대북 결의안」을 채택함으로써 북한의 체면을 깎아 버렸다. 북한은 국제적 압력에 따라 핵 안전협정에 서명한다는 모습을 보일 수는 없었다. 북한은 협정문 서명을 거부했으며, 국제사회는 북한의 서명을 이듬해 1월까지 기다려

63_미국이 내건 북미관계 개선 5개 조건은 ① 반미 논리 완화, ② 테러 지원 중단에 대한 믿을 수 있는 보증 제시, ③ 8천 구 이상의 미군 유해에 대한 설명 또는 송환, ④ 남북 직접대화, ⑤ IAEA 안전조치 하의 핵 활동 등이었으며, 미국은 북미관계 개선을 위해 북한 측이 먼저 움직일 것을 요구했다(Sigal 1998, 25~26).

64_일본의 대북 국교정상화 협상과 관련한 한국과 미국의 요구사항에 대해서는 이 장 각주 5 참조.

야 했다(Reiss 1995, 236~237; Sigal 1998, 26~27).

이러한 상황에서 북한 핵 문제 해결의 추동력은 러시아에서 발생한 예기치 못한 상황이 제공해 주었다. 1991년 8월 중순(8.19~8.21) 소련 보수 강경세력이 고르바초프에 대항하는 쿠데타를 일으켰으나 실패한 것이다. 그 후 소련은 급속히 해체의 길로 들어서게 되었다. 소연방 해체에 따른 소련 핵무기 확산 방지를 위한 응급조치가 필요했다. 이에 부시 대통령은 9월 27일 전 세계에 배치된 지상·해상 발사 전술 핵무기를 철수·폐기한다고 발표한다. 고르바초프 대통령도 15개 연방공화국에 배치된 전술 핵무기를 모두 러시아 공화국에 집결시켜 폐기한다고 선언했다. 이것을 계기로 남한에 있던 미국의 핵무기도 철수되고,[65] 북한의 핵 안전협정 서명(1992.1.30) 등 핵 문제 해결을 위한 더욱 유리한 조건이 마련되었다(임동원 2008, 231~232; Albright & O'Neill 2000, 16).

남한 측은 북한이 제4차 고위급회담(1991.10.22~25)에서 한반도 비핵지대 안을 제시한 점 등을 고려하여, 북한 핵 문제에 대한 남측의 틀을 제공하는 차원에서 1991년 11월 8일 「한반도 비핵화와 평화 구축을 위한 선언

65_오버도퍼에 의하면, 남한에서의 미국 핵무기 철수는 1991년 봄부터 서울에서 그레그(Gregg) 대사, 리스까시(RisCassi) 주한미군 사령관, 청와대·국방부·외교부 고위 당국자들 사이에서부터 거론되기 시작했다. 한미 간 핵무기 철수에 대한 어떤 결론이 나오지 않은 상황에서 소련에서 쿠데타가 일어난 것이다(Oberdorfer 2001, 258~259).

남한에는 1957년부터 전술 핵무기가 배치되기 시작하였고, 1976년 판문점 도끼 살해 사건 이후에 급격히 증가하여 많을 때는 760개에 달했으며, 카터 대통령 당시 급격히 감축되어 1989년 부시 행정부가 들어선 당시에는 약 100개의 핵탄두가 배치되어 있었다. 부시의 선언으로 포병용 W-33 핵폭탄 약 40개, 공군 전투기용 B-61 핵폭탄 약 60개가 철수되었다(Oberdorfer 2001, 257~258; 임동원 2008, 232). 이에 따라 노태우 대통령은 1991년 12월 18일 "이 시각 우리나라 어디에도 단 하나의 핵무기도 존재하지 않[는다]"고 선언(핵 부재 선언)했다(남북대화 제54호, 184~185).

(한반도 비핵화 선언)」을 천명했다. 북한이 제시한 한반도 비핵지대 안은 한반도 핵무기는 남한에만 있다는 인식에서 나온 것이다. 따라서 북한은 "남조선에 있는 미국 핵무기를 완전히 철거하는 것으로부터 [한반도 비핵지대화가] 시작되어야 하며, 바로 이것이 비핵지대화의 주된 내용으로 되어야" 한다는 것이다(남북대화 제53호, 78~83). 반면, 남측은 한반도 비핵화 선언을 통해 핵무기를 제조, 보유, 저장, 배비, 사용하지 않을 뿐 아니라 핵연료 재처리 및 핵농축 시설까지 보유하지 않기로 선언했다. 남측은 북한도 핵 재처리 및 농축 시설 보유를 포기하길 촉구하면서, 북한이 핵 안전조치 협정에 조속히 서명하고 이러한 조치를 취하면, 고위급회담을 통해 핵 문제를 포함한 모든 군사안보 문제를 협의해 나가겠다고 밝혔다(남북대화 제54호, 181~183).

이러한 입장에서 남측은 제5차 고위급회담(1991.12.10~12.13)에서 북한에게 조속히 핵 사찰을 수용하고 핵 개발을 포기하라고 촉구하면서 1991년 11월 18일의 한반도 비핵화 선언의 내용을 기본 틀로 한 「한반도 비핵화 등에 관한 공동선언」 안을 긴급제안 형식으로 제시했다. 이 제안에서 한반도 비핵화 선언의 내용에 추가된 것은 "쌍방이 각기 필요하다고 인정하는 상대측 지역의 군사시설과 민간시설 그리고 물질과 장소에 대해서는 쌍방이 합의하는 방법으로 사찰을 실시"하자고 제안한 것으로 비핵화 공동선언 안의 주요 특징 중의 하나이다. 이에 따라 남측은 쌍방이 시범사찰 대상을 선정하여 동시사찰을 실시하자고 제의했다. 남측은 북측의 순천비행장과 영변의 핵시설을 시범사찰 대상으로 선정하면서 1992년 1월 31일 이전에 사찰이 이루어지기를 희망했다(남북대화 제54호, 52~57).

북한 핵 문제가 대두된 이후 한미는 대북 핵협상과 관련하여 몇 가지 협상 방침에 합의했다.[66] 그것은 (1) 재처리시설과 농축시설 포기에 우선

순위를 두고, 이 내용이 포함된 비핵화 공동선언 채택, (2) 남북 간 상호 시범사찰 조속 실시, (3) 북한이 핵 안전조치 협정에 즉각 서명토록 촉구하되 팀 스피리트 훈련 중지와 연계, (4) 미국의 강력한 희망에 따라 상호 사찰 제도를 확립하되 IAEA 사찰 제도의 허점 보완 차원에서 신고하지 않은 핵 시설과 핵물질, 군사시설 등도 사찰할 수 있는 강제 사찰(challenge inspection) 제도의 도입 등이다[67](임동원 2008, 232~234). 제5차 고위급회담에서의 남측 제안도 이러한 한미 간의 의견 조율에 따른 것이었다.

북한은 일방적으로 핵 사찰을 받는 것은 있을 수 없다는 입장에서, 제5차 고위급회담에서 한반도 핵 문제의 핵심은 남한에 배치된 미국 핵무기 문제임을 강조하면서, 남측의 일방적 한반도 비핵화 선언도 좋지만 그들이 제시한 비핵지대화 선언을 토대로 남과 북이 마주앉아 한반도 핵 문제 해결 방안을 협의하자고 제안했다. 이에 따라 남과 북은 「핵 문제 협의를 위한 대표 접촉」을 1991년 12월 안에 갖는다는 데 합의했다(남북대화 제54호, 62~67, 83).

남북 간 핵 문제 협의를 위한 대표 접촉은 1991년 12월 26일에서 31일

66_임동원 전 장관에 의하면, 북한 핵 의혹이 제기된 후 미국의 군비통제처(ADCA)의 처장을 비롯한 핵 전문가들은 수시로 방한하여 한국 정부 당국자들에게 북한 핵 문제의 위험성과 대처 방안에 대해 "교육하다시피 설명"했다고 한다. 이 합의는 그러한 의사소통의 결과라는 것이다(임동원 2008, 232).

67_IAEA 안전조치 협정에 따른 사찰에는 임시사찰(ad hoc inspection), 일반사찰(정기사찰, routine inspection), 특별사찰(special inspection) 세 가지가 있다. 임시사찰은 IAEA와 핵 안전조치 협정을 체결한 당사국이 의무적으로 제출한 '최초보고서'에 대한 내용이 실제와 정확하게 일치하는지를 확인하는 사찰이다. 일반사찰은 임시사찰이 완료된 다음, IAEA가 당사국과 보조약정서를 체결하고, 이에 의거하여 정기적으로 실시하는 사찰이다. 특별사찰은 임시사찰이나 일반사찰(정기사찰) 과정에서 미진한 부분이나 의심스러운 사항이 있을 경우 당사국과 합의에 따라 검증하는 사찰이다(국방부 1994, 88; 이용준 2010, 49).

까지 3차에 걸쳐 진행되어 「한반도의 비핵화에 관한 공동선언(한반도 비핵화 공동선언)」을 생산했다(남북대화 제54호, 91~102). 노태우 대통령은 이러한 협의를 촉진하기 위해 남북 간 대표 접촉 이전인 12월 18일 현재 남한의 "어디에도 단 하나의 핵무기도 존재하지 않"으며, 남한에 관한 한 1991년 "11월 8일 선언한 비핵화 정책은 완전히 실현"되었다고 선언('핵 부재 선언')했다(남북대화 제54호, 184~185). 남과 북은 대표 접촉을 통해 한반도 비핵화 공동선언을 타결하는 과정에서 남측이 요구하는 북한의 핵 안전조치 협정 체결, 국제 핵 사찰 수용과 북측이 요구하는 팀 스피리트 훈련 중지를 1992년 1월 7일 오전 10시에 양측이 동시에 발표하기로 합의했다(임동원 2008, 236~237). 이에 따라 1992년 1월 7일 북한 외무성은 한반도에서 "핵 문제를 공정하게 해결할 수 있는 환경과 조건이 성숙"되었다고 평가하고, 가까운 시일 내에 핵 안전조치 협정에 서명·비준하여 IAEA와 합의하는 시기에 사찰을 받겠다는 성명을 발표했다. 남한 국방부도 1992년도 팀 스피리트 훈련을 중지한다고 발표했다(통일원 1993c, 82~83).

이러한 상황으로 발전하기까지에는, 북한이 끈질기게 요구해 온 북미 고위급 접촉을 미국이 수용한 것도 큰 요인이 되었다. 미국은 북한에 대한 핵 문제 해결의 유인책으로 고위급 접촉 문제를 1991년 가을 무렵부터 검토하기 시작했다. 한국 정부로부터 추가 접촉으로 발전하지 않는 '단 한 번의 접촉'은 수용한다는 의사를 확인한 미국은 12월에 북미 베이징 참사관 접촉 채널을 통해 북한이 핵 안전조치 협정을 체결하면 북미 고위급 접촉도 가능하다는 의사를 통보해 주었다[68](Oberdorfer 2001, 265~266).

68_북한과 미국은 1992년 1월 22일 뉴욕에서 6·25전쟁 휴전 이후 처음으로 김용순 로동당 국제부장과 캔터(Arnold Kantor) 국무부 정무차관 간 고위급접촉을 가진다. 김용순은 "북한

제6차 고위급회담(1992.2.18.~2.21)에서 발효된 한반도 비핵화 공동선언을 통해 남과 북은 핵무기의 시험, 제조, 생산, 접수, 보유, 저장, 배비, 사용의 포기(1항), 핵에너지의 평화적 목적에만 이용(2항), 핵 재처리시설과 우라늄 농축시설의 보유 포기(3항)를 약속하는 한편, 한반도 비핵화를 검증하는 방안으로 "상대측이 선정하고 쌍방이 합의하는 대상들에 대하여" 1개월 안에 구성될 「핵통제공동위원회」가 규정하는 절차와 방법에 따라 사찰을 실시(4항)하기로 합의했다(남북대화 제54호, 101). 이 합의과정에서 제일 크게 논란이 된 것은 남측이 주장하는 '강제 사찰' 도입이었는데, 북측의 강력한 반대에 부딪혀 결국 "상대측이 선정하고 쌍방이 합의하는 대상들에 대하여" 사찰을 하는 것으로 절충되었다(임동원 2008, 236).

남과 북은 비핵화 공동선언의 합의에 따라 제6차 고위급회담 기간 중인 1992년 2월 19일부터 3월 14일까지 핵통제공동위원회의 구성·운영 합의서 마련을 위한 대표 접촉을 7차에 걸쳐 진행했다. 북한의 비핵지대화론 재주장과 비핵화 공동선언 1~3항 이행을 위한 별도의 합의서 채택 주장, 남측의 사찰 규정 채택 시한 명시, 시범사찰 실시 요구 등으로 회담이 진전을 보지 못하고 있었다. 결국 남측은 핵통제공동위 구성이 지연되는 만큼

은 핵무기 개발 의사도 능력도 없다, 1월 안에 핵 안전조치 협정에 서명하고 1~2개월 안에 비준한다, 국제사찰도 받겠다" 등의 언급을 했다. 한편, 북한의 북미고위급회담 개최 제의에 대해 미국은 핵 안전조치 협정 및 한반도 비핵화 공동선언의 서명·비준, 제1차 IAEA 사찰 실시, 남북 상호 사찰 실시 등 세 가지 조건이 충족되어야 검토 가능하다는 입장을 제시했다(임동원 2008, 239~240). 오버도퍼에 의하면, 캔터의 발언 요지는 미국 내 관계부처뿐만 아니라 한국과 일본 정부의 검토를 거친 것으로, 북한에게 IAEA 사찰 허용과 핵무기 개발 포기를 촉구하면서도, 캔터는 북한이 이에 대해 어떤 대가를 기대할 수 있는 단어를 사용해서는 안 된다는 주의를 받았다고 한다. 특히 관계정상화의 '관'자도 꺼내지 말라는 것이었다(Oberdorfer 2001, 266).

북한 핵 사찰이 늦어진다고 판단하고, 사찰 규정 채택 시한은 합의서에 명시하지 않고 공동발표문에 포함시키자는 절충안을 제시하여 타결의 돌파구를 마련했다. 이미 북한이 비핵지대화론에 근거한 주장을 철회한 상황에서 남측의 시범사찰 요구도 거부되었다.[69] 북한의 비핵화 공동선언 1~3항 이행을 위한 별도의 합의서 채택 요구도 공동발표문에 반영되었다. 그 결과 「남북핵통제공동위원회 구성·운영에 관한 합의서」 외에 별도로 발표한 「남북핵통제공동위원회 구성·운영 문제를 협의하기 위한 남북 대표 접촉에 관한 공동발표문」(1992.3.14)에 "남과 북은 남북핵통제공동위원회 제1차 회의 이후 2개월 정도의 기간 안에 한반도의 비핵화를 검증하는 데 필요한 문건을 채택하기 위하여 공동으로 노력하며 문건이 채택된 이후 20일 안으로 사찰을 시작하기로 양해하였다"는 항이 추가되었다(남북대화 제54호, 159~178).

남과 북은 1992년 3월 19일부터 이듬해 1월 25일까지 핵통제공동위원회 본회의 13차례, 위원 접촉 6차례, 위원장 접촉 1차례 등을 통해 남북간 핵 사찰 문제를 협의했으나 실패로 끝났다. 이 당시 남북관계는 핵통제공동위에서 북한의 비타협적 태도 → IAEA 사찰로 인한 북한 핵 의혹 증폭 → 남측 내부의 보수 강경화 강화 → 북한의 반발로 증폭되는 과정을 거치게 된다. 핵통제공동위가 열릴 무렵에 남측에서는 대통령 선거를 앞두고 대북 강경책이 서서히 고개를 들기 시작한다. 1992년 3월 9일 화해 부속합

69_남과 북은 시범사찰 방법 등에 대해서도 논란을 벌였다. 남측이 동수의 상대방이 지정하는 자기 측 대상에 대해 사찰을 허용하자고 주장한 반면, 북측은 시범사찰이 아니라 전면사찰을, 동수 원칙이 아니라 의문 나는 곳은 모두 사찰해야 한다는 주장을 했다(남북대화 제54호, 170). 이러한 논란은 핵통제공동위원회 회의에서도 계속된다.

의서 채택을 위한 정치분과위 제1차 회의에서 남측은 핵 사찰 문제가 해결되지 않으면 남북 간에 실질적인 화해·협력을 기대하기 어려우며, 남북회담에도 영향을 받을 것이라고 경고했으며, 이에 대해 북측 연형묵 총리는 대남 편지를 통해 항의를 하는 분위기였다(통일원 1993c, 102, 111).

핵통제공동위에서의 쟁점은 (1) 남북 상호 핵 사찰 실시 관련 규정 마련에 앞서 별도의 '비핵화 공동선언 이행 합의서' 채택 필요 여부와 상호 핵 사찰 규정과 별도 이행 합의서와의 관계, (2) 사찰 방식에 있어서 상호주의냐 의심 동시 해소 원칙에 따른 전면사찰이냐 문제, (3) 특별사찰의 필요성, (4) 군사기지 사찰 여부 등으로, 쌍방이 주장하는 바는 〈표 6-2〉와 같다(남북대화 제55호, 145~155; 남북대화 제56호, 107~117; 남북대화 제57호, 47~70; 남북회담사무국 1994b, 16~36).

1992년 5월 27일 핵통제공동위 제5차 회의가 진행될 때까지 북한 측은 최고인민회의에서 핵 안전조치 협정을 비준하고(1992.4.9.), IAEA 측에 '최초 보고서'로서 핵물질의 초기 재고량 보고서와 사찰 대상으로 신고한 14개 핵시설 명세 보고서를 제출했다(1992.5.4.).[70] 그리고 한스 블릭스

70_북한이 신고한 핵 사찰 대상 14개 시설은 ① 연구용 원자로 및 임계시설 1기(영변), ② 임계시설 1기(평양), ③ 연료봉 제조 및 저장시설 1기(영변), ④ 핵발전 실험 원자로 1기(영변), ⑤ 방사화학 실험실 1기(영변), ⑥ 핵발전소 2기(영변), 발전용 원자로 3기(신포), 우라늄 광산 2개(순천 등), ⑦ 농축우라늄 생산공장 2개(평산, 박천) 등이다. 이 중 가장 큰 의심을 받은 시설은 북한이 '방사화학 실험실'로 주장한 건물로, 서방측은 이를 핵 재처리 시설로 지목했다(이춘근 1995, 61). 블릭스(Hans Blix) IAEA 사무총장은 5월 11일부터 16일까지 처음 북한을 방문, 방사화학 실험실을 둘러보고 베이징에 도착하여, 북한 사람들은 '방사화학 실험실'이 실험용 건물이며 아직 완전히 다 지어지지 않아 그렇게 부른다고 하지만, "그 건물은 틀림없이 우리가 쓰는 용어로 재처리 공장(a reprocessing plant)으로 생각된다"라고 말했다(Albright & O'Neill 2000, 18).

표 6-2 | 남북핵통제공동위원회에서의 쟁점

	남 한	북 한
상호 핵 사찰 규정과 별도의 비핵화 공동선언 이행 합의서 채택 문제	o 사찰 규정은 독립문건으로 채택 o 이행합의서는 비핵화 공동선언의 이행을 위한 합의서인 만큼 비핵지대화 논리는 배제	o 한반도 비핵화 공동선언 이행 합의서 안[71]을 먼저 채택한 후 비핵화 검증을 위한 사찰 규정을 부록으로 채택
상호주의 대 의심 동시 해소 원칙에 따른 전면사찰 문제	o 상호주의에 입각, 쌍방의 핵시설 대 핵시설, 의심되는 군사기지 대 군사기지를 사찰 o 사찰 대상의 수와 사찰 회수는 쌍방이 연간 최대치를 동등하게 설정, 그 한도 내에서 각기 필요에 따라 사찰	o 상호주의는 한반도 핵 문제 현실에 배치, 의심 동시 해소원칙에 따라 사찰 o 북에 대해서는 영변 핵시설만 사찰, 남측 핵무기, 핵기지에 대해서는 전면적 동시 사찰
특별사찰 필요성	o 상대방에 대한 핵의혹의 철저 해소, 쌍방의 한반도 비핵화 준수 확인을 등을 위해서는 정기사찰의 보완책으로 의심 대상을 불시 사찰이 필요	o 특별사찰은 비핵화 공동선언 제4항, "상대방이 선정하고 쌍방이 합의하는 대상들에 대하여 사찰을 실시한다" 는 데 위배
군사기지 사찰 여부	o 비핵화와 관련, 의심이 나면 민간, 군사시설을 구분하지 않고 성역과 사각지대 없이 사찰 필요	o 북한 군사기지는 핵기지가 아닌 일반 군사기지이므로 원천적으로 사찰 대상 포함 불가 o IAEA 사찰로 북의 핵 개발에 대한 의심은 근거가 없어진 조건에서는 미군의 핵무기 및 핵기지 사찰이 한반도 비핵화의 핵심

(Hans Blix) IAEA 사무총장 일행은 북한을 방문하여(1992.5.11~5.16) 방사

71_비핵지대화의 관점에서 「한반도 비핵화 공동선언」의 각항의 이행 방안을 상세히 기술한 이행 합의서 안이다. 북한은 외국 군대 핵무기의 저장·배비 불허, 타국 핵무기의 자기 영역 반입 불허, 다른 나라의 핵무기 사용을 가상한 작전이나 훈련 진행 불허, 외부 핵 위협 공동 대처 등 비핵화 공동선언 채택 과정에서 철회했던 비핵지대화 논리를 이행 합의서 초안에 포함시키려 했다(남북회담사무국 1994b, 135~141).

화학 실험실과 영변의 5MWe 원자로, 건설 중인 영변의 50MWe 및 태천의 200MWe 원자로 등을 둘러보고 왔으며, 그 후 IAEA의 제1차 임시사찰이 실시(1992.5.25~6.5)되었다(Albright & O'Neill 2000, 17~18).

IAEA와 북한 사이의 이와 같은 진전에도 불구하고, 사찰 규정 채택 문제와 관련하여 핵통제공동위가 쌍방이 약속한 시한인 1992년 5월 말까지 아무런 진전을 보이지 않음에 따라 남측은 북측에 본격적인 경고를 보낸다. 6월 1일 정원식 총리는 북한 연형묵 총리 앞 대북 전통문을 통해 "남북 상호 사찰이 이루어지지 않는 한 전반적인 남북관계의 실질적인 진전을 기대하기 어렵다는 점을 인식하고, 지금이라도 성실하고 합리적인 자세로 핵 문제 협상에 임하[라]"고 촉구했다. 그 이튿날 고위급회담 남측 대변인은 성명을 통해 "핵 문제의 근원적인 해결 없이는 실질적인 남북관계 개선을 기대할 수 없으며, 북한이 당면한 대내외 문제 해결도 쉽지 않을 것"임을 경고했다. 이에 북한의 연형묵 총리도 6월 4일자 전통문을 통해 핵통제공동위 진전이 없는 책임은 남측에 있다고 주장하면서, 남측이 "핵통제공동위 회의가 결렬되었다고 헛소문을 펴고 북남 합의서의 어떠한 진전도 기대할 수 없다고 공언하는 조건에서 8·15 노부모 방문단 교환 사업의 전도가 흐리게 될 수 있[다]"라고 경고한다(통일원 1993c, 156~161).

이러한 가운데 제2~3차 임시사찰(1992.7.7~7.20; 9.1~9.11)을 마친 이후 IAEA 측은 북한이 제출한 최초 보고서와 임시사찰 결과 사이에 "중대한 불일치," 즉 북한이 보고한 양보다 더 많은 플루토늄을 추출했다는 사실을 발견한다[72](Albright & O'Neill 2000, 18~19; Oberdorfer 2001, 270). 따라서 제

72_북한은 1990년 봄에 플루토늄 90g을 추출했다고 주장했으나, IAEA는 플루토늄 추출이 1989년, 1990년, 1991년 세 번에 걸쳐 이루어진 것으로 분석했다(Albright & O'Neill 2000,

7~8차 핵통제공동위(1992.7.21; 8.31)를 통해 남과 북이 각각 한 발씩 물러나며 협상을 진전시켜 나가는 의지를 약간 보이고[73] 제8차 고위급회담(1992.9.15~9.18)을 통해 부속합의서를 발효시키는 등 남북기본합의서 체제의 외형은 모두 갖추었음에도 불구하고, 핵 문제와 관련한 대북 압박은 국제사회와 남측으로부터 가중되고 있었다. IAEA 측은 제3차 임시사찰(1992.9.1~9.11)을 통해 핵폐기물 저장시설로 추정되는 영변지역 2개의 미신고 시설[74] 중 '방사화학실험실' 인근의 군사시설로 위장된 건물('Building 500')을 방문했으나, 북측이 군사시설이라는 이유로 사찰관들의 시료채취나 사진촬영을 거부하고 사찰 장비도 충분하지 못해 지하시설을 제대로 확인하지 못하고 돌아왔다(이용준 2010, 48~54; 이춘근 1995, 67; Albright & O'Neill 2000, 18~20, 100~101; Oberdorfer 2001, 267~271; Reiss 1995, 245).

한편, 한미 양국은 1992년 10월 8일 제24차 연례안보협의회를 통해 남북 간 "상호 핵 사찰 등에서 의미 있는 진전이 없을 경우 1993년 팀 스피

89~92; Oberdorfer 2001, 269~271; Sigal 1998, 43).

73_남측은 제7차 핵 공동위 회의(1992.7.21)에서 북한 측이 주장한 별도의 「비핵화 공동선언 이행 합의서」 안을 제시하는 한편, 북한 측은 제8차 회의(1992.8.31)에서 사찰 규정 구성 체계(장별 제목)를 남측과 합의하고 위원 접촉을 통해 사찰 규정안 내용 토의를 계속해 나가고 있었다(남북대화 제56호, 113~117).

74_2개의 미신고 시설은 핵 재처리시설('방사화학 실험실') 부근에 있는 2개의 핵폐기물 저장소를 말한다. 하나는 흙으로 덮고 그 위에 나무를 심어 숲으로 위장한 고체 폐기물 저장소로 주로 추정되는 건물이지만, 액체 폐기물도 저장했을 것으로 추정되는 건물이다. 이것은 당초 소련이 제공한 IRT-2000 원자로의 폐기물을 저장하기 위해 지은 것이다. 다른 하나('Building 500')는 북한이 흙으로 덮은 후 그 위에 1층 건물을 지어 군사시설처럼 보이게 위장한 것이다. 그러나 지하층에 액체 폐기물 저장소로 추정되는 것을 은폐시켜 재처리 시설('방사화학실험실')과 파이프 라인으로 연결해 놓고 있었다(이용준 2010, 51~52; Albright & O'Neil 2000, 19~20, 102~106).

리트 훈련을 위한 준비 조치를 계속해 나가기로 합의"했다(국방부 1992). 이에 따라 핵통제공동위 제6차 위원 접촉(1992.10.14) 이후에는 북한 측이 팀스피리트 훈련 재개 철회를 요구하면서 핵통제공동위 회의는 실질적인 진전을 이룰 수가 없었다. 북한은 10월 27일 정부·정당·사회단체 연합회의를 통해 "팀 스피리트 군사연습을 강행하는 조건에서 앞으로 남북고위급회담은 물론 각 부문별 공동위원회를 비롯한 모든 남조선 당국과의 대화와 접촉을 동결"할 것이라는 결정서를 발표하고 이를 실행에 옮겨 나갔다. 북한은 11월 3일 화해·군사·경제·사회문화 공동위원회 북측 위원장들의 연합성명을 통해 당시 11월 중에 예정되어 있는 화랑, 독수리 등 군사훈련과 1993년도 팀 스피리트 훈련 재개 결정 등을 지적하면서 분야별 공동위 제1차 회의 불참을 선언했다. 12월 12일에는 제9차 고위급회담을 무기 연기시켰다. 핵통제 공동위도 1993년 1월 25일 제1차 위원장 접촉으로 종료된다(남북대화 제57호, 14~34, 47~66).

이렇게 모든 남북회담이 중단되는 가운데 IAEA는 제3차 임시사찰 이후 최초 신고내용의 불일치 문제를 해명하고, 2개 미신고 시설에 대한 특별사찰 요구를 수용하라고 북측을 압박해 나갔다. 그러나 북측은 제6차 임시사찰(1993.1.26~2.6)까지 2개 미신고 시설은 핵과 상관없는 군사시설이라고 주장하며 샘플 채취나 사진 촬영을 거부하는 등 사찰관의 접근을 허용하지 않았다.[75] 신고내용 불일치에 대한 해명도 충분하지 못했다. 1993년 2월이 되면서 북한은 IAEA와도 교착에 빠지게 되고 NPT 체제는 결국 위

75_사실 북한은 IAEA 측의 최초 방문(1992.5.11~5.16)이 끝날 무렵에 내보낸 언론발표를 통해 IAEA 사찰관의 상시 방문을 초청하면서 미신고 시설을 포함하여 어느 시설이든 방문할 수 있다는 입장을 표명했다(Albright & O'Neil 2000, 18).

기로 발전한다. 여기에는 한미 양국의 팀 스피리트 재개 결정도 한 몫 한다. 1993년도 팀 스피리트 훈련 재개 결정 발표(1993.1.26.) → IAEA의 2개 미신고 시설 특별사찰 요구(2.9) → 주러 북한대사의 IAEA 특별사찰 거부 발언(2.15) → 로동신문의 특별사찰 강요 시 전쟁 초래 경고(2.21) → IAEA, 북한의 특별사찰 3월 25일까지 수용 촉구 결의안 채택[76](2.25) → 북한의 팀 스피리트 훈련을 이유로 한 '준 전시 상태' 선포(3.8) → 북한의 NPT 탈퇴 선언[77](3.12) 등으로 갈등이 고조되어 감으로써 '제1차 북핵 위기'가 발생한다(통일원 1994; Albright & O'Neill 2000, 20~21, 100~101; Oberdorfer 2001, 276~280).

8. 요약 및 재정리

1988년 2월에 출범한 노태우 정부는 탈냉전의 국제정세, 북한에 상대적으로 우월한 국력을 바탕으로 남북관계를 선도적으로 추진할 수 있었다.

76_IAEA는 3차례의 임시사찰 결과 북한의 불법적인 핵 활동에 대한 명확한 근거를 찾지 못했다는 결론에 거의 이르게 되었다. 그러나 1993년 2월 22일 IAEA 이사회는 미국이 제공한 위성사진을 통해 북한이 얼마나 체계적으로 미신고 시설인 핵폐기물 저장소들을 은폐해 왔는지 확인하게 된다. 이에 따라 IAEA 이사회는 1995년 2월 25일 2개의 미신고시설에 대한 특별사찰을 앞으로 한 달 이내에 수용할 것을 촉구하는 결의안을 채택한다(이용준 2010, 48~54; Albright & O'Neil 2000, 101~102; Oberdorfer 2001, 277~278).

77_NPT 제X조에는 체약국의 최고 이익이 위협받는 경우, 체약국으로 하여금 3개월전에 NPT 탈퇴를 통보하는 권한을 부여하고 있다. 북한은 1993년 3월 12일 정부성명을 통해 팀 스피리트 훈련 재개와 IAEA의 특별사찰 결의가 "우리 공화국의 자주권에 대한 침해이고 내정에 대한 간섭이며 우리의 사회주의를 압살하려는 적대행위"라며 NPT 탈퇴를 선포했다(통일원 1994, 266~271).

김일성의 1985년 신년사[78] 이후, 이미 전두환 정부부터 남북 간에는 비밀 접촉이 진행되고 있었고, 1986년 12월 김일성의 남북 고위급 정치군사회담 제의에 따라 전두환 정부 말기인 1987년 초에는 남북총리회담 예비회담 개최 문제로 남북 간 협의도 진행되었다. 한편, 노태우 정부는 출범을 시작하자마자 1988년 3월부터 남북학생회담 개최 운동이라는 강력한 도전을 받게 된다. 이러한 시민사회의 도전에 대하여 노태우 정부는 7·7 선언을 통해 변화된 정세에 선제적 대응하게 된다.

이 7·7 선언은 내부적으로는 한국사회의 기본질서는 바꾸지 않으면서 위로부터의 개혁을 추진하는 일종의 '수동 혁명'의 성격을 가지지만, 북한에 대해서는 대북 우위의 자기정체성 아래 북한 개혁·개방을 가속화하려는 전략이었다. 노태우 정부는 7·7 선언과 함께 한민족공동체 통일방안 천명(1989) 등을 통해 대북 인식을 상승 이동시킨다. 북한을 동반자로 인정하고 남북관계 발전을 추구하되, 이를 당국 간 대화를 중심으로 북한의 정책 변화를 유도하는 방식으로 정책과 전략을 추진한다. 그리고 이를 위해 남북관계의 기본 틀을 마련하고자 했다. 이러한 입장에서 남측은 북측의 정치·군사적 대화의 우선 입장을 수용하는 것을 시작으로 남북고위급회담을 통한 남북기본합의서 채택을 유도하게 된다.

반면, 북한은 수세적 자기정체성과 이에 따른 허세적 남북관계 역할 인식 아래 전통적인 통일전선 전략에 입각하여 다방면적인 대남 접촉을 추진

78_김일성은 1985년도 신년사를 통해 정전협정의 평화협정으로의 대체와 남북 간 불가침 협정을 목표로 하는 남·북·미 3자회담 개최와 남북 사이의 "폭넓은 협상과 다방면적인 합작과 교류를 실현"하기 위해 매진하겠다고 천명했다. 그렇게 되면, 남북대화는 "점차 보다 높은 급의 회담으로 발전할 수 있을 것이며, 나아가서는 북과 남의 고위급정치회담도 실현될 수 있을 것"임을 밝혔다(김일성 1985.1.1, 4~5).

한다. 북한은 당국 간 대화와 함께 정당·사회단체 정치협상회의, 각 분야별 민간급 대화를 병렬적으로 추진하고자 했다.

이러한 남과 북의 남북관계 추진 구도에 따라, 남북고위급회담 추진 초기 남측에서는 이 회담을 남북정상회담의 징검다리로서 분야별 남북관계 개선의 여건 조성을 위한 회담으로 추진하였으나, 북측은 남북 불가침 선언 채택이 고위급 회담의 주목적이었다. 남북고위급회담 예비회담 및 본회담 이전과 진행과정에서 전개된 여타 남북회담과 교류들도 이러한 남과 북의 입장이 일정하게 반영되어 전개됨으로써 남북 간 충돌이 불가피한 경우가 많았다. 그러나 결국 이 시기의 남북 간 상호작용은 남북기본합의서 채택의 협의 과정을 통해 남북 당국 간 대화가 남북관계의 기본 축으로 자리잡게 되는 가운데 각급 민간급 대화와 교류가 보조적인 역할을 하게 되는 체제로 정리되는 계기가 된다.

이와 함께 노태우 정부 이후 남북관계는 남과 북 모두 참가정책 정향을 통해 자기측이 목표로 하는 남북관계의 새로운 규범을 형성하고자 했다. 이를 위해 남과 북은 상대를 경쟁자로 보고 물리력보다는 대화를 통해 상대측의 정책을 변화시켜 한반도에 새로운 규범을 정착시키고자 했다. 이러한 과정에서 쌍방은 상대에 대한 공개적 비판과 비난도 불사했다.

그러나 이 시기 남북기본합의서 체제 형성의 노력은 불행하게도 체제 형성 과정에서 배태되기 시작한 북한 핵 문제로 그 작동이 멈추게 된다. 북한 핵 문제를 둘러싼 남북 간, 북미 간 충돌로 남한에서는 국제 공조의 정책 프레임이 형성되게 되고, 이에 반대하는 북측의 민족 공조의 요구가 일어남에 따라 김영삼 정부 시기 한반도에서는 남과 북이 상호 적대적 인식과 담론이 우세를 떨치게 됨에 따라 남북기본합의서 체제가 작동할 여지가 없었다. 그러나 7·4 남북공동성명에서 남북기본합의서 채택에 이르기까지 구축된 관념적·정책적 차원에서의 남북관계 토대들은 김대중 정부에 들어와 쉽게 복원될 수 있었다. 그 결과 남북기본합의서는 제1차 남북정상회담 합의사항인 6·15 남북공동선언의 이행의 형식으로 남북기본합의서에 바탕을 둔 남북관계 개선의 노력들이 일어나게 되지만, 북한 핵 문제가 여전한 걸림돌이 된다. 이것은 결국 민족과 통일이라는 관념을 바탕으로 이끌어 가려는 남북관계 개선의 노력 뒤에는 대한민국과 조선민주주의인민공화국이라는 두 정치체에 의한, 힘을 바탕으로 한 정통성 경쟁이 탄탄히 버티고 있음을 분명히 보여 주는 것이다.

여기서 먼저 이러한 노태우 정부 시기의 남북관계에서 노 대통령과 김일성의 전략적 선택을 정리해 보면, 노 대통령의 입장에서는 탈냉전의 국제정세 변화, 남북관계 개선에 대한 시민사회의 강력한 요구, 남북정상회담 개최를 통한 노 대통령 자신의 대내외적 위상 제고를 위해 남북 간 협력(CC)이 매우 필요하다고 볼 수 있겠다. 따라서 남한이 남북관계의 통제권을 가지더라도 불필요하게 북한을 자극하여 북한의 의심을 사게 되어 협력관계가 흩트려질 필요는 없으며(CC 〉 DC), 북한이 나중에 배반하더라도 일단은 남한의 주도 하에 대화하는 것이 좋다고 볼 것이다(DC 〉 CD). 이러한 입장에서 노 대통령에게 남북 간 대결의 지속은 가장 나쁜 것이므로, 그의 선호를 종합하면 CC 〉 DC 〉 CD 〉 DD가 될 것이다.

김일성의 입장에서는 경제가 하락을 하고 있는데 남한과 대결을 지속할 수는 없으며, 일단은 남한의 협조를 먼저 끌어내면서 필요에 따라 대결전략으로 남한을 압박하는 것이 좋다고 볼 것이다(CC 〉 DC). 그리고 북한이 협력의 손을 내미는데 남한이 배반하는 것은 받아들일 수 없으며, 차라리 대결의 지속이 났다고 판단할 것이다(DD 〉 CD). 이 경우 남북 사이의 협력을 남측 당국에 압박하는 남측의 시민사회도 있기 때문이다. 따라서 김일성의 선호를 종합하면 CC 〉 DC 〉 DD 〉 CD가 된다.

이러한 남북한의 게임에서 내쉬 균형은 〈그림 6-1〉에서 보는 바와 같이 남과 북이 모두 협력하는(대화, 대화)가 된다.

그림 6-1 | 1980년대 말·1990년대 초 남북 간 게임

*남 : CC〉DC〉CD〉DD 북 : CC〉DC〉DD〉CD		북한	
		대 화(협력, C)	대 결(배반, D)
남 한	대 화(협력, C)	***4, 4***	2, 3
	대 결(배반, D)	3, 1	1, 2

그러나 이러한 남북한의 전략적 환경은 남북기본합의서가 발효된 이후, 남측에서 1992년 5월에 들어와 민자당 대통령 후보가 김영삼으로 확정되고 대북 강경세력들이 김 후보 주변으로 몰려 핵 문제와 남북관계 개선의 연계 전략을 강력히 밀어 붙이면서 바뀌게 된다.

남측의 김영삼 후보를 비롯한 강경세력의 입장에서는 남한이 남북관계의 통제권을 확실히 장악하고 북한이 핵 문제 해결에 협조하지 않는 한 남북관계를 진전시키지 않는 것이 제일 좋은 것이다(DC). 그렇지만 이들은 남북 간 대결보다는 기존의 핵통제공동위원회를 통해서 문제가 해결되는 것을 선호할 것이며(CC〉DD), 북한에게 배반을 당하는 것은 최악의 상황이 될 것이다(CC 〉 DD 〉 CD).

한편, 김일성은 남측의 핵 문제 제기의 강도를 최대한 회피해 가면서 협력을 이끌어 가는 것이 최상의 선호가 될 것이다(DC). 김일성도 남측과 현 상황에서 대결을 추구하는 것보다는 기존 대화 채널을 통해 문제를 약화시키는 것이 좋으며(CC〉DD), 남측으로부터 배반을 당할 수는 없는 것이다(CC 〉 DD 〉 CD).

결국 남과 북은 북한 핵 문제의 등장과 남측의 강경 입장으로 〈그림 6-2〉와 같이 다시 남북 간 대결, (대결, 대결)이 내쉬 균형이 되는 죄수의 딜레마 상황으로 빠지게 되어 남북기본합의서 체제는 형성과 동시에 그 작동이 멈추게 된다.

그림 6-2 | 남북기본합의서 발효 직후 남북 간 게임

* DC〉CC〉DD〉CD		북 한	
		대 화(협력, C)	대 결(배반, D)
남 한	대 화(협력, C)	3, 3	1, 4
	대 결(배반, D)	4, 1	*2, 2*

둘째로 지적할 수 있는 것은 1980년대부터 1990년대 초까지 남북관계가 남북기본합의서 체제로 발전하게 된 기본적인 추동력은 북한의 국력 쇠락과 탈냉전이라는 외부 정세 변화에 따른 북한의 자기정체성과 김일성의 이익, 대남 인식과 남북관계 및 통일과정에서의 북한의 역할 인식 등의 변화·조정이라고 볼 수 있다. 이를 견인하는 힘은 전두환 대통령과 노태우 대통령의 정치적 이익이었다. 그런데 여기서 이론적으로 흥미 있는 사실은 남북 정상의 정치적 이익이 박정희 대통령의 경우와 마찬가지로 모두 남북관계 바깥에서 발원했다는 것이다. 또 하나는 노태우 대통령과 김일성에 있어서 상대측에 대한 인식과 남북관계 및 통일과정에서의 북한의 역할 인식 등의 변화·조정의 계기는 외부 정세의 변화와 국력의 변화에 따른 자기정체성의 변화에서 나왔다는 것이다. 웬트가 주장하는 바와 같이 정체성이 세상을 다르게 보이게 하는 것이 아니라, 1990년 전후의 세상이 우선적으

로 노 대통령과 김일성으로 하여금 상대측에 대한 인식과 남북관계의 역할 인식을 변화시키고, 이 두 정상의 정치적 이익과 남북 각기의 정책목표·국가 이익의 구성에도 관여했다는 것이다.

셋째로, 남북기본합의서 체제 형성 기간의 주요 특징으로 우선 지적할 사항은 남과 북이 정통성 경쟁의 구도에서 각기 담론적 차원과 정책적·프로그램적 차원에서 그들의 입장을 종합·정리하였다는 점이다. 남과 북은 각기 통일국가의 미래상을 새롭게 정립한다. 북한은 1980년 10월 6차 당대회를 통해 종래의 '과도적 대책'으로서의 연방제가 아니라 최종적 통일국가 형태로 고려민주연방공화국 안을 천명하는 한편, 이것의 정책방침으로 10대 시정방침을 제시한다. 당면하게는 국제적 탈냉전의 정세 하에 1988년 11월 포괄적 평화 방안을 제시한다. 남한은 전두환 정부에 들어와 처음으로 통일의 과정과 방법, 미래상을 체계화한 민족화합 민주통일방안을 제시한다. 이 방안은 북한의 연방제에 대항하여 민족과 민주의 개념을 특화한다. 통일이 민주적 절차에 의한, 국토통일이 아닌 민족통일이 되어야 한다는 것이다. 아울러 당면 프로그램으로 20개 시범 실천사업을 제시한다. 노태우 정부에 들어와서는 북한에 대한 인식부터 상승 이동시킨다. 박정희·전두환 정부에서 적이면서 대화의 상대로 인식하던 남한의 대북 인식을 대결과 협력의 관계라는 남북관계의 이중성을 인식하는 바탕 위에서도 이제는 7·7 선언 등을 통해 북한=통일의 동반자로 승격시켰다. 이에 따라 분단장벽 철폐, 민족공동체, 민족자존 등이 강조되었다. 이러한 바탕 위에서 통일의 3원칙을 자주·평화·민주로 수정하고 남북연합이라는 통일의 중간단계를 설정한 한민족공동체 통일방안을 제시했다. 이와 함께 남북교류협력법 제정 등 남북관계의 규범을 정비해 나간다.

둘째, 남북기본합의서 채택 과정에서 남과 북의 담론은 여러 분야에서 충돌하였으며, 이러한 현상은 남북기본합의서로 정리된 이후에도, 6·15 남북공동선언 이후 기본합의서 실천 과정에서도 비슷한 범주의 논리와 담론 대립이 빈번히 나타났다. 기본합의서 채택 과정에서 남한의 기본 담론 구조는 남북 간 현실 인정 바탕 위에서의 상대방 체제 인정·존중, 대화와 교류·협력을 통한 신뢰 구축, 남북관계 정상화 및 공존·공영 관계 구축, 민족공동체 회복 발전 등이었다. 한편, 북한은 조국통일 3원칙 재확인 및 철저한 준수를 기본 담론으로 내세우면서, 주체적 입장에서 우리 실정에 맞는 통일방안 모색, 통일 지향적 자세 견지, 불신의 근원 제거 등의 논리를 전개하였다. 특히 남과 북은 통일 3원칙의 해석을 달리하였다. 따라서 구체적으로 민족공동체 대 연방, 분열 지향적 자세 대 통일 지향적 자세, 실체 인정(체제 인정·존중) 대 '두 개 조선' 반대, 민족자결(당사자 해결 원칙) 대 자주 정신, 남조선 혁명노선 포기 대 법·제도적 장벽 철폐, 창구 단일화(당국의 권능 존중) 대 전민족적 대화(애국인사 석방), 교류협력 우선 대 정치·군사 문제 해결 우선, 신뢰 구축 우선 대 무력 감축 우선 등으로 대립하였다. 이러한 대립은 당시 남과 북이 모두 상대에 대해 참가정책을 추진한 당연한 결과라고 하겠다.

셋째, 〈부록 5〉에서 보는 바와 같이 남과 북은 당면 남북관계 발전과 통일 촉진을 위해 7·4 공동성명 체제 이후부터 제기해 온, 쌍방 간 협의·해결 과제들을 향후 남북관계 전개의 기본 틀로서 남북 화해, 남북 불가침, 남북 교류협력의 범주로 종합 정리하였다.

넷째, 남과 북은 이러한 과제들을 협의·실천하기 위한 의사결정 체계를 계승·발전시켰다. 7·4 공동성명 체제에서 [남북정상회담][79] → 남북조절위원회 → [정치·군사·외교·경제·문화 분과위원회] 구도를 기본으로 상정한 가운데 실질적으로는 남북조절위원회, 남북적십자회담, 체육회담이 개최되는 형식이었다. 남북기본합의서 체제에서는 체제 성립 이전인 전두환 정부에서 국회, 경제, 적십자, 체육 등 분야의 개별 회담이 진행되다가 노태우 정부에서는 남북고위급회담(총리회담)과 함께 국회, 체육 회담이 진행된 이후 남북기본합의서를 통해 남북고위급회담 → 정치·군사·교류협력 분과위원회 → [화해·불가침·교류협력 공동위원회] + 핵통제공동위원회 + 남북적십자회담 구도로 정리되었다.

다섯째, 무엇보다 중요한 것은 남과 북은 남북기본합의서를 통해 쌍방 간의 관계를 "나라와 나라 사이의 관계가 아닌 통일을 지향하는 과정에서 잠정적으로 형성되는 특수 관계"로 정리했다는 점이다. 이후 남북관계의 원칙과 규범, 남북 경협물자에 대한 무관세 등 구체적 협력 문제 처리에 이르기까지 남북 간 제반 문제는 남과 북의 이러한 관계에 대한 정의에서 출발한다.

79_[ ]는 실현되지 않은 회담체이다.

7장

끝맺는 말

이 연구는 다음 다섯 가지의 가정(assumption)에 기반을 두고 진행하였다. (1) 한반도의 주변국들이 남북관계에 미치는 국제정치적 상황과 내부 상황의 상대적 규정력은 시기마다 달라질 수 있다, (2) 남북관계 전개의 기저에는 힘의 정치가 자리 잡고 있으며, 이것은 '정통성 경쟁'으로 표현된다, (3) 이러한 남북관계는 때때로 그 바깥에서 발원하는 남과 북 양 정상의 정치적 이익이 남북 각기의 국가 이익을 굴절시키면서 발현된다, (4) 남북관계 및 통일문제는 남북대화 등 남북 간 상호작용의 과정에서 구성되므로, 남과 북의 당국이 각기 주관적으로 평가하는 자기 측의 힘과 상대측에 대한 인식이 각 측의 이익과 행위에 영향을 준다, (5) 남과 북 당국의 지도부는 남북관계 전개과정에서 자기들의 행위를 정당화하고 상대방의 행위를 제어하거나 조장하기 위해 여러 수준과 형태의 개념, 논리, 범주 등으로 담론을 생산해 낸다 등이 그것이다. 다시 말해, 이 연구는 남북관계의 기본 성격이 정통성 경쟁이라는 데서 출발하여, 1971년부터 1992년까지의 남북관계를 남북대화 중심으로 전략적 선택의 측면과 사회적 구성의 측면을 결합하여 분석하고자 했다. 이를 통해 20여 년간의 남북대화의 진행과정을 추적하여 남북관계 전개의 맥락과 의미, 인과적 기제를 드러내고자 하였다. 그러면 이 장에서는 필자의 다섯 가지 가정과 이에 기반을 둔 분석·설명의 틀을 중심으로 한 지금까지 연구를 재정리해 보기로 한다.

1. 남북관계 전개의 기저에는 힘의 정치가 있고, 이것이 정통성 경쟁으로 표현됨으로써 7·4 남북공동성명과 남북기본합의서 채택 이후의 남북관계가 체제로서 안정적으로 발전되지 못했다는 것을 지적할 수 있겠다. 이것은 이 당시의 남북대화가 대화 상대방 중 누구도 손해를 보지 않는 협력적 대화, 정합(positive-sum) 게임의 대화가 아니라 대화 상대방 중 어느 일방이 손해를 볼 수 있는 영합(zero-sum) 게임의 대화였기 때문이다.

남과 북은 1970년대 초 미국과 중국의 종용 아래 대화에 나설 때는 각각의 동맹국으로부터 경제적·군사적 원조를 받았을 뿐만 아니라, 대화를 하는 가운데서 군사력 강화를 도모한다. 이러한 가운데 남한은 1970년대부터 일관되게 북한체제의 개방과 개혁을 위한 남북 간 교류·협력을 우선시하는 대화를 추진해 왔으며, 특히 노태우 정부에서는 이러한 기조를 노골화하면서 북한의 정치·군사적 의제의 제기에도 적극 임한다.

한편, 1970년대 북한은 남북조절위를 통해 남북 간 정치적 합작을 실현하여 남한의 군사력 증강을 저지하면서 한·미·일 삼각 군사동맹을 와해시키고 남북 연방제를 실현하고자 했다. 북한이 정치적 합작이 추진이 어렵다고 판단하고 남북조절위 본회의 개최를 중단하면서 내세운 구실, 남측이 6·23 선언을 통해 '두 개의 조선' 노선을 노골화했다는 주장은, 남한의 상대적 힘의 상승을 저지하면서 그들의 힘의 확장 기회를 노리는 공세적 현실주의 입장에서, 북한 주도의 흡수통일 추진이 좌절된 데 대한 불만에 다름 아닌 것이다.

1980년대 말부터 추진된 남북고위급회담 과정에서도 북한은 남한의 군사력 증강을 저지하는 데 '선차적이며 본질적인 의의'를 부여한다. 이미 북한은 김일성의 1985년 신년사를 통해 정전협정의 평화협정으로의 대체와 남북 간 불가침 협정을 목표로 하는 남·북·미 3자회담을 제의했다. 그 후 북한은 이러한 김일성 신년사의 후속조치 차원에서 전두환 정부 시기의 국회회담 예비회담과 노태우 정부에서의 국회회담 준비접촉에서 남북 간 불가침 협정 문제를 제기하였을 뿐 아니라 남북고위급회담 과정에서 불가침 문제를 중심으로 정치군사적 대결 상태 해소 방안 강구에 주력했다. 아울러 이 당시 북한은 고위급회담이라는 당국 간 대화뿐만 아니라 통일전선 차원의 정당·사회단체 정치협상회의를 추진하는 한편, 범민족대회 등 체제 방어 차원의 교류도 병렬적으로 추진했다.

이렇게 남과 북은 1970년대는 쌍방 모두 체제 변경(북: 남조선 혁명, 남: 북한 개방·개혁) 축에서, 1980년대 이후부터는 점차로 남한의 북한체제 변경(개방·개혁)과 북한의 체제 수호(주체)의 축에서 남북 간 정통성 경쟁을 벌임으로써 7·4 공동성명과 남북기본합의서 채택 이후의 남북관계가 제도화되지 못하게 된다(제1장 〈그림 1-1〉 남북한 정통성 경쟁 구도 참조). 특히 남북고위급회담 과정에서 제기된, 남북 간 군사적 불균형을 결정적으로 야기하는 북한 핵 문제는 이러한 제도화를 가로막는 강력한 장애가 된다.

2. 전략적 선택에 있어서 정치체제의 차이에서 나타나는 행위자의 특성과 이에 따른 선호 결집의 문제이다. 북한의 경우 1960년대 후반 이후부터 수령 중심 체제가 확립됨으로써 김일성의 선호가 곧 북한 주민의 선호

가 될 뿐이다. 남한의 경우, 박정희 정부의 1960년대에는 민주당과 공화당 중심의 헤게모니 블록 아래 반공노선이 확고하게 구축되었기 때문에, 재야 세력의 남북교류론과 중립화통일론은 제대로 표출·결집될 수가 없었다. 남북교류 등 남북관계 의제는 대통령과 정부가 주도적으로 그 범위와 방향을 정하며 '선 건설, 후 통일' 등의 담론을 주도하는 상황이었다. 이러한 사정은 유신체제와 전두환 정부에서는 매우 견고한 관행이었다. 민주화 이후 등장한 노태우 정부에 들어와 시민사회의 선호가 강력하게 표출되었지만, 7·7 선언을 계기로 정부 주도의 통일정책 추진은 다시 제자리를 잡게 된다. 물론 이후의 정부 통일정책은 민주화 이후 변화된 정부의 성격상 시민사회의 선호가 이전과 같이 무시될 수는 없었다. 그렇지만 어느 정부에서나 시민사회의 선호나 외교안보 부처의 주요 참모의 선호는 궁극적으로는 대통령의 이익과 결부되어 결집될 뿐이다. 7·7 선언 자체가 시민사회의 압박을 받아 이 선호를 선제적으로 반영한 조치였다.

때때로는 대통령의 선호가 주변 참모들의 선호에 따라 약화되는 경우도 있었다. 박 대통령의 8·15 선언은 법무장관과 검찰총장 등 강경 보수 참모 때문에 내용이 수정되었다. 그렇지만 박 대통령은 유신체제 유지의 정치적 이익 때문에 지속적으로 남북대화를 유지하기 위한 노력을 계속하는 것을 볼 수 있다. 전 대통령도 남북관계 진전에 대한 그의 이익에도 불구하고 주변 엘리트 그룹의 반대로 박철언·한시해 비밀접촉에서 더 이상 정상회담 성사를 위해 노력하지 말라고 지시함으로써 그 접촉의 추진력을 약화시킨다. 1985년 10월 부산 청사포 앞의 북한 무장 간첩선 발견을 계기로 당시 총리, 외무장관, 비서실장, 정무수석 등 대북 강경파들의 영향을 받았기 때문이다. 그러나 비밀접촉 자체는 중단되지 않는다. 노 대통령은 기본합의서 채택·발효 이후 북한 핵 문제의 논란에도 불구하고 남북정상회담을 추진하고자 하는 욕구가 있었지만, 그 당시 정부 내의 분위기상 추진이 불가능했다.

한편, 북한은 통일전선 전략에 따라 남한의 시민사회의 선호를 남북 당국 간 대화에 투입시키려는 노력을 끊임없이 계속한다. 특히 이러한 노력은 당국 간 대화에서 그들이 목표하는 바를 실현하기 어려울 때 더욱 강화된다. 7·4 공동성명의 이행 기구인 남북조절위원회에 남북의 각 정당·사회단체의 참여를 요구한다든지, 조절위 대신 남북한 당국자와 국내외 정당·사회단체 대표들이 참가하는 민족통일준비위원회를 발족시킬 것을 요구한 것이 대표적인 사례이다. 남북고위급회담 시기에 북한은 정당·사회단체 정치협상회의와 분야별 민간급 대화를 당국 간 대화와 병렬적으로 추진하고자 하면서 남한 당국의 대화 창구 일원화에 강력히 반발한다.

3. 전략적 환경 변화와 남과 북의 선택의 문제로서 행위자의 행동범위 등에 영향을 주는 요소인 국제정치적 상황과 내부적 상황의 상대적 규정력을 남북 양 정상의 이익과 연관하여 살펴보겠다. 1970년대 박 대통령과 김일성에게 있어서는 미중 화해라는 국제적 요인이 먼저 선택에 영향을 미친다. 그 후 박 대통령에게는 유신체제 유지라는 그의 이익이, 김일성에게는 남한의 상대적 힘의 상승 저지가 영향을 미친다. 1980년대 전 대통령과 김일성에게는 주로 국내적 요인이 남북관계에 중심적인 역할을 한다. 전 대통령은 내부적 정통성 확보가 필요했으며, 김일성에게는 김정일의 안정적인 권력 승계의 토대를 구축하는 것과 경제력 하락에 따른 남한의 상대적 힘의 상승 저지가 필요했다. 물론 전 대통령의 다소 유연성 있는 목적행위에는 신냉전의 국제정치 구조에서 긴밀한 한미동맹이 뒷받침되었기 때문에 가능했다. 1990년 전후의 노 대통령과 김일성에게는 탈냉전이라는 국

제적 요인과 함께 노 대통령에게는 남한의 민주화가 김일성에게는 경제력 하락이 영향을 미치게 된다.

4. 정체성과 이익의 문제와 관련하여, 1970년대 초부터 1990년대 초까지 남북관계의 전개에서 특이한 것은 남한의 경우 남북관계 바깥에서 발원한 대통령의 정치적 이익이 남북관계 안으로 들어와 남한의 역할 인식, 대북 인식, 국가 이익 등에 영향을 주면서 남북관계를 이끌어 왔다는 점이다. 이것은 정체성과 이익과의 관계와 관련하여, 어느 일방과 타방 사이의 관계에서 발생하는 상대방 행위에 대한 간주관적 이해(understanding)와 기대(expectation)가 정체성을 변화시키고, 이에 따라 이익이 달라진다는 웬트의 설명을 수정, 보완하는 측면에서 중요하다(Wendt 1992; 1999). 남한에서 정치적·법적으로 통일정책 추진의 최고의 대리인이 대통령임을 감안할 때, 남북관계에 대한 대통령의 의지와 더불어 남북관계에 외생적인 그의 정치적 이익이 남북관계 안으로 들어오는 것은 매우 자연스러운 현상일 것이다. 이러한 측면에서 보면, "현실의 사회적 구성"에서 규칙·규범을 강조하는 오누프의 구성주의 분석 틀에 주목할 필요를 확인하게 된다(Onuf 1989; 2013). 북한의 경우, 정치체제의 특성상 김일성의 정치적 이익과 북한의 국가 이익 사이의 구분이 힘들기 때문에 김일성의 이익이 북한의 자기정체성과 역할 인식에 자연스럽게 내재되어 나타난다고 볼 수 있을 것이다.

또 하나 지적할 사항은 노태우 대통령과 김일성에 있어서 남북관계 역할 인식, 상대방에 대한 인식의 변화·조정의 계기는 외부 정세의 변화에 이어 국력의 변화에 따른 자기정체성의 변화에서 나왔다는 것이다. 이것은 정체성이 세상에 새로운 의미를 부여하여 이 세상이 달리 보이게 한다는 웬트류의 구성주의 명제를 보완하는 것이다. 1990년대 전후의 세상이 우선 노 대통령과 김일성으로 하여금 정체성을 변화시키고, 이 두 정상의 정치적 이익과 남과 북 각기의 국가 이익의 구성에도 관여했다는 것이다. 이러한 분석은 웬트가 정체성을 네 가지(개인적·법인적 정체성, 유형 정체성, 역할 정체성, 집단 정체성)로 나누었지만(Wendt 1999, 224~233), 행위자간 상호작용 과정에서 국면마다 이 네 가지가 똑 같은 비중으로 영향력을 발휘하지 않는 다는 점을 분명히 하지 않은 데서 나타나는 문제점을 극복하는 측면에서 중요하다. 어느 행위자의 정체성 변화가 그 행위자로 하여금 세상을 다르게 보이게 한다고 할 때, 어떤 국면에서는 개인적·법인적 정체성이, 어떤 국면에서는 역할 정체성이 변했거나, 어떤 국면에서 각각의 정체성이 각기 다른 비중으로 변화했기 때문일 것이다. 따라서 이 책에서는 이 문제와 바로 앞 단락에서 제기된 문제와 같은 웬트의 정체성 개념에서 제기되는 분석상의 문제를 해결하기 위해 정체성을 말할 때 자기정체성(웬트의 개인적·법인적 정체성)만을 지칭하고 웬트가 말하는 역할 정체성은 그의 정체성 개념에서 분리하여 역할 인식이라는 개념으로 분석했다.

5. 이러한 남북 양 정상의 정치적 이익을 주요 변수의 하나로 볼 때, 1970년대 초부터 1990년대 초까지 남북관계 전개의 인과적 기제를 정리하면 다음과 같다.

1960년대 말까지 남과 북은 이데올로기, 정치, 군사 등 각 층위에서 대결해 왔으며, 특히 군사적 대결은 최고조에 이르고 있었다. 남한은 자기정체성, 남북관계에서의 역할 인식, 통일국가의 비전 등 모든 측면에서 수세적이었다. 따라서 이 당시 남과 북은 반공 대 남조선 혁명이라는 전략 구도 속에서 남북대화는 생각할 수 없었으며, 상호 대결이 지배전략이었다.

박 대통령과 김일성이 남북회담을 개시할 수 있었던 것은 각기 미국, 중국의 종용과 더불어 군사원조라는 일정한 군사적 보장이 수반되었기 때문이다. 그렇지만 남북 간 정치적 대화는 남북 쌍방 정상들이 현실주의자로서 남북관계 상황의 불확실성을 강하게 의식하고 있었기 때문에 매우 조심스럽게 전개된다. 남한은 상대적 국력이 상승하고 있다는 자기정체성 아래 북한 개혁·개방의 전략 추진을 시도한다. 반면, 북한은 1960년대 과도한 군사비 지출로 상대적으로 경제력이 약화되고 있었기 때문에 한·미·일 3각 군사동맹 체제를 약화시키는 정치·군사적 문제의 해결이 우선이었다. 따라서 북한은 7·4 남북공동성명 체제 아래 이러한 측면에서 역할 인식을 강화해 나가면서 남한을 압박한다. 남한에서는 반공체제가 배태한 규범 아래 박 대통령의 8·15 평화통일 구상 선언의 문구도 보수적으로 수정되고, 시민사회와 정치권의 남북교류론도 통제되었다. 따라서 박 대통령의 '선 건설, 후 통일'의 담론은 쉽게 통용될 수 있었다.

그렇지만 박 대통령은 7·4 공동성명 체제라는 하나의 제도가 성립되고, 5·16 쿠데타 이후 수면 아래로 침잠했던 평화통일의 당위성이라는 규범이 국내적으로 되살아나자 남북회담을 유신체제 수립에 활용하게 되고, 이 체제의 안정적 유지라는 박 대통령의 정치적 이익을 위해서도 남북회담을 지속할 이유가 생겨나게 된다. 이러한 대통령의 정치적 이익은 남북 간 상호작용 과정에서 생겨난 역할 인식, 남한의 국가 이익, 남북회담이라는 제도 등과 밀접한 관련을 맺게 된 것이다. 박 대통령은 북한의 1973년 8·28 성명에 따라 남북조절위원회 부위원장 회의 개최 직전에 이후락 중정부장을 경질하면서까지 7·4 남북공동성명 체제를 유지하고자 했다. 이와 함께 북한의 정치·군사적 문제 우선 해결을 강력히 요구함에 따라 남북 불가침 협정 체결 제의(1974), 휴전협정 존속을 전제로 한 유엔사령부 해체 불반대(1975), 남북 불가침 협정 체결 시 주한미군 철수 불반대(1977)를 제의한 데 이어 1979년 1월에는 7·4 공동성명 당시에는 시기상조라고 반대했던 남북정상회담도 전제조건 없이 개최할 것을 제의(1·19 제의)하기에 이른다. 1·19 제의는 비록 남북 간 '변칙 대좌'로 끝나기는 했지만, 북한 나름대로 남북회담에 다시 나서는 명분을 제공했다. 물론 박 대통령의 이러한 제의는 남한의 국력 상승에 따른 자기정체성의 강화가 뒷받침될 수 있으므로 북한 개혁·개방 추진 전략의 시동이 가능하다는 박 대통령의 판단이 있었기 때문에 가능했다고 본다. 요컨대, 남북대화는 박 대통령에게 통일의 주도권이라는 역할 인식에 의미를 강화하여 유신체제를 더욱 정당화할 수 있게 하고, 유신체제는 남북대화를 더 필요하게 하는 방식으로, 남북관계에서의 역할 인식—박 대통령의 정치적 이익—남북대화라는 제도가 "상호구성적"으로 작동하게 된 것이다.

전두환 정부 시기 북한의 대남 정책 정향은 매우 복잡하게 전개되었지만, 남북관계 진전이 일어나는 추동력은 전 대통령의 일관된 대북 인식과 지속적인 대북 제의, 1980년대 중반 김일성 정권의 자기정체성과 대남 인식의 변화라고 볼 수 있다. 전두환 대통령은 본인의 국내 정통성 기반 구축을 위해 기존의 7·4 공동성명 체제를 활용하여 남북관계 담론을 적극 생산하는 한편, 이를 실천하기 위한 사회 조직화도 추진해 나간다. 전 대통령으로서는 국내 정통성 기반을 확고하게 하기 위해 남북정상회담이 필요했고, 김일성으로서는 상대적 국력 쇠락을 저지하는 전략의 일환으로 남북정상회담을 통해 정치·군사적 문제 해결을 도모해야 했다. 따라서 전두환 정부 시기 남북관계 진전의 결정적인 고리는 남북 양 정상의 이익을 반영한 남북정상회담 추진을 위한 박철언·한시해 간의 비밀접촉(1985.7~1991.12)이었다.

탈냉전이라는 국제정치 구조의 변화는 노태우 정부로 하여금 대북 인식의 상승 이동을 가능하게 하여 북방정책과 남북고위급회담을 적극 추진할 수 있는 토양을 제공했다. 이를 통해 내부 법규의 정비와 함께 남북기본합의서라는 새로운 남북관계 규범을 생산해 낸다. 탈냉전은, 노 대통령에게는 여소야대 정국 주도권 장악, 남북관계 개선에 대한 국내적 요구 수용뿐 아니라 민족문제를 해결하는 대통령으로서의 국내외적 명성(prestige) 제고라는 유인을 제공했지만, 김일성에게는 체제 수호라는 김일성의 이익에 직접적인 영향을 주었다. 노태우 대통령에게 있어서도 남북관계 진전을 추동하는 기본 매개는 남북정상회담이었다. 노 대통령은 1988~89년 연이어서 남북정상회담 개최를 제의했으며, 남한의 새 정부가 들어선 이후에도 박철언·한시해 간 비밀접촉은 진행되고 있었다. 이러한 가운데 북한의 남북 고위급 정치군사회담 제의를 계기로 남북고위급회담 개최에 합의함에 따라, 남측은 이 회담을 남북정상회담의 징검다리로 삼고자 했다. 결국 고위급회담 예비접촉 과정을 통해 남측은 이익을 조정하여 남북관계의 기본 장전이 되는 남북기본합의서 채택을 우선하게 된다.

김일성에게는 1980년대 말은 자기정체성과 남북관계 역할 인식 조정이 불가피한 때였다. 따라서 1990년대의 김일성은 1962년에 상대적으로 우세한 자기정체성과 공세적인 남북관계의 역할 인식 아래 제시했던 통일의 의미 — 통일은 "누가 누구를 먹거나 누구에게 먹히우는 문제"가 아니라는 것에 대한 의미 — 를 완전히 뒤집어서 내놓을 수밖에 없었다. 이제 김일성은 체제 수호에 북한의 역할 인식을 부과할 수밖에 없었다. 이에 따라 김일성은 우선 통일전선 차원에서 쌍방 당국자를 포함한 제 정당·사회단체 대표 및 각계 인사들이 참가하는 남북연석회의를 제안한다. 그러나 그의 제의는 과거의 역사적 기억과 남한의 남북관계 규범에 따라, 남측의 제의 대상자들에게 도저히 수용될 수 없는 것이었다. 남한의 정당과 인사들로부터 거부당한 김일성은 결국 그 전에 제의한 남북 고위급 정치군사회담의 불씨를 살려 남북고위급회담으로 나갈 수밖에 없게 된다.

6. 남과 북의 행위가 공세적 현실주의 행태인가, 방어적 현실주의 형태인가의 문제이다. 그동안의 남북관계가 국면적으로 방어적인 행태를 보일 수는 있으나, 남북관계의 기본 성격이 누가 한반도의 진정한 주인인가를 놓고 투쟁하는 정통성 경쟁임을 볼 때, 남과 북의 행태는 구조적으로 공세적 현실주의 입장에서 정책이 추진될 수밖에 없다고 본다. 이러한 입장에서 남과 북은 항상적으로 상대방의 힘의 증대를 저지하면서 남측은 북한의 개방과 개혁을, 북측은 통일전선 전략에 입각하여 상대측의 체제를 변경하고 한반도를 자기 체제로 일색화하고자 했다. 남과 북이 구조적으로 공세적 현실주의를 취할 수밖에 없게 하는 데는, 한반도의 보수·진보, 강경·온건 세력 모두가 남과 북의 이익이 서로 다르다는 것을 솔직히 인정하는 데서 출발하여, 이를 바탕으로 이 이익들이 공존할 수도, 조정·조화될 수도 있다는 자세를 가지기보다는 민족과 통일의 담론을 우선시하고 과잉 생산하고 있는 것도 일조를 하고 있다고 본다. 물론, 비록 한 쪽이 이익의 정치를 앞세워도 다른 쪽이 민족과 통일의 정치를 앞세우게 되면 남북관계는 더욱 복잡하게 전개되는 것 또한 사실이다.

7. 이 연구의 가정으로 내세우지는 않았지만, 남북관계의 경로의존적 전개(path dependence)와 관련된 문제이다.[1] 1970년대 초반 남북대화가 시작될 때는 분명히 경로의존의 초기 단계의 특징을 보여 주었다. 한반도에 부과된 닉슨 독트린과 미중 화해는 남과 북 모두에게 그동안 축적된 역사

발전의 결과가 아니었다. 그것은 남과 북에게는 우발적 요소였다. 따라서 제2장에서 보는 바와 같이 1960년대 말 남북관계에서의 내쉬 균형은 남과 북이 서로 대결하는 것이었다. 그러나 결국 남과 북은 미국과 중국의 종용과 일정한 군사·경제적 지원을 받으면서 대화의 길로 나서게 된다. 그러나 남북관계의 기본 성격이 정통성 경쟁이기 때문에, 7·4 공동성명과 남북기본합의서 채택 이후의 남북관계가 체제로서 작동이 중지되면서 아직까지 실질적 관계에서는 경로의존적 성격을 분명하게 보여 주지 못하고 있다. 7·4 공동성명 이후 남북관계가 경로의존적으로 전개되었는가의 여부는 앞으로 시간이 좀 더 지난 후 판별해야 할 것 같다.[2]

다만, 그동안의 남북관계에서 남북대화의 의제, 의사결정 체계, 회담의 형식 등의 계승·발전의 측면에서 보면, 관념의 영역에서 남북관계는 경로의존적 발전을 해왔다고 평가할 수 있다. 남북관계의 발전을 위해 협의해야 할 의제의 측면에서 보면, 남북기본합의서는 1970년대의 7·4 공동성명, 1980년대의 20개 시범 실천사업 등 그 이전의 남북 간 접촉과 제의를 통해 제기된 의제들을 종합 정리한 것이다. 남북대화의 의사결정 체계와 회담 형식의 측면에서 보면, 7·4 공동성명에서는 [남북정상회담][3] → 남북조절위원회 → [정치·군사·외교·경제·문화 분과위원회] 구도를 상정하였

1_경로의존의 기본 개념에 대해서는 Arthur 1990, Bannett and Elman 2006, Collier and Collier 1991, David 1985, Mahoney 2000, Mahoney 2001, Mahoney and Schensul 2006 등 참조.

2_이 책의 교정을 보고 있는 이 시점에 남북정상회담이 열리고 있고 북미정상회담을 앞두고 있다. 그 이후 역사의 전개가 남북관계를 경로의존 개념으로 좀 더 분명하게 설명할 수 있기를 기대한다.

3_[ ]로 표기된 회담은 개최되지 않았다.

다면, 남북기본합의서에서는 [남북정상회담] → 남북고위급회담 → 정치·군사·교류협력 분과위원회→ [화해·불가침·교류협력 공동위원회] + 핵통제공동위원회 + 남북적십자회담 구도로 정리되었다. 남북기본합의서에서 구상한 구도는 6·15 남북공동선언 이후 실제적으로 어느 정도 실현된다. 김대중-노무현 정부 기간 동안 가동된 남북회담 구도는 남북정상회담 → 남북장관급회담 + 국방장관회담 → 차관급 경제협력추진위원회 → 국장급 경제·사회문화 분야 회담 + 군사실무회담 + 적십자회담의 체계이다. 이러한 구도는 남한의 민족공동체 통일방안에서 제시하고 있는 남북연합 체제에서의 남북각료회의를 지향하는 구도라고 평가할 수 있겠다.

8. 마지막으로, 남북대화의 기능과 성격에 대한 문제이다. 표면적으로 남북대화는 한반도 위기 상황을 관리하면서 남북 간 현안을 해결하고 평화통일의 기반을 조성하는 기능을 하는 것으로 인식되고 있다. 그러나 남북대화는 사실상 평화통일이라는 명분으로 남과 북이 자기 체제의 보존, 상대방 힘의 상승 제어, 상대방 체제의 변형을 목표로 추진되었다. 결국 남북대화도 남북 간 정통성 경쟁의 구도에서 이루어지기 때문이다.

예를 들어, 1970년대 초기 남북 이산가족 문제 해결을 위한 적십자회담의 경우, 북한은 자기 체제를 선전하고 하층 통일전선을 확대하는 한편, 남한의 반공법 철폐 등 친북세력의 활동을 원활하게 할 수 있는 남한의 모든 '법률적·사회적 장애' 제거를 목표로 했다. 남측도 이산가족 교류를 통해 북한 주민과의 접촉 공간을 넓혀 나가면서 북한을 변화시킨다는 목적에는 변함이 없었다. 남북 간 체육회담에 있어서도 북한의 경우 '두 개 조선' 반대의 입장에서 남한이 단독으로 출전하지 못하게 하기 위한 목적이, 남한에게는 남북 주민 간 교류 확대의 목적이 앞섰다.

그림 7-1 | 남북대화 기능

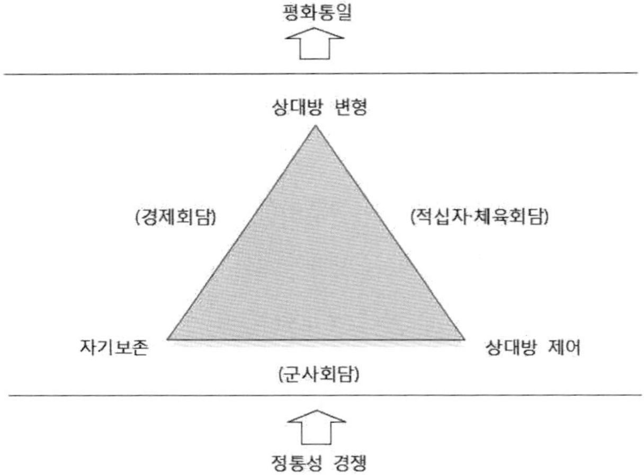

1980년대 경제회담의 경우, 북한은 경제력 하락에 따른 힘을 보존·상승시키는 차원에서, 남한은 남북 경협을 통한 북한체제의 변형 차원에서 진행되었다. 그리고 북한 핵 문제와 관련한 회담은 남한은 핵을 통한 북한의 힘의 상승을 제어하는 차원에서, 북한은 체제 보존의 차원에서 이루어진 것이다. 1970년대 7·4 공동성명을 탄생시킨 비밀접촉과 남북조절위회담, 1980~90년대 남북고위급회담은 이 세 가지 차원이 모두 개입된 회담이라고 볼 수 있겠다.

이러한 남북대화는 일정하게는 남북관계를 진전시키는 기재로서 그 역할을 인정받고 있지만, 이 제도 자체가 남북관계를 추동시키는 결정적인 기재는 되지 못한다. 이것은 당연히 '제도(institution)'가 가지는 한계이기 때문이다. 자유주의적 제도주의자들(liberal institutionalists)은 제도가 국가의 선호를 변화시켜 국가의 행위도 변경시킨다, 제도는 국가로 하여금 그 국가가 취하는 각각의 행위가 타국에 대한 상대적인 힘의 관계에 기초하여 자국의 이익을 계산하도록 하지 않는다, 제도는 독립변수로서 국가로 하여금 전쟁을 피하게 하는 능력을 가지고 있다는 등의 주장을 한다. 반면, 현실주의자들에게 제도는 기본적으로 국제적인 힘의 분포를 반영한 것에 불과한 것이다. 제도는 강대국의 이해관계의 계산에 의해 창출된 것으로 국가 행위에 어떠한 독립적인 영향도 가하지 못한다는 것이다(Mearsheimer 1994/1995).

남북대화라는 제도도 결국 현실주의자들이 보듯이 남북 간의 힘의 관계 속에서 남북 각기의 이해관계가 반영된 것일 뿐이다. 따라서 자유주의적 제도주의자들이 보듯이 남북대화라는 제도가 남과 북의 선호를 변화시켜 각기의 행위도 변화시키는 것이 아니라, 남과 북의 힘의 관계가 반영된 정통성 경쟁이 독립변수로서 남북관계의 전개를 결정짓고 있으며, 이 과정에서 남북대화는 매개변수일 뿐인 것이다. 따라서 1992년 9월 제8차 남북고위급회담에서 남북기본합의서의 3개 부속합의서를 타결한 후, 남측의 어느 회담 관계자가 북측 김영철 대표에게 "부속합의서도 타결하고 수고가 많았다"고 하자, 김영철은 "수고한 것 아무것도 없수다. 아무것도 없고 이거 잘되어 있는 것이 아무것도 없수다"라고 대답했다고 한다. 회담이 끝나고 평양에서 개성으로 내려오는 기차 안에서 김영철은 남측 회담 대표에게 "솔직히 얘기해서 부속합의서가 당신들 안을 그대로 한 것이지, 이게 무슨 부속합의서냐. 우리 것은 하나도 없다"라고 불평했다고 한다. 북한의 힘의 하락기에 미·일·중·소와 남한이 북한을 밀어 붙여 나온 남북기본합의서와 부속합의서였기 때문에 결국 그 이행에 아직도 어려움을 겪고 있는 상황이다.

앞에서 밝혔듯이, 이 연구는 1971년부터 1992년까지 남북대화의 진행 과정을 추적하며 남북관계사의 전체적 맥락에서 분석·재정리한 작업으로서 이론을 검증하는 작업이 아니다. 따라서 이 연구의 가정(assumptions)에 기초한 가설(hypotheses)의 수립을 통해 각 사건이나 국면에 대한 설명과 관련하여 이론적으로 검증하는 작업은 다음 단계의 연구 과제로 남겨 두기로 한다. 아울러 이 연구에서 시도하는 이론적 설명들 중 일부, 특히 남북한의 행태가 공세적 현실주의인지, 방어적 현실주의인지, 경로의존적 관점에서의 남북관계 해석 등은 좀 더 긴 남북관계의 역사에서 도출되는 사례들을 통해 재검토되어야 할 것이다. 한편, 각 국면에서 남과 북의 정상들의 전략적 선택에 대한 게임이론적 설명은 국면을 분할하면서 좀 더 세밀하게 할 필요가 있다. 이러한 작업들은 1992년 이후 남북관계 전개를 재정리하는 작업과 함께 추후에 수행해야 할 필자의 과제이다.

부록 1

8·15 평화통일 구상 선언

(박 대통령 광복절 제25주년 경축사, 1970.8.15)

친애하는 국내외 5천만 동포 여러분!

오늘은 우리 민족이 비할 데 없는 감격과 환희 속에 맞이했던 조국광복, 그날로부터 꼭 4반세기가 되는 날입니다.

25년 전 전국 방방곡곡의 거리거리에서 태극기의 물결을 수놓으며 자유해방 만세의 환호성을 소리높이 외치던 그날, 우리 온 겨레는 정녕 티끌만한 사심도 타산도 없는 순수한 애국애족의 마음으로 다함께 우리 민족재기의 출발을 기뻐하였고 우리 역사의 새로운 광영을 다짐하였던 것입니다.

억압과 예속에서 벗어나고 잃었던 조국을 되찾아 다시는 조상들이 당했던 불우한 처지를 되풀이 하지 않으리라 굳게 맹세하며 새로운 번영의 민족 국가를 건설해 보겠다는 푸른 꿈을 펼쳐 보던, 그날의 벅찬 감격과 불타오르던 정열은 영원히 우리의 가슴속에 간직될 불멸의 봉화가 아닐 수 없읍니다.

그날로부터 어언 25년이 경과하였읍니다.

25년이란 세월은 한 인간의 유아기로부터 소년기와 청년기를 넘어서 이제 그 완숙을 눈앞에 바라보는 한 세대에 해당하는 시간인 것입니다.

이는 또한 한 민족, 한 국가에 있어서도 그간의 성장도를 엄숙히 평가해 보아야 할 역사상의 이정표라고 나는 생각합니다.

이제, 성년 한국의 자랑스러운 모습을 내외에 크게 과시하고 있는 이 시점에서 다시 한 번 광복절을 맞이하는 우리들의 감회는 자못 무량한 바가 없지 않습니다.

지난 25년간의 광복 한국사는 한마디로 말하여 드물게 보는 격동의 시기였고, 고난과 시련의 연속이었습니다.

광복의 감격과 환희가 국토분단의 충격과 불행 속에 하루아침에 물거품처럼 사라졌는가 하면, 번영의 희망과 기대는 북한 공산집단이 도발한 참혹한 전란 속에 한 조각 허공에 뜬 구름처럼 흩어져 버렸고 나아가서 정부수립 이후의 혼돈과 정체는 급기야 두 차례의 정치적 격동의 소용돌이를 치르지 않을 수 없게 하였습니다.

스스로의 손으로 쟁취한 것이 아니라, 타방에 의하여 주어진 광복을 분간소화할만한 주체적 역량을 갖추지 못하였던 우리에게 있어서, 이러한 시련과 진통을 피할 수 없었던 필연의 결과였다고도 할 수 있을 것입니다.

그러나, 이러한 고난들은 결코 헛된 것이 아니었습니다.

우리는 비극을 당하여 결코 좌절하지 않았으며 역경앞에 끝내 굴하지 않았습니다.

장구한 민족사를 통하여 수없이 많았던 내외의 우환을 강인한 의지와 거족적인 항쟁으로 이겨내고 조국의 독립을 보전하여 왔던 굳세고도 억센 우리 민족 본연의 잠재적 역량이 시련극복의 도정에서 서서히 그 빛을 나타내기 시작한 것입니다.

이렇게 싹터 오른 민족적 자각이 응결하여 잠자고 있던 생명력과 창조력에 점화되어 민족중흥의 전진대열을 정비한 역사적 전환점을 이룩한 것이 바로 지난 1960년대였습니다.

그로부터 8,9년, 우리들은 조국근대화 과업을 위하여 온갖 노력을 기울여 왔으며, 많은 성과를 거두었습니다.

그리하여 오늘날 온 세계는 50년대의 동란 한국이 이제 신생국 발전의 모범국가로 등장했다는 새로운 인식을 가지고 우리 민족에 대해서 선망과 경외의 눈으로 쳐다보겠금 되었읍니다. 그러나 내가 무엇보다도 값있게 생각하고 자랑으로 여기는 것은, 우리가 거둔 외형적 성과보다도 이것을 이룩하는 과정에서 우리민족의 무한한 저력을 재발견하고 우리의 의지와 우리의 노력으로 어떠한 큰일도 이룩할 수 있다는 자신과 긍지를 일깨우게 되었다는 것입니다.

이제, 우리는 60년대에 착수한 중흥과업을 기필코 완수해야 할 사명의 70년대에 들어섰읍니다.

새로운 4반세기의 역사의 장이 시작되려는 이 순간, 우리 모두가 다시는 지난날의 역사적 전철을 되풀이 하지 않아야 하겠다는 결의와 우리 후손들에게는 보람찬 유산을 물려주어야 한다는 사명감을 가일층 드높여야 할 것입니다.

친애하는 국민여러분!

오늘 광복 제25주년을 맞이하면서 우리 온 겨레가 너 나 할 것 없이 한결같이 가슴 아프고 서글프게 생각하는 것이 있으니, 그것은 다름 아닌 국토분단의 비극입니다.

통일을 향한 민족적 비원은 지난 4반세기 동안 하루도 우리의 뇌리에서 사라진 일이 없었으나 한편 통일의 전망은 수많은 난관과 애로에 가로막혀 결코 밝다고 말할 수 없는 현실에 놓여 있는 것입니다.

그 원인이 어디 있느냐?

그것은 한마디로, 민족반역집단이 북한 땅에 도사리고 있기 때문입니다.

그들 광신적이며 호전적인 공산집단은 조국광복의 첫날부터 전 한반도를 폭력으로 적화하기 위해서 시종일관 광분해 왔읍니다.

6·25남침의 참혹한 동족상잔에 이어서 휴전 후 오늘날에 이르기까지 7,800여건이 넘는 무력도발을 자행해 왔고 최근에는 무수한 무장공비를 남파시키고 있는 것이 바로 그 실증입니다. 정녕, 김일성과 그 도당은 마땅히 역사와 국민의 준엄한 심판을 받아야 할 전범자들임에 틀림없읍니다.

그럼에도 불구하고 이들 도당은 언필칭, 평화통일이니, 남북협상이니, 연방제니 남북교류니 하는 등 파렴치한 상투적 선전을 되풀이 하고 있읍니다.

이러한 그들의 저의가 어디에 있는가 하는 것은 이미 청천백일하에 드러나 있읍니다.

그것은 두 말할 필요도 없이, 그들 스스로가 저지른 전범행위와 긴장조성의 책임을 전가해 보려는 적반하장의 흉계인 것이며 무장공비 남파를 위장, 은폐하고 소박한 일부 사람들을 현혹케 함으로써 감상적 통일론을 유발해 보려는 간사한 술책인 것이며 국제여론의 오도를 노리는 야비한 속셈인 것입니다.

이 허위와 기만에 가득 찬 북한공산집단의 작태를 믿는 사람은 지구상에 한 사람도 없다는 것을 나는 단언합니다.

무릇, 공산주의의 정치체제는 기본인권의 유린과 철의 기율에 의한 전체주의적 일당 독재입니다.

그중에서도 김일성 체제는 같은 공산권내에서 조차도 빈축의 대상이 되고 있는 전형적인 극좌 모험주의와 역사위조를 일삼는 개인 신격화가 판을 치는 폐쇄사회입니다.

오늘의 북녘 땅은 그러한 전횡과 공포가 휩쓰는 가운데 전쟁준비에 광분하는 하나의 병영으로 화하고 말았읍니다.

우리는 지금 그렇듯 역사와 민족과 천륜과 양심을 외면한 흉악한 무력도발집단과 대치하여 통일문제를 다루어야 하는 어려운 상황에 처해있는 것입니다.

여기에 우리 민족의 비원인 조국통일의 난관이 있는 것입니다.

그러나 국토통일이 아무리 절실한 우리 민족의 지상명령이라 하더라도 동족의 유혈을 강요하는 전쟁만은 피하여야 하겠고 통일의 길이 아무리 험난하다 할지라도 꾸준한 인내와 최대한의 양식을 발휘하여 평화적으로 해결지어야 할 것입니다.

동시에 우리는 김일성 일파의 전범집단이 끝내 무력적화통일의 야욕을 버리지 못하고 폭력적인 침략을 감행하여 왔을 경우에는, 이를 단호히 격퇴할 수 있는 힘의 배양도 또한 게을리해서는 안 된다는 점을 깊이 명심해야 할 것입니다.

국민 여러분!

나는 이미 수차에 걸쳐서 통일노력의 본격화는 70년대 후반기에나 가능할 것이라고 말한 바가 있습니다.

그것은 그 시기에 이르면 우리의 주체력량의 충실과 국제적 여건의 성숙으로 통일의 실마리가 잡힐 수 있으리라고 내다보고, 특히 북한의 폐쇄적인 사회체제도 시대의 진운인 자유화 물결에 의해 스스로 변질될 것이며 또한 우리의 자유의 힘이 북녘까지 넘쳐흐를 것을 확신하고 있기 때문입니다.

그러한 시기를 전망하면서 나는 광복 4반세기에 즈음한 뜻깊은 오늘 이 자리를 빌어서 평화통일의 기반조성을 위한 접근방법에 관하여 나의 구상을 밝히려고 합니다.

여기에는 반드시 이루어져야 할 선행조건이 있는 것입니다.

즉 북한 공산집단이 지금과 같은 침략적이며 도전적인 행위를 계속하고 있는 한 그들이 무슨 소리를 하든 이것은 가면이요, 위장이요, 기만이라고 밖에 볼 수없는 것입니다.

따라서 긴장 상태의 완화 없이는 평화적 방법에 의한 통일에의 접근은 불가능한 것이므로, 무엇보다도 먼저 이를 보장하는 북한 공산집단의 명확한 태도 표시와 그 실천이 선행되어야 하겠다는 것입니다.

따라서 북한공산주의자들은 무장공비 남파 등의 모든 전쟁도발 행위를 즉각 중지하고 소위 「무력에 의한 적화통일이나 폭력혁명에 의한 대한민국의 전복을 기도해 온 종전의 태도를 완전히 포기하겠다」 하는 것을 명백하게 내외에 선언하고 또한 이를 행동으로 실증해야 합니다. 이러한 우리의 요구를 북한 공산집단이 수락, 실천하고 있다는 것을 우리가 확실히 인정할 수 있고 또한 「유우엔」 에 의해서 명백하게 확인될 경우에는 나는 인도적 견지와 통일기반 조성에 기여할 수 있으며 남북한에 가로놓인 인위적 장벽을 단계적으로 제거해 나갈 수 있는 획기적이고 보다 현실적인 방안을 제시할 용의가 있다는 것을 밝히는 바입니다.

또한 북한 공산주의자들이 한국의 민주·통일·독립과 평화를 위한 「유우엔」의 노력을 인정하고 「유우엔」의 권위와 권능을 수락한다면 「유우엔」에서의 한국문제 토의에 북한이 참석하는 것도 굳이 반대하지 않을 것입니다.

이러한 나의 구상에 덧붙여서 한 가지 더 말하고 싶은 것은, 북한 공산집단에 대하여 「더 이상 무고한 북한동포들의 민생을 희생시키면서 전쟁준비에 광분하는 죄악을 범하지 말고, 보다 선의의 경쟁 즉, 다시 말하자면 민주주의와 공산독재의 그 어느 체제가 국민을 더 잘 살게 할 수 있으며, 더 잘 살 수 있는 여건을 가진 사회인가를 입증하는 개발과 건설과 창조의 경쟁에 나설 용의는 없는가」 하는 것을 묻고 싶은 것입니다.

친애하는 국내외 동포 여러분!

금년은 우리나라가 처음으로 세계에 문호를 개방한 19세기 후반의 개화기로부터 근 100년이 되는 해이기도 합니다. 그로부터 1세기, 우리 민족은 낙후와 예속과 전란과 혼돈이 겹친 수난을 이겨냈으며 이제 우리 앞에는 새로운 중흥의 여명이 밝아오고 있습니다.

이것은 정녕 마지막 중흥의 기회라고 해고 과언이 아닐 것입니다.

또 한 가지 우리가 기억해 두어야 할 것은 오늘로서 시작되는 앞으로의 4반세기를 넘기면 금세기의 말이 된다는 것입니다.

서기 2,000년경의 세계와 그 속에서 우리 대한민국이 서 있을 좌표가 어디이겠는가 하는 것을 정확하게 예측할 수 있는 사람은 아무도 없을 것입니다.

그러나 적어도 그 때의 우리 조국은 국토통일을 이룩한 지 이미 오래된 강력한 민족국가로서 온 국민이 다 함께 번영을 구가할 수 있는 풍요한 선진복지국가로서 세계사의 주류에 당당히 참여하고 기여해 나가는 보람찬 모습으로 변모해 있어야 할 것입니다.

지금은 착실한 그 준비기간인 것입니다.

1970년대는 이렇듯 과거와 미래를 연결하는 우리의 근대 민족사의 도정에서 민족중흥의 성패를 가름하는 중요한 위치를 점하고 있는 시기인 것입니다.

그리고 이 연대의 중흥과업을 성취하는 여부는 우리의 힘을 어느만큼 생산적인 목표에 집결시키느냐에 달려 있읍니다.

민족의 단결, 힘의 집중, 그것은 정녕 민족중흥의 성패를 좌우하는 열쇠입니다.

우리의 당면 과제인 자립경제와 자주국방을 이룩하는 것도 민족의 단결이며 민족의 염원인 국토통일을 성취하는 것도 우리의 단결된 힘입니다.

국민 여러분!

25년 전 8·15에 구가했던 그 감격과 환희를 앞으로 기어이 성취할 조국통일의 그날, 보다 더 벅차게 노래할 수 있도록 우리 다 같이 단결하여 전진합시다.

부록 2

7·4 남북공동성명

남북공동성명

최근 평양과 서울에서 남북관계를 개선하며 갈라진 조국을 통일하는 문제를 협의하기 위한 회담이 있었다. 서울의 이후락 중앙정보부장이 1972년 5월 2일부터 5월 5일까지 평양을 방문하여 평양의 김영주 조직지도부장과 회담을 진행하였으며 김영주 부장을 대신한 박성철 제2부수상이 1972년 5월 29일부터 6월 1일까지 서울을 방문하여 이후락 부장과 회담을 진행하였다. 이 회담들에서 쌍방은 조국의 평화적 통일을 하루빨리 가져와야 한다는 공통된 염원을 안고 허심탄회하게 의견을 교환하였으며 서로의 이해를 증진시키는데서 큰 성과를 거두었다.

이 과정에서 쌍방은 오랫동안 서로 만나보지 못한 결과로 생긴 남북 사이의 오해와 불신을 풀고 긴장의 고조를 완화시키며 나아가서 조국통일을 촉진시키기 위하여 다음과 같은 문제들에 완전한 견해의 일치를 보았다.

1. 쌍방은 다음과 같은 조국통일 원칙들에 합의를 보았다.
   첫째, 통일은 외세에 의존하거나 외세의 간섭을 받음이 없이 자주적으로 해결하여야 한다.

둘째, 통일은 서로 상대방을 반대하는 무력행사에 의거하지 않고 평화적 방법으로 실현하여야 한다.
세째, 사상과 이념, 제도의 차이를 초월하여 우선 하나의 민족으로서 민족적 대단결을 도모하여야 한다.

2. 쌍방은 남북 사이의 긴장 상태를 완화하고 신뢰의 분위기를 조성하기 위하여 서로 상대방을 중상 비방하지 않으며 크고 작은 것을 막론하고 무장도발을 하지 않으며 불의의 군사적 충돌사건을 방지하기 위한 적극적인 조치를 취하기로 합의하였다.

3. 쌍방은 끊어졌던 민족적 연계를 회복하며 서로의 이해를 증진시키고 자주적 평화통일의 촉진시키기 위하여 남북 사이에 다방면적인 제반 교류를 실시하기로 합의하였다.

4. 쌍방은 지금 온 민족의 거대한 기대속에 진행되고 있는 남북적십자회담이 하루빨리 성사되도록 적극 협조하는데 합의하였다.

5. 쌍방은 돌발적 군사사고를 방지하고 남북 사이에 제기되는 문제들을 직접, 신속 정확히 처리하기 위하여 서울과 평양사이에 상설 직통전화를 놓기로 합의하였다.

6. 쌍방은 이러한 합의사항을 추진시킴과 함께 남북 사이의 제반 문제를 개선 해결하며 또 합의된 조국통일 원칙에 기초하여 나라의 통일문제를 해결할 목적으로 이후락 부장과 김영주 부장을 공동위원장으로 하는 남북조절위원회를 구성 운영하기로 합의하였다.

7. 쌍방은 이상의 합의사항이 조국통일을 일일천추로 갈망하는 온 겨레의 한결같은 염원에 부합된다고 확신하면서 이 합의사항을 성실히 이행할 것을 온 민족앞에 엄숙히 약속한다.

서로 상부의 뜻을 받들어

이후락　　　　　　김영주

1972년 7월 4일

부록 3

남북조절위원회 구성 및 운영에 관한 합의서

쌍방은 남북조절위원회 구성 및 운영에 관하여 다음과 같이 합의한다.

1. 남북조절위원회는 1972년 7월 4일부 남북공동성명의 합의사항을 추진하고 남북 사이의 관계를 개선 발전시키며 각 분야에서 힘을 합쳐 같이 사업하는 등 합의된 조국통일원칙에 기초하여 나라의 통일문제를 해결하는 것을 목적으로 한다.

2. 남북조절위원회의 기능은 다음과 같다.
   가. 합의된 조국통일원칙에 기초하여 나라의 자주적 평화통일을 실현하는 문제를 협의, 결정하며 그의 실행을 보장한다.
   나. 남북의 정당, 사회단체 및 개별적 인사들 사이의 광범한 정치적 교류를 실현하는 문제를 협의, 결정하며 그의 실행을 보장한다.
   다. 남북 사이의 경제, 문화적 및 사회적 교류와 힘을 합쳐 같이 사업하는 등의 문제를 협의, 결정하며 그의 실행을 보장한다.
   라. 남북 사이의 긴장 상태를 완화하며 군사적 충돌을 방지하고 군사적 대치 상태를 해소하는 문제를 협의, 결정하며 그의 실행을 보장한다.
   마. 대외활동에서 남북이 공동보조를 취하며 단일민족으로서 민족적

긍지를 선양하는 문제를 협의, 결정하며 그의 실행을 보장한다.

3. 남북조절위원회는 다음과 같이 구성한다.

가. 남북조절위원회는 쌍방에서 각각 공동위원장과 부위원장 1명, 간사위원 1명, 위원 2명으로 구성한다. 위원수는 필요에 따라 증가시킬 수 있다.

공동위원장은 이후락 중앙정보부장과 김영주 조직지도부장으로 한다.

부위원장과 간사위원 및 위원은 장관(상) 또는 차관(부상)급으로 하되 사전협의를 거쳐 각각 쌍방 공동위원장이 임명한다.

나. 남북조절위원회 안에 간사회의를 둔다.

간사회의는 쌍방 공동위원장의 위임에 의하여 남북조절위원회의 휴회기간에 제기되는 제반 문제 등을 협의, 결정하고 그의 실행을 보장한다. 간사회의는 쌍방 간사위원과 각각 간사 2명으로 구성한다.

다. 남북조절위원회 안에 정치, 군사, 외교, 경제, 문화분과위원회를 둔다. 각 분과위원회는 남북조절위원회 사업이 진척되는데 따라 설치하며, 그 기능과 구성은 쌍방의 합의에 의하여 규정한다.

라. 남북조절위원회 공동사무국을 판문점에 둔다.

공동사무국장은 쌍방이 각각 1명씩 임명하며, 그 밑에 필요한 수의 인원을 둔다.

4. 남북조절위원회는 다음과 같이 운영한다.

가. 남북조절위원회는 서울과 평양에서 번갈아 진행하는 것을 원칙으로 하며, 필요에 따라 판문점에서도 할 수 있다.

나. 남북조절위원회 회의는 2~3개월에 1차, 간사회의는 1개월에 1차

진행하며, 이밖에 쌍방의 합의에 따라 임시회의를 개최할 수 있다.

다. 남북조절위원회는 공개회의 또는 비공개회의로 한다.

라. 남북조절위원회 회의와 간사회의에는 쌍방의 합의에 따라 필요한 수의 전문인원들과 공동사무국 요원들을 참가시킬 수 있다.

마. 남북조절위원회의 최종합의는 쌍방 공동위원장들이 합의문건에 서명하는 것으로 이루어지며 합의사항은 쌍방의 합의에 따라 공동사무국을 통하여 동시에 발표한다.

바. 남북조절위원회 운영세칙은 따로 규정한다.

5. 이 합의서는 쌍방의 합의에 의하여 수정, 보충할 수 있다.

6. 이 합의서는 쌍방이 서명하여 교환한 때로부터 효력을 가진다.

1972년 11월 4일

남북조절위원회	남북조절위원회
서울측 공동위원장	평양측 공동위원장
이후락 부장	김영주 부장

부록 4

남북 사이의 화해와 불가침 및 교류·협력에 관한 합의서

1992년 2월 19일 발효

남과 북은 분단된 조국의 평화적 통일을 염원하는 온 겨레의 뜻에 따라, 7·4남북공동성명에서 천명된 조국통일 3대원칙을 재확인하고, 정치 군사적 대결 상태를 해소하여 민족적 화해를 이룩하고, 무력에 의한 침략과 충돌을 막고 긴장 완화와 평화를 보장하며, 다각적인 교류·협력을 실현하여 민족공동의 이익과 번영을 도모하며, 쌍방 사이의 관계가 나라와 나라 사이의 관계가 아닌 통일을 지향하는 과정에서 잠정적으로 형성되는 특수관계라는 것을 인정하고, 평화 통일을 성취하기 위한 공동의 노력을 경주할 것을 다짐하면서, 다음과 같이 합의하였다.

제1장 남북 화해

제1조 남과 북은 서로 상대방의 체제를 인정하고 존중한다.

제2조 남과 북은 상대방의 내부 문제에 간섭하지 아니한다.

제3조 남과 북은 상대방에 대한 비방·중상을 하지 아니한다.

제4조 남과 북은 상대방을 파괴·전복하려는 일체 행위를 하지 아니한다.

제5조 남과 북은 현정전상태를 남북 사이의 공고한 평화상태로 전환시키기 위하여 공동으로 노력하며 이러한 평화상태가 이룩될 때까지 현군사정전협정을 준수한다.

제6조 남과 북은 국제무대에서 대결과 경쟁을 중지하고 서로 협력하며 민족의 존엄과 이익을 위하여 공동으로 노력한다.

제7조 남과 북은 서로의 긴밀한 연락과 협의를 위하여 이 합의서 발효 후 3개월 안에 판문점에 남북연락사무소를 설치·운영한다.

제8조 남과 북은 이 합의서 발효 후 1개월 안에 본회담 테두리 안에서 남북정치분과위원회를 구성하여 남북 화해에 관한 합의의 이행과 준수를 위한 구체적 대책을 협의한다.

제2장 남북불가침

제9조 남과 북은 상대방에 대하여 무력을 사용하지 않으며 상대방을 무력으로 침략하지 아니한다.

제10조 남과 북은 의견대립과 분쟁 문제들을 대화와 협상을 통하여 평화적으로 해결한다.

제11조 남과 북의 불가침 경계선과 구역은 1953년 7월 27일자 군사정전에 관한 협정에 규정된 군사분계선과 지금까지 쌍방이 관할하여 온 구역으로 한다.

제12조 남과 북은 불가침의 이행과 보장을 위하여 이 합의서 발효 후 3개월 안에 남북군사 공동위원회를 구성·운영한다. 남북군사공동위원회에서는 대규모 부대이동과 군사연습의 통보 및 통제 문제, 비무장지대의 평화적 이용 문제, 군인사교류 및 정보교환 문제, 대량살상무기와 공격능력의 제거를 비롯한 단계적 군축 실현 문제, 검증 문제 등 군사적 신뢰조성과 군축을 실현하기 위한 문제를 협의·추진한다.

제13조 남과 북은 우발적인 무력 충돌과 그 확대를 방지하기 위하여 쌍방 군사당국자 사이에 직통 전화를 설치·운영한다.

제14조 남과 북은 이 합의서 발효 후 1개월 안에 본회담 테두리 안에서 남북

군사분과위원회를 구성하여 불가침에 관한 합의의 이행과 준수 및 군사적 대결 상태를 해소하기 위한 구체적 대책을 협의한다.

제3장 남북 교류·협력

제15조 남과 북은 민족경제의 통일적이며 균형적인 발전과 민족전체의 복리향상을 도모하기 위하여 자원의 공동개발, 민족 내부 교류로서의 물자교류, 합작투자 등 경제교류와 협력을 실시한다.

제16조 남과 북은 과학·기술, 교육, 문화·예술, 보건, 체육, 환경과 신문, 라디오, 텔레비전 및 출판물을 비롯한 출판·보도 등 여러분야에서 교류와 협력을 실시한다.

제17조 남과 북은 민족구성원들의 자유로운 왕래와 접촉을 실현한다.

제18조 남과 북은 흩어진 가족·친척들의 자유로운 서신 거래와 왕래와 상봉 및 방문을 실시하고 자유의사에 의한 재결합을 실현하며, 기타 인도적으로 해결할 문제에 대한 대책을 강구한다.

제19조 남과 북은 끊어진 철도와 도로를 연결하고 해로, 항로를 개설한다.

제20조 남과 북은 우편과 전기통신 교류에 필요한 시설을 설치·연결하며, 우편·전기통신 교류의 비밀을 보장한다.

제21조 남과 북은 국제무대에서 경제와 문화 등 여러분야에서 서로 협력하며 대외에 공동으로 진출한다.

제22조 남과 북은 경제와 문화 등 각 분야의 교류와 협력을 실현하기 위한 합의의 이행을 위하여 이 합의서 발효 후 3개월 안에 남북경제교류·협력공동위원회를 비롯한 부문별 공동위원회들을 구성·운영한다.

제23조 남과 북은 이 합의서 발효 후 1개월 안에 본회담 테두리 안에서 남북교류·협력분과 위원회를 구성하여 남북교류·협력에 관한 합의의 이행과 준수를 위한 구체적 대책을 협의한다.

제4장 수정 및 발효

제24조 이 합의서는 쌍방의 합의에 의하여 수정·보충할 수 있다.

제25조 이 합의서는 남과 북이 각기 발효에 필요한 절차를 거쳐 그 문본을 서로 교환한 날부터 효력을 발생한다.

1991년 12월 13일

남 북 고 위 급 회 담	북 남 고 위 급 회 담
남측 대표단 수석대표	북 측 대표단 단장
대 한 민 국	조선민주주의인민공화국
국 무 총 리 정원식	정 무 원 총 리 연 형 묵

부록 5

1970년대 이후 남북회담에서 쌍방 제기사항의 남북기본합의서로의 귀결 내용

□ 남북 화해 분야

합 의 내 용	제 안 과 정
(1조) 상대방의 체제 인정·존중	o 남북조절위원회에서 남측이 제기 (1차, 1972.11.30~12.1) o 남한, 남북기본관계 잠정협정안의 하나로 제시 (1982.1.22) - 상대방 정치질서와 사회제도 인정 o 북한, 포괄적 평화 방안으로 당면 정치적 대결 상태 완화 방안 제의(1988.11.7) - 상대방 체제부정 법규 철폐
(2조) 상대방 내부 문제 불간섭	o 남북조절위원회에서 남측이 제기 (1차, 1972.11.30~12.1) o 남한, 남북기본관계 잠정협정안의 하나로 제시 (1982.1.22) - 서로 상대방 내정 문제 불간섭
(3조) 상대방에 대한 비방·중상 중지	o 7·4 공동성명으로 합의 o 남한, 20개 시범사업 제의(1982.2.1) - 모략방송 장치 제거 o 북한, 고위급 정치군사회담 의제로 제시 (1986.12.30, 1987.1.11) o 북한, 포괄적 평화 방안으로 당면 정치적 대결 상태 완화 방안 제의(1988.11.7) - 상대방 지명공격, 사상·제도 비방·중상 중지

(4조) 상대방에 대한 파괴·전복 행위 중지	o 7·4 공동성명으로 합의 o 남한, 남북기본관계 잠정협정안의 하나로 제시 (1982.1.22) - 분쟁 문제는 무력과 폭력을 지양하고 대화로서 평화적으로 해결
(5조) 현 정전상태를 남북 사이의 공고한 평화상태로 전환시키기 위하여 공동 노력 및 현 군사정전협정 준수	o 남한, 남북정상회담 의제로 제시 (노 대통령 유엔 총회 연설, 1988.10.18) - 휴전협정의 항구적인 평화체제로 대체 방안 강구
(6조) 국제무대에서 대결과 경쟁 중지·협력 및 민족의 존엄과 이익을 위하여 공동 노력	o 남한, 남북한 당국 최고책임자회담 의제의 하나로 제의(1983.1.18) - 국제무대에서 남북한간 과당경쟁으로 인한 국력 낭비 방지 문제 o 북한, 포괄적 평화 방안으로 당면 정치적 대결 상태 완화 방안 제의(1988.11.7) - 다방면적 합작·교류 실현(국제무대에서의 대결·경쟁 지양과 공동 협력)

□ 남북 불가침 분야

합 의 내 용	제 안 과 정
(9조) 상대방에 대한 무력 불사용 및 무력 침략 금지	o 7·4 공동성명으로 합의 o 북한, 국회회담 의제로 불가침 공동선언 채택 문제 제기(국회 회담 예비접촉, 1985.7.23, 9.25) o 남한, 남북외무장관회담 의제로 제시(1987.8.3) - 남북한 불가침 협정 체결 o 쌍방 제5차 남북국회회담 준비 접촉에서 불가침 문제를 국회회담 의제로 한다는 데 의견 접근 (1988.10.13) o 남한, 남북정상회담 의제로 제시 (노 대통령 유엔 총회 연설, 1988.10.18) - 남북 불가침 또는 무력불사용 공동 선언
(10조) 분쟁의 평화적 해결	o 남한, 남북기본관계 잠정협정안의 하나로 제시 (1982.1.22) - 분쟁 문제는 무력과 폭력을 지양하고 대화로서 평화적으로 해결

(11조) 현 군사분계선과 쌍방 관할 구역 준수	o 남한, 휴전체제 유지를 남북기본관계 잠정협정안의 하나로 제시(1982.1.22) o 북한, 고위급 정치군사회담 의제로 제시 (1986.12.30, 1987.1.11) - 중감위 권능 제고, 중립국 감시군 조직
(12조) 군사적 신뢰조성과 군축 실현 문제 협의·추진	o 북한, 남북조절위(2차, 1973.3.15)에서 5개항 제의 - 무력증강, 군비 경쟁 중지, 10만 이하 감군 및 군비 축소, 외국으로부터 무기 등 반입 중지, 외국군 철수, 남북 간 무력행사 중지 담보 평화협정 체결 o 남한, 남북기본관계 잠정협정안의 하나로 제시 (1982.1.22) - 휴전체제를 유지하고 군비경쟁 지양과 군사적 대치상태 해소 문제 협의 o 20개 시범사업 제의(1982.2.1) - 비무장지대내 공동경기장 마련, 남북 간 친선경기에 이용, 비무장지대내의 동식물 자연생태계 연구를 위한 공동 학술조사, 비무장지대 내 군사시설 완전 철거, 군비통제 조치 협의 o 북한, 남-북-미 3자군사당국자 회담 의제로 제시 (1986.6.17) - 군사연습과 무력증강 중지, 병력과 군비 축소, 정전협정 준수 o 북한, 고위급 정치군사회담 의제로 제시 (1986.12.30, 1987.1.11) - 무력 축소, 군비경쟁 중지, 비무장지대의 평화지대화, 대규모 군사연습 중지 o 북한, 다국적 군축 협상 제의(1987.7.23) - 남북한 무력을 1988~1991년간 3단계에 걸쳐 축소, 1992년부터 10만 이하 병력 유지, 이에 따라 미국 군대 및 무력 철수, 기지 철폐 o 남한, 남북외무장관회담 의제로 제시(1987.8.3) - 군축을 포함한 제반 문제 o 남한, 남북정상회담 의제로 제시 (노 대통령 유엔 총회 연설, 1988.10.18) - 남북 간 평화 정착의 제도적 장치, 군비축소 등 군사문제 o 북한, 포괄적 평화 방안 제의(1988.11.7) - 미군무력 단계적 철수, 남북 무력 단계적 감축, 이에 따른 통보·검증

	- 비무장지대 평화지대화, 대규모 군사연습 중지, 군사분계선 일대 군사행동 중지
(13조) 군사직통전화 설치·운영	o 20개 시범사업 제의(1982.2.1) - 군사책임 자간 직통전화 설치·운용 o 북한, 포괄적 평화 방안 제의(1988.11.7) - 고위 군사당국자 간 직통전화 가설

□ 남북교류·협력 분야

합 의 내 용	제 안 과 정
(15조) 자원공동 개발, 물자교류, 합작투자 등 경제 교류와 협력 실시	o 남한, 남북조절위(3차, 1973.6.12.~13)에서 각종 경제교류 제의 - 경제인·물자·과학기술 교류, 자원 공동개발, 상품전시회 교환 개최, 쌍방 상사의 상주지사 설치 허용 등 o 남한, 남북기본관계 잠정협정안의 하나로 제시 (1982.1.22) - 다각적인 교류, 협력을 통해 상호 사회 개방 추진(교역) o 남한, 20개 시범사업 제의(1982.2.1) - 공동어로 구역 인정, 일용생산품교역, 자연자원 공동개발·이용, 동일 제조업체간 기술자 교류 및 생산품 전시회 교환·개최 o 남북경제회담(1984.11~1985.11간 5차)시 쌍방은 물자교류 및 경협사업 추진 방법에 대해 20개 항목에 걸쳐 구체적으로 입장 제시 - 물자교류 및 경협원칙, 사업당사자, 교류품목, 교류량, 교류물자 가격, 거래방식, 결제업무 취급 은행, 결제 통화, 관세, 통관·검사·사고처리, 수송방안(항구 개방 포함), 경제협력 대상, 경제협력 규모·방법·조건·실시시기, 조세감면 특혜, 운영물자 보장, 통신시설, 신변안전 및 편의보장, 구제조치 통보, 기타 검사·조사 활동 보장, 각종 협약 법적 보장 등 o 북한, 고위급 정치군사회담 의제로 제시 (1986.12.30, 1987.1.11) - 다방면적인 합작과 교류 실현

	o 남한, 남북정상회담 의제로 제시 (노 대통령 유엔 총회 연설, 1988.10.18) - 남북 간 교류·협력 문제 o 북한, 포괄적 평화 방안으로 당면 정치적 대결 상태 완화 방안 제의(1988.11.7) - 다방면적 합작·교류 실현(자원공동 개발 이용, 상품교류)
(16조) 과학·기술, 교육, 문화·예술, 보건, 체육, 환경과 신문, 라디오, 텔레비전 및 출판물을 비롯한 출판·보도 등 여러 분야에서 교류와 협력 실시	o 남한, 남북조절위(3차, 1973.6.12~13)에서 각종 사회·문화교류를 통한 쌍방 사회적 개방 추진 제의 - 학술·문화 교류, 체육 교류 및 국제체육행사 단일팀 출전, 영화·무대예술 교류, 고고학과 민족역사 공동 개발·교류, 고유 언어 보존 연구, 각종 사회인사·단체 간 교류, 기자 교류 및 상주지사 교환, 서신·전화·전보 등 통신 교류, 관광 교류 등 o 남한, 남북기본관계 잠정협정안의 하나로 제시 (1982.1.22) - 다각적인 교류, 협력을 통해 상호 사회 개방 추진 (체육, 학술, 교육, 문화, 보도, 보건, 기술, 환경보존 등) o 남한, 20개 시범사업 제의(1982.2.1) - 설악산 이북과 금강산 이남 지역을 관광·휴양지로 설정, 자유관광 공동지역으로 개방, 방송청취 통제장치 제거·쌍방 정규방송 자유 청취 허용, 정치인, 경제인, 청년학생, 근로자, 문예인, 체육인 등 각계 인사 간 친선방문 실시, 기자들의 상대방 지역 자유 취재활동 보장, 민족사 공동연구, 체육 친선교환 경기 개최 o 북한, 고위급 정치군사회담 의제로 제시 (1986.12.30) - 다방면적인 합작과 교류, 민족적 유대 도모 o 북한, 포괄적 평화 방안으로 당면 정치적 대결 상태 완화 방안 제의(1988.11.7) - 다방면적 합작·교류 실현(교육·과학기술·문화예술·보건·체육의 협력·교류)
(17조) 민족구성원들의 자유로운 왕래와 접촉 실현	o 남한, 20개 시범사업 제의(1982.2.1) - 해외동포들의 조국방문을 공동 주관, 판문점 통과 쌍방지역 자유방문 허용 o 북한, 이산가족 자유 방문·상봉 제의 (1985.5 8차 적십자)

	o 북한, 포괄적 평화 방안으로 당면 정치적 대결 상태 완화 방안 제의(1988.11.7) - 다방면적 합작·교류 실현(정당·단체 및 개별인사들의 쌍무적·다무적 접촉과 자유로운 인사왕래)
(18조) 흩어진 가족·친척들의 자유로운 서신 거래와 왕래와 상봉 및 방문 실시, 자유의사에 의한 재결합 실현, 기타 인도적으로 해결할 문제에 대한 대책 강구	o 20차 적십자 예비회담(1972.6.16)에서 적십자회담 의제 5개항 합의 - 이산가족·친척들의 생사·주소 확인·통보, 자유 방문과 상봉, 자유 서신 거래, 자유 재결합, 기타 인도적 해결 문제 o 남한, 남북기본관계 잠정협정안의 하나로 제시(1982.1.22) - 다각적인 교류, 협력을 통해 상호 사회 개방 추진(이산가족) o 남한, 20개 시범사업 제의(1982.2.1) - 이산가족 우편교류 및 상봉 실현
(19조) 끊어진 철도와 도로 연결 및 해로, 항로 개설	o 남한, 남북기본관계 잠정협정안의 하나로 제시(1982.1.22) - 다각적인 교류, 협력을 통해 상호 사회 개방 추진(교통) o 남한, 20개 시범사업 제의(1982.2.1) - 서울·평양 도로 연결·개통, 인천항과 진남포항 개방
(20조) 우편과 전기통신교류에 필요한 시설 설치·연결	o 남한, 남북기본관계 잠정협정안의 하나로 제시(1982.1.22) - 다각적인 교류, 협력을 통해 상호 사회 개방 추진(우편, 통신)
(21조) 국제무대에서 경제와 문화 등 여러분야에서 서로 협력하며 대외에 공동으로 진출	o 남한, 20개 시범사업 제의(1982.2.1) - 1986년 아시안경기대회 및 1988년 서울올림픽대회에 북한 측 선수단의 판문점 통과 참가, 각종 국제경기대회 단일팀 구성·참가

부록 6

내쉬 균형 찾는 방법

게임 참가자인 남한과 북한이 동시에 게임을 진행하는 동시 게임에서 내쉬 균형을 찾는 방법을 죄수의 딜레마 게임으로 설명하도록 하겠다.

〈죄수의 딜레마 게임〉

* DC 〉 CC 〉 DD 〉 CD		북한	
		협력(C)	배반(D)
남한	협력(C)	3, 3	1, 4
	배반(D)	4, 1	2, 2

단계 1 : 남한의 입장에서 생각해 보도록 한다.

(1) 남한의 입장에서 북한이 협력할 것으로 생각하는 경우

남한은 협력하는 것이 이익인지, 배반하는 것이 이익인지를 결정해야 할 것이다. 남한이 협력하는 경우, 남한의 보상값은 3이다. 남한이 배반하는 경우, 남한의 보상값은 4이다. 이 두 보상값을 비교하면 4 〉 3이므로, 남한은 배반을 선택하게 될 것이다.

〈남한의 입장에서 북한이 협력할 것으로 생각하는 경우〉

* DC 〉 CC 〉 DD 〉 CD		북한	
		협력(C)	배반(D)
남한	협력(C)	3, 3	1, 4
	배반(D)	4, 1	2, 2

(2) 남한의 입장에서 북한이 배반할 것으로 생각하는 경우

위 (1)에서와 같은 논리로, 남한이 협력하면 남한은 보상값 1을 얻게 되고, 남한이 배반하면 보상값 2를 얻게 될 것이다. 따라서 남한은 배반하는 것이 유리하다.

〈남한의 입장에서 북한이 배반할 것으로 생각하는 경우〉

* DC 〉 CC 〉 DD 〉 CD		북한	
		협력(C)	배반(D)
남한	협력(C)	3, 3	1, 4
	배반(D)	4, 1	2, 2

단계 2 : 북한의 입장에서 생각해 보도록 한다.

(1) 북한의 입장에서 남한이 협력할 것으로 생각하는 경우

이 경우, 북한이 협력하면 북한은 보상값 3을 얻게 되고, 배반하면 4를 얻게 된다. 따라서 북한은 배반을 선택한다.

〈북한의 입장에서 남한이 협력할 것으로 생각하는 경우〉

* DC 〉 CC 〉 DD 〉 CD		북한	
		협 력(C)	배 반(D)
남한	협 력(C)	3, 3	1, 4
	배 반(D)	4, 1	2, 2

(2) 북한의 입장에서 남한이 배반할 것으로 생각하는 경우

이 경우, 북한이 협력하면 북한은 보상값 1을 얻게 되고, 배반하면 2를 얻게 되므로, 북한은 배반을 선택한다.

〈북한의 입장에서 남한이 배반할 것으로 생각하는 경우〉

* DC 〉 CC 〉 DD 〉 CD		북한	
		협 력(C)	배 반(D)
남한	협 력(C)	3, 3	1, 4
	배 반(D)	4, 1	2, 2

단계 3 : 남북한의 입장에 따른 상대방의 선택 결과를 종합한다.

원래 이 게임은 남북한이 불완전 정보(imperfect information) 아래 동시에 진행하는 게임이다. 단계 1, 2는 설명의 편의를 위해 구분한 것일 뿐이다. 따라서 단계 1, 2에서 나타난 게임 매트릭스의 결과를 종합해 보면 아래와 같이 나타난다. 여기서 남한과 북한 모두 동시에 선택한 전략은 (배반, 배반)임을 알 수 있다. 이것이 내쉬 균형이다.

〈죄수의 딜레마 게임에서 내쉬 균형〉

* DC 〉 CC 〉 DD 〉 CD		북한	
		협 력(C)	배 반(D)
남한	협 력(C)	3, 3	1, *4*
	배 반(D)	*4*, 1	*2, 2*

일반적으로 게임이론에서 소개되는 게임모델에는 다음의 요소들이 있다(김영세 2015; 박주현 2001; 신성휘 2014; Dixit, Skeath, and Reiley 2009, Gardner 2003, Morrow 1994, Rasmusen 2007).

① 행위자(player)의 수: 게임에 참가하는 행위자가 몇 명인가를 보여준다.

② 전략(strategy): 게임이론에서 전략은 행위자가 자기가 움직여야 할 게임의 순서에서 어떻게 행동할 것인가를 보여주는 완전한 계획(a complete plan)이다.

③ 게임의 순서: 게임에 참가하는 행위자가 동시에 게임을 하는가, 행위자별로 순차적으로 하는 가를 표시한다.

④ 결과(outcome)와 보상값(payoff): 결과는 행위자들이 취한 전략에 따라 나온 최종 상황이다. 즉 죄수의 딜레마 게임의 예를 들면 두 행위자가 모두 배반하는 것으로 균형(Nash equilibrium)을 이룰 수 있다. 균형이 없는 게임도 있을 수 있다. 보상값은 행위자들이 취한 전략에 따라 나올 수 있는 보수로서 서수(ordinal number)로 표기된다.

⑤ 정보 집합(information set)과 정보의 형태: 정보 집합은 행위자가 전략적 선택을 해야 할 지점에서의 정보의 성격을 말해준다. 정보는 두 종류가 있다. 우선 전략선택의 역사와 관련하여, 행위자가 전략 선택을 해야 하는 지점(node)에서 그 이전 전략선택의 역사를 알 수 있는 경우, 그 지점에서의 정보 집합은 하나로 구성(singleton)되어 있다. 이 경우를 완전 정보(perfect information) 게임이라고 한다. 행위자가 전략 선택 지점에서 그 이전 게임의 역사를 알 수 없는 경우는 정보 집합은 복수로 구성되어 있고, 이 경우를 불완전 정보(imperfect information) 게임이라고 한다. 둘째로 행위자의 보상값과 관련하여, 그 보상값이 행위자들 모두에게 알려진 공통의 지식(common knowledge)인 경우는 공개 정보(complete information) 게임이고, 그 보상값이 행위자 개인만이 알고 있는 사적 정보(private information)인 경우는 비공개 정보(incomplete information) 게임이다.

⑥ 게임의 회수: 게임이 한번으로 끝나는 게임인지, 2 단계 또는 3단계 등의 한정된 반복게임(finite repeated game)인지, 무한 반복게임(infinite repeated game)인지 등을 알려준다.

⑦ 게임의 성격: 해당 게임이 협조적(cooperative) 게임인가, 비협조적(noncooperative) 게임인가를 말한다. 비협조적 게임은 행위자들이 자기 이익을 극대화할 수 있는 최선의 전략을 찾는 게임이다. 따라서 이들 간에는 구속력 있는 합의가 이루어 질 수 없다. 반면, 협조적 게임은 게임 전후 행위자간에 구속력 있는 합의를 맺을 수 있고 의사소통도 가능하다.

| 참고 문헌 |

강영훈 2008
강영훈 회고록, 나라를 사랑한 벽창우. 서울: 동아일보사

강인덕 1974
북한전서, 중권. 서울: 극동문제연구소

강인덕 1990
북한의 남북대화 전략전술 평가 및 전망. 서울: 통일원

강인덕·송종환 2004
남북회담: 7.4에서 6.15까지. 서울: 극동문제연구소

강호제 2007
"조국통일범민족연합," http://contents.archives.go.kr/next/content/listSubjectDescription.do;jsessionid=Y4Q0LZcTczTbcpRkPmZG1z329tcVD1TpddhQJp07v5QzCLhT2c9p!4087474?id=007138

경제기획원 1994
자율개방시대의 경제정책, 경제기획원 30년사 II (1981년~1992년). 서울: 미래사

국방부 1970
"제3차 한미안보협의회 공동성명," http://www.mnd.go.kr/policyFocus/security/preservation/index.jsp

국방부 1988
국방백서 1988. 서울: 국방부 정책기획관실

국방부 1989
국방백서 1989. 서울: 국방부 정책기획관실

국방부 1992
"제24차 한미연례안보협의회 공동성명서," http://www.mnd.go.kr

국방부 1994
핵문제 100문 100답. 서울: 국방부 군비통제관실

국방부 2002
국방사: 1972.1~1981.12. 서울: 국방부 군사편찬연구소

국토통일원 1972
국토통일원 발전사, 제1권

국토통일원 1977
서해 5개도서와 그 관련 문제에 관한 연구. 서울: 국토통일원 정책기획실

국토통일원 1982
남북대화백서. 서울: 국토통일원 남북대화사무국

국토통일원 1985a
남북한 통일제의 자료 총람, 제1권. 서울: 국토통일원

국토통일원 1985b
남북한 통일제의 자료 총람, 제2권. 서울: 국토통일원

국토통일원 1985c
남북한 통일제의 자료 총람, 제3권. 서울: 국토통일원

국토통일원 1987a
통일문제 및 남북대화와 관련한 북한논조: 1987년 1월~3월. 서울: 국토통일원 남북대화사무국.

국토통일원 1987b
남북대화사료집, 제1권: 남북한 통일제의·주장(1945.8~1969.12). 서울: 국토통일원

국토통일원 1988a
남북대화백서. 서울: 국토통일원 남북대화사무국

국토통일원 1988b
고르바초프 대외정책 자료집. 서울: 국토통일원 조사연구실

국토통일원 1989a
70년대 남북대화 성립 비사 (I). 서울: 국토통일원 남북대화사무국

국토통일원 1989b
70년대 남북대화 성립 비사 (II). 서울: 국토통일원 남북대화사무국

국토통일원 1989c
한민족공동체 통일방안: 기본 해설자료. 서울: 국토통일원

국토통일원 1990
남북한 통일정책 비교. 서울: 국토통일원

국회 1954.11.11
국회임시회의 속기록, 제76호. 국회사무처

국회 1958.12.10
제30회 국회 정기회 속기록, 제27호. 국회사무처

국회 1964.4.1
제41회 국회 운영위원회 회의록, 제9호. 국회사무처

국회 1964.4.2
제41회 국회 운영위원회 회의록, 제10호. 국회사무처

국회 1964.4.3
제41회 국회 운영위원회 회의록, 제11호. 국회사무처

국회 1964.4.4
제41회 국회 운영위원회 회의록, 제12호. 국회사무처

국회 1964.4.10
제41회 국회 내무위원회 회의록, 제3호. 국회사무처

국회 1964.4.14
제41회 국회 외무위원회 회의록, 제6호. 국회사무처

국회 1964.5.25
제42회 국회 내무위원회 회의록(외무위원회와 연석회의), 제4호. 국회사무처

국회 1964.11.10
제45회 국회 국방위원회 회의록, 제14호. 국회사무처

국회 1964.11.11
제45회 국회 국방위원회 회의록, 제15호. 국회사무처

국회 1964.12.7
제45회 국회 내무위원회 회의록, 제20호. 국회사무처

국회 1965.5.31
제50회 국회 내무위원회 회의록, 제1호. 국회사무처

국회 1966.7.13
제57회 국회 내무위원회 회의록, 제8호. 국회사무처

국회 1966.7.14a
제57회 국회 운영위원회 회의록, 제24호. 국회사무처

국회 1966.7.14b
제57회 국회 회의록, 제24호. 국회사무처

국회 1966.12.21
제58회 국회 회의록, 제50호. 국회사무처

국회 1967.1.31
제59회 국회 회의록, 제10호. 국회사무처

국회 1967.2.27
제60회 국회 회의록, 제1호. 국회사무처

국회 1968.6.27
제66회 국회 내무위원회 회의록, 제7호. 국회사무처

국회 1968.6.28
제66회 국회 내무위원회 회의록, 제8호. 국회사무처

국회 1968.7.1
제66회 국회 내무위원회 회의록, 제9호. 국회사무처

국회 1968.7.2
제66회 국회 내무위원회 회의록, 제10호. 국회사무처

국회 1968.7.3
제66회 국회 법제사법위원회 회의록, 제9호. 국회사무처

국회 1968.7.4
제66회 국회회의록, 제13호. 국회사무처

국회 1969.9.10
제72회 국회회의록, 제2호. 국회사무처

국회 1970.6.1
제73회 제3차 외무위원회 회의록(국제정세에 관한 보고 청취 및 질의). 국회사무처

국회 1970.7.11
제74회 제3차 본회의 회의록(국가안전보장에 관한 질문). 국회사무처

국회 1970.7.13
제74회 제4차 본회의 회의록(국가안전보장에 관한 질문). 국회사무처

국회 1970.7.16
제74회 제7차 본회의 회의록. 국회사무처

국회 1970.9.7
제75회 국회회의록, 제2호. 국회사무처

국회 1972.7.5
제82회 국회회의록, 제1호. 국회사무처

국회도서관 1965
1948년 국제연합한국임시위원단 보고서(제1부 제1권), 입법참고자료 제30호. 서울: 대한민국 국회도서관 입법조사국

국회도서관 1973
유엔의 한국문제처리 및 투표상황(1947-1972). 서울: 대한민국 국회도서관 입법조사국

국회도서관 1976
한국외교관계자료집, 입법참고자료 제193호. 서울: 대한민국 국회도서관 입법조사국

국회사무처 1968
국회사: 제65회 국회(임시회), 1968.4.15~5.14. 서울: 국회사무처

권영진 1998
북한 핵문제에 대한 한국의 정책결정과정 연구. 고려대 대학원 박사학위논문

김계동 2012
북한의 외교정책과 대외관계: 협상과 도전의 전략적 선택. 서울: 명인문화사

김대중 1998.2.25
"국난극복과 재도약의 새시대를 엽시다(제15대 대통령 취임사)," 김대중대통령 연설문집. 제1권. 1999. 서울: 대통령비서실

김대중 2000.6.15
"새로운 희망과 확신(북한방문 성과 대국민 보고 연설)," 김대중대통령 연설문집. 제3권. 2001. 서울: 대통령비서실

김상협 1976
모택동 사상. 개정 정보판. 서울: 일조각

김성보·기광서·이신철 2004
사진과 그림으로 보는 북한현대사. 서울: 웅진지식하우스

김성호 2006
우리가 지운 얼굴. 서울: 한겨레출판사

김영세 2015
게임이론: 전략과 정보의 경제학. 7판. 서울: 박영사

김영주 1973.8.28
"김영주 남북조절위원회 평양측 위원장 성명-남북대화중단선언," 남북한 통일제의 자료 총람, 제1권. 국토통일원 1985a. 서울: 국토통일원

김용호 1996
현대 북한 외교론. 서울: 오름

김일성 1960.8.14
"조선인민의 민족적 명절 8.15해방 15돐 경축대회에서 한 보고," 김일성 저작집 14. 1981. 평양: 조선로동당출판사

김일성 1961.9.11
"조선로동당 제4차 대회에서 한 중앙위원회사업총화보고," 김일성 저작집 15. 1981. 평양: 조선로동당출판사

김일성 1962.3.8
"당 조직사업과 사상사업을 개선 강화할 데 대하여(조선로동당 중앙위원회 제4기 제3차 전원회의 확대회의에서 한 결론)," 김일성 저작집 16. 1982. 평양: 조선로동당출판사

김일성 1962.10.23
"조선민주주의인민공화국 정부의 당면과업에 대하여"(최고인민회의 제3기 제1차 회의에서 한 연설), 김일성 저작집 16. 1982. 평양: 조선로동당출판사

김일성 1963.1.1
"신년사," 김일성 저작집 17. 1982. 평양: 조선로동당출판사

김일성 1964.2.27
"조국통일위업을 실현하기 위하여 혁명력량을 백방으로 강화하자(조선로동당 중앙위원회 제4기 제8차 전원회의에서 한 결론)," 김일성 저작집 18. 1982. 평양: 조선로동당출판사

김일성 1965.4.14
"조선민주주의인민공화국에서의 사회주의건설과 남조선혁명에 대하여: 인도네시아 「알리 아르함」 사회과학원에서 한 강의," 김일성 저작집 19. 1982. 평양: 조선로동당출판사

김일성 1966.10.5
"현정세와 우리 당의 과업(조선로동당 대표자회에서 한 보고)," 김일성 저작집 20. 1982. 평양: 조선로동당출판사

김일성 1967.1.4
"워싱톤에 있는 조선문제연구소 소장에게 보낸 회답 서한," 김일성 저작집 21. 1983. 평양: 조선로동당출판사

김일성 1968.9.7
"조선민주주의인민공화국은 우리 인민의 자유와 독립의 기치이며 사회주의, 공산주의 건설의 강력한 무기이다: 조선민주주의인민공화국창건 스무돐기념 경축대회에서 한 보고," 김일성 저작집 22. 1983. 평양: 조선로동당출판사

김일성 1970.11.2
"조선로동당 제5차 대회에서 한 중앙위원회 사업총화 보고," 김일성 저작집 25. 1983. 평양: 조선로동당출판사

김일성 1971.8.6
"미제를 반대하는 아세아 혁명적 인민들의 공동투쟁은 반드시 승리할 것이다(캄보쟈 국가원수이며 캄보쟈 민족통일전선 위원장인 노로돔 시하누크 친왕을 환영하는 평양시 군중대회에서 한 연설)," 김일성 저작집 26. 1984. 평양: 조선로동당출판사

김일성 1971.9.25/10.8
"조선로동당과 공화국정부의 대내외정책의 몇가지 문제에 대하여(일본 아사히신붕 편집국장 및 교도통신사 기자와 한 담화, 1971년 9월 25일 및 10월 8일)," 김일성 저작집 26. 1984. 평양: 조선로동당출판사

김일성 1972.5.3/11.3
"조국통일 3대원칙에 대하여(북과 남사이의 고위급정상회담에 참가한 남조선측 대표들과 한 담화)," 김일성 저작집 27. 1984. 평양: 조선로동당출판사

김일성 1973.6.23
"민족의 분렬을 방지하고 조국을 통일하자(체스꼬슬로벤스꼬 사회주의공화국 당 및 정부 대표단을 환영하는 평양시 군중대회에서 한 연설)," 김일성 저작집 28. 1984. 평양: 조선로동당출판사

김일성 1973.6.25
"조국통일 5대 방침에 대하여(조선로동당 중앙위원회 정치위원회 확대회의에서 한 연설)," 김일성 저작집 28. 1984. 평양 조선로동당출판사

김일성 1975.4.18.
"김일성의 북경방문 연설: 전쟁에서 잃을 것은 군사분계선이고 얻을 것은 조국통일," 남북한 통일제의 자료 총람, 제2권. 국토통일원 1985b. 서울: 국토통일원

김일성 1978.5.7
"김일성의 중국공산당 주석 화국봉 환영 평양시 군중대회 연설," 남북한 통일제의 자료 총람, 제2권. 국토통일원 1985b. 서울: 국토통일원

김일성 1980.10.10
"조선로동당 제6차대회에서 한 중앙위원회사업총화보고," 김일성 저작집 35. 1987. 평양: 조선로동당출판사

김일성 1981.7.3
"미국에 있는 조국통일촉진회 회장과 한 담화," 김일성 저작집 36. 1990. 평양: 조선로동당출판사

김일성 1985.1.1
"신년사," 김일성 저작집 39. 1993. 평양: 조선로동당출판사

김일성 1988.1.1
"신년사," 김일성 저작집 41. 1995. 평양: 조선로동당출판사

김일성 1989.1.1
"신년사," 김일성 저작집 41. 1995. 평양: 조선로동당출판사

김일성 1990.1.1
"신년사," 김일성 저작집 42. 1995. 평양: 조선로동당출판사

김일성 1990.5.24.
"우리나라 사회주의 우월성을 높이 발양시키자(조선민주주의인민공화국 최고인민회의 제9기 제1차 회의에서 한 시정연설)," 김일성 저작집 42. 1995. 평양: 조선로동당출판사

김일성 1991.1.1
"신년사," 김일성 저작집 43. 1996. 평양: 조선로동당출판사

김일성 1992.1.1
"신년사," 김일성 저작집 43. 1996. 평양: 조선로동당출판사

김종필 1972.7.5
"김종필 국무총리, 7.4공동성명 발표에 따른 정부 입장 천명: 제82회 임시국회 제1차 본회의에서 남북공동성명에 관한 보고," 남북한 통일제의 자료 총람, 제3권. 국토통일원 1985c. 서울: 국토통일원.

김종필 2016
김종필 증언록 1. 서울: (주) 미래엔

김천식 2014
노태우 정부의 남북교류협력법 제정 과정에 관한 연구. 북한대학원대학교 박사학위논문

김학준 1987
"정치적 통합 방안으로서의 연방제: 북한이 제의한 연방제 통일안의 분석," 통일한국의 모색-이념, 환경과 정책적 노력. 이상우 편. 서울: 박영사

남일 1954.4.27
"제네바회의 제2차회의에서 한 외무상 남일의 연설," 남북한 통일제의 자료 총람, 제1권. 국토통일원 1985a. 서울: 국토통일원

남일 1954.6.15
"제네바회의 최종회의에서 한 남일 외무상의 연설," 남북한 통일제의 자료 총람, 제1권. 국토통일원 1985a. 서울: 국토통일원

남북대화
서울: 한국국제문화협회(제1호~제30호), 국토통일원(제31호~제51호), 통일원(제52호~제64호)

남북회담사무국 1994a
화해공동위원회 수첩. 서울: 남북회담사무국

남북회담사무국 1994b
핵통제공동위 수첩. 서울: 남북회담사무국

남북회담사무국 1995
적십자회담 수첩. 서울: 남북회담사무국

노태우1988.7.7
"민족자존과 통일번영을 위한 「7.7 대통령 특별선언」," 남북대화백서. 국토통일원1988. 서울: 국토통일원 남북대화사무국

노태우 1989.9.11
"대통령 특별연설 전문," 남북대화 48

데일리안 2005.1.5
자유주의연대 '신북한바로알기' 나서

마상윤 2003
"미완의 계획: 1960년대 전반기 미 행정부의 주한미군철수 논의," 한국과 국제정치 19(2)

문공부 장관 1979.1.26
"책임있는 북한당국의 답변 촉구 성명," 남북한 통일제의 자료 총람, 제3권. 국토통일원 1985c. 서울: 국토통일원

문공부 대변인 1979.1.29
"책임있는 북한당국의 답변 재촉구 성명," 남북한 통일제의 자료 총람, 제3권. 국토통일원 1985c. 서울: 국토통일원

민관식 1979.1.31
"민관식 조절위 서울측 공동위원장 대리, 조절위 재개 및 직통전화 재개 촉구," 남북한 통일제의 자료 총람, 제3권. 국토통일원 1985c. 서울: 국토통일원

민의원 1960.9.10
제37회 국회 민의원 속기록, 제8호. 민의원사무처

민의원 1960.9.21
제37회 국회 민의원 속기록, 제17호. 민의원사무처

민주당 1957
민주당의 당면정책. 서울: 민주당

민주평통 사무처(민주평화통일자문회의 사무처) 2001
민주평화통일자문회의 20년사, 1981~2001: 회고와 전망. 서울: 민주평화통일자문회의 사무처

박건영·박선원·우승지 2003
"제3공화국 시기 국제정치와 남북관계: 7.4 공동성명과 미국의 역할을 중심으로," 국가전략 9(4)

박성철 1973.3.15
"남북조절위원회 제2차 회의시 평양측 공동위원장 대리 박성철의 기조발언," 남북한 통일제의 자료 총람, 제1권. 국토통일원 1985a. 서울: 국토통일원

박정희 1963.1.1
"박 의장 신년사," 동아일보 1963.1.1

박정희 1963.12.17
"박정희 제5대 대통령 취임식 대통령 취임사," 박정희 대통령 연설문집 2, 제5대편(1963년 12월~1967년 6월). 대통령비서실 1973. 서울: 대통령비서실

박정희 1966.1.18
"1966년도 대통령 연두교서(66.1.18)," 박정희 대통령 연설문집 2, 제5대편(1963년 12월~1967년 6월). 대통령비서실 1973. 서울: 대통령비서실

박정희 1966.6.8
"박정희 대통령 통일논의 관련 기자회견," 남북대화사료집, 제1권: 남북한 통일제의·주장 (1945.8~1969.12). 국토통일원 1987b. 서울: 국토통일원

박정희 1966.8.15
"제21회 광복절 경축사," 박정희 대통령 연설문집 2, 제5대편(1963년 12월~1967년 6월). 대통령비서실 1973. 서울: 대통령비서실

박정희 1966.12.17
"대통령 취임3주년 기자회견," 박정희 대통령 연설문집 2, 제5대편(1963년 12월~1967년 6월). 대통령비서실 1973. 서울: 대통령비서실

박정희 1970.1.1
"신년사," 박정희 대통령 연설문집 5, 제6대편, 하. 서울: 대한공론사

박정희 1970.1.9
"연두 기자회견," 박정희 대통령 연설문집 5, 제6대편, 하. 서울: 대한공론사

박정희 1972.7.17
"박 대통령, 7·4 남북공동성명은 평화통일 지향, 민족사의 서장임을 강조: 제헌절 경축사," 남북한 통일제의 자료 총람, 제3권. 국토통일원 1985c. 서울: 국토통일원

박정희 1972.8.15
"박 대통령, 통일위해 국력배양 호소: 광복절 경축사," 남북한 통일제의 자료 총람, 제3권. 국토통일원 1985c. 서울: 국토통일원

박정희 1972.10.17
"박 대통령, 국난극복과 민족중흥을 위한 국민적 단결 강조: 대통령 특별선언," 남북한 통일제의 자료 총람, 제3권. 국토통일원 1985c. 서울: 국토통일원

박정희 1973.6.23
"「평화통일 외교정책」에 관한 특별성명," 남북대화백서. 국토통일원 1988a, 서울: 국토통일원 남북대화사무국

박정희 1979.1.19
"연두 기자회견," 박정희 대통령 연설문집 16, 추도판(1979년 1월~1979년 10월). 대통령비서실 1979. 서울: 대통령비서실

박주현 2001
게임이론의 이해. 2판. 서울: 도서출판 해냄

박철언 2005a
바른 역사를 위한 증언: 5공, 6공, 3김시대의 정치비사 1. 서울: 랜덤하우스 중앙

박철언 2005b
바른 역사를 위한 증언: 5공, 6공, 3김시대의 정치비사 2. 서울: 랜덤하우스 중앙

박태균 2000
"1950·60년대 미국의 한국군 감축론과 한국정부의 대응," 국제·지역연구 9(3)

박태호 1985
조선민주주의인민공화국 대외관계사 1. 평양: 사회과학출판사

박태호 1987
조선민주주의인민공화국 대외관계사 2. 평양: 사회과학출판사

배긍찬 1988
"닉슨 독트린과 동아시아 권위주의 체제의 등장: 한국, 필리핀, 그리고 인도네시아의 비교분석," 한국정치학회보 22(2)

범민련 남측본부(조국통일범민족연합남측본부) 2000
범민련 10년사. 서울: 조국통일범민족연합남측본부

북한당국 1973.9.26
"조선민주주의인민공화국 정부 비망록: 조선의 자주적 평화통일을 위하여," 남북한 통일제의 자료 총람, 제1권. 국토통일원 1985a. 서울: 국토통일원

북한 연락대표단 1979.3.27
"정당. 사회단체 및 당국 연락대표단 성명," 남북한 통일제의 자료 총람, 제2권. 국토통일원 1985b. 서울: 국토통일원

북한 외교부 1979.7.10
"조선민주주의인민공화국 외교부 대변인 성명," 남북한 통일제의 자료 총람, 제1권. 국토통일원 1985a. 서울: 국토통일원

북한 중앙인민위원회 · 최고인민회의 상설회의 연합회의 1984.1.10a
"조선민주주의인민공화국 중앙인민위원회 · 최고인민회의 상설회의 연합회의에 관한 보도," 남북한 통일제의 자료 총람, 제1권. 국토통일원 1985a. 서울: 국토통일원

북한 중앙인민위원회 · 최고인민회의 상설회의 연합회의 1984.1.10b
"서울 당국에 보내는 조선민주주의인민공화국 중앙인민위원회 · 최고인민회의 상설회의 편지," 남북한 통일제의 자료 총람, 제1권. 국토통일원 1985a. 서울: 국토통일원

북한 최고인민회의 1954.10.30
"조선민주주의인민공화국 최고인민회의 제1기 9차회의 호소문: 평화적 통일을 위하여," 남북한 통일제의 자료 총람, 제1권. 국토통일원 1985a. 서울: 국토통일원

북한 최고인민회의 1973.4.6
"조선민주주의인민공화국 최고인민회의, 미국 국회에 보내는 편지," 남북한 통일제의 자료 총람, 제1권. 국토통일원 1985a. 서울: 국토통일원

북한 최고인민회의 1974.3.25
"조선민주주의인민공화국 최고인민회의가 미합중국 국회에 보내는 편지," 남북한 통일제의 자료 총람, 제1권. 국토통일원 1985a. 서울: 국토통일원

북한 최고인민회의 1985.4.9
"최고인민회의 상설회의 제7기 제4차 회의 편지-남북국회회담 제의," 남북한 통일제의 자료 총람, 제2권. 국토통일원 1985b. 서울: 국토통일원

서울언론인클럽 1992
한국 시사자료 연표, 1880~1992. 서울: 서울언론인클럽 출판부

서진영 1990
"분단과 냉전, 그리고 북한체제의 형성과 변화," 남북분단의 극복과 평화. 고대 평화연구소 편. 서울: 법문사

서진영 2001
"부강한 신중국의 등장과 한반도," 변혁기의 세계질서와 동아시아. 서진영·이내영 편. 서울: 도서출판 오름

서진영 2006
21세기 중국외교정책: 부강한 중국과 한반도. 서울: 폴리테이아

서진영 2008
21세기 중국정치: '성공의 역설'과 중국적 사회주의 미래. 서울: 폴리테이아

성공회대학교 [성공회대학교 사이버NGO자료관] 1989
"대학가 북한바로알기운동," http://www.demos.or.kr/data/viewbody.html?code=datacenter&page=&number=247&bkind=&dkind=importance&keyfield=&key=

손성필 1984
"조선적십자회중앙위원회위원장 손성필 담화-남조선 수재민들에게 보내는 구호물자를 전달하는 사업이 성과적으로 끝나가고 있는 것과 관련하여," 남북한 통일제의 자료 총람, 제2권. 국토통일원 1985b. 서울: 국토통일원

송남헌 1985
해방3년사 II, 1945-1948. 서울: 까치

송종환 1976
남북회담 종합 평가. 서울: 국토통일원

송효순 1978
북괴 도발 30년. 서울: 북한연구소출판부

스칼라피노·이정식 1987
한국공산주의 운동사 3, 북한편. 서울: 돌베개. 한홍구 역. 원제: Robert Scalapino & Chong-sik Lee 1972, Communisn in Korea, Part I: Movement. Berkeley and Los Angeles: University of California Press

신도성 등 1957
"우리당의 통일안은 이렇다: 3대정당 합석좌담회," 중앙정치 1957.10

신성휘 2014
게임이론 길라잡이. 3판. 서울: 박영사

아태평화재단 1995
김대중의 3단계 통일론: 남북연합을 중심으로. 서울: 아태평화출판사

양호민 1996
"남북대화의 원점과 원형: 7·4남북공동성명 전후 20년의 상황을 중심으로," "평화통일"을 위한 남북대결: 1965년에서 1980년까지의 내외적 상황. 이삼성 외. 서울: 소화

엄상윤 2001
제2공화국 시대의 통일논쟁. 고려대 대학원 박사학위 논문

오진용 2004
김일성 시대의 중소와 남북한. 파주: 나남출판

와다 하루끼 2014
와다 하루끼의 북한 현대사. 서울: 창비. 남기정 역. 원제: 北朝鮮 現代史

외교부 2015
2015 일본개황. 서울: 외교부

외교통상부 1999
한국외교 50년, 1948-1998. 서울: 외교통상부

외교통상부 2005
유엔개황. 서울: 외교통상부

외교통상부 2009
한국외교 60년, 1948~2008. 서울: 외교통상부

외무부 1963
유엔과 한국문제의 역사적 배경. 서울: 외무부(발행 연도는 미상이나, 편의상 국가재건최고회의 도서관 등록 연도로 표기)

외무부 1976
유엔 한국문제 결의집(1947-1976). 서울: 외무부 방교국

외무부 1979
한국외교 30년, 1948~1978. 서울: 외무부

우승지 2005
"남북 화해와 한미동맹관계의 이해, 1969-1973," 한국정치외교사논총 26(1)

이규열 1981
한국정부의 「6.23 평화통일 외교정책 선언」에 관한 분석. 고려대 대학원 석사학위 논문

이동복 1979.2.12
"이동복 조절위 서울측 대변인, 제4차 조절위 본회담 재개 위한 쌍방 위원장 접촉 제의 성명," 남북한 통일제의 자료 총람, 제3권. 국토통일원 1985c. 서울: 국토통일원

이동복 1979.2.15
"이동복 조절위 서울측 대변인, 조절위 서울측 대표 명단 발표 성명," 북한 통일제의 자료 총람, 제3권. 국토통일원 1985c. 서울: 국토통일원

이동복 1999
통일의 숲길을 열어가며 2. 서울: 삶과 꿈

이명박 2008.7.11
"제18대 국회 개원식 연설," 제276회 국회(임시회) 국회본회의 회의록(개회식). 국회사무처

이상우 1987
"남북한 통일정책의 논리구조 비교: 「민족화합」과 「계급투쟁」의 대결," 통일한국의 모색-이념, 환경과 정책적 노력. 이상우 편. 서울: 박영사

이승헌 1970
"통한문제 국제학술회의 논총," 세대 1970.10

이양호 1981
군사정전위원회 본회의 회의록 분석. 서울: 국토통일원 조사연구실

이완범 2017
카터시대의 남북한: 동맹위기와 민족의 갈등. 서울: 한국학중앙연구원 출판부

이용준 2010
게임의 종말: 북핵협상 20년의 허상과 진실, 그리고 그 이후. 서울: 도서출판 한울

이종석 1995
조선로동당 연구: 지도사상과 구조변화를 중심으로. 서울: 역사비평사

이종석 2000
북한-중국 관계 1945~2000. 서울: 도서출판 중심

이춘근 1995
북한 핵의 문제: 발단, 협상과정, 전개. 성남: 세종연구소

이춘근 2003
"미국의 신동아시아 전략과 주한미군," 분석과 정책: 한미동맹 50년. 백종천 편. 성남: 세종연구소

이춘근·이정민 1996
"국군의 현대화 계획과 북한의 4대 군사로선," "평화통일"을 위한 남북대결: 1965년에서 1980년까지의 상황. 이삼성 외. 서울: 도서출판 소화

이혜정 2005
"한미동맹기원의 재조명: 한미 상호방위조약의 발효는 왜 연기되었는가?," 한국정치외교사논총 26(1)

이호재 1986
한국외교정책의 이상과 현실: 해방 8년 민족갈등기의 반성. 제5판. 서울: 법문사

이홍구 1987
"「민족화합 민주통일방안」의 역사적·이념적 조명," 통일한국의 모색-이념, 환경과 정책적 노력. 이상우 편. 서울: 박영사

이홍구 1990
"한민족공동체 통일방안의 정책기조와 실천방안," 한민족공동체 통일방안의 이론적 기초와 정책방향(통일방안 논문집 제1집). 서울: 국토통일원

임동원 1997
"남북고위급회담과 북한의 협상전략," 북한의 협상전략과 남북한 관계. 곽태완 외. 서울: 경남대학교 극동문제연구소

임동원 2008
임동원 회고록, 피스 메이커. 서울: 중앙북스(주)

임혁백 2004
"유신의 역사적 기원: 박정희의 마키아벨리적인 시간 (상)," 한국정치연구 13(2)

임혁백 2005
"유신의 역사적 기원: 박정희의 마키아벨리적인 시간 (하)," 한국정치연구 14(1)

장준하 1968
"향토예비군 무장의 선행조건," 신동아 1968.7

전국경제인연합회 1987
한국경제개발 개관. 서울: 전국경제인연합회

전재성 2003
"노태우 행정부의 북방정책 결정요인과 이후의 북방정책 변화과정 분석," 북방정책: 기원, 전개, 영향. 하용출 외. 서울: 서울대출판부

정광민 2012
김일성과 박정희의 경제전쟁. 서울: 꼬레아

정규섭 1999
"1960년대 중소관계와 북한," 1960년대 대외관계와 남북문제. 한국정신문화연구원 연구처 편. 서울: 백산서당

정재호 2014
미·중관계 연구론. 서울: 서울대학교출판문화원

정진위 1985
북방 3각관계: 북한의 대중·소관계를 중심으로. 서울: 법문사

정진위·김용호 2003
북한, 남북한 관계, 그리고 통일. 서울: 연세대학교 출판부

정해구 1998
"남북대화가능조건과 제약조건 분석: 7.4남북공동성명과 남북기본합의서 사례를 중심으로," 통일문제연구 30

정홍진 2002
"7.4 공동성명 성립과정과 역사적 의미," 남북관계의 회고와 전망. 2002 한국정치학회 하계학술대회 발표 논문집. 서울: 한국정치학회

조갑제 1991
"북한 핵시설 폭격론," 월간 조선 1991.3

조국전선 1979.1.23
"조국통일민주주의전선 중앙위원회 성명," 남북한 통일제의 자료 총람, 제2권. 국토통일원 1985b. 서울: 국토통일원

조국전선 1979.1.27
"조국통일민주주의전선 중앙위원회 서기국 성명," 남북한 통일제의 자료 총람, 제2권. 국토통일원 1985b. 서울: 국토통일원

조국전선 1979.2.5
"조국통일민주주의전선 중앙위원회 성명: 민족통일준비위원회 발족과 남북연락대표회의 개최에 관한," 남북한 통일제의 자료 총람, 제2권. 국토통일원 1985b. 서울: 국토통일원

조국전선 1979.2.12
"조국통일민주주의전선 중앙위원회 서기국 보도: 민족통일준비위원회 구성과 남북연락대표 파견과 관련하여," 남북한 통일제의 자료 총람, 제2권. 국토통일원 1985b. 서울: 국토통일원

조국전선 1979.2.13
"조국통일민주주의전선 중앙위원회 서기국 대변인 성명," 남북한 통일제의 자료 총람, 제2권. 국토통일원 1985b. 서울: 국토통일원

조국전선, 조평통 연합회의 1983.9.10
"남조선인민들과 해외동포들에게 보내는 호소문," 남북한 통일제의 자료 총람, 제2권. 국토통일원 1985b. 서울: 국토통일원

조선로동당출판사 1964
조선로동당 력사교재. 평양: 조선로동당출판사

주간 북한동향 제22호(1991)
서울: 통일원

중앙선거관리위원회 1973a
대한민국선거사 제1집. 서울: 중앙선거관리위원회

중앙선거관리위원회 1973b
대한민국정당사 제1집. 서울: 중앙선거관리위원회

청사편집부 1984
70년대 한국일지. 서울: 청사

최용호 2005
"한국군 베트남 파병과 박정희," 박정희시대 연구의 쟁점과 과제. 정성화 편. 서울: 선인

최창규 1976
해방30년사, 제4권 제3공화국. 서울: 성문각

통일노력60년 발간위원회 2005
통일노력 60년: 하늘길 땅길 바다길 열어 통일로. 서울: 통일부

통일백서 1990
서울: 통일원

통일백서 1992
서울: 통일원

통일부 1999
통일부 30년사. 서울: 통일부 기획관리실

통일부 2003
2004 북한개요. 서울: 통일부

통일부 2016
북한지식사전. 서울: 통일부 통일교육원

통일연구원 2009
2009 북한개요. 서울: 통일연구원

통일연수원 1987
통일연수원 15년지, 1972~1987. 서울: 국토통일원 통일연수원

통일원 1991
노태우 대통령 통일·대화분야 연설집. 서울: 통일원 남북대화사무국

통일원 1992
「남북기본합의서」 해설. 서울: 통일원 통일정책실

통일원 1993a
남북한 통일·대화 제의비교 제1권(1945~1987). 서울: 통일원 남북회담사무국

통일원 1993b
남북한 통일·대화 제의비교 제2권(1988~1991.3). 서울: 통일원 남북회담사무국

통일원 1993c
남북한 통일·대화 제의비교 제3권(1991.4~1993.10). 서울: 통일원 남북회담사무국

통일원 1993d
남북고위급회담 주요쟁점에 대한 쌍방 주장 비교표. 서울: 통일원 남북대화사무국

통일원 1994
북한 핵문제 전개과정 및 주요일지(1991.9~1994.9). 서울: 통일원 남북회담사무국

통일원 1997
남북한 통일·대화 제의비교 제4권(1993.11~1997.4). 서울: 통일원 남북회담사무국

하영선 2015
"북한 1972 진실 찾기: 7·4 공동성명의 추진과 폐기," 1972 한반도와 주변4강 2014. 하영선 편. 서울: 동아시아연구원

한국연감 1956
한국연감편찬위원회 편. 서울: 한국연감사/ 대구: 영남일보사

한국혁명재판사편집위원회 1962a
한국혁명재판사 제1집. 서울: 한국혁명재판사편집위원회

한국혁명재판사편집위원회 1962b
한국혁명재판사 제3집. 서울: 한국혁명재판사편집위원회

한국혁명재판사편집위원회 1962c
한국혁명재판사 제4집. 서울: 한국혁명재판사편집위원회

한총련 2005
"범민족대회 10년 역사," http://hcy.jinbo.net/zbxe/?mid=pds2&sort_index=readed_coun&order_type=asc&document_srl=269688

함택영 1998
국가안보의 정치경제학: 남북한의 경제력·국가역량·군사력. 서울: 법문사

허담 1971.4.12
"조선민주주의인민공화국 최고인민회의 제4기 5차회의에서 한 허담 외무상 보고-현 국제정세와 조국의 자주적 평화통일을 촉진시킬 데 대하여," 남북한 통일제의 자료 총람, 제1권. 국토통일원 1985a. 서울: 국토통일원

허담 1974.3.25
"최고인민회의 제5기 3차대회에서 한 허담 부총리 겸 외교부장 보고: 조선에서 긴장 상태를 가시며 조국의 평화통일을 촉진시키기 위한 전제를 마련할 데 대하여," 남북한 통일제의 자료 총람, 제1권. 국토통일원 1985a. 서울: 국토통일원

허담 1974.11.8.
"조국통일민주주의전선 중앙위원회 제63차 확대회의에서 한 허담의 보고: 조국의 자주적 평화통일을 촉진시킬 데 대하여," 남북한 통일제의 자료 총람, 제1권. 국토통일원 1985a. 서울: 국토통일원

허담 1985.4.9
"최고인민회의 상설회의 제7기 제4차 회의에서 한 당 중앙위 비서 겸 조국평화통일위원장 허담의 보고: 남북국회회담 제의," 남북한 통일제의 자료 총람, 제2권. 국토통일원 1985b. 서울: 국토통일원

홍석률 2001a
통일문제와 정치·사회적 갈등: 1953~61. 서울: 서울대학교 출판부

홍석률 2001b
"1968년 푸에블로 사건과 남한·북한·미국의 삼각관계," 한국사연구 113

신문자료
동아일보, 서울신문, 연합뉴스, 조선일보, 로동신문, Korea Times, New York Times, Washington Post

王泰平 1999
中華人民共和國外交史, 1970~1978. 第三卷. 北京: 世界知識出版社

Acheson, Dean Gooderham 1950
Crisis in Asia-An Examination of U.S. Policy. *Department of State Bulletin* 22(551)

Abright, David, and Kevin O'Neill 2000
Solving the North Korean Nuclear Puzzle. Washington, D.C. The Institute for Science and International Security

Ambassador Habib Seoul 818 날짜 미상(1973.8.23 직후로 추정-필자)[1]
to the White House
(Eyes only DR. Kissinger)
POL KOR N-US
RG 59, NARA (National Archives and Records Administration)

Amembassy Seoul A-001 1970.1.2
to Department of State
Conversation with General KIM Hyung Wook
POL KOR S-US
RG 59, NARA

1_ 미국 외교전문은 첫 줄에 발신자, 발신번호, 발신날짜를 둘째 줄에 수신자, 셋째 줄에 문서 제목을, 넷째 줄에 문서 분류 기호, 마지막 줄에 소장처 순으로 표기한다. *The Chicago Manual of Style*에서도 인용 및 참고문헌에 '저자-날짜 체제(Author-Date System)'를 사용하는 경우에 있어서 외교전문에 대한 명확한 규정이 없기 때문이다.

Amembassy Seoul A-278 1970.6.9
to Department of State
Some Thoughts on Reunification
POL 32-4 KOR S
RG 59, NARA

Amembassy Seoul 949 1971.2.18
to Secstate
Proposal for Increased Display of U.S. Interest in Dialogue between ROK and North Korea
POL KOR N-KOR S
RG 59, NARA

Amembassy Seoul 4729 1971.8.7
to Secstate
Ref: Seoul 3738
POL KOR N KOR S
RG 59, NARA

Amembassy Seoul 5976 1972.10.17
to Secstate
Presentation to Prime Minister on Martial Law Declaration
POL 23-9 KOR S/ YR POL 15 KOR S/ YR POL KOR S-US
RG 59, NARA

Amembassy Seoul 5980 1972.10.17
to Secstate
Modification in ROKG Presidential Declaration
POL 23-9 KOR S/ YR POL 15 KOR S/ YR POL KOR S-US
RG 59, NARA

Ambrose, Stephen E., and Douglas G. Brinkley 1997
Rise to Globalism: American Foreign Policy Since 1938. 8th Revised Ed. New York: Penguin Books

Ahn, Byung-Joon 1991
South Korean-Soviet Relations: Contemporary Issues and Prospects. *Asian Survey* 31(9)

Arthur, W. Brian 1990
Positive Feedbacks in the Economy. *Scientific American* 262(2)

Baek, Jong-Chun 1987
North Korea's Military Capabilities. In *Foreign Relations of North Korea: New Perspectives*, eds. Jae Kyu Park, Byung Chul Koh, and Tae-Hwan Kwak. Seoul: Kyungnam University Press

Barkin, Samuel 2010
Realist Constructivism. Cambridge: Cambridge University Press

Bazhanov, Eugene 1992
Soviet Policy towards South Korea under Gorbachev. In *Korea and Russia*, ed. Il Yung Chung. Seoul: The Sejong Institute

Bazhanov, Natalia 1992
North Korea and Seoul-Moscow Relations, In *Korea and Russia,* ed. Il Yung Chung. Seoul: The Sejong Institute

Beach, Derek and Rasmus Pedersen 2013
Process-Tracing Methods: Foundations and Guide Lines. Ann Arbor: The University of Michigan Press

Beal, Tim 2005
North Korea: The Struggle against American Power. London: Pluto Press

Bennett, Andrew, and Colin Elman 2006
Complex Casual Relations and Case Study Methods: The Example of Path Dependence. *Political Analysis* 14

BIR(Bureau of Intelligence and Research) 1972.1.18
North Korea's Peace Offensive (RENA-6)
POL KOR N-KOR S, XR POL 32-4 KOR, XR POL JAPAN-KOR N, XR POL 7 US/NIXON
RG 59, NARA

Brown, Seyom 1994
The Faces of Power. 2nd ed. New York: Columbia University Press

Brown, Winthrop G. 1971.8.16
to The Secretary
New Development in Korea May Lead to Contacts between North and South
POL KOR N-KOR S
RG 59, NARA

Bulletin(The Department of State Bulletin)
Washington D.C.: U.S. Government Printing Office

Cha, Victor D. 1999
Alignment Despite Antagonism: The United States-Korea-Japan Security Triangle. Stanford, California: Stanford University Press

Cho, Soon Sung 1967
Korean in World Politics. Berkeley and Los Angeles, California: University of California Press

Chun, Chae-sung 2001
The Cold War and Its Transformation for Koreans: Their Meanings from a Constructivist Viewpoint. In *Ending the Cold War in Korea: Theoretical and Historical Perspective,* eds. Chung-in Moon, Odd Arne Westad, and Gyoo-hyoung Kahng. Seoul: Yonsei University Press

Collier, Ruth Berins, and David Collier 1991
Shaping the Political Arena: Critical Junctures, the Labor Movement, and Regime Dynamics in Latin America. Princeton, New Jersey: Princeton University Press

Copeland, Dale C. 2006
The Constructivist Challenge to Structural Realism: A Review Essay. In *Constructivism and International Relations: Alexander Wendt and His Critics*, eds. Stefano Guzzini and Anna Leander. New York: Routledge

CVCE (Centre Virtuel de la Connaissance sur l'Europe) 2015
The Cold War—Full Text.
http://www.cvce.eu/obj/the_cold_war_1945_1989_full_text-en-6dfe06ed-4790-48a4-8968-855e90593185.html

David, Paul A. 1985
Clio and the Economics of QWERTY. *Economic History* 75(2)

Deuck, Colin 2006
Reluctant Crusaders: Power, Culture, and Change in American Grand Strategy. Princeton; Princeton University Press

Dixit, Avinash K, Susan Skeath, and David Reiley 2009
Games of Strategy. 3rd ed. New York: W.W. Norton

DOS (Department of State) 1947
Korea's Independence. Washington D.C: U.S. Government Printing Office

DOS 189689 1972.10.18
ROK Ambassador's Call on Under Secretary Johnson
POL 23-9 KOR S/ YR POL 15 KOR S/ YR POL KOR S-US
RG 59, NARA

Dulles, John Foster 1954
The Evolution of Foreign Policy. *The Department of State Bulletin* 30(761)

EA-Marshall Green 1971.9.20
to The Secretary
Letter from President Park to President Nixon
POL KOR S-US
RG 59, NARA

Frieden, Jeffry A., David Lake, and Kenneth A. Schultz 2016
World Politics: Interests, Interactions, Institutions. 3rd ed. New York: W. W. Norton & Company

Forgacs, David 1988
An Antonio Gramsci Reader: Selected Writings, 1916~1935. New York: Schocken Books

FRUS 1949
Vol. 7. The Far East and Australia (Part 2). eds. John G. Reid and John P. Glennon. Department of the States. 1976. Washington D.C.: U.S. Government Printing Office

FRUS 1958~60
Vol.8. Japan; Korea. eds. Madeline Chi and Louis J. Smith. Department of the States. 1994. Washington D.C.: U.S. Government Printing Office

FRUS 1969~1976a
Vol. 17. China 1969~1972. eds. Steven E. Phillips and Edward C. Keefer. Department of the States. 2006. Washington D.C.: U.S. Government Printing Office

FRUS 1969~1976b
Vol. 18. China 1973~1976. eds. David P. Nickles and Edward C. Keefer. Department of the States. 2007. Washington D.C.: U.S. Government Printing Office

FRUS 1969~1976c
"30. Memorandum for the President's File, Washington, August 27, 1974, 10:30am," *Vol. E-15, Part 1. Documents on Eastern Europe, 1973~76*.
https://history. state.gov/historicaldocuments/frus1969-76ve15p1/d30

Gaddis, John Lewis 2005
The Cold War: A New History. New York: The Penguin Press

Gardner, Roy 2003
Games for Business and Economics. Hoboken, New Jersey: John Willy & Sons

George, Alexander L. and Andrew Bennett 2005
Case Studies and Theory Development in the Social Sciences. Cambridge: MIT Press

Guinnane, Timothy, William A. Sundstrom, and Warren Whatley 2004
History Matters: Essays on Economics Growth, Technology, and Demographic Change. Stanford, California: Stanford University Press

Han, Sungjoo 1978
South Korea's Participation in the Vietnam Conflict: An Analysis of the U.S.-Korean Alliance. *ORBIS* 21(4)

Hook, Steven W. and John Spanier 2007
American Foreign Policy Since World War II. 17th ed. Washington D.C.: CQ Press

Jepperson, Ronald L., Alexander Wendt, and Peter J. Katzenstein 1996
Norms, Identity, and Culture in National Security. In *The Culture of National Security: Norms and Identity in World Politics*, ed. Peter J. Katzenstein. New York: Columbia University Press

Jervis, Robert 1978
Cooperation Under the Security Dilemma. *World Politics* 30(2)

Johnson, Lyndon B. 1966.11.2
Joint Statement Following Discussions With President Park of Korea. The American Presidency Project [on line]. eds. John Woolley and Gerhard Peters. Santa Barbara: University of California.
www.presidency. ucsb.edu/ws/ print.php?pid=27977

Kihl, Young Whan 1984

North Korea in 1983: Transforming "The Hermit Kingdom"? *Asian Survey* 24(1)

Kihl, Young Whan 1985

North Korea in 1985: "The Hermit Kingdom" Turns Outward! *Asian Survey* 25(1)

Kim, Hakjoon 1986

Unification Policies of South and North Korea: A Comparative Study. 2nd ed. Seoul: Seoul National University Press

Kim, Joungwon Alexander 1971

The Republic of Korea: A Quest for New Directions. *Asian Survey* 11(1)

Kim, Joungwon Alexander 1975

Divided Korea: The Politics of Development, 1945-1972. Cambridge, Mass.: Harvard University Press

Kim, Ilpyong 1998

China in North Korean Foreign Policy. In *North Korean Foreign Relations in the Post-Cold War Era,* ed. Samuel S. Kim. Oxford: Oxford University Press

Kim, Taewan 2005

The Korean Paradox of the 1972 Sino-American Rapprochement: An East Asian Perspective. PhD. Dissertation. The University of Colorado

Kim, Yong-Ho 1989

Authoritarian Leadership and Party Dynamics: The Rise and Fall of the Democratic Republican Party in South Korea, 1962-1980. Ph.D. Dissertation. University of Pennsylvania.

Kim, Young C. 1980

North Korea 1979: National Unification and Economic Development. *Asian Survey* 20(1)

Kim Young C. 1981
North Korea in 1980: The Son Also Rises. *Asian Survey* 21(1)

Kissinger, Henry 1979
White House Years. Boston: Little, Brown and Company

Kissinger, Henry 2011
On China. New York: The Penguin Press

Koh, B. C. 1973
North Korea: A Breakthrough in the Quest for Unity. *Asian Survey* 13(1)

Koh, B. C. 1974
North Korea: Old Goals and New Reality. *Asian Survey* 14(1)

Koh, B. C. 1978
North Korea in 1977: Year of "Readjustment." *Asian Survey* 18(1)

Kort, Michael 1998
The Columbia Guide to the Cold War. New York: Columbia University Press

Krasner, Stephen D 1982
Structural Causes and Regime Consequences: Regimes as Intervening Variables. *International Organization* 36(2)

Lawler, Steph 2008
Identity: Sociological Perspectives. Cambridge: Polity Press

Lake, David A. and Robert Powell 1999
Strategic Choice and International Relations. Princeton: Princeton University Press

Lee, Hyung-Koo 1996
The Korean Economy: Perspectives for the Twenty-First Century. Albany: State University of New York Press

Litwak, Robert S. 2000
Rogue States and U.S. Foreign Policy: Containment after the Cold War. Washington D.C.: The Woodrow Wilson Center Press

Lobell, Steven E., Norrin M. Ripsman, and Jeffrey W. Taliaferro 2009
Neoclassical Realism, The State, and Foreign Policy. Cambridge: Cambridge University Press

Lho, Kyongsoo 1989
"Seoul-Moscow Relations: Looking to the 1990s," *Asian Survey* 29(12)

Mahoney, James 2000
Path Dependence in Historical Sociology. *Theory and Society* 29

Mahoney, James 2001
The Legacies of Liberalism: Path Dependence and Political Regimes in Central America. Baltimore and London: The Johns Hopkins University Press

Mahoney, James, and Daniel Schensul 2006
Historical Context and Path Dependence. In *The Oxford Handbook of Contextual Analysis.* eds. Robert E. Goodin and Charles. New York: Oxford University Press

Mann, James 1998
About Face: A History of America's Current Relationship with China, From Nixon to Clinton. New York: Alfred A. Knopf

Mansourov, Alexandre 2002
North Korea Goes Nuclear, Washington Readies for War, South Korea Holds Key. Nautilus Institute Policy Froum Online. PFO 02-23A (December 9, 2002). http://www. nautilus.org/fora/security/ 0223A_Mansourov.html

Mearsheimer, John J. 1994/1995
The False Promise of International Institutions. *International Security* 19(3)

Mearsheimer, John J. 2001
The Tragedy of Great Power Politics. New York: W. W. Norton & Company

McMahon, Robert J. 2003
The Cold War: A Very Short Introduction. New York: Oxford University Press

Memorandum of Conversation 7112176 1971.8.4
ROK Relations with North Korea
POL KORN-KORS/ XR POL 32-4 KOR
RG 59, NARA

Memorandum of Conversation 1971.9.21
U.S./Korean Relations
POL KOR S-US
RG 59, NARA

Merrill, John 1993
North Korea in 1992: Steering Away from the Shoals. *Asian Survey* 33(1)

Morgenthau, Hans J. 1978
Politics among Nations: The Struggle for Power and Peace. 5th ed., Revised. New York: Alfred A Knopf

Morrow, James D. 1994
Game Theory for Political Scientists. Princeton: Princeton University Press

Moravcsik 1997
Taking Preferences Seriously: A Liberal Theory of International Politics. *International Organization* 51(4)

Nixon, Richard 1967
Asia after Viet Nam. *Foreign Affairs* 46(1)

Nixon, Richard 1969.7.25

Informal Remarks in Guam with Newsmen. The American Presidency Project [on line]. eds. John Woolley and Gerhard Peters. Santa Barbara: University of California.

www.presidency.ucsb.edu/ws/print.php?pid=2140

Nixon, Richard 1969.11.3

Address to the nation on the War in Vietnam. The American Presidency Project [on line]. eds. John Woolley and Gerhard Peters. Santa Barbara: University of California.

www.presidency.ucsb.edu/ws/print.php?pid=2330

Nixon, Richard 1969.11.21

Joint Statement Following Discussions With Prime Minister Sato of Japan. The American Presidency Project [on line]. eds. John Woolley and Gerhard Peters. Santa Barbara: University of California.

www.presidency.ucsb.edu/ws/print.php?pid =2334

Nixon, Richard 1970.2.18

U.S. Foreign Policy for the 1970's: A New Strategy for Peace (A Report to the Congress, Feb 18, 1970). *The Department of State Bulletin* 62(1602)

Nixon, Richard 1971.2.25

U.S. Foreign Policy for the 1970's: Building for Peace (A Report to the Congress, Feb 25, 1971). *The Department of State Bulletin* 64(1656)

Nixon, Richard 1971.4.14

Statement Announcing Changes in Trade and Travel Restrictions With the People's Republic of China. The American Presidency Project [on line]. eds. John Woolley and Gerhard Peters. Santa Barbara: University of California.

www.presidency.ucsb.edu/ws/print.php?pid=2976

Nixon, Richard 1971.7.15
Remarks to the Nation Announcing Acceptance of an Invitation To Visit the People's Republic of China. The American Presidency Project [on line]. eds. John Woolley and Gerhard Peters. Santa Barbara: University of California.
www.presidency.ucsb.edu/ws/print.php?pid=3079

Nixon, Richard 1978
RN: *The Memoirs of Richard Nixon*. New York: Grosset Dunlap

Oberdorfer, Don 2001
The Two Koreas: A Contemporary History. New Edition. Basic Books

Onuf, Nicholas Greenwood 1989
World of Our Making: Rules and Rule in Social Theory and International Relations. Columbia: University of South Carolina Press

Onuf, Nicholas Greenwood 2002
Worlds of Our Making: The Strange Career of Constructivism in International Relations, In *Vision of International Relations: Assessing an Academic Field*, ed. Donald James Puchala. Columbia: University of South Carolina Press

Onuf, Nicholas Greenwood 2013
Making Sense, Making Worlds: Constructivism in Social Theory and International Relations. New York: Routledge

Ostermann, Christian F., and James F. Person 2011
Crisis and Confrontation on the Korean Peninsula 1968~1969: A Critical Oral History. Washington, D.C.: Woodrow Wilson International Center for Scholars

Paul Washington S/S-I 1971.11.30
to S/S-Mr. Miller
(Letter from President Nixon to President Park)
POL KOR S-US
RG 59, NARA

Petras, James 1981

The Revival of Facism, In *Class, State, and Power in Third World with Case Studies on Class Conflict in Latin America.* ed. James F. Petras. Monclair, New Jersey: Allanheld, Osmun

Person, James, ed. 2009

New Evidence on Inter-Korean Relations, 1971~1972. North Korea International Documentation Project. Document Reader #3. Prepared for the Conference: Back from the Brink? Prospect for Inter-Korean Dialogue, Past and Present. October 15, 2009. Woodrow International Center for Schlors. Washington, D.C. https://www.wilsoncenter.org/publication/new-evidence-inter-korean-relations-1971-1972

Person, James, ed. 2010

New Evidence on North Korea. Prepared for the Conference: New Documents and New Histories: Twenty-First Century Perspectives on the Korean War. June 16~17, 2010. Harry S. Truman Presidential Library. Independence, Missouri. http://www.wilsoncenter.org/publication/new-evid ence-north-korea

Pollack, Jonathan D. 1991

The Opening to America. In *The Cambridge History of China. Vol.15. The People's Republic, Part 2: Revolution within the Chinese Revolution, 1966~1982,* eds. Roderic MacFarquhar and John K. Fairbank. New York: Cambridge University Press

Rasmusen, Eric 2007

Games and Information: An Introduction to Game Theory. 4th ed. Malden, Mass.: Blackwell Publishing

Reiss, Mitchell 1995

Bridled Ambition: Why Countries Constrain Their Nuclear Capabilities. Washington D.C.: The Woodrow Wilson Center Press

Ruback, Timothy J. 2010
'Let Me Tell the Story Straight On': *Middlemarch,* Process-Tracing Methods and the Politics of Narrative. *British Journal of Politics and International Relations* 12(4)

Schaller, Michael 2002
The United States and China: Into the Twenty-First Century. 3rd ed. Oxford: Oxford University Press

Schmitter, Philippe C. 1977
Still the Century of Corporatism? In *Trends Toward Corporatist Intermediation,* eds. Schmitter, Philippe C. and Gerhard Lehmbruch. Beverly Hills: SAGE Publications

Shinn, Rinn-sup 1973
Foreign and Reunification Policies. *Problems of Communism* 22

Shinn, Rinn-Sup 1983
North Korea in 1982: Continuing Revolution under Kim Jong Il. *Asian Survey* 23(1)

Sigal, Leon U. 1998
Disarming Strangers: Nuclear Diplomacy with North Korea. Princeton, New Jersey: Princeton University Press.

Snyder, Glenn H. 1984
The Security Dilemma in Alliance Politics. *World Politics* 36(4)

Snyder, Glenn H. 1997
Alliance Politics. Ithaca: Cornell University Press

Spanier, John 1992
American Foreign Policy Since World War II. 12th ed. Washington D.C.: CQ Press

S/S 7315548 (From Henry Kissinger) 1973.8.23
to Ambassador Habib
The White House Message to Ambassador Habib on Contacts in Pecking with the DPRK
POL KOR N-US
RG 59, NARA

State 166258 1971.9.10
to Amenbassy Seoul
Panmunjom Red Cross Talks
POL KOR N KOR S
RG 59, NARA

Stephan, Alfred 1978
The State and Society: Peru in Comparative Perspective. Princeton: Princeton University Press

Suh, Dae-Sook 1982
South Korea in 1981: The First Year of the Fifth Republic. *Asian Survey* 22(1)

Suh, Dae-Sook 1986
North Korea in 1985: A New Era After Forty Years. *Asian Survey* 26(1)

Suh, Dae-Sook 1987
North Korea in 1986: Strenthening the Soviet Connection. *Asian Survey* 27(1)

Truman, Harry S. 1949
Message of the President to the Congress. *Department of State Bulletin* 20(520)

Tsebelis, George 1990
Nested Games: Rational Choice in Comparative Politics. Berkeley: University of California Press

U. S. House 1978 (The Subcommittee on International Organizations of the Committee on International Relations, U.S. House of Representatives 1978)
Investigation of Korean-American Relations: Report of the Subcommittee on International Org- anizations of the Committee on International Relations, U.S. House of Representatives. October 31, 1978. Washington D.C.:U.S. Government Printing Office

U. S. Senate 1970 (The Subcommittee on U. S. Security Agreements and Commitments Abroad of the Committee on Foreign Relations, U. S. Senate 1970)
United States Security Agreements and Commitments Abroad, Republic of Korea, Part 6. Washington: U.S. Government Printing Office

Waltz, Kenneth N. 1979
Theory of International Politics. Reading, Mass.: Addison-Wesley Pub. Co.

Watson, Joel 2008
Strategy: An Introduction to Game Theory. 2nd ed. New York: W.W. Norton

Webb, James E. 1949
Statement by Acting Secretary Webb Made before the House Foreign Affairs Committee on June 8, 1949. *Department of State Bulletin* 20(520)

Wendt, Alexander 1992
Anarchy is What States Make of It: The Social Construction of Power Politics. *International Organization* 46(2)

Wendt, Alexander 1994
Collective Identiformation and the International State. *American Political Science Review* 88(2)

Wendt, Alexander 1995
Constructing International Politics. *International Security* 20(1)

Wendt, Alexander 1999
Social Theory of International Politics. Cambridge: Cambridge University Press

Woo, Seongji 2003
South Korea's Search for a Unification Strategy. *Orbis* 47(3)

Zakaria, Fareed 1992
Realism and Domestic Politics: A Review Essay. *International Security* 17(1)

Dialogue between the Two Koreas 1971~1992:

The History of Inter-Korean Relations Focusing on Power, Choice, and Discourse

1. The study analyzes and reconstructs the process of dialogue between North and South Korea from 1971 to 1992. It attempts to understand the context and significance of changes in the inter-Korean relations. The study is based on qualitative research and conducted it with a thick description in the spirit of process-tracing method. The basic principles of this research can be summarized in four phrases: History matters, context matters, facts matter, and meaning matters.

2. The research is based on following assumptions.

(1) The determinant power of international and internal variables can change according to changes within the dynamic of inter-Korean relations.

(2) The base of inter-Korean relations is power politics, which is expressed in the form of competition for legitimate governance on the Korean peninsula. This is the competition that determines which of the two Koreas is the sole legitimate and true

sovereign of the Korean peninsula during and after the process of national unification.

(3) Although inter-Korean relations proceed with both parties' strategic and policy aims based on competition for legitimacy, sometimes they are considerably maneuvered by the top leaders' political interests that originate from their internal politics, not from the inter-Korean relations *per se*. For this reason, the top leaders' political interests often prevail the inter-Korean relations.

(4) Inter-Korean relations and the issues of national unification are constructed in the process of interactions between the two Koreas. Therefore, the interests and actions of each side are shaped by the subjective perception of its own power, the mutual perceptions, and the role perception in the process of inter-Korean relations and national unification.

(5) The political leaders of each side produce various levels and forms of discourse in order to justify their actions and to maneuver or promote the actions of the opposite side.

3. Based on these assumptions, the study observed following characteristics in the inter-Korean relations from 1971 to 1992.

(1) *The bases of inter-Korean relations*. The basic characteristic of inter-Korean relations is power politics, which is a competition for legitimate governance in the Korean peninsula. This kind of power politics hindered the institutionalization of agreements such as the July 4 Joint Communiqué or the Inter-Korean

Basic Agreement. Hence, one could argue that the inter-Korean dialogue can be described as a zero-sum game. Accordingly, both North and South Korean leaders can be considered to be offensive realists: both tried to obstruct the aggrandizement of their counterparts and to change their counterparts' social system for the purposes of Korean unification according to their agendas.

(2) *The strategic choice and preference aggregation.* After the consolidation of personal cult system in North Korea in late 1960s, Kim Il Sung's preference meant the preference of the North Korean people. In the case of the South, an anti-communist line was firmly established under the hegemony of the Democratic Party and Democratic Republican Party, meaning that solutions outside this line's discourse such as inter-Korean exchanges and the unification formula of a unified neutral state could not be properly articulated and aggregated during the Park administration in the 1960s. At that time, issues concerning inter-Korean relations were nearly monopolized by President Park as well as bureaucrats under the theme 'Construction First, Unification Next'. This persisted into the *Yushin* regime and the Chun administration. After South Korea's democratization under the Roh administration, civil society's preferences were forcefully articulated. Nevertheless, governmental control of the political process and policymaking of the inter-Korean relations resumed after the July 7 Declaration in 1988. Naturally, the preferences of civil society could no longer be

ignored as they had been before. It must be noted, however, that the preference of civil society, or even bureaucrats, was only ever aggregated in conformity with the interests of the president. These interests, at times, could not be properly aggregated by the president's advisers and bureaucrats. North Korea has also attempted to insert its preferences to South Korean civil society for the purposes of influencing certain outcomes within the North-South Dialogue.

(3) *The interests of top leaders and the determinant power of international and internal variables in changing strategic situations.* In the 1970s, the international variable such as the Sino-American rapprochement wielded considerable influence over the choices of Park Chung Hee and Kim Il Sung. After that, both the Park's desire to sustain *Yushin* regime in the South and the Kim's outmaneuvering to hinder South Korea's national development influenced their choices. In the 1980s, internal factors played a major role in inter-Korean relations for President Chun Doo Hwan and Kim Il Sung. Chun needed to establish the internal legitimacy of his presidency, while Kim needed to guarantee a stable succession of power to his son, Kim Jong Il, and to deter the South's rising relative power. Before and after the year of 1990, post-Cold War factors dominated their choices, and then the democratization in the South for Roh Tae Woo and the economic decline for Kim Il Sung influenced them.

(4) *Identity and interests.* In the case of South Korea from 1970s to the early 1990s, the presidents' interests that originated outside the inter-Korean relations found their way into inter-Korean relations and had an impact on South Korea's role perception, her perception of the North, and her own national interests. From the constructivist perspective, another interesting fact is that for President Roh and President Kim, the changes of the role perception in the inter-Korean relations and the mutual perceptions took place by the changes of the international strategic situation in the first place followed by the retransformation of self-identity in conformity with their respective national power. Finally, the top leaders' interests of the two Koreas were major causal factors in the maintenance of inter-Korean relations.

(5) *The function of the North-South dialogue.* On the surface, the dialogue of the two Koreas has the objective of preventing the outbreak of crises on the Korean peninsula, to solve issues of the inter-Korean relations, and finally to lay the foundation for a peaceful national unification. In reality, however, the inter-Korean dialogue has played a role in the pretext of peaceful unification to maintain each side's own system, to baffle the other's growth of power, and to bring about social changes in each other's system. This dialogue sometimes contributed to the development of inter-Korean relations. As an institution, however, the dialogue could not be a major causal mechanism in this process. This is the

limitation of an institution, because the North-South dialogue as an institution is only a reflection of the power relationship between the two Koreas.

찾아보기 Index

ㅅ

ㅇ

ㅈ

ARI Monograph Series 29

Dialogue between the Two Koreas 1971~1992:
The History of Inter-Korean Relations Focusing on Power, Choice, and Discourse

First Published 2018
by The Asiatic Research Institute at Korea University
145 Anam-ro, Seongbuk-gu, Seoul 136-701, Korea
www.asiaticresearch.org

아연동북아총서 29

남북대화 1971~1992:
힘·선택·말의 남북관계 역사

1판1쇄 | 2018년 5월 28일

지은이 | 배광복
펴낸이 | 이종화
펴낸 곳 | 아연출판부
등록 | 2000년 5월 24일 제6-376호
주소 | 서울시 성북구 안암로 145 고려대학교 아세아문제연구소(136-701)
전화 | 02-3290-1600 팩스 | 02-923-4661
홈페이지 | www.asiaticresearch.org

값 22,000원

ISBN 979-11-89273-00-2 94300
ISBN 978-89-90769-29-9(세트)

이 도서의 국립중앙도서관 출판시 도서목록(CIP)은 e-CIP 홈페이지(http://www.nl.go.kr/ecip)에서 이용하실 수 있습니다(CIP제어번호: CIP2018015285).